Schriften der EBS Law School

herausgegeben von
der EBS Universität für Wirtschaft und Recht

Band 10

Gordon Dawirs

Der vorprozessuale und innerprozessuale Zugriff auf Kronzeugenerklärungen im Private Enforcement unter der Kartellschadensersatzrichtlinie 2014/104/EU

Nomos

Die Deutsche Nationalbibliothek verzeichnet diese Publikation in
der Deutschen Nationalbibliografie; detaillierte bibliografische
Daten sind im Internet über http://dnb.d-nb.de abrufbar.

Zugl.: Wiesbaden, EBS Law School, Diss., 2017

ISBN 978-3-8487-3574-7 (Print)
ISBN 978-3-8452-7937-4 (ePDF)

1. Auflage 2017
© Nomos Verlagsgesellschaft, Baden-Baden 2017. Gedruckt in Deutschland. Alle Rechte,
auch die des Nachdrucks von Auszügen, der fotomechanischen Wiedergabe und der
Übersetzung, vorbehalten. Gedruckt auf alterungsbeständigem Papier.

Meinem Vater

Vorwort

Die vorliegende Arbeit wurde im Frühjahr 2017 von der rechtswissenschaftlichen Fakultät der EBS Universität für Wirtschaft und Recht in Wiesbaden als Dissertation angenommen. Gesetzgebung, Rechtsprechung und Literatur fanden bis Januar 2017 Berücksichtigung.

Zuvörderster Dank gilt meinem verehrten Doktorvater Herrn *Prof. Dr. Matthias Weller* für die Heranführung an die hier gegenständliche Thematik und die ihm eigene umsichtige Art der Betreuung. Herrn *Prof. Dr. Wolfgang Wurmnest* danke ich für die schnelle Erstattung des Zweitgutachtens.

Meine Familie, allen voran meine Frau *Daniela Dawirs*, hat durch ihren bedingungslosen Rückhalt während meines Promotionsvorhabens substantiell zu dem Gelingen dieser Arbeit beigetragen. Meine Großeltern, Frau *Inge Ortlieb* und Herr *Franz Josef Ortlieb*, haben durch ihre weitreichende Unterstützung bereits während meines Studiums den Grundstein für den nunmehrigen Abschluss meiner akademischen Ausbildung gelegt. Euch allen gebührt tiefer Dank vom Grunde meines Herzens.

Gewidmet ist diese Arbeit dem Andenken meines Vaters.

Koblenz, im Juni 2017   *Gordon Dawirs*

Inhaltsverzeichnis

Abkürzungsverzeichnis

a.A.	Andere Auffassung
ABl.	Amtsblatt
Abs.	Absatz
AcP	Archiv für die civilistische Praxis
AEUV	Vertrag über die Arbeitsweise der Europäischen Union
AG	Die Aktiengesellschaft - Zeitschrift für das gesamte Aktienwesen
AG	Amtsgericht
Art.	Artikel (Singular)
Artt.	Artikel (Plural)
BeckOK InfoMedienR	Beck'scher Online-Kommentar zum Informations- und Medienrecht
BeckOK StPO	Beck'scher Online-Kommentar zur Strafprozessordnung
BeckOK VwVfG	Beck'scher Online-Kommentar zum Verwaltungsverfahrensgesetz
BeckRS	Beck-Rechtsprechung
BGB	Bürgerliches Gesetzbuch
BB	Betriebsberater
BGH	Bundesgerichtshof
BGHZ	Amtliche Entscheidungssammlung des Bundesgerichtshofs in Zivilsachen
BT-Drucks.	Bundestagsdrucksache
BVerfG	Bundesverfassungsgericht
BVerwG	Bundesverwaltungsgericht
BVerwGE	Amtliche Entscheidungssammlung des Bundesverwaltungsgerichts
bzw.	beziehungsweise
CCZ	Corporate Compliance Zeitschrift
DÖV	Die öffentliche Verwaltung
EG	Vertrag zur Gründung der Europäischen Gemeinschaft
Einl.	Einleitung
endg.	endgültig
EU	Europäische Union
EuG	Gericht der Europäischen Union
EuGH	Gerichtshof der Europäischen Union
EuR	Europarecht
EUV	Vertrag über die Europäische Union
EuZW	Europäische Zeitschrift für Wirtschaftsrecht
EWGV	Vertrag über die Europäische Wirtschaftsgemeinschaft

17

EWS	Europäisches Wirtschafts- und Steuerrecht
f.	folgende
ff.	fortfolgende
FIW	Forschungsinstitut für Wirtschaftsverfassung und Wettbewerb e.V. Köln
FS	Festschrift
GA	Goltdammers Archiv für Strafrecht
GA	Generalanwalt/Generalanwältin
GrCh	Charta der Grundrechte der Europäischen Union
GRUR	Gewerblicher Rechtsschutz und Urheberrecht
GRUR-RR	Gewerblicher Rechtsschutz und Urheberrecht Rechtsprechungsreport
GWB	Gesetz gegen Wettbewerbsbeschränkungen
GWR	Gesellschafts- und Wirtschaftsrecht
Hrsg.	Herausgeber
IFG	Gesetz zur Regelung des Zugangs zu Informationen des Bundes (Informationsfreiheitsgesetz)
i.V.m.	in Verbindung mit
KG	Kammergericht Berlin
KK-OWiG	Karlsruher Kommentar zum Ordnungswidrigkeitengesetz
Kommission	Europäische Kommission
LG	Landgericht
lit.	litera
MüKo BGB	Münchener Kommentar zum Bürgerlichen Gesetzbuch
m.w.N.	mit weiteren Nachweisen
NJW	Neue Juristische Wochenzeitschrift
Nr.	Nummer
NStZ	Neue Zeitschrift für Strafrecht
NVwZ	Neue Zeitschrift für Verwaltungsrecht
NZBau	Neue Zeitschrift für Baurecht und Vergaberecht
NZKArt	Neue Zeitschrift für Kartellrecht
OGH	Oberster Gerichtshof
OLG	Oberlandesgericht
OVG	Oberverwaltungsgericht
OWiG	Ordnungswidrigkeitengesetz
öKartG	österreichisches Kartellgesetz
Reg.-Begr.	Regierungsbegründung
RIW	Recht der internationalen Wirtschaft
Rn.	Randnummer
Rs.	Rechtssache
SächsVBl.	Sächsische Verwaltungsblätter
Slg.	Sammlung der Rechtsprechung des Europäischen Gerichtshofes
sog.	sogenannte(s)

StGB	Strafgesetzbuch
StPO	Strafprozessordnung
StV	Strafverteidiger
u.a.	unter anderem
UAbs.	Unterabsatz
UWG	Gesetz gegen den unlauteren Wettbewerb
v.	vom
verb.	verbunden
VerfO-EuG	Konsolidierte Fassung der Verfahrensordnung des Gerichts, ABl. EU Nr. C 177/37 v. 02.07.2010
VerfO-EuGH	Konsolidierte Fassung der Verfahrensordnung des Gerichtshofs der Europäischen Gemeinschaften vom 19. Juni 1991, ABl. EU Nr. C 177/1 v. 02.07.2010
VG	Verwaltungsgericht
Vgl.	vergleiche
VO	Verordnung
VuR	Verbraucher und Recht
VwVfG	Verwaltungsverfahrensgesetz
wistra	Zeitschrift für Wirtschafts- und Steuerstrafrecht
WM	Wertpapier-Mitteilungen, Zeitschrift für Wirtschafts- und Bankrecht
wrp	Wettbewerb in Recht und Praxis
WuW	Wirtschaft und Wettbewerb
WuW/E	Wirtschaft und Wettbewerb Entscheidungssammlung
z.B.	zum Beispiel
ZHR	Zeitschrift für das gesamte Handelsrecht und Wirtschaftsrecht
ZPO	Zivilprozessordnung
ZRP	Zeitschrift für Rechtspolitik
ZWeR	Zeitschrift für Wettbewerbsrecht
ZZP	Zeitschrift für Zivilprozess

A. Untersuchungsgegenstand

I. Problemstellung

Das Bedürfnis privater Kartellschadensersatzkläger, eine ausreichende Beweismittellage für die erfolgreiche Prozessführung sicherstellen zu können, stellt eine Kernproblematik des *private enforcement* dar. Unter dieser Begrifflichkeit wird die privatrechtliche Durchsetzung des Wettbewerbsrechts zusammengefasst, die gemeinsam mit der behördlichen Durchsetzungsebene (sog. *public enforcement*) die Erhaltung des freien Wettbewerbs sicherstellen soll. Das *private enforcement* umfasst dabei grundsätzlich sämtliche Formen der privatrechtlichen Kartellrechtsdurchsetzung, insbesondere die Geltendmachung kartellprivatrechtlicher Schadensersatzansprüche, die aus wettbewerbswidrigen Absprachen und Verhaltensweisen folgen, sowie die Nutzbarmachung von Kartellrechtsverstößen als Verteidigungsmittel gegen die vertragliche Inanspruchnahme[1]. Das *private enforcement* weist mithin eine Janusköpfigkeit in Gestalt einer defensiven und einer offensiven Ausprägung auf.

Besondere Schwierigkeiten bei der gerichtlichen Geltendmachung kartellprivatrechtlicher Schadensersatzansprüche bereitet die Beweisführung[2]. Der Kläger ist auch im kartellprivatrechtlichen Schadensersatzprozess aufgefordert, bis auf wenige Ausnahmen[3] sämtliche anspruchsbegründenden Tatsachen darzulegen und im Bestreitensfall unter Beweis zu stellen. Es entspricht jedoch dem Wesen der Kartelle, dass sie klandestin agieren und sich hierdurch nahezu alle anspruchsbegründenden Umstände gerade nicht in der Sphäre des Klägers, sondern in der des beklagten Kartellanten zutragen. Dies gilt insbesondere für sog. *Hardcore-Kartelle*[4], die besonders häufig privatrechtliche Schadensersatzklagen nach sich ziehen.

---

1 *Nietsch*, in: *Nietsch/Weller*, Private Enforcement, 9, 12.
2 Vgl. hierzu unter B.II.2.a.
3 Vgl. insb. zur Feststellungswirkung des behördlichen Bußgeldbescheides unter B.II.2.a.aa.(2).
4 Unter dem Begriff der Hardcore-Kartelle werden besonders schwerwiegende wettbewerbswidrige Absprachen zusammengefasst wie z.B. Vereinbarungen über Preise und Produktionsmengen oder die Aufteilung von Absatzgebieten und Kundengruppen. Vgl. hierzu auch Wiedemann/*Ewald*, § 7 Rn. 94.

Der Kartellgeschädigte findet sich prozessual in der misslichen Situation wieder, dass er zur Substantiierung und zum Beweis seines Begehrens fast ausschließlich auf Informationen angewiesen ist, die sich in der Hand des Beklagten bzw. der Kartellbehörden befinden. Diese dem *private enforcement* immanente Problematik ist in der jüngeren Vergangenheit unter dem Begriff der *Informationsasymmetrie* zusammengefasst worden. Zur Überwindung dieser Informationsasymmetrie legen die Kartellgeschädigten besonderes Augenmerk auf die im Besitz der Wettbewerbsbehörden befindlichen Kronzeugenerklärungen. Sie enthalten detailreiche Erklärungen von Kartellteilnehmern, die den Behörden die Verfolgung und Aufdeckung der Kartelle ermöglichen und die kooperierenden Kartellanten im Gegenzug in den Genuss von Bußgelderlassen oder Bußgeldreduktionen bringen. Von der Habhaftwerdung dieser Dokumente versprechen sich die Kartellgeschädigten eine umfassende Aufklärung über Umfang, Reichweite und Wirkweise des Kartells und damit die Möglichkeit, ihre Schadensersatzklage in ausreichendem Maße substantiieren und durch eine entsprechende Beweisführung stützen zu können. Die nationalen und unionalen Kartellbehörden verhalten sich hinsichtlich der Offenlegung dieser Dokumente jedoch äußert zurückhaltend bzw. verweigern sie gänzlich. Diese Blockadehaltung wird mit der Feststellung begründet, dass die Offenlegung die Effektivität der Kronzeugenprogramme erheblich gefährden würde, da die kooperierenden Kartellanten fürchten müssten, aufgrund der Offenlegung von den Kartellgeschädigten (vorrangig) in Anspruch genommen zu werden und dadurch den erlangten Vorteil der Bußgeldreduktion (bzw. des Erlasses) einzubüßen[5]. *Private* und *public enforcement* verfolgen damit zwar im Ausgangspunkt dasselbe Ziel, ergänzen sich jedoch nur bedingt. Die Harmonisierung von behördlicher Verfolgungstätigkeit und privatrechtlicher Anspruchsdurchsetzung erscheint insbesondere bei der Frage nach der Offenlegung von Kronzeugenerklärungen wie die Quadratur des Kreises, da die Stärkung des einen Durchsetzungsmechanismus scheinbar zwangsläufig mit der Schwächung des anderen einhergeht.

Die Nutzung des Kartellrechts als offensives Angriffsmittel zur Durchsetzung von Schadensersatzansprüchen stellt ein vergleichsweise junges Phänomen dar. Für den Zeitraum von 1958 bis 2004 ermittelte die sog. *Ashurst-Studie* die Erhebung von insgesamt 29 privatrechtlichen Kartellschadensersatzklagen in Deutschland, von denen lediglich 9 von Erfolg

---

5 *Bundeskartellamt*, Erfolgreiche Kartellverfolgung, 27.

gekrönt waren. Die Studie attestierte dem Regime privater Kartellschadensersatzklagen sowohl auf unionaler als auch auf nationaler Ebene einen erheblichen Effizienzmangel[6]. Auch wenn die empirische Aussagekraft dieser Erhebung im Detail mitunter angezweifelt wird[7], so steht doch zur überwiegenden Überzeugung fest, dass das *private enforcement* in seiner offensiven Ausprägung in der Vergangenheit auf nationaler Ebene eine vollkommen untergeordnete Rolle eingenommen hat. Ähnliches gilt für die privatrechtliche Durchsetzung im gesamteuropäischen Kontext[8]. Seinen Ursprung hat dieses Defizit des *private enforcement* insbesondere in dem Umstand, dass die Durchsetzung vor Gericht etliche beweisrechtliche Hürden überwinden muss und die Kartellgeschädigten aufgrund dessen oftmals von der gerichtlichen Geltendmachung ihrer Ansprüche Abstand nahmen[9].

Nachdem der *EuGH* mit seinen Entscheidungen *Courage*[10] und *Manfredi*[11] auf europäischer Ebene den Grundstein für kartellrechtliche Schadensersatzklagen legte, indem er urteilte, dass *jedermann* Ersatz des ihm durch einen Kartellverstoß entstandenen Schadens verlangen könne, folgte die Kommission durch den Erlass der VO 1/2003[12], die erste Maßnahmen zur Umsetzung der judiziellen Vorgaben des *EuGH* enthielt. In der Folgezeit schlossen sich insbesondere nach Veröffentlichung der *Ashurst-Studie* weitere Maßnahmen der Kommission an, um die dringendsten Problemkreise privatrechtlicher Kartellrechtsdurchsetzung zu erkennen und zu beheben[13]. Den vorläufigen Höhepunkt dieser Bestrebungen bildet die Richt-

---

6 *Waelbroeck/Slater/Even-Shoshan*, Study on the conditions of claims for damages in case of infringement of EC competition rules - Ashurst-Studie, 1, die wörtlich von „astonishing diversity and total underdevelopment" spricht.
7 *Bundeskartellamt*, Private Kartellrechtsdurchsetzung (2004), 5; *Lübbing/le Bell*, wrp 2006, 1209, 1210.
8 *Möschel*, WuW 2007, 483, 485, der von „völliger Bedeutungslosigkeit" spricht.
9 *Hempel*, WuW 2004, 362, 365.
10 EuGH, Urt. v. 20.09.2001 - Rs. C-453/99, Slg. 2001, I-6297 „Courage".
11 EuGH, Urt. v. 13.07.2006 - Rs. C-295/04 bis C-298/04, Slg. 2006, I-6619 „Manfredi".
12 Verordnung (EG) Nr. 1/2003 des Rates vom 16. Dezember 2002 zur Durchführung der in den Artikeln 81 und 82 des Vertrages niedergelegten Wettbewerbsregeln, ABl. Nr. L 1, 1 vom 04.01.2003.
13 Zur genauen Chronologie vgl. unter B.I.2.a.

linie 2014/104/EU vom 26. November 2014[14]. Ihr erklärtes Ziel ist es, die mitgliedstaatlichen Unterschiede bei der gerichtlichen Durchsetzung kartellprivatrechtlicher Schadensersatzansprüche einzuebnen und dadurch die privatrechtliche Durchsetzung des Wettbewerbsrechts effektiv und rechtssicher zu gestalten. Gleichzeitig soll die Richtlinie sicherstellen, dass die Kronzeugenprogramme und das *public enforcement* insgesamt nicht durch die Anspruchshaltung der Kartellgeschädigten beeinträchtigt werden. Aufgrund dessen wird eine Koordinierung bzw. Harmonisierung der behördlichen und privaten Durchsetzungsebene angestrebt[15]. Hieran zeigt sich, dass der europäische Gesetzgeber den gordischen Knoten im Bereich der Kartellrechtsdurchsetzung erkannt hat und ihn zu durchtrennen versucht. Insbesondere ist auf unionaler Ebene die das *private enforcement* prägende Informationsasymmetrie und die immense Bedeutung der diese Asymmetrie abmildernden Beweismittel erkannt worden[16]. Dementsprechend enthält die Richtlinie zur Harmonisierung des Spannungsfeldes zwischen Wettbewerbsbehörden und Kartellgeschädigten in den Artt. 5, 6 und 7 einen ausdifferenzierten Regelungskomplex zur Frage der Zugänglichmachung von Beweismitteln bzw. deren prozessualer Verwertung. Insbesondere die Kronzeugenerklärungen haben in den Artt. 6 Abs. 6 lit. a) und 7 Abs. 1 eigene Regelungen erfahren, die die Offenlegung und Verwertung dieser Erklärungen gänzlich untersagen. Daraus folgt für die Kartellgeschädigten, dass zukünftig ein Zugriff auf Kronzeugenerklärungen bzw. deren Einführung als Beweismittel in den Schadensersatzprozess nach dem Willen des europäischen Gesetzgebers zum Schutz der Kronzeugenprogramme nicht mehr möglich sein wird. Privaten Kartellschadensersatzklägern wird damit ein essentielles Beweismittel zur Begründung ihres Schadensersatzbegehrens vorenthalten. Dies wirft die hier gegenständliche Frage auf, ob eine unbedingte Geheimhaltung der Kronzeugendokumente und der hierdurch zum Ausdruck gebrachte Vorrang der behördlichen Kartellrechtsdurchsetzung mit den rechtsstaatlichen Grundsätzen der Beweisführung vor Gericht in Einklang zu bringen ist.

---

14 Richtlinie 2014/104/EU des Europäischen Parlaments und des Rates vom 26. November 2014 über bestimmte Vorschriften für Schadensersatzklagen nach nationalem Recht wegen Zuwiderhandlungen gegen wettbewerbsrechtliche Bestimmungen der Mitgliedstaaten und der Europäischen Union, ABl. Nr. L 349, 1 vom 05.12.2014, im Folgenden: „Richtlinie" oder „Kartellschadensersatzrichtlinie".

15 Vgl. Begründungserwägung 8, 9 sowie Art. 1 Abs. 2 der Richtlinie.

16 Vgl. Begründungserwägung 14 und 15 der Richtlinie.

II. Inhalt und Gang der Untersuchung

Gegenstand der vorliegenden Untersuchung ist der vorprozessuale und innerprozessuale Zugriff auf Kronzeugenerklärungen im *private enforcement* und dessen Beeinflussung durch die Kartellschadensersatzrichtlinie. Die Arbeit will einen substantiellen Beitrag zu der Frage leisten, welche rechtlichen Möglichkeiten bisher für Kartellgeschädigte bestanden, im vorprozessualen und innerprozessualen Stadium auf die Kronzeugendokumente der Wettbewerbsbehörden zuzugreifen, welche Veränderungen die Richtlinie hinsichtlich dieser bisherigen Zugriffsmechanismen mit sich bringt und auf welchem Wege diese Veränderungen Niederschlag im nationalen Recht finden sollten. Besonderes Augenmerk wird dabei auf die seit Inkrafttreten der Richtlinie schwelende Frage nach der Vereinbarkeit des unbedingten Schutzes von Kronzeugenerklärungen mit dem europäischen Primärrecht in Gestalt der Artt. 101 und 102 AEUV und der hierzu ergangenen Rechtsprechung des *EuGH* gelegt. Die wissenschaftliche Diskussion um die mögliche Primärrechtswidrigkeit des unabwägbaren Schutzes von Kronzeugendokumenten wird durch die Untersuchung zudem um die Frage ergänzt, ob und inwieweit die Regelungen der Kartellschadensersatzrichtlinie zur Geheimhaltung der Kronzeugendokumente mit dem durch die Charta der Grundrechte der Europäischen Union gewährleisteten Recht auf Beweis der Kartellgeschädigten konfligieren.

Zunächst wird in Teil B. das Institut des *private enforcement* in seinen dogmatischen Grundzügen dargestellt[17] und seine Entwicklung seit Bestehen des nationalen und unionalen Wettbewerbsrechts skizziert[18]. Anschließend zeigt die Untersuchung die Systematik privatrechtlicher Kartellschadensersatzklagen auf und fokussiert dabei auf die besondere Beweisführungsproblematik des *private enforcement* sowie die beweisrechtliche Relevanz der Kronzeugenerklärungen[19]. Hierauf aufbauend werden in Teil C. die rechtlichen Mechanismen dargelegt, mit deren Hilfe die Kartellgeschädigten nach bisheriger Rechtslage auf Kronzeugenerklärungen, die sich im Besitz der Kartellbehörden befinden, zugreifen können. Dabei wird zwischen dem Zugriff auf nationaler und unionaler Ebene sowie der Offenlegung im vorprozessualen und innerprozessualen Stadium differenziert. Teil D. der Untersuchung widmet sich sodann der Kartellschadensersatz-

---

17 Siehe hierzu unter B.I.1.
18 Siehe hierzu unter B.I.2.
19 Siehe hierzu unter B.II.

richtlinie. Einleitend werden die Genese und die Struktur der Richtlinie dargestellt[20]. Anschließend wird die beweisrechtliche Systematik ausführlich untersucht mit besonderer Fokussierung auf jene Regelungen, die den Schutz der behördlichen Kronzeugendokumente zum Gegenstand haben[21]. Hierauf folgt die Untersuchung der Frage, welchen Umsetzungsbedarf die Richtlinie hinsichtlich der Offenlegung von Beweismitteln auf nationaler Ebene auslösen wird und an welcher Stelle diese Umsetzung vollzogen werden sollte[22]. Schlussendlich widmet sich die Arbeit ausführlich der Frage nach der möglichen Primärrechtswidrigkeit des absoluten Schutzes von Kronzeugendokumenten. Dabei wird zunächst untersucht, ob und inwieweit ein unbedingter Schutz der Kronzeugendokumente mit dem primärrechtlich verankerten und durch die Rechtsprechung des *EuGH* entwickelten Gebot der Einzelfallabwägung konfligiert[23]. Anschließend erfolgt die Gegenüberstellung des durch die Kartellschadensersatzrichtlinie vorgesehenen Schutzes der Kronzeugendokumente mit dem unionalen Recht auf Beweis[24]. Hierzu werden zunächst der Inhalt und die rechtsstaatliche Bedeutung des Rechts auf Beweis sowie seine dogmatischen Grundlagen auf nationaler Ebene dargestellt. Ausgehend hiervon wird aufgezeigt, dass die rechtsstaatlichen Überlegungen, die dem Recht auf Beweis zugrunde liegen, auch auf primärrechtlicher Ebene in Art. 47 Abs. 1 und 2 GrCh verankert sind und den Kartellgeschädigten aufgrund dessen ein unionsverfassungsrechtliches Recht auf beweisrechtliche Nutzbarmachung der Kronzeugendokumente zur Seite steht. Dieser Genese des unionalen Rechts auf Beweis schließt sich die Darstellung der fehlenden unionsverfassungsrechtlichen Legitimation der Beeinträchtigung des Rechts auf Beweis durch den unbedingten Schutz der Kronzeugendokumente an. Ausführungen zu den praktischen Konsequenzen der Primärrechtswidrigkeit runden die Untersuchung ab[25]. Die Arbeit schließt mit einer Zusammenfassung der gefundenen Ergebnisse in Teil E.

---

20 Hierzu unter D.I.
21 Siehe hierzu unter D.II.
22 Siehe hierzu unter D.III. und IV.
23 Hierzu unter D.V.
24 Hierzu unter D.VI.
25 Hierzu unter D.VII.

B. Das private enforcement

I. Gegenstand und Entwicklung

1. Inhalt des private enforcement

Die Durchsetzung des Kartellverbotes in Deutschland fußt auf zwei unterschiedlichen Regimen. Zentral erfolgt die Durchsetzung durch die hierzu berufenen öffentlichen Institutionen[26], namentlich das Bundeskartellamt, das Bundesministerium für Wirtschaft und Technologie sowie die Landeskartellbehörden. Die zwischen diesen Stellen zu verteilenden Zuständigkeiten finden ihre Regelung in den §§ 48 ff. GWB, wobei § 48 Abs. 2 S. 1 GWB eine grundsätzliche Zuständigkeit des Bundeskartellamtes statuiert, sofern keine ausdrückliche Zuweisung an eine andere Behörde besteht. Auf europäischer Ebene erfolgt die Überwachung und Umsetzung des Kartellverbotes gemäß Art. 105 Abs. 1 S. 1 AEUV durch die Kommission, unter Zuhilfenahme der mitgliedstaatlichen Kartellbehörden. Diese behördliche Dimension der Kartellrechtsdurchsetzung wird als *public enforcement* bezeichnet[27].

Flankiert wird das *public enforcement* durch eine privatrechtliche Dimension, das sog. *private enforcement*. Dieses wiederum besitzt sowohl eine defensive als auch eine offensive Gestalt.

a. Defensive Dimension

In seiner defensiven Ausprägung dient das *private enforcement* dem Kartellanten als Verteidigungsmittel gegen die Inanspruchnahme durch den kartellzugehörigen Vertragspartner. Hierzu kann die Nichtigkeit der ver-

---

26 Spiegelbildlich hierzu verhält sich die Jurisdiktion der USA: Hier stellen privatrechtliche Schadensersatzklagen das Hauptinstrument zur Durchsetzung des Kartellverbotes dar, vgl. *Meyer-Lindemann*, WuW 2011, 1235, 1241; *Hempel*, WuW 2005, 137, 139; *Berrisch/Burianski*, WuW 2005, 878. Zur Vorrangstellung der behördlichen Kartellrechtsdurchsetzung in Deutschland vgl. *Basedow*, WuW 2008, 270.

27 *Meyer-Lindemann*, WuW 2011, 1235.

traglichen Vereinbarung, die dem Wettbewerbsverstoß zugrunde liegt, der Inanspruchnahme eben hieraus entgegengehalten werden. Die Nichtigkeit kartellrechtswidriger Vertragsvereinbarungen folgt auf unionsrechtlicher Ebene aus Art. 101 Abs. 2 AEUV, wonach die Nichtigkeitssanktion ihre Wirkung *ex tunc* und *ex lege* entfaltet[28].

Auf nationaler Ebene ist die Nichtigkeitssanktion Ausfluss des § 1 GWB. Dabei enthält § 1 GWB selbst lediglich einen Verbotstatbestand, der wettbewerbsbeschränkende Vereinbarungen untersagt wissen will. Eine ausdrückliche Rechtsfolge hinsichtlich der zivilrechtlichen Wirksamkeit der jeweiligen Vereinbarung enthält § 1 GWB indes nicht. Ausweislich der Gesetzesmaterialien soll die Nichtigkeit aus den allgemeinen Vorschriften in Gestalt von § 134 BGB folgen[29]. Eine starke Meinung im Schrifttum gibt hingegen einer Nichtigkeitsfolge nach Sinn und Zweck von § 1 GWB selbst ohne die „Hebelwirkung" des § 134 BGB den Vorzug[30]. Ungeachtet dieses dogmatischen Streitstandes hat ein Verstoß gegen § 1 GWB damit zwingend die Nichtigkeit der verbotswidrigen Vereinbarung zur Folge[31], welche der Kartellant seinem Vertragspartner im Falle der Inanspruchnahme aus der Kartellvereinbarung entgegenhalten kann. Gegen diesen Einwand kann dabei nicht zu Felde geführt werden, der in Anspruch genommene Kartellant verhalte sich nach den Grundsätzen von Treu und Glauben arglistig, wenn er sich auf die Nichtigkeit der Vereinbarung beruft. Das öffentliche Interesse an der Wiederherstellung des unbeschränkten Wettbewerbs überlagert in diesem Fall das für sich genommen treuwidrige Verhalten des Kartellanten[32]. Unerheblich ist dabei, ob die Nichtigkeit aus § 1 GWB oder aus Art. 101 Abs. 2 AEUV folgt[33].

Nicht von dieser Nichtigkeitssanktion umfasst sind indes Folgeverträge (Leistungsaustauschverträge) mit kartellfremden Dritten, die nicht der Durchführung der Kartellvereinbarung selbst dienen[34]. Da der Kartellaußenseiter nicht mit der Ungewissheit über die Wirksamkeit der eingegangenen Verträge und damit indirekt mit der Nichtigkeitsfolge des Kar-

---

28 Immenga/Mestmäcker/*Schmidt*, AEUV Art. 101 Rn. 13 und 14.
29 BT-Drs. 13/9720, 46.
30 Immenga/Mestmäcker/*Zimmer*, GWB § 1 Rn. 184 m.w.N.
31 Immenga/Mestmäcker/*Zimmer*, GWB § 1 Rn. 185.
32 BGH, WuW/E 1972 BGH 1226, 1231 f. „*Eiskonfekt*"; OLG Frankfurt a.M., Urt. v. 11.12.2007 - 11 U 44/07 (zitiert nach juris).
33 Immenga/Mestmäcker/*Schmidt*, AEUV Art. 101 Rn. 19.
34 Immenga/Mestmäcker/*Zimmer*, GWB § 1 Rn. 187.

tellverbotes belastet werden soll, bleiben Vertragsverhältnisse, die Kartellfremde mit den Kartellanten schließen, in ihrer Wirksamkeit unberührt[35].
Selbiges gilt sodann folgerichtig für jene Verträge, die kartellfremde Dritte
wiederum selbst mit Abnehmern oder sonstigen Geschäftspartnern schließen, auch wenn der Vertragsgegenstand durch die ursprüngliche Kartellvereinbarung (bspw. eine Preisabsprache) weiterhin bemakelt bleibt.

b. Offensive Dimension

Insbesondere jenen, die von einem Kartellverstoß betroffen sind, jedoch
außerhalb des Kartells selbst stehen, vermittelt das Wettbewerbsrecht keine Verteidigungs-, sondern Angriffsmittel in Gestalt von Beseitigungs-,
Unterlassungs- und Schadensersatzansprüchen. Ihre Regelung finden sie
in § 33 Abs. 1 und 3 GWB, die im Falle eines Verstoßes gegen die Normen des GWB oder die Artt. 101 und 102 AEUV die Geltendmachung
verschiedener Anspruchsarten ermöglichen. Es findet sich dabei eine Differenzierung zwischen Beseitigungs- und Unterlassungsansprüchen gemäß
§ 33 Abs. 1 S. 1 GWB[36] und Schadensersatzansprüchen gemäß § 33 Abs. 3
S. 1 GWB[37]. Die offensive Gestaltung des *private enforcement* erfährt in
§ 33 Abs. 1, 3 GWB demnach wiederum selbst eine Verästelung in Angriffsmittel unterschiedlicher Natur.

aa. Beseitigungs- und Unterlassungsansprüche

Nach § 33 Abs. 1 S. 1 GWB ist derjenige, der gegen Vorschriften des
GWB, die Artt. 101 oder 102 AEUV oder gegen eine Verfügung der Kartellbehörden[38] verstößt, dem Betroffenen zur Beseitigung und, bei Vorhandensein einer entsprechenden Wiederholungsgefahr, zur Unterlassung verpflichtet. Ergänzt wird dieses Reglement durch § 33 Abs. 1 S. 2 GWB, der

---

35 BGH, WuW/E 1956 BGH 152 f. „*Spediteurbedingungen*"; OLG Stuttgart, WuW/E
   1970 OLG 1083, 1089 f. „*Fahrschulverkauf*".
36 Hierzu sogleich unter B.I.1.b.aa.
37 Hierzu unter B.I.1.b.bb. sowie ausführlich unter B.II.1.
38 Nennenswert sind hier insbesondere die konstitutiven Verfügungen gemäß §§ 32d
   und 30 Abs. 3 GWB sowie die deklaratorischen Verfügungen nach §§ 32, 32a
   und 36 GWB, vgl. hierzu Loewenheim/Meessen/Riesenkampff/*Rehbinder*, GWB
   § 33 Rn. 31.

einen vorbeugenden Unterlassungsanspruch bereits dann gewährt, wenn eine hinreichend konkrete Erstbegehungsgefahr besteht[39]. Das Instrumentarium der Unterlassungsansprüche gemäß § 33 Abs. 1 S. 1, 2 GWB folgt damit der allgemeinen Dogmatik von Unterlassungsansprüchen, die bereits dann zur Entstehung gelangen, wenn der erstmalige Verstoß ernsthaft zu erwarten ist[40]. § 33 Abs. 1 S. 2 GWB hat aufgrund dessen lediglich deklaratorischen Charakter.

(1) Aktivlegitimation

Die Anspruchsinhaberschaft knüpft gemäß § 33 Abs. 1 S. 1 GWB an das Merkmal der *Betroffenheit* an[41], das sich in § 33 Abs. 1 S. 3 GWB legaldefiniert findet. Anspruchsberechtigt ist demnach jeder Mitbewerber oder sonstige Marktteilnehmer, der durch den Verstoß beeinträchtigt ist. Grundsätzlich unterliegt das Merkmal der Betroffenheit in § 33 Abs. 1 S. 1 GWB einer weiten Auslegung. Dies liegt in dem Umstand begründet, dass der Gesetzgeber im Rahmen der 7. GWB-Novelle, die u.a. die Anspruchsnorm des § 33 in das GWB einführte, die Vorgaben des *EuGH* aus dem *Courage*-Urteil[42] in das nationale Recht umgesetzt wissen wollte[43]. Der *EuGH* hat hierin ausgeurteilt, dass es die volle Wirksamkeit des Kartellverbotes aus Art. 101 Abs. 1 AEUV beeinträchtigte, wenn *„nicht jedermann Ersatz des Schadens verlangen könnte, der ihm durch einen Vertrag, der den Wettbewerb beschränken oder verfälschen kann, oder durch ein entsprechendes Verhalten entstanden ist"*[44]. Die Auslegung des Merkmals der Betroffenheit ist daher weit vorzunehmen, um diesem Jedermann-Erfordernis des *EuGH* gerecht zu werden.

Die von § 33 Abs. 1 S. 3 Alt. 1 GWB genannten Mitbewerber zeichnen sich dadurch aus, dass sie mit den an dem Kartellverstoß beteiligten Unternehmen auf einem räumlich und sachlich relevanten Markt tatsächlich

---

39 Immenga/Mestmäcker/*Emmerich*, GWB § 33 Rn. 42; BGHZ 117, 264.

40 Jauernig/*Berger*, § 1004 Rn. 11; MüKoBGB/*Baldus*, § 1004 Rn. 289; BGH, NJW 1951, 843.

41 Auf das frühere Merkmal der Schutzgesetzeigenschaft, das die Anwendbarkeit von § 823 Abs. 2 BGB ermöglichte, kommt es nicht mehr an, vgl. Loewenheim/Meessen/Riesenkampff/*Rehbinder*, GWB § 33 Rn. 2.

42 EuGH, Urt. v. 20.09.2001 - Rs. C-453/99, Slg. 2001, I-6297 „*Courage*".

43 Immenga/Mestmäcker/*Emmerich*, GWB § 33 Rn. 11.

44 EuGH, Urt. v. 20.09.2001 - Rs. C-453/99, Slg. 2001, I-6297 „*Courage*" Rn 26.

in Wettbewerb stehen, ungeachtet etwaiger Unterschiede hinsichtlich der Branche oder der Wirtschaftsstufe[45].

Das Tatbestandsmerkmal der sonstigen Marktbeteiligten gemäß § 33 Abs. 1 S. 3 Alt. 2 GWB hat demgegenüber eine Auffangfunktion inne, die gewährleisten soll, dass die Vorgaben aus dem *Courage*-Urteil auf nationaler Ebene bestmöglich zur Geltung gebracht werden und tatsächlich *jedermann* Ersatz seiner kartellbedingten Schäden verlangen kann. Mithin sind sonstige Marktbeteiligte all jene, die in ihrer Eigenschaft als reine Marktteilnehmer[46] von dem Kartellverstoß betroffen sind, insbesondere also Verbraucher und Unternehmen, die in keinerlei Wettbewerb zu dem Kartellanten stehen und infolge dessen keine Mitbewerber sind[47].

Sowohl Mitbewerber als auch sonstige Marktbeteiligte müssen gemäß § 33 Abs. 1 S. 3 GWB *beeinträchtigt* sein, um als aktivlegitimiert angesehen werden zu können. Da die denkbaren Konstellationen durch die vielfältigen Wirkungsweisen von Kartellverstößen zahlreich sind, muss die Beeinträchtigung jeweils im Einzelfall einer sorgfältigen Prüfung unter besonderer Berücksichtigung des Schutzzwecks der jeweils verletzten Norm unterzogen werden. Heuristisch lässt sich jedoch festhalten, dass im Grundsatz jede Verschlechterung der legitimen Marktchance gegenüber einem wettbewerbsgetragenen Markt bzw. jede Beeinträchtigung der Handlungsfreiheit am Markt genügend ist[48]. Auch hinsichtlich des Merkmals der Beeinträchtigung ist dabei stets der Einfluss durch die jüngere Rechtsprechung des *EuGH*, insbesondere durch das *Courage*-Urteil[49], im Blick zu behalten, die eine äußerst weite Auslegung der jeweiligen Tatbestandsmerkmale impliziert, um eine größtmögliche Effizienz des Kartellverbotes zu gewährleisten[50].

---

45 Immenga/Mestmäcker/*Emmerich*, GWB § 33 Rn. 13 unter Heranziehung von § 2 Abs. 1 Nr. 3 UWG.

46 Erforderlich ist eine direkte Funktion als Marktakteur. Es genügt demnach bspw. nicht, lediglich Gesellschafter eines betroffenen Unternehmens zu sein.

47 Reg.-Begr. 2004, S. 35, 53; Immenga/Mestmäcker/*Emmerich*, GWB § 33 Rn. 14.

48 Immenga/Mestmäcker/*Emmerich*, GWB § 33 Rn. 15; vgl. zur weiten Auslegung des Begriffs der Betroffenheit auch Loewenheim/ Meessen/Riesenkampff/*Rehbinder*, GWB § 33 Rn. 10 ff.

49 EuGH, Urt. v. 20.09.2001 - Rs. C-453/99, Slg. 2001, I-6297 „Courage".

50 Immenga/Mestmäcker/*Emmerich*, GWB § 33 Rn. 11 und 15, der davon spricht, dass das Merkmal der Beeinträchtigung „ganz weit zu verstehen" sei.

(2) Inhalt

Die durch § 33 Abs. 1 S. 1 GWB gewährten Unterlassungs- und Beseitigungsansprüche[51] können, dem klassischen Verständnis folgend, zunächst darauf gerichtet sein, die wiederholte Vornahme kartellrechtswidriger Handlungen in der Zukunft zu verhindern[52]. Diese Systematik wird durch § 33 Abs. 1 S. 2 GWB erweitert, der einen Unterlassungsanspruch bereits dann gewährt, wenn der erstmalige Verstoß gegen eine Norm des GWB, die Artt. 101 oder 102 AEUV oder eine Verfügung der Kartellbehörden ernsthaft droht. Der allgemeinen Dogmatik von Unterlassungsansprüchen folgend kann auch im Kartellrecht nicht verlangt werden, dass der Betroffene die Rechtsverletzung erst endgültig abwarten muss, um effektiven Rechtsschutz erlangen zu können[53]. Ein solcher vorbeugender Unterlassungsanspruch kann beispielsweise dergestalt aussehen, dass der Anspruchsinhaber die Unterlassung des Abschlusses eines Stromkonzessionsvertrages verlangen kann, wenn die vom Anspruchsgegner getroffene Auswahlentscheidung einen Missbrauch der marktbeherrschenden Stellung gemäß § 20 Abs. 1 GWB bedeuten würde[54].

Darüber hinaus können die Ansprüche aus § 33 Abs. 1 S. 1, 2 GWB, insbesondere der Beseitigungsanspruch gemäß § 33 Abs. 1 S. 1 Alt. 1 GWB, auch den Charakter eines Leistungsanspruches annehmen. Der Anspruchsinhaber kann mitunter nicht nur die bloße Abstandnahme von einem Tun, sondern ggf. auch eine Leistungsvornahme einfordern. Gedanklicher Ausgangspunkt hierfür ist die Zielrichtung des § 33 Abs. 1 GWB, die darauf ausgerichtet ist, die Wiederherstellung der rechtmäßigen Lage zu gewährleisten. Dies hat zur Folge, dass der Beseitigungsanspruch dem Anspruchsinhaber bisweilen die Einforderung eines Leistungsaustausches ermöglicht. Ein häufig auftretendes Beispiel hierfür ist der Fall einer Liefersperre, die unter Verstoß gegen das Kartellverbot bzw. das Verbot des Marktmachtmissbrauchs erfolgt. Die Literatur nimmt an, der Beseitigungsanspruch sei in diesem Falle auf die Vornahme der Belieferung gerichtet, sodass für den Kartellanten ein gesetzlicher Kontrahierungszwang

---

51 Der Beseitigungsanspruch stellt einen speziellen Unterfall des Unterlassungsanspruchs dar, vgl. Immenga/Mestmäcker/*Emmerich*, GWB § 33 Rn. 43.
52 Immenga/Mestmäcker/*Emmerich*, GWB § 33 Rn. 38.
53 Immenga/Mestmäcker/*Emmerich*, GWB § 33 Rn. 41.
54 LG Düsseldorf, Urt. v. 11.12.2014 - 37 O 96/14 (zitiert nach juris).

bestehe[55]. Demgegenüber vertritt der *BGH* die Auffassung, zumindest bei einem Verstoß gegen das Kartellverbot stünde dem Geschädigten lediglich ein Anspruch auf Geldersatz gemäß § 33 Abs. 3 S. 1 GWB, nicht jedoch ein Belieferungsanspruch zu, da dies nicht vom Schutzzweck des Kartellverbotes umfasst sei[56]. Anders beurteilt der *BGH* dies hingegen im Falle des Marktmachtmissbrauchs[57], in dem er Geschädigten einen Belieferungsanspruch zugesteht[58]. Das Gericht stützt diesen Kontrahierungszwang jedoch, abweichend von der Literatur, nicht auf den Beseitigungsanspruch gemäß § 33 Abs. 1 S. 1 Alt. 1 GWB, sondern, dem Gedanken der Naturalrestitution folgend, auf den verschuldensabhängigen Schadensersatzanspruch gemäß § 33 Abs. 3 S. 1 GWB[59].

Die genaue dogmatische Einordnung des Kontrahierungszwanges bereitet durchaus Schwierigkeiten. *Prima facie* erscheint es dogmatisch zutreffend, die *Nachholung* einer beanspruchten Lieferung als Anwendungsfall der Naturalrestitution zu qualifizieren und den Kontrahierungszwang somit auf § 33 Abs. 3 S. 1 GWB zu stützen, die Vornahme *künftiger* Lieferungen hingegen als Anspruch auf Beseitigung der kartellrechtswidrigen Lage gemäß § 33 Abs. 1 S. 1 Alt. 1 GWB zu betrachten. Dies führte jedoch zu der Konsequenz, dass der Anspruch auf Vornahme vergangener Lieferungen gemäß § 33 Abs. 3 S. 1 GWB verschuldensabhängig wäre, die Vornahme künftiger Lieferungen gemäß § 33 Abs. 1. S. 1 Alt. 1 GWB hingegen nicht. Dieses Ergebnis vermag jedoch nicht zu überzeugen, da beide Ansprüche inhaltlich identisch sind und auf derselben Rechtsverletzung fußen. Erschwerend kommt hinzu, dass der Schadensersatzanspruch in § 33 Abs. 5 S. 1 GWB eine eigene Regelung zur Hemmung der Verjährung erfahren hat. Dogmatisch ist es nicht nachvollziehbar, aus welchem Grunde inhaltlich gleichgerichtete Ansprüche allein aufgrund einer zeitlichen Zäsur derart unterschiedlichen Regelungen unterliegen sollen[60].

Überzeugender erscheint es daher, die gesamte kartellrechtswidrig unterlassene Lieferung als zeitlich gestreckten einheitlichen Vorgang zu betrachten und seine Beseitigung insgesamt § 33 Abs. 1 S. 1 Alt. 1 GWB un-

---

55 Loewenheim/Meessen/Riesenkampff/*Rehbinder*, GWB § 33 Rn. 46; Immenga/Mestmäcker/*Emmerich*, GWB § 33 Rn. 45.
56 BGH, Urt. v. 12.05.1998 - KZR 23/96 „*Depotkosmetik*", EuZW 1998, 766, 767 f. .
57 BGHZ 49, 90 „*Jägermeister II*".
58 *Liesegang*, NZKart 2013, 233, 235.
59 Immenga/Mestmäcker/*Emmerich*, GWB § 33 Rn 45, 56.
60 A.A. *Liesegang*, NZKart 2013, 233, 239.

terzuordnen. Der Beseitigungsanspruch ist darauf gerichtet, eine fortlaufende Quelle rechtswidriger Störungen auszuräumen[61], der Schadensersatzanspruch hingegen will die Kompensation bereits eingetretener Folgen eines Kartellrechtsverstoßes bewirken[62]. Die Aufrechterhaltung einer Lieferverweigerung ist jedoch ein zeitlich gestreckter Vorgang, der von der Vergangenheit in die Zukunft wirkt und damit eine einheitliche fortlaufende Störung darstellt[63]. Es erschiene gekünstelt, diesen Vorgang zeitlich zu zäsieren und zwei unterschiedlichen Regelungskomplexen zu unterwerfen. Vielmehr muss die Lieferverweigerung als fortlaufende Störung dem Beseitigungsanspruch gemäß § 33 Abs. 1 S. 1 Alt. 1 GWB untergeordnet werden, sodass dieser auch die in der Vergangenheit unrechtmäßig verweigerten Lieferungen erfasst[64].

bb. Schadensersatzanspruch

Neben den Beseitigungs- und Unterlassungsansprüchen gemäß § 33 Abs. 1 S. 1, 2 GWB gewährt das Wettbewerbsrecht Kartellbetroffenen einen Schadensersatzanspruch gemäß § 33 Abs. 3 S. 1 GWB. Hiernach ist schadensersatzpflichtig, wer einen Verstoß gegen § 33 Abs. 1 vorsätzlich oder fahrlässig begeht. Der Sache nach handelt es sich um einen deliktischen Anspruch, auf den grundsätzlich die §§ 249 ff. und 823 ff. BGB Anwendung finden[65]. Gleichwohl finden sich in § 33 Abs. 3 S. 2 - 5 GWB Sonderregelungen zum Gesichtspunkt des Schadens und der Verzinsung, darüber hinaus normiert § 33 Abs. 5 GWB eine eigenständige Regelung zur Verjährungshemmung[66].

---

61 Immenga/Mestmäcker/*Emmerich*, GWB § 33 Rn. 44.

62 Immenga/Mestmäcker/*Emmerich*, GWB § 33 Rn. 44.

63 So auch Loewenheim/Meessen/Riesenkampff/*Rehbinder*, GWB § 33 Rn. 61 m.w.N.

64 Immenga/Mestmäcker/*Emmerich*, GWB § 33 Rn. 45; *Emmerich*, AG 2001, 520, 523; Langen/Bunte/*Bornkamm*, GWB § 33 Rn. 95 ff.

65 Loewenheim/Meessen/Riesenkampff/*Rehbinder*, GWB § 33 Rn. 34.

66 Zur Systematik des Schadensersatzanspruches nach § 33 Abs. 3 GWB vgl. unter B.II.1.

§ 33 Abs. 3 GWB bildet nach allgemeinem Verständnis das Herzstück des offensiven *private enforcement*[67] und besitzt nach dem Willen des Gesetzgebers eine Doppelfunktion: Zunächst soll primär die Kompensation kartellbedingter Schäden erreicht werden. Darüber hinaus soll die behördliche Kartellrechtsdurchsetzung im öffentlichen Interesse flankiert werden, indem den Kartellanten eine möglichst weitgehende Verpflichtung zum Ersatz der durch sie verursachten Schäden auferlegt wird und private Marktteilnehmer hierdurch zu Kartellwächtern neben den behördlichen Institutionen werden[68]. Die Kartellbehörden messen privatrechtlichen Schadensersatzklagen aufgrund der Mitteilungspflicht der Gerichte gemäß § 90 GWB zudem eine Hinweisfunktion bei und verstehen sie als Beitrag zur Rechtsfortbildung[69].

2. Chronologie und gegenwärtiger Stand

a. Rechtliche Historie

Im Gegensatz zu den Vereinigten Staaten, die das *private enforcement* seit jeher als Hauptinstrument der Kartellrechtsdurchsetzung kennen[70] und gemeinhin als das Mutterland des Kartellrechts gelten[71], stellt das *private enforcement* - insbesondere in seiner offensiven Ausprägung - in Deutschland ein vergleichsweise neues Phänomen dar, das in der jüngeren Vergangenheit maßgeblich von den Entwicklungen auf unionaler Ebene beeinflusst und geprägt wurde.

Der erste Schritt auf nationaler Ebene zur Schaffung eines wirksamen Wettbewerbsschutzes war die Kartellverordnung von 1923[72]. Sie blieb je-

---

67 Immenga/Mestmäcker/*Schmidt*, Anhang 3: Privatrechtliche Durchsetzung, Rn. 1. Die Norm schließt die Anwendung sonstiger deliktsrechtlicher Vorschriften nicht grundsätzlich aus, geht ihnen jedoch u.U. als Spezialnorm vor. Dies gilt insbesondere für § 823 Abs. 1 und 2 BGB, vgl. Loewenheim/Meessen/Riesenkampff/*Rehbinder*, GWB § 33 Rn. 77.

68 Immenga/Mestmäcker/*Emmerich*, GWB § 33 Rn. 2.

69 *Nietsch*, in: *Nietsch/Weller*, Private Enforcement, 9, 15.

70 90% der Kartellverfolgung erfolgen hier durch privat angestrengte Zivilklagen, vgl. *Meessen*, Schadensersatz bei Verstößen gegen EU-Kartellrecht, 4.

71 *Brinker*, NZKart 2013, 2.

72 Verordnung gegen den Missbrauch wirtschaftlicher Macht vom 02.11.1923, RGBl. I, S. 1067.

doch weitgehend wirkungslos[73], was nicht zuletzt dem Umstand geschuldet war, dass die Verordnung den Kartellbegriff äußerst restriktiv bestimmte[74] und somit nur eine äußerst geringe Abschreckungs- bzw. Sanktionswirkung entfaltete. Die Verordnung folgte überdies dem sog. *Missbrauchsprinzip*, was bedeutet, dass Kartelle bis zu einer gegenteiligen Behördenentscheidung erlaubt waren[75]. Erst an der Schwelle zur Gefährdung des Gemeinwohls konnten Kartelle durch ein Ministerverfahren vor dem neu geschaffenen Kartellgericht aufgehoben werden. Aufgrund der geringen Effizienz der Kartellverordnung wurden Wettbewerbsbeschränkungen daher zunächst auf dem Zivilrechtsweg allein mithilfe des Lauterkeitsrechts bekämpft[76]. Die Bedeutungslosigkeit der Kartellverordnung von 1923 brachte mithin in gewisser Weise eine frühe Form des *private enforcement* hervor, die jedoch auf Verstöße gegen das UWG beschränkt war und gerade keine privatrechtliche Durchsetzung des Kartellverbotes darstellte, da ein solches (abgesehen vom Falle der Gemeinwohlgefährdung) faktisch nicht existent war.

Zu Beginn des Jahres 1958 traten sodann das GWB und der EWG-Vertrag in Kraft. Das GWB enthielt in § 35 Abs. 1 GWB eine Normierung, die eine Schadensersatzpflicht desjenigen statuierte, der schuldhaft gegen eine Vorschrift des GWB verstieß, die den Schutz eines anderen bezweckte. § 35 Abs. 1 GWB in der Fassung von 1958 ähnelte damit § 823 Abs. 2 BGB, entscheidend war insbesondere der Schutzgesetzcharakter der verletzten Norm[77].

aa. Unionsrechtliche Historie

Der zeitgleich mit dem GWB in Kraft getretene EWG-Vertrag enthielt in den Artt. 85 Abs. 1 und 86 EWGV (nunmehr Artt. 101 und 102 AEUV) Regelungen zur Nichtigkeit kartellrechtswidriger Vereinbarungen. Normierungen über eine Pflicht zur Kompensation kartellbedingter Schäden fehlten indes gänzlich. Auch die Kartellverfahrensverordnung 17/62 EG[78],

---

73 *Glöckner*, wrp 2015, 410.
74 *Heinemann*, Immaterialgüterschutz in der Wettbewerbsordnung, 130.
75 *Heinemann*, Immaterialgüterschutz in der Wettbewerbsordnung, 130.
76 *Glöckner*, wrp 2015, 410; RGZ 134, 342, 347 „*Benrather Tankstellen*".
77 Hierzu sogleich unter B.I.2.a.bb.
78 Verordnung Nr. 17 des Rates v. 6.2.1962, ABl. Nr. 13 v. 21.2.1962, 204/62.

die auf Grundlage des sog. *Deringer-Berichtes*[79] erging, enthielt keinerlei Regelungen über eine mögliche privatrechtliche Sanktion bei Verstößen gegen die Artt. 85 Abs. 1, 86 EWGV. So verhielt es sich, dass bis Anbeginn der 1970er Jahre angenommen wurde, das gemeinschaftsrechtliche Kartellrecht diene allein der Funktionsfähigkeit des Wettbewerbs, Individualrechtsschutz vermittele es den einzelnen Marktteilnehmern hingegen nicht[80]. Gleichwohl wurde bereits in den 1960er Jahren wissenschaftlich beleuchtet, dass auch die Marktteilnehmer selbst einen effektiven Beitrag zur Durchsetzung des Wettbewerbsrechts leisten könnten[81]. Gesetzgeberische oder judizielle Folgen wurden aus dieser Feststellung jedoch zunächst nicht gezogen. Erst die Entscheidung des *EuGH* in der Sache *BRT/Sabam* führte zu der Erkenntnis, dass die Artt. 85 Abs. 1 und 86 EWGV auch zwischen den einzelnen Marktteilnehmern Geltung beanspruchen und ihnen Rechte vermitteln, die von den mitgliedstaatlichen Gerichten zu wahren sind[82]. Eine relevante praktische Bedeutung erlangte dieser Urteilsspruch dennoch nicht. In einer Studie von *Clifford Jones* aus dem Jahre 1999 wurde festgestellt, dass innerhalb der Europäischen Union kein rechtskräftiges Urteil eines Obergerichtes existiert, das einen Schadensersatzanspruch wegen Verstoßes gegen europäisches Kartellrecht zuspricht[83].

Einen Wendepunkt markierte sodann die vielbeachtete Entscheidung des *EuGH* in der Sache *Crehan/Courage*[84]. Die Kernaussage dieser Entscheidung liegt in der Feststellung, dass es die volle Wirksamkeit des Art. 81 EGV (ex-Art. 85 EWGV, nunmehr Art. 101 AEUV) beeinträchtigte, wenn nicht jedermann Anspruch auf Ersatz des Schadens hat, der ihm durch ein wettbewerbsbeschränkendes Verhalten entstanden ist. Der *EuGH* entwickelte damit aus dem *effet utile* ein konkret kartellrechtliches Effektivitätsgebot und betrachtet die Durchsetzbarkeit privatrechtlicher

---

79 Bericht in Namen des Binnenmarktausschusses, Dok. 104/1960-61, Europäisches Parlament, Sitzungsdokument 1961-1962, 7.9.1961, Dok. 57.
80 *Meessen*, Schadensersatz bei Verstößen gegen EU-Kartellrecht, 3.
81 *Brinker*, NZKart 2013, 2, 8.
82 EuGH, Urt. v. 27.03.1974 - Rs. C-127/73, Slg. 1974, 51, 62; *Meessen*, Schadensersatz bei Verletzung von EU-Kartellrecht, 4.
83 *Mäsch*, EuR 2003, 825, 828 f.
84 EuGH, Urt. v. 20.09.2001 - Rs. C-453/99, Slg. 2001, I-6297 „*Courage*".

Schadensersatzansprüche als substantiellen Baustein für die volle Wirksamkeit des unionsrechtlichen Kartellverbotes[85].

Diese Grundsatzentscheidung generierte eine neue Dynamik im Bereich des *private enforcement*. Auf Unionsebene folgte auf die *Courage*-Entscheidung zunächst die VO 1/2003[86]. Sie führte in Art. 1 zu einem Paradigmenwechsel dahingehend, dass das aus der VO 17/62 bekannte Genehmigungssystem auf ein System der gesetzlichen Ausnahme umgestellt wurde[87]. Hiermit bezweckte die Kommission insbesondere, Ressourcen für ihr eigenes *public enforcement* freizusetzen[88]. Richtungsweisende Regelungen zu privaten Kartellschadensersatzklagen hielt die Verordnung hingegen nicht bereit. Enthalten waren lediglich Normierungen zur direkten Anwendung der Artt. 81, 82 EGV durch die nationalen Gerichte[89] sowie Regelungen hinsichtlich der Zusammenarbeit zwischen den mitgliedstaatlichen Gerichten und der Kommission, der die Rolle eines *amicus curiae* zugewiesen wurde[90]. Eine spürbare Besserung der prozessualen Stellung privater Kläger war hiermit nicht verbunden, da diese Normierungen größtenteils deklaratorischen Charakter aufwiesen. Die Pflicht zur Anwendung der Artt. 81, 82 EGV durch die mitgliedstaatlichen Gerichte folgte bereits aus der unmittelbaren Anwendbarkeit dieser Vorschriften und auch

---

85 Diese Rechtsprechung führte der EuGH später durch die verb. Rs. C-295/04 bis C-298/04 „*Manfredi*" fort, indem er urteilte, dass jedermann Ersatz des ihm durch das Kartell entstandenen Schadens verlangen kann, wenn zwischen diesem und dem Kartell nur ein ursächlicher Zusammenhang besteht. Mit dieser Entscheidung bezog der EuGH auch Kartellaußenseiter in den Kreis der Anspruchsberechtigten ein, während er in dem Urteil „*Courage*" zunächst nur über Ansprüche der am Kartell beteiligten Unternehmen untereinander entschieden hatte. Zu den zivilrechtlichen Ausgleichsansprüchen der Kartellbeteiligten nach der Entscheidung „*Courage*" vgl. *Wurmnest*, RIW 2003, 896.

86 Verordnung (EG) Nr. 1/2003 des Rates vom 16 Dezember 2002 zur Durchführung der in den Artikeln 81 und 82 des Vertrages niedergelegten Wettbewerbsregeln, ABl. L 001 vom 04.01.2003, 1.

87 Einzel- oder Gruppenfreistellungen nach Art. 81 Abs. 3 EGV (nunmehr Art. 101 Abs. 3 AEUV) waren nach der VO 17/62 einem Genehmigungsvorbehalt durch die Kommission unterstellt. Art. 1 VO 1/2003 statuiert demgegenüber eine gesetzliche Ausnahme hinsichtlich dieser Freistellungen und überlässt die Prüfung nunmehr den Unternehmen selbst ohne Genehmigungsverfahren vor der Kommission.

88 *Schweitzer*, NZKart 2014, 1.

89 Art. 6 VO 1/2003.

90 Art. 15 Abs. 1 VO 1/2003.

die Kooperation zwischen Gerichten und Kommission ist bereits Ausfluss des Grundsatzes der loyalen Zusammenarbeit gemäß Art. 4 EUV[91].

Der nächste Schritt seitens der Kommission war die Initiative „*actions for damages*", die unter anderem die bereits erwähnte *Ashurst-Studie* hervorbrachte. Sie zog das Fazit, dass die private Kartellrechtsdurchsetzung in Europa, insbesondere in Gestalt von Schadensersatzklagen, erheblich unterentwickelt sei[92]. Im Nachgang hierzu ließ die Kommission sodann ein Grünbuch[93] und ein Weißbuch[94] folgen, in denen jeweils für eine Verbesserung der rechtlichen Rahmenbedingungen für die Durchsetzung von Schadensersatzansprüchen im Zusammenhang mit Verstößen gegen unionales Wettbewerbsrecht plädiert wurde. Darüber hinaus hat die Kommission einen „praktischen Leitfaden" zur Schadensermittlung bei Verstößen gegen europäisches Kartellrecht geschaffen[95]. Gemeinsames Kind dieser Bemühungen ist nunmehr die Richtlinie 2014/104/EU vom 26. November 2014[96]. Sie bildet den vorläufigen Höhepunkt der Bestrebungen zur Effektuierung und Stärkung des *private enforcement* durch die Kommission und ist durch die Mitgliedstaaten bis zum 27. Dezember 2016 in nationales Recht umzusetzen.

bb. Nationale Historie

Ähnlich dynamisch verhielt sich der nationale Gesetzgeber. Wie bereits erwähnt, enthielt das GWB in seiner Urform von 1958 zunächst die zentrale Anspruchsnorm des § 35 Abs. 1 GWB a.F., die eine Schadensersatzpflicht desjenigen normierte, der schuldhaft gegen eine drittschützende Norm des GWB verstieß. Auch hier ging die herrschende Meinung bis Anfang der 1970er Jahre davon aus, dass insbesondere das Kartellverbot gemäß § 1 GWB nicht den Individualschutz der übrigen Marktteilnehmer bezwecke

---

91 Immenga/Mestmäcker/*Ritter*, VO 1/2003 Art. 6 Rn. 1, Art. 15 Rn. 1.

92 *Meyer-Lindemann*, WuW 2011, 1235, 1243.

93 Grünbuch: Schadensersatzklagen wegen Verletzung des EU-Wettbewerbsrechts v. 19.12.2005, KOM (2005) 672 endg.

94 Weißbuch: Schadensersatzklagen wegen Verletzung des EU-Wettbewerbsrechts v. 2.4.2008, KOM (2008) 165 endg.

95 Mitteilung der Kommission zur Ermittlung des Schadensumfangs bei Schadensersatzklagen wegen Zuwiderhandlungen gegen Artikel 101 oder 102 des Vertrages über die Arbeitsweise der Europäischen Union, 2013/C 167/07.

96 Vgl. hierzu ausführlich unter D.

und somit kein Schutzgesetz sei, das zur Vermittlung von Schadensersatzansprüchen herangezogen werden kann[97]. Dies verwundert insoweit, als
dass der Gesetzgeber bereits im Jahre 1957, als das GWB aus der Taufe
gehoben wurde, der privaten Kartellrechtsdurchsetzung eine entscheidende Rolle zusprach[98] und es infolge dessen dem gesetzgeberischen Willen
entsprochen hätte, den Normen des GWB und insbesondere § 1 GWB eine
entsprechende Schutzgesetzqualität zuzusprechen. Die generelle Vernei-
nung der Schutzgesetzeigenschaft endete erst mit der Entscheidung des
BGH in der Sache *Krankenhaus-Zusatzversicherung*[99], die dazu führte,
dass die Schutzgesetzqualität fortan jeweils einzelfallabhängig zu beurteilen war. Der *BGH* stellte dabei hinsichtlich § 1 GWB die Maxime auf,
dass sich die Kartellabsprache gezielt gegen bestimmte Abnehmer oder
Lieferanten richten müsse, um einen Individualschutz aus der Norm ableiten zu können[100].

Mit der 6. GWB-Novelle 1998 wurde § 35 Abs. 1 durch § 33 S. 1 GWB
ersetzt. Dieser regelte fortan, dass derjenige, der gegen eine drittschützende Vorschrift des GWB oder Verfügung der Kartellbehörden verstößt, dem
Geschädigten zur Unterlassung und im Falle des schuldhaften Handelns
auch zum Schadensersatz verpflichtet ist. Wesentliche Problematik dieses
Schadensersatz- bzw. Unterlassungsanspruchs war aus Klägersicht weiterhin das Erfordernis des Drittschutzes. Die Wettbewerbsnorm oder Verfügung, der zuwider gehandelt wurde, musste stets den Schutz eines anderen
Marktteilnehmers *bezwecken*. Oftmals scheiterten private Schadensersatzklagen an dem damit einhergehenden Erfordernis, dass sich das kartell-
widrige Verhalten gezielt gegen einzelne Abnehmern oder Lieferanten
richten musste. Der Kreis der Anspruchsberechtigten wurde durch diese
Voraussetzung erheblich begrenzt, insbesondere Ansprüche der Marktgegenseite bestanden nur hinsichtlich Submissions- und Nachfragekartellen
sowie im Falle des kollektiven Boykotts[101].

Ähnlich zeichnete sich das Bild bei Verstößen gegen das unionale Kartellrecht. Anspruchsgrundlage war in diesen Fällen § 823 Abs. 2 S. 1 BGB
i.V.m. Art. 81 EGV (ex-Art. 85 EWGV, nunmehr Art. 101 AEUV). Da

---

97 *Glöckner*, wrp 2015, 410, 411.
98 Bgr. RegE, BT-Drucks. 2/1158 v. 22.01.1955.
99 BGH, Urt. v. 04.04.1975 - KZR 6/74, WuW/E 1975, 1361, 1365.
100 BGH, Urt. v. 25.01.1983 - KZR 12/81, WuW/E BGH 1985, 1988 „*Familienzeit-
    schrift*".
101 *Hempel*, WuW 2004, 362, 363.

§ 823 Abs. 2 S. 1 BGB eine ähnliche Systematik aufweist wie § 35 Abs. 1 bzw. § 33 Abs. 1 GWB a.F., war auch hier erforderlich, dass sich die kartellrechtswidrige Maßnahme gezielt gegen einen bestimmten Wettbewerber richtete[102]. Private Schadensersatzkläger standen demnach sowohl bei Verstößen gegen nationales als auch bei Verstößen gegen europäisches Kartellrecht vor der Hürde der Eröffnung des Schutzbereichs der jeweils verletzten Wettbewerbsnorm[103].

Eine gänzliche Neustrukturierung erfuhr § 33 GWB sodann durch die 7. GWB-Novelle 2005, mit deren Hilfe der Gesetzgeber die von der Kommission betriebene Reformierung des Unionskartellrechts auch auf nationaler Ebene verwirklichen wollte[104]. Die Neuformierung des § 33 GWB wird mitunter als gesetzgeberischer Meilenstein betrachtet[105]. Tatsächlich findet sich in § 33 GWB eine äußerst klägerfreundliche Norm. Zunächst wurde die Bindungswirkung behördlicher und gerichtlicher Entscheidungen gemäß § 33 Abs. 4 GWB eingeführt, die private Kläger im Falle von sogenannten *follow-on-Klagen* vom Nachweis des Kartellrechtsverstoßes befreit. Zudem ließ der Gesetzgeber das bisherige Schutzgesetzerfordernis fallen, um der Jedermann-Doktrin des *EuGH* aus dem *Courage*-Urteil[106] gerecht zu werden[107] und knüpfte die Aktivlegitimation stattdessen an das Merkmal der Betroffenheit[108]. Weitere maßgebliche Neuerungen waren die Möglichkeit zur gerichtlichen Schadensschätzung im Wege des § 287 ZPO gemäß § 33 Abs. 3 S. 3 GWB und die Feststellung nach § 33 Abs. 3 S. 2 GWB, wonach die Abwälzung des kartellbedingten Schadens auf nachgelagerte Wirtschaftsstufen (sog. *passing-on-defence*) der Feststellung eines Schadens nicht entgegensteht[109]. Zudem wurde der Anwendungsbereich des § 33 Abs. 1 S. 1 GWB um die Verletzung unionalen Kar-

---

102 BGH, WuW/E BGH 1643, 1645 „*BMW-Importe*".
103 *Lübbig*, wrp 2004, 1254, 1255.
104 Vgl. nur Begr. zu § 33 Abs. 1 GWB, BT-Drs. 15/5049, 49.
105 *Glöckner*, wrp 2015, 410, 412, der von einer „bahnbrechenden Wirkung" spricht; ebenso *Brinker*, NZKart 2013, 2, der § 33 in seiner Fassung nach der 7. GWB-Novelle „zukunftsweisende Bedeutung" beimisst.
106 EuGH, Urt. v. 20.09.2001 - Rs. C-453/99, Slg. 2001, I-6297 „*Courage*".
107 Immenga/Mestmäcker/*Emmerich*, GWB § 33 Rn. 7.
108 Vgl. hierzu unter B.I.1.b.aa.(1).
109 Bei der sog. *passing-on-defence* handelt es sich nach dem Willen des Gesetzgebers generell nicht um ein Problem der Schadensentstehung, sondern der Vorteilsausgleichung, vgl. Immenga/Mestmäcker/*Emmerich*, GWB § 33 Rn. 7.

tellrechts erweitert, indem nun auch Verstöße gegen die Artt. 101, 102 AEUV unmittelbar über § 33 Abs. 1 S. 1 GWB sanktionierbar sind.

Die vorerst letzte Anpassung auf nationaler Ebene erfolgte mit der 8. GWB-Novelle 2013, die eine Erstreckung des Klagerechts auf Verbände der Marktgegenseite gemäß § 33 Abs. 2 Nr. 1 GWB und auf Verbraucherverbände gemäß § 33 Abs. 2 Nr. 2 GWB mit sich brachte.

b. Status Quo

Aktuell mangelt es an einer umfassenden Erhebung über den derzeitigen Stand des *private enforcement* in Deutschland. Seit Veröffentlichung der in Fachkreisen vielfach erwähnten *Ashurst-Studie*[110] sind mehr als 10 Jahre vergangen und insbesondere die 7. GWB-Novelle 2005 mit ihren tiefgreifenden Änderungen[111] hat dazu geführt, dass die durch die *Ashurst-Studie* getroffenen Feststellungen inzwischen nicht mehr uneingeschränkt Geltung beanspruchen dürften. Zudem wies die Studie die Besonderheit auf, dass sie allein solche Schadensersatzklagen in den Blick nahm, die auf einen Verstoß gegen Art. 81 EG (nunmehr Art. 101 AEUV) gestützt waren[112] und infolgedessen von vornherein nicht geeignet war, ein abschließendes Bild über die offensive Ausprägung des *private enforcement* in Deutschland zu vermitteln. Man muss sich daher mit einem eigenen Blick auf die gerichtliche Wirklichkeit behelfen, um einen Eindruck von der derzeitigen Bedeutung des *private enforcement* in Deutschland zu erhalten.

Vor Inkrafttreten der 7.GWB-Novelle sahen sich private Schadensersatzkläger mit der althergebrachten Struktur des § 33 Abs. 1 GWB a.F. konfrontiert, die sich oftmals, wie gezeigt, als stumpfes Schwert erwies. Ebenso verhielt es sich mit Klagen, die auf § 823 Abs. 2 S. 1 BGB gestützt wurden; beide Anspruchsgrundlagen setzten jeweils die Zielgerichtetheit des Wettbewerbsverstoßes voraus und waren infolge dessen für Kartellgeschädigte nur selten zielführend. Zwangsläufig tendierte die praktische Bedeutung privater Kartellschadensersatzklagen gen Null[113]. Auch im Nachgang zur 7. GWB-Novelle 2005 wurde trotz der geschaffenen Er-

---

110 Vgl. unter Fn. 6.
111 Vgl. hierzu vorangehend unter B.I.2.a.
112 Langen/Bunte/*Bornkamm*, GWB § 33 Rn. 3.
113 *Möschel*, WuW 2007, 483, 484; Langen/Bunte/*Bornkamm*, GWB § 33 Rn. 6.

leichterungen für private Schadensersatzklagen angenommen, Unternehmen nähmen sich nicht in relevantem Ausmaß gegenseitig für Kartellrechtsverstöße in Anspruch[114].

Die gerichtliche Realität vermittelt indes ein anderes Bild. Im Zeitraum von 2005 bis 2007 und damit unmittelbar im Anschluss an die 7. GWB-Novelle wurden in Deutschland 368 Kartellzivilsachen anhängig gemacht[115]. Diese Entwicklung setzte sich in den folgenden Jahren fort. Das Bundeskartellamt verzeichnete allein in den Jahren 2011 und 2012 insgesamt 311 Kartellzivilklagen[116], in den Jahren 2013 und 2014 sodann 322[117]. Dies allein sagt indes wenig über die tatsächliche Anzahl privater Kartellschadensersatzklagen aus, da unter den Oberbegriff der „Kartellzivilsachen" sämtliche privaten Rechtsstreitigkeiten gefasst werden, in denen sich die Parteien offensiv oder defensiv, ausschließlich oder partiell, auf wettbewerbsrechtliche Gesichtspunkte berufen[118]. Das Raster, durch das private Rechtsstreitigkeiten nach der Mitteilungspflicht gemäß § 90 GWB an das Bundeskartellamt gelangen, ist damit verhältnismäßig grob, da es ausreichend ist, dass es sich um eine Kartellrechtssache i.S.v. § 87 Abs. 1 GWB handelt[119]. Zum Gesichtspunkt der privaten Kartellschadensersatzklagen äußert das Bundeskartellamt lediglich die Feststellung, dass der Schwerpunkt der Kartellzivilsachen weiterhin in den Bereichen der Liefer- und Geschäftsverweigerung bzw. der Geltendmachung von vertraglichen Ansprüchen unter dem Aspekt der Wirksamkeit der Verträge liege[120]. Gleichwohl wird hervorgehoben, dass insbesondere *follow-on-Klagen* im Bereich von *Hardcore-Kartellen* stetig zunähmen[121] und sich die Geltendmachung von Schadensersatzforderungen nach vorangegangenen behördlichen Entscheidungen im Unternehmerbereich vom Ausnahme- zum Regelfall wandele[122]. Die Bundesregierung sieht Deutschland

---

114 *Bulst*, NZKart 2013, 433.
115 *Peyer*, Myths and Untold Stories, 27.
116 *Bundeskartellamt*, Tätigkeitsbericht 2011/2012, 42.
117 *Bundeskartellamt*, Tätigkeitsbericht 2013/2014, 34.
118 *Bundeskartellamt*, Tätigkeitsbericht 2013/2014, 34.
119 Ausführlich hierzu Immenga/Mestmäcker/*Schmidt*, GWB § 87 Rn. 11 ff.
120 *Bundeskartellamt*, Tätigkeitsbericht 2011/2012, 42
121 *Bundeskartellamt*, Tätigkeitsbericht 2011/2012, 42.
122 *Bundeskartellamt*, Tätigkeitsbericht 2013/2014, 34, das auch darauf hinweist, dass Unternehmen wie z.B. die Deutsche Bahn AG inzwischen hausinterne Einheiten zur Geltendmachung dieser Schadensersatzforderungen schaffen.

gar als Vorreiter in Europa im Bereich der privaten Kartellrechtsdurchsetzung[123].

Tatsächlich streitet die gerichtliche Sachlage für diese Annahme. Einige prominente *follow-on-Klagen* der vergangenen Jahre wurden vor deutsche Gerichte getragen, dabei u.a. die Verfahren *Berliner Transportbeton*[124], *Zement*[125], *Selbstdurchschreibepapier*[126], *Arzneimittelpreise*[127], *Bleichmittel*[128] und *Autoglas*[129]. Als weitere allein im Zeitraum 2013/2014 erhobene *follow-on-Klagen* nennt das Bundeskartellamt Schadensersatzklagen im Nachgang zu den Kartellen *Schienen-Privatmarkt, Spanplatten, Euro-Zinsderivate, Zucker, Betonrohre, Bauglas, Feuerwehrfahrzeuge*[130], *Hydranten, Kaffeeröster, Aufzüge und Fahrtreppen*[131] und etliche mehr[132].

Die bloße Anzahl erhobener Klagen lässt dabei freilich keine Rückschlüsse auf deren Erfolgsaussichten. bzw. die tatsächliche Durchsetzbarkeit kartellrechtlicher Schadensersatzansprüche zu. Dennoch zeigt sich deutlich, dass der Markt *follow-on-Klagen* als juristisches Werkzeug zur Durchsetzung des Wettbewerbsrechts und insbesondere zur Kompensation der entstandenen Schäden verstärkt wahrnimmt und die vorhandenen juristischen Möglichkeiten vermehrt nutzt. Das *private enforcement* ist daher mehr denn je in der gerichtlichen Wirklichkeit angekommen und bildet, auch dank der Neuerungen durch die 7. GWB-Novelle, inzwischen eine feste Säule zur Durchsetzung des Wettbewerbsrechts. Es steht zu erwarten, dass dieser Bedeutungszuwachs fortdauern wird, denn insbesondere *follow-on-Klagen* ist regelmäßig ein umfangreiches behördliches Verfahren vorgeschaltet, sodass diese Klagen stets mit einer gewissen zeitli-

---

123 *Bundesregierung*, Antwort v. 19.03.2012 auf die Kleine Anfrage betreffend die Durchsetzung kollektiver Verbraucherinteressen, BT-Drs. 17/9022, 5.

124 KG Berlin, Urt. v. 01.10.2009 - 2 U 10/03.

125 OLG Düsseldorf, Urt. v. 18.02.2015 - VI-U (Kart) 3/14.

126 BGH, Urt. v. 28.06.2011 - KZR 75/10 „ORWI", NJW 2012, 928.

127 OLG Frankfurt a.M., Urt. v. 21.12.2010 - 11 U 37/09.

128 Anhängig LG Dortmund - 13 O (Kart) 23/09.

129 LG Düsseldorf, Urt. v. 19.11.2015 - 14d O 4/14.

130 LG Mannheim, Urt. v. 04.05.2012 - 7 O 436/11.

131 Die Deutsche Bahn hat im Dezember 2012 vor dem LG Frankfurt a.M. Klage erhoben mit einem Schadensersatzbegehren von 850 Mio. €. Im April 2013 einigte sie sich mit dem nicht beklagten Kronzeugen Voestalpine auf eine Zahlung von 50 Mio. €. Im November 2013 erfolgte dann eine Einigung mit der beklagten Thyssen-Krupp AG über eine Zahlung in Höhe von 150 Mio. €, vgl. *Jungermann*, WuW 2014, 4.

132 *Bundeskartellamt*, Tätigkeitsbericht 2013/2014, 34.

chen Verzögerung erhoben werden. Die endgültigen Auswirkungen der 7. GWB-Novelle und der bisherigen unionsrechtlichen Bemühungen werden sich daher voraussichtlich erst im Verlauf der nächsten Jahre vollständig offenbaren. Welchen Einfluss die Kartellschadensersatzrichtlinie auf die Bedeutung der privaten Kartellrechtsdurchsetzung insgesamt haben wird, ist kaum abzusehen und bleibt abzuwarten. Die bloße Existenz der Richtlinie streitet jedoch für die inzwischen erhebliche praktische Bedeutung des *private enforcement.*

c. Zwischenergebnis

Die aufgezeigte Chronologie verdeutlicht, dass die Relevanz des *private enforcement* in Gestalt privater Schadensersatzklagen in den vergangenen Jahren ein beachtliches Wachstum erfahren hat. Es ist anzunehmen, dass diese Dynamik weiter andauern und dem *public enforcement* zukünftig eine noch stärkere Flankierung durch das *private enforcement* zuteil werden wird. Umso bedeutender ist es, die Konturenschärfe des rechtlichen Rahmens weiter zu stärken und beide Systeme einem juristischen Gleichgewicht zuzuführen.

II. Allgemeine Systematik und besondere Beweisrechtsproblematik

Im Folgenden wird die dogmatische Struktur des § 33 Abs. 3 S. 1 GWB[133], in der sich private Kartellschadensersatzklagen bewegen, in dem zur Förderung des Problemverständnisses erforderlichen Rahmen dargestellt[134].

---

133 Die nachfolgende Darstellung nimmt allein die deutsche Rechtslage in den Blick und steht unter der Prämisse, dass deutsche Gerichte für die erhobene Schadensersatzklage zuständig sind und das deutsche Recht Anwendung findet. Da Kartelle jedoch häufig grenzüberschreitend agieren, ist der Erhebung einer Schadensersatzklage regelmäßig die hier nicht zu vertiefende Frage der internationalen Zuständigkeit und des anwendbaren Rechts vorgeschaltet. Vgl. dazu *Wurmnest,* EuZW 2012, 933; *ders.,* in: *Nietsch/Weller,* Private Enforcement, 75 (zur Wirkung von Gerichtsstandsvereinbarungen im grenzüberschreitenden Kartellprozess) sowie *Weller,* in: *Nietsch/Weller,* Private Enforcement, 49 (zur Frage der internationalen Zuständigkeit am inländischen Deliktsgerichtsstand).

134 Vgl. zur ausführlichen Darstellung Langen/Bunte/*Bornkamm,* GWB § 33 Rn. 1 ff. und Rn. 99 ff. Soweit im Folgenden vom „*private enforcement*" gesprochen wird,

Dem schließt sich eine ausführliche Darstellung der Beweisproblematik privater Kartellschadensersatzklagen an. Sie bildet den Stein des Anstoßes für das Begehren privater Schadensersatzkläger, auf die im Besitz der Kartellbehörden befindlichen Kronzeugenerklärungen zugreifen zu können.

1. Der Schadensersatzanspruch gemäß § 33 Abs. 3 S. 1 GWB

a. Kartellrechtsverstoß

§ 33 Abs. 3. S. 1 GWB setzt zunächst, in Verweisung auf § 33 Abs. 1 S. 1 GWB, einen Verstoß gegen eine Norm des GWB, die Artt. 101, 102 AEUV oder eine Verfügung der Kartellbehörden voraus. Die relevanten Verfügungen der Kartellbehörden bilden dabei die konstitutiven Verfügungen gemäß §§ 30 Abs. 3, 31b Abs. 3, 32d und 36 GWB sowie die deklaratorischen Verfügungen, insbesondere jene der §§ 32, 32a und 32b GWB[135].

Weiterhin erfasst § 33 Abs. 3 S. 1 GWB Verstöße gegen das unionsrechtliche Kartellverbot gemäß Art. 101 AEUV und das unionsrechtliche Verbot des Missbrauchs einer marktbeherrschenden Stellung gemäß Art. 102 AEUV. Verstöße gegen Verbotsnormen des GWB, die im Wege des § 33 Abs. 3 S. 1 GWB sanktionierbar sind, bilden insbesondere solche gegen §§ 1, 19, 20 und 29 GWB.

b. Verschulden

Der kartellrechtliche Verstoß muss, der grundsätzlichen schadensersatzrechtlichen Systematik entsprechend, schuldhaft begangen werden. Der Kartellant muss demnach vorsätzlich oder fahrlässig handeln, die §§ 276 ff. BGB finden insoweit Anwendung[136]. Das Verschuldenserfordernis bildet aus Sicht des Schadensersatzklägers eine vergleichsweise leicht zu überwindende Hürde, da die nationale Rechtsprechung einen äußerst

---

ist damit ausschließlich die offensive Dimension, also die gerichtliche Durchsetzung wettbewerbsrechtlicher Schadensersatzansprüche, gemeint.

135 Immenga/Mestmäcker/*Emmerich*, GWB § 33 Rn. 27.
136 Immenga/Mestmäcker/*Emmerich*, GWB § 33 Rn. 47.

strengen Sorgfaltsmaßstab heranzieht[137]. Sofern der Schädiger sein Handeln für rechtmäßig erachtet, muss ihn die Vorwerfbarkeit des Rechtsirrtums treffen, um der Schadensersatzpflicht ausgesetzt zu sein[138]. Vorwerfbar ist der Irrtum, wenn der Schädiger bei Anwendung der im Verkehr erforderlichen Sorgfalt mit einer anderen Beurteilung seines Verhaltens durch die Gerichte rechnen musste. Die fehlerhafte Beurteilung noch nicht entschiedener Rechtsfragen ist dabei nicht bereits dann entschuldigt, wenn die unzutreffende Rechtsauffassung ernsthaft vertreten werden kann[139]. Dem Kartellanten wird mithin das Risiko einer zweifelhaften Rechtslage aufgebürdet. Entschuldbar ist der Rechtsirrtum nur dann, wenn der Schädiger mit einer abweichenden Beurteilung der Rechtslage durch die Gerichte unter keinen Umständen rechnen musste[140]. Dies dürfte nur äußerst selten der Fall sein. Gänzlich ausgeschlossen ist der Einwand des Rechtsirrtums zudem bei unanfechtbaren Verfügungen der Kartellbehörden[141].

Vereinzelt wird vertreten, vor dem Hintergrund des *effet utile* sei bei Verstößen gegen die Artt. 101 und 102 AEUV ein Verschuldenserfordernis entbehrlich[142]. Dem folgt die überwiegende Meinung bisher nicht und fordert auch bei Verstößen gegen die Artt. 101 und 102 AEUV ein entsprechendes Verschulden nach Maßgabe der §§ 276 ff. BGB[143].

c. Passivlegitimation

Die Schadensersatzpflicht des § 33 Abs. 3 S. 1 GWB obliegt demjenigen, der den schuldhaften Verstoß gegen die Vorschrift des GWB, die behördliche Verfügung oder die Artt. 101, 102 AEUV begangen hat. Entscheidend ist demnach, wer Adressat des gesetzlichen bzw. behördlichen Ge- oder Verbotes ist. In der Mehrzahl der Fälle sind dies ausschließlich Unternehmen, sodass regelmäßig allein diese passivlegitimiert und damit Träger der Schadensersatzpflicht sind[144]. Da § 33 Abs. 3 S. 1 GWB seinem Wesen

---

137 *Wesselburg*, Drittschutz bei Verstößen gegen das Kartellverbot, 163.
138 Langen/Bunte/*Bornkamm*, GWB § 33 Rn. 105.
139 BGH, Urt. v. 16.12.1986 - KZR 36/85, WuW/E BGH 2341, 2344 f. „*Taxizentrale Essen*".
140 Immenga/Mestmäcker/*Emmerich*, GWB § 33 Rn. 48.
141 Langen/Bunte/*Bornkamm*, GWB § 33 Rn. 105.
142 *Roth*, in: FS Gerhardt, 815, 830.
143 Immenga/Mestmäcker/*Emmerich*, GWB § 33 Rn. 49 m.w.N.
144 Immenga/Mestmäcker/*Emmerich*, GWB § 33 Rn. 30.

nach eine deliktsrechtliche Haftungsnorm bildet, erfordert er jedoch die Handlung einer natürlichen Person[145]. Im Falle von Handelsgesellschaften und juristischen Personen ist daher für die Frage der wettbewerbswidrigen Handlung auf ihre Organe abzustellen, deren Verhalten sodann gemäß § 31 BGB als Handlung der Gesellschaft selbst betrachtet wird[146].

Neben dieser grundsätzlichen Systematik stellt sich in jeweils unterschiedlichen Schattierungen die Frage nach der Verantwortlichkeit von Mitgliedern der Geschäftsführung, Anstiftern, Gehilfen und Mittätern sowie der Verantwortlichkeit der Muttergesellschaft im Falle der Konzernierung. Diese mitunter hoch umstrittenen und weiterhin im Fluss befindlichen Fragen haben für die vorliegende Untersuchung indes keine Relevanz, sodass auf die einschlägigen Kommentierungen zu verweisen ist[147].

d. Aktivlegitimation

§ 33 Abs. 3 S. 1 GWB selbst enthält keine eigenständige Normierung des Kreises der Anspruchsberechtigten. Aus der Verweisung auf § 33 Abs. 1 GWB wird jedoch allgemein gefolgert, dass beide Normen einem Gleichlauf unterliegen[148] und infolge dessen auch für das Bestehen eines Schadensersatzanspruches gemäß § 33 Abs. 3 S. 1 GWB die Betroffenheit nach Maßgabe des § 33 Abs. 1 S. 3 GWB erforderlich ist, sodass auf die diesbezüglichen Ausführungen verwiesen werden kann[149].

Im Gegensatz zu den Beseitigungs- und Unterlassungsansprüchen gemäß § 33 Abs. 1 S. 1 GWB förderte das Merkmal der Betroffenheit in § 33 Abs. 3 S. 1 GWB in der Vergangenheit komplexe Fragestellungen zu Tage, insbesondere diejenige nach der Anspruchsberechtigung mittelbarer Abnehmer des Kartells. Die letztgenannte Problematik hat im Kern die Frage zum Gegenstand, ob auch nachgeschaltete Marktstufen „betroffen" i.S.v. § 33 Abs. 1. S. 3 GWB und damit anspruchsberechtigt sein können. Nachdem diese Frage bereits vor Inkrafttreten der 7. GWB-Novelle von Litera-

---

145 Langen/Bunte/*Bornkamm*, GWB § 33 Rn. 90.
146 Immenga/Mestmäcker/*Emmerich*, GWB § 33 Rn. 30.
147 Vgl. weiterführend Immenga/Mestmäcker/*Emmerich*, GWB § 33 Rn. 31 ff.
148 *Wesselburg*, Drittschutz bei Verstößen gegen das Kartellverbot, 178.
149 Hierzu unter B.I.1.b.aa.(1).

tur und Rechtsprechung unterschiedlich beantwortet wurde[150], hat der BGH in der viel beachteten Entscheidung *ORWI*[151] geurteilt, dass auch indirekten Abnehmern Schadensersatzansprüche nach Maßgabe von § 33 Abs. 3 S. 1 GWB zustehen können, sofern sie der kartellbedingten Preiserhöhung ausgesetzt waren und folglich einen kausal durch das Kartell verursachten Schaden erlitten haben. Diese Erweiterung des Kreises der Anspruchsberechtigten ist nicht zuletzt Ausfluss der Jedermann-Doktrin, die der *EuGH* in den Urteilen *Courage*[152] und *Manfredi*[153] aufstellte. Die Aktivlegitimation indirekter Abnehmer ist dabei jedoch stets in Zusammenschau mit der *passing-on-defence*[154] zu sehen.

Auch den Kartellmitgliedern selbst können im Einzelfall Schadensersatzansprüche gegen die übrigen Kartellteilnehmer zustehen[155]. Der *EuGH* hat in dem Urteil *Courage* die Feststellung getroffen, dass auch die Kartellmitglieder selbst aktivlegitimiert sein können, sofern sie keine erhebliche Verantwortung an dem Wettbewerbsverstoß trifft, da sich der Anspruchsteller in diesem Falle zur Erlangung eines Schadensersatzes auf ein eigenes rechtswidriges Handeln stützen würde[156]. Dem ist der Gesetzgeber im Wege der 7. GWB-Novelle gefolgt, indem er klarstellt, dass die Mitwirkung an dem Wettbewerbsverstoß einer Aktivlegitimation nicht *eo ipso* entgegensteht[157]. Mithin sind auch die Kartellanten selbst gemäß § 33 Abs. 3 S. 1 GWB anspruchsberechtigt, wenn und soweit sie keine erhebliche Verantwortung an dem Kartellrechtsverstoß trifft. Dies ist beispielsweise der Fall, wenn der Kartellvereinbarung allein aufgrund wirtschaftlichen Drucks beigetreten wurde[158].

---

150 Vgl. hierzu den Überblick bei Immenga/Mestmäcker/*Emmerich*, GWB § 33 Rn. 17 ff.

151 BGH, Urt. v. 28.06.2011 - KZR 75/10 „*ORWI*", NJW 2012, 928.

152 EuGH, Urt. v. 20.09.2001 - Rs. C-453/99, Slg. 2001, I-6297 „*Courage*".

153 EuGH, Urt. v. 13.07.2006 - Rs. C-295/04 bis C-298/04, Slg. 2006, I-6619 „*Manfredi*".

154 Hierzu sogleich unter B.II.1.e.

155 Immenga/Mestmäcker/*Emmerich*, GWB § 33 Rn. 11.

156 Reg.-Begr. zur 7. GWB-Novelle v. 12.08.2004, BT-Drs. 15/3640, 53 mit Verweis auf EuGH, Urt. v. 20.09.2001 - Rs. C-453/99, Slg. 2001, I-6297 „*Courage*".

157 Vgl. Reg.-Begr. zur 7. GWB-Novelle v. 12.08.2004, BT-Drs. 15/3640, 53.

158 Immenga/Mestmäcker/*Emmerich*, GWB § 33 Rn. 19 mit weiteren Beispielen.

e. Schaden

§ 33 Abs. 3 S. 1 GWB erfordert den Eintritt eines kartellbedingten Schadens beim Anspruchsteller. Die Ermittlung des Schadenseintritts folgt der allgemeinen Dogmatik der §§ 249 ff. BGB und der darin vorherrschende Differenzhypothese[159]. Gegenüberzustellen sind daher die tatsächliche und die hypothetische wirtschaftliche Lage bei Nichtbestehen des Kartellrechtsverstoßes. Der Schaden besteht dabei regelmäßig aus zwei Elementen: dem vom Abnehmer getragenen, kartellbedingt erhöhten Preis (*damnum emergens*) und dem entgangenen Gewinn (*lucrum cessans*), der daraus resultiert, dass der Abnehmer die Ware aufgrund des überhöhten Preises nur in geringerer Stückzahl weitervermarkten konnte[160]. Was in der dogmatischen Theorie vergleichsweise trivial anmutet, ist in der gerichtlichen Praxis mit enormen Beweisschwierigkeiten belastet[161].

Nicht *eo ipso* ausgeschlossen wird der Schadenseintritt durch den Umstand, dass der Abnehmer die Ware weiterveräußert und damit die kartellbedingte Preiserhöhung gegebenenfalls auf die nachgelagerte Marktstufe abgewälzt hat, § 33 Abs. 3 S. 2 GWB. Dieser Problemkreis, der unter dem Begriff *passing-on-defence* zusammengefasst wird, soll nach dem gesetzgeberischen Willen und nach Sinn und Zweck des § 33 Abs. 3 S. 2 GWB keine Frage der Schadensentstehung, sondern der Vorteilsausgleichung sein[162].Die Zulässigkeit der *passing-on-defence*, also des Einwandes des Kartellanten, dass dem Abnehmer kein Schaden entstanden sei, da er die Preiserhöhung an seine Abnehmer weitergegeben habe, war im Schrifttum zunächst Gegenstand einer lebhaften Debatte[163]. Auch der Rechtsprechung mangelte es an einer klaren Linie[164]. Mit dem Grundsatzurteil in

---

159 *Weitbrecht*, NJW 2012, 881, 883.
160 *Wesselburg*, Drittschutz bei Verstößen gegen das Kartellverbot, 186; *Weitbrecht*, NJW 2012, 881, 883.
161 Hierzu sogleich unter B.II.2.a.bb.
162 Die *passing-on-defence* beschreibt damit im Kern die Frage, ob der entstandene kartellbedingte Schaden nachträglich entfallen ist, weil dem Kartellabnehmer die Weiterreichung der Preiserhöhung auf die nachgelagerte Marktstufe gelungen ist, vgl. Immenga/Mestmäcker/*Emmerich*, GWB § 33 Rn. 61.
163 Gegen die Zulässigkeit des Einwandes u.a. *Bulst*, NJW 2004, 2201; *Köhler*, GRUR 2004, 99, 103; *Fuchs*, wrp 2005, 1384, 1394.
164 Für die Zulässigkeit OLG Karlsruhe, Urt. v. 28.01.2004 - 6 U 183/03, NJW 2004, 2243; LG Mannheim, Urt. v. 11.07.2003 - 7 O 326/02, GRUR 2004, 182; dagegen LG Dortmund, Urt. v. 01.04.2004 - 13 O 55/02, EWS 2004, 434.

der Sache *ORWI*[165] hat der *BGH* sodann die *passing-on-defence* grundsätzlich für zulässig erklärt, dem Kartellanten jedoch die volle Darlegungs- und Beweislast hinsichtlich ihrer Voraussetzungen auferlegt. Die beklagten Kartellanten müssen demnach darlegen und beweisen, dass die klägerischen Abnehmer den kartellbedingten Mehrpreis (zumindest partiell) auf ihre Abnehmer abwälzen konnten. Darüber hinaus obliegt es ihnen zu beweisen, dass keine sonstigen Schäden in Gestalt von Mengeneffekten, erhöhten Kosten oder Skaleneffekten eingetreten sind, sog. *Schadensfreiheitserfordernis*[166]. Diese Erfordernisse dürften in der Mehrzahl der Fälle von den beklagten Kartellanten kaum zu erfüllen sein, sodass die Feststellung eines kartellbedingten Schadens in der Regel nicht von der *passing-on-defence* beeinflusst wird und die praktische Relevanz dieses Einwandes als vergleichsweise gering einzustufen ist[167].

2. Die Beweisproblematik privater Kartellschadensersatzklagen

Die dargestellten Tatbestandsvoraussetzungen des Schadensersatzanspruches gemäß § 33 Abs. 3 S. 1 GWB unterliegen in der gerichtlichen Wirklichkeit naturgemäß dem zivilprozessualen Darlegungs- und Beweiserfordernis. Nachfolgend werden die grundsätzliche Beweislastverteilung und die sich daraus ergebenden Beweisschwierigkeiten im Rahmen des *private enforcement* dargestellt. Insbesondere wird die zentrale Rolle, die Kronzeugenerklärungen im Rahmen der Beweisführung einnehmen, erläutert, denn die beweisrechtliche Relevanz von Kronzeugenerklärung ist elementar für das Spannungsverhältnis zwischen *public* und *private enforcement* im Hinblick auf die Offenlegung dieser Dokumente.

a. Beweisrechtliche Ausgangslage

Im Ausgangspunkt trägt der Kläger, der sein Schadensersatzbegehren auf § 33 Abs. 3 S. 1 GWB stützt, die volle Beweislast für sämtliche anspruchsbegründenden Tatbestandsmerkmale. Diese vollumfängliche Beweislast, verbunden mit der eingangs erwähnten Informationsasymmetrie, stellt den

---

165 BGH, Urt. v. 28.06.2011 - KZR 75/10 „*ORWI*", NJW 2012, 928.
166 Immenga/Mestmäcker/*Emmerich*, GWB § 33 Rn. 66.
167 Immenga/Mestmäcker/*Emmerich*, GWB § 33 Rn. 67 m.w.N.

privaten Schadensersatzkläger über das übliche Maß hinaus vor immense beweisrechtliche Probleme[168]. Dies gilt insbesondere für die Punkte des Kartellrechtsverstoßes und die Höhe des kartellbedingten Schadens[169].

aa. Kartellrechtsverstoß

Zunächst obliegt es grundsätzlich dem Kläger, den behaupteten Wettbewerbsverstoß des beklagten Kartellanten zu beweisen[170]. Für Verstöße gegen die Artt. 101 und 102 AEUV, also bei Sachverhalten mit zwischenstaatlichem Charakter, normiert dies ausdrücklich Art. 2 S. 1 VO 1/2003, für Verstöße gegen das GWB folgt dies bereits aus den allgemeinen zivilverfahrensrechtlichen Beweislastregeln[171].

(1) stand-alone-Verfahren

Im Falle von *stand-alone-Klagen*, also Schadensersatzklagen ohne vorgeschaltetes kartellbehördliches Verfahren, ist der Kläger hinsichtlich des Nachweises des Kartellverstoßes ganz auf sich gestellt[172]. Bereits der Beweis dieser Anspruchsvoraussetzung stellt für den Kläger eine enorme Hürde dar. Die Kartellbeteiligten sind sich der wirtschaftlichen Dimension ihrer Handlung und des drohenden Sanktionspotenzials bewusst. Infolge dessen verdecken sie ihr Vorgehen sorgfältig und mit beachtlicher Akribie[173]. Dem Kläger fehlen naturgemäß die hoheitlichen Ermittlungsbefugnisse zur Aufdeckung des Kartells, sodass der Nachweis des Wettbewerbsverstoßes aus eigener Kraft bei lebensnaher Betrachtung nahezu unmöglich ist[174]. Gerade das Bestehen und die Struktur von *Hardcore-Kartellen* werden regelmäßig derart gut verschleiert, dass selbst die Kartellbehörden eine Aufdeckung aus eigener Anstrengung heraus oftmals nicht leisten können[175].

---

168 *Westhoff*, Zugang zu Beweismitteln, 125; *Jungermann*, WuW 2014, 4.
169 *Harms/Petrasincu*, NZKart 2014, 304; *Busch/Sellin*, BB 2012, 1167, 1169.
170 Immenga/Mestmäcker/*Emmerich*, GWB § 33 Rn. 82.
171 Loewenheim/Meessen/Riesenkampff/*Nordemann*, GWB § 1 Rn. 38.
172 Anders bei *follow-on-Klagen*, dazu sogleich unter B.II.2.a.aa.(2).
173 *Westhoff*, Zugang zu Beweismitteln, 85 mit einem anschaulichen Beispiel.
174 *Weitbrecht*, NJW 2012, 881, 882; *Lampert/Weidenbusch*, wrp 2007, 152.
175 *Busch/Sellin*, BB 2012, 1167; Erwägungsgrund Nr. 5 zu VO 1/2003.

In der gerichtlichen Praxis kommen aufgrund der offen zu Tage treten-den Beweisnot gewisse Beweiserleichterungen zum Einsatz. Hinsichtlich der Tatbestandsalternativen Vereinbarung, Beschluss oder abgestimmte Verhaltensweise gemäß § 1 GWB behilft sich die Praxis mit Indizienbe-weisen. Das relevanteste Indiz stellt dabei das *gleichförmige Marktverhal-ten* dar[176]. Da dies allein jedoch nicht ausreichend ist, um die richterliche Überzeugung gemäß § 286 Abs. 1 S. 1 ZPO herbeizuführen, müssen wei-tere Indizien, sog. *Plusfaktoren*, hinzutreten[177]. Solche sind u.a. die Schaf-fung eines permanenten Informationsaustauschsystems, das Handeln ge-gen eigene wirtschaftliche Interessen, frühere Kontakte der vermeintlichen Kartellanten, die Anzahl der übereinstimmenden Wettbewerbsparameter und etliches mehr[178].

Im Falle der wettbewerbsbeschränkenden Vereinbarung besteht zudem eine Beweislastumkehr dergestalt, dass klägerseits der Nachweis genügt, dass das beklagte Unternehmen an Zusammenkünften teilgenommen hat, in deren Rahmen die entsprechenden Vereinbarungen getroffen wurden und sich der Kartellant nicht offen gegen sie ausgesprochen hat. Das be-klagte Unternehmen hat sodann zu beweisen, dass es der Vereinbarung nicht zugestimmt hat[179].

Trotz der bestehenden Beweiserleichterungen darf nicht übersehen wer-den, dass diese Erleichterungen vorrangig der Verfolgungstätigkeit der Kartellbehörden zugute kommen, da der Indizienbeweis insbesondere auch im Verwaltungs- und Bußgeldverfahren zur Anwendung kommt[180]. Der Kartellgeschädigte hingegen ist regelmäßig nicht in der Lage, die für den Indizienbeweis erforderlichen Tatsachen darzulegen und zu beweisen, da sich auch diese stets innerhalb der Sphäre des beklagten Kartellanten zutragen und der Geschädigte das Bestehen eines Kartells daher oftmals nicht erkennen, geschweige denn die erforderlichen Indizien darlegen und beweisen kann.

---

176 *Westhoff*, Zugang zu Beweismitteln, 86.
177 *Westhoff*, Zugang zu Beweismitteln, 86.
178 *Westhoff*, Zugang zu Beweismitteln, 86.
179 EuGH, Urt. v. 07.01.2004 - Rs. C-204/00 P, Slg. 2004, I-123.
180 Immenga/Mestmäcker/*Dannecker/Biermann*, GWB vor § 81 Rn. 301 ff.

(2) follow-on-Klagen

Eine erhebliche Vereinfachung des Nachweises eines Kartellrechtsverstoßes liefert § 33 Abs. 4 S. 1 GWB. Nach dieser Regelung, die aus dem Blickwinkel des nationalen Zivilverfahrensrechts eher fremdartig anmutet[181], sind die Gerichte hinsichtlich der Frage des Wettbewerbsverstoßes an die Feststellungen gebunden, die in einer bestandskräftigen Entscheidung der Europäischen Kommission oder der nationalen Wettbewerbsbehörden getroffen werden. § 33 Abs. 4 S. 2 GWB erweitert diese Bindung auf gerichtliche Entscheidungen, die im Rechtszug nach Anfechtung der kartellbehördlichen Entscheidung ergehen[182]. Der Kläger wird demnach vom Nachweis des Kartellrechtsverstoßes entlastet, sofern er seine private Schadensersatzklage im Anschluss an das behördliche Verfahren erhebt und das Verfahren die Feststellung eines Wettbewerbsverstoßes zum Ergebnis hatte (sog. *follow-on-Klage*)[183].

§ 33 Abs. 4 S. 1 GWB ist der Regelung des Art. 16 VO 1/2003 nachgebildet[184]. Hiernach ist es nationalen Gerichten untersagt, eine Entscheidung zu treffen, die im Widerspruch zu den kartellbehördlichen Feststellungen der Kommission steht, sofern die Gerichte den entsprechenden Sachverhalt nach den Wettbewerbsregeln des Vertrages (Artt. 101 und 102 AEUV) zu bemessen haben. Hat die Kommission demnach einen Verstoß gegen die Verbotsnormen der Artt. 101 oder 102 AEUV festgestellt, haben die nationalen Gerichte diese Feststellung ihrer Entscheidung zugrunde zu legen. Eine eigene Wertung hinsichtlich des Kartellverstoßes bleibt ihnen aufgrund der präjudiziellen Wirkung der Kommissionsentscheidung verwehrt. Im Bezug auf Kommissionsentscheidungen hat § 33 Abs. 4 S. 1 GWB daher lediglich deklaratorische Bedeutung[185]. Ausgangspunkt für die Regelung des Art. 16 VO 1/2003 war wiederum die Rechtsprechung

---

181 Vor der Schaffung dieser Norm wurden derartige Feststellungswirkungen im nationalen Recht abgelehnt, vgl. Loewenheim/Meessen/Riesenkampff/*Rehbinder*, GWB § 33 Rn. 73; BGH, NJW 1965, 2249.

182 Immenga/Mestmäcker/*Emmerich*, GWB § 33 Rn. 85.

183 Durch die Feststellungswirkung werden jedoch auch Fehler des Verwaltungsverfahrens perpetuiert, vgl. Loewenheim/Meessen/Riesenkampff/*Rehbinder*, GWB § 33 Rn. 73.

184 Reg.-Begr. zur 7. GWB-Novelle v. 12.08.2004, BT-Drs. 15/3640, 54; Immenga/Mestmäcker/*Emmerich*, GWB § 33 Rn. 87.

185 Loewenheim/Meessen/Riesenkampff/*Rehbinder*, GWB § 33 Rn. 74.

des *EuGH* in den Entscheidungen *Delimitis*[186] und *Masterfoods*[187]. Im *Delimitis*-Urteil hatte der *EuGH* festgestellt, dass gegenläufige Entscheidungen zwischen den nationalen Gerichten und der Kommission aus Gründen der Rechtssicherheit nach Möglichkeit zu vermeiden sind[188]. Im *Masterfoods*-Urteil wurde diese Linie sodann nochmals verschärft und den nationalen Gerichten untersagt, Entscheidungen zu erlassen, die denen der Kommission im Bereich der unionsrechtlichen Wettbewerbsregeln zuwiderlaufen[189]. Diese Rechtsprechung wurde durch Art. 16 VO 1/2003 sodann in Gesetzesform gegossen.

§ 33 Abs. 4 GWB führt zu einer Bindung des erkennenden Gerichts an eine bestandskräftige Entscheidung der Kommission, einer nationalen Kartellbehörde oder eines in dieser Funktion handelnden Gerichts eines anderen Mitgliedstaates. Terminologisch ist dabei zwischen der Tatbestandswirkung und der Feststellungswirkung zu differenzieren[190]. Der Begriff der Tatbestandswirkung bezeichnet den Umstand, dass die durch einen bestandskräftigen Verwaltungsakt erfolgte Regelung eines Sachverhaltes durch die übrigen Staatsorgane nicht mehr in Frage gestellt werden darf[191].

Die Feststellungswirkung hingegen hat eine weitreichendere Wirkung dahingehend, dass allein über die Existenz der behördlichen Verfügung hinaus die darin festgestellten Tatsachen und die hierauf fußenden rechtlichen Schlussfolgerungen für das erkennende Gericht bindend sind[192]. Die durch § 33 Abs. 4 GWB normierte Bindung reicht über die genannte Tatbestandswirkung indes weit hinaus, da die erkennenden Gerichte sowohl an die getroffenen Feststellungen als auch an die rechtliche Beurteilung der Kartellbehörden gebunden sind, sodass im Bereich des § 33 Abs. 4 GWB von der Feststellungswirkung der behördlichen Entscheidung ge-

---

186 EuGH, Urt. v. 28.02.1991 - Rs. C-234/89, Slg. 1991, I-935 „*Delimitis*".
187 EuGH, Urt. v. 14.12.2002 - Rs. C-344/98, Slg. 2000, I-11369 „*Masterfoods*"; Immenga/Mestmäcker/*Emmerich*, GWB § 33 Rn. 88.
188 EuGH, Urt. v. 28.02.1991 - Rs. C-234/89, Slg. 1991, I-935 Rn. 47.
189 EuGH, Urt. v. 14.12.2002 - Rs. C-344/98, Slg. 2000, I-11369 Rn. 49.
190 Vgl. hierzu *Thomas*, in: FS Schütze, 613, 616 f. mit Hinweis darauf, dass die Begrifflichkeiten Tatbestandswirkung und Feststellungswirkung im Rahmen der wissenschaftlichen und gerichtlichen Diskussion zu § 33 Abs. 4 GWB nicht mit der nötigen Trennschärfe verwendet würden.
191 Immenga/Mestmäcker/*Emmerich*, GWB § 33 Rn. 89.
192 *Thomas*, in: FS Schütze, 613, 616.

sprochen werden sollte[193]. Dass diese Bindung auch und insbesondere im Schadensersatzprozess Geltung beansprucht, wird von der ganz herrschenden Meinung nicht in Zweifel gezogen[194]. Auch der Gesetzgeber hat sich im Rahmen der 7. GWB-Novelle für eine derartige Bindungswirkung ausgesprochen[195], denn der zuvörderste Zweck dieser Regelung besteht gerade in der Erleichterung privatrechtlicher Schadensersatzklagen im Anschluss an behördliche Entscheidungen[196]. Der Umfang der Feststellungswirkung erstreckt sich dabei jedoch allein auf die Ermittlung des Wettbewerbsverstoßes in tatsächlicher und rechtlicher Hinsicht. Die sonstigen Voraussetzungen des Schadensersatzanspruches, insbesondere die Entstehung und die Höhe eines kartellbedingten Schadens[197], unterliegen hingegen keiner Bindung[198] bzw. sind schon gar nicht Gegenstand der behördlichen Entscheidung. § 33 Abs. 4 S. 1 und 2 GWB befreit den privaten Schadensersatzkläger daher ausschließlich vom Nachweis des Verstoßes i.S.v. § 33 Abs. 1 S. 1 GWB. Zudem ist die Feststellungswirkung auf den jeweiligen Verfahrensgegenstand der behördlichen Entscheidung beschränkt, gleichgelagerte Fälle werden nicht erfasst[199]. Aus der behördlichen Entscheidung kann daher allein ihr Adressat im Wege einer *follow-on-Klage* in Anspruch genommen werden. Andernfalls wäre der beklagte Kartellant gezwungen, Feststellungen gegen sich gelten zu lassen, die einem Verfahren entsprungen sind, auf dessen Ausgang er keinerlei Einfluss nehmen konnte. Eine solch weitreichende Bindungswirkung würde die Rechtsschutzgarantien aus Art. 103 Abs. 1 GG und Art. 19 Abs. 4 GG empfindlich stören[200].

---

193 Immenga/Mestmäcker/*Emmerich*, GWB § 33 Rn. 89; *Meessen*, Schadensersatz bei Verstößen gegen EU-Kartellrecht, 133.
194 *Westhoff*, Zugang zu Beweismitteln, 107 mit zahlreichen Nachweisen; a.A. *Zuber*, Die EG-Kommission als amicus curiae, 64.
195 Reg.-Begr. zur 7. GWB-Novelle v. 12.08.2004, BT-Drs. 15/3640, 54.
196 Immenga/Mestmäcker/*Emmerich*, GWB § 33 Rn. 86.
197 Hierzu sogleich unter B.II.2.a.bb.
198 *Westhoff*, Zugang zu Beweismitteln, 112.
199 Loewenheim/Meessen/Riesenkampff/*Rehbinder*, GWB § 33 Rn. 75.
200 *Thomas*, in: FS Schütze, 613, 622.

bb. Schaden

Neben der Darlegung und dem Beweis des Kartellrechtsverstoßes, von dem der Kläger im Falle einer *follow-on-Klage* befreit ist, bilden die Substantiierung und Beweisführung hinsichtlich des Eintritts eines kartellbedingten Schadens und seiner Höhe die vermutlich größte Hürde, die der Schadensersatzkläger zu bewältigen hat[201]. Dies gilt in besonderem Maße bei Verstößen gegen § 1 GWB und Art. 101 AEUV durch klassische *Hardcore-Kartelle*[202]. Im Rahmen der Beweisführung ist dabei grundsätzlich zwischen der haftungsbegründenen und der haftungsausfüllenden Kausalität zu differenzieren, was nicht selten zusätzliche Schwierigkeiten aufwirft[203].

(1) Schadenseintritt

Zunächst hat der Geschädigte die haftungsbegründende Kausalität darzulegen und im Bestreitensfall zu beweisen. Im Kartellschadensersatzprozess obliegt ihm daher der Nachweis, dass es in seiner Sphäre zu einem Schadenseintritt gekommen ist, der kausal auf den Kartellrechtsverstoß des Beklagten zurückzuführen ist[204]. Auszugehen ist dabei von dem bekannten Maßstab der adäquaten Kausalität[205].

Der Nachweis der Kausalität kann dabei in Fällen von *Hardcore-Kartellen* zumindest durch den direkten Abnehmer mithilfe eines Anscheinsbeweises geführt werden. Denn ein wettbewerbswidriges Verhalten bzw. die diesem zugrunde liegende Absprache hat regelmäßig den Zweck, die eigene wirtschaftliche Situation zu stärken, unter gleichzeitiger Schwächung der übrigen Marktteilnehmer[206]. Diese Sichtweise hat der *BGH* zumindest im Bereich des Bußgeldrechts geteilt und den wirtschaftlichen

---

201 *Westhoff*, Zugang zu Beweismitteln, 125; *Kainer*, in: *Weller/Althammer*, Mindeststandards im europäischen Zivilprozessrecht, 173, 189; Erwägungsgrund Nr. 15 der Kartellschadensersatzrichtlinie; Grabitz/Hilf/Nettesheim/*Stockenhuber*, AEUV Art. 101 Rn. 253.
202 Immenga/Mestmäcker/*Emmerich*, GWB § 33 Rn. 51 f.
203 Immenga/Mestmäcker/*Emmerich*, GWB § 33 Rn. 83.
204 *Wesselburg*, Drittschutz bei Verstößen gegen das Kartellverbot, 193.
205 BGH, Urt. v. 28.06.2011 - KZR 75/10 „ORWI", NJW 2012, 928, 932.
206 *Wesselburg*, Drittschutz bei Verstößen gegen das Kartellverbot, 194; LG Dortmund, Urt. v. 01.04.2004 - 13 O 55/02, EWS 2004, 434.

Grundsatz hervorgehoben, wonach die Gründung eines Kartells grundsätzlich der Steigerung des eigenen Gewinns dient, indem die beteiligten Unternehmen den Marktmechanismen entzogen sind und Preissenkungsspielräume daher nicht in Anspruch genommen werden müssen[207]. Nach Ansicht des *BGH* verfügt ein Kartell über die generelle Eignung, für die Beteiligten wirtschaftliche Vorteile entstehen zu lassen, da sie keinem natürlichen Wettbewerb mehr ausgesetzt sind, dem sie mithilfe von Preissenkungen begegnen müssten[208]. Dieser Mehrerlös, der allein aus der wettbewerblichen Wirkung des Kartellrechtsverstoßes resultiert, führt dabei auf Seiten der nicht kartellbeteiligten Abnehmer spiegelbildlich zu einem Schaden, da die von ihnen zu zahlenden Preise im Falle des Nichtbestehens des Kartells geringer gewesen wären[209]. Man kann aus dieser (zugegebenermaßen bußgeldrechtlichen) Entscheidung daher folgern, dass eine Kartellabsprache und die daraus folgende Kartellmarge nach Ansicht des *BGH* einen typischen Geschehensablauf darstellt, der bei den Kartellabnehmern nach der allgemeinen Lebenserfahrung zum Eintritt eines entsprechenden Schadens führt[210]. Dies hat zur Folge, dass bereits das Bestehen eines Kartells einen Anscheinsbeweis dafür liefert, dass ein eingetretener Schaden kausal auf die Kartellabsprache zurückzuführen ist[211]. Dies kann in Einzelfällen anders sein, jedoch stellt der *BGH* an die Widerlegung dieses Anscheinsbeweises hohe Anforderungen[212].

Ein weiteres Entgegenkommen gewährt der *BGH* insoweit, als dass er den Schadenseintritt bereits mit Abnahme der kartellbefangenen Ware für gegeben erachtet[213]. Die Beweislast des Klägers im Rahmen der haftungsbegründenden Kausalität konzentriert sich daher allein auf diesen Umstand[214], alle sonstigen Tatsachen sind Fragen der haftungsausfüllenden Kausalität[215].

---

207 BGH, Beschl. v. 28.06.2005 - KRB 2/05 „*Berliner Transportbeton*", NJW 2006, 163, 165 .

208 BGH, Beschl. v. 28.06.2005 - KRB 2/05 „*Berliner Transportbeton*", NJW 2006, 163, 164.

209 *Weidenbach/Saller*, BB 2008, 1020, 1024.

210 *Wesselburg*, Drittschutz bei Verstößen gegen das Kartellverbot, 194.

211 *Zöttl/Schlepper*, EuZW 2012, 573, 575.

212 BGH, Beschl. v. 28.06.2005 - KRB 2/05 „*Berliner Transportbeton*", NJW 2006, 163, 165; vgl. auch *Zöttl/Schlepper*, EuZW 2012, 573, 575.

213 BGH, Urt. v. 28.06.2011 - KZR 75/10 „*ORWI*", NJW 2012, 928, 932.

214 Langen/Bunte/*Bornkamm*, GWB § 33 Rn. 122.

215 Immenga/Mestmäcker/*Emmerich*, GWB § 33 Rn. 83.

Problematischer stellt sich die Darlegungs- und Beweissituation des indirekten Abnehmers dar. Er muss vollumfänglich darlegen, dass der von ihm gezahlte Preis bzw. die darin enthaltene Preiserhöhung kausal auf den Wettbewerbsverstoß zurückzuführen ist, ohne dass ihm Beweiserleichterungen zugute kämen[216]. Dieser Nachweis gestaltet sich umso schwieriger, je mehr Absatzstufen zwischen ihm und dem Kartellanten liegen. Aufgrund der ökonomischen Komplexität der Preisbildung auf den nachgelagerten Marktstufen existiert nach Ansicht des *BGH* keine Vermutung dafür, dass eine im zeitlichen Kontext mit dem Kartell auftretende Preiserhöhung auf den Anschlussmärkten ursächlich auf das Kartell zurückzuführen ist[217]. Daher bedarf es der belastbaren Feststellung, dass die Preiserhöhung gerade auf der Kartellabsprache und nicht auf sonstigen preiserhöhenden Faktoren des Marktes beruht[218]. Der indirekte Abnehmer sieht sich demnach einer deutlich größeren Beweisproblematik gegenüber, da er widerlegen muss, dass der von ihm gezahlte Preis das Ergebnis der natürlichen Marktdynamik gewesen ist.

(2) Schadenshöhe

Die Höhe des kartellbedingten Schadens ermittelt sich im Ausgangspunkt nach der Differenzhypothese[219]. Infolge dessen muss die tatsächliche Lage des Geschädigten mit der Lage verglichen werden, in der er sich ohne den Kartellrechtsverstoß des beklagten Kartellanten befände. So einfach diese Frage in der Theorie anmuten mag, in der judiziellen Praxis bildet sie oftmals den prozessualen Erisapfel. Da eine Betrachtung des hypothetischen Zustandes aufgrund der Komplexität der Marktdynamik naturgemäß nicht möglich ist, ist eine Schätzung vorzunehmen, die wiederum die Bildung eines Referenzszenarios erfordert. Dieses Szenario wird auch als *kontrafaktisches* oder *zuwiderhandlungsfreies Szenario* bezeichnet[220]. Bildlich gesprochen wird ein alternativer Markt ohne die streitgegenständliche wettbewerbswidrige Handlung konstruiert und anhand dessen die Preisentwicklung nachvollzogen, wie sie ohne den Kartellrechtsverstoß voraus-

---

216 BGH, Urt. v. 28.06.2011 - KZR 75/10 „*ORWI*", NJW 2012, 928 .
217 BGH, Urt. v. 28.06.2011 - KZR 75/10 „*ORWI*", NJW 2012, 928, 931.
218 BGH, Urt. v. 28.06.2011 - KZR 75/10 „*ORWI*", NJW 2012, 928, 932.
219 Langen/Bunte/*Bornkamm*, GWB § 33 Rn. 93; vgl. bereits oben unter B.II.1.e.
220 *Europäische Kommission*, Praktischer Leitfaden, 11.

sichtlich verlaufen wäre. Dieses Vergleichsmarktkonzept[221], das in der gerichtlichen Praxis insbesondere bei Verstößen gegen § 1 GWB regelmäßig zur Anwendung kommt[222], ist hochkomplex und äußerst streitanfällig, da der Wettbewerb von einer Vielzahl an Parametern und Faktoren beeinflusst wird. Eine zweifelsfreie Vorhersage darüber, wie sich der Markt ohne das wettbewerbswidrige Verhalten entwickelt hätte, wird bei realitätsnaher Betrachtung nicht zu erreichen sein, da der Markt eine Eigendynamik besitzt, die stets mit Unsicherheiten behaftet ist.

Selbst die Europäische Kommission ist trotz umfangreicher Ermittlungsbefugnisse oftmals nicht in der Lage, einen zweifelsfreien wettbewerbsanalogen Preis festzustellen[223]. Die Ermittlung eines kontrafaktischen Szenarios muss sich daher stets auf eine Reihe von Annahmen stützen[224] und stellt schlussendlich nichts anderes dar als eine Schätzung[225]. Welche ökonomischen Variablen dabei zu berücksichtigen sind, hängt davon ab, welche Schadensart der Kläger geltend macht. Bei einem Preiskartell sind andere Faktoren maßgeblich als bei einem Missbrauch der marktbeherrschenden Stellung[226].

§ 33 Abs. 3 S. 3 GWB spiegelt diese Gesamtproblematik wider und verweist ausdrücklich auf die Möglichkeit zur gerichtlichen Schadensschätzung gemäß § 287 ZPO. Bisher ist jedoch keinesfalls abschließend geklärt, welche Anforderungen im Einzelnen an den Nachweis der Schätzungsgrundlagen zu stellen sind[227]. Fest steht jedoch, dass der Kläger umfangreiche Beweismittel vorlegen muss, um überhaupt eine tragfähige Grundlage für die Schadensschätzung durch das Gericht zu schaffen[228]. Der Geschädigte muss das Gericht in die Lage versetzen, den wettbewerbsanalogen Preis zumindest annähernd schätzungsweise ermitteln zu können. Dazu ist es erforderlich, dass insbesondere das genaue Ausmaß des Kartells dargelegt wird, denn nur so ist es dem Gericht möglich, einen „verstoßfreien Markt" als Referenzszenario zu bilden. Wird dem Gericht nicht hinreichend dargelegt, wie weit die Verästelungen des Kartells reichen, ist

---

221 Zu den verschiedenen Ausformungen vgl. *Lübbig*, wrp 2004, 1254, 1256 f.
222 Immenga/Mestmäcker/*Emmerich*, GWB § 33 Rn. 53.
223 *Westhoff*, Zugang zu Beweismitteln, 101.
224 *Europäische Kommission*, Praktischer Leitfaden, 12.
225 Dies erkennt auch die *Europäische Kommission*, Praktischer Leitfaden, 12.
226 *Europäische Kommission*, Praktischer Leitfaden, 12.
227 *Westhoff*, Zugang zu Beweismitteln, 101.
228 *Jungermann*, WuW 2014, 4, 6.

es beispielsweise im Falle eines Preiskartells nicht in der Lage zu beurteilen bzw. zu schätzen, inwieweit die Preisbildung durch das Kartell beeinflusst wurde. § 287 ZPO befreit den Kläger somit zwar vom Erfordernis des Vollbeweises, im kartellrechtlichen Schadensersatzprozess ist jedoch bereits die für § 287 ZPO erforderliche Darlegung der Schätzungsgrundlagen nur mit größten Mühen und nur unter Zuhilfenahme umfassender Informationen zu verwirklichen. Dem Kläger fällt es regelmäßig schwer, die schätzungsrelevanten Tatsachen wie Dauer und Umfang des Kartells oder einzelne Preisvereinbarungen darzulegen und zu beweisen[229]. Auch die Feststellungswirkung gemäß § 33 Abs. 4 S. 1 GWB hilft an dieser Stelle nicht weiter, da sie sich allein auf den Kartellrechtsverstoß beschränkt[230].

§ 33 Abs. 3 S. 3 GWB eröffnet den Gerichten die zusätzliche Möglichkeit, den anteiligen Gewinn des Schädigers bei der Schadensschätzung zu berücksichtigen, soweit die Ermittlung des Schadens im Wege der Differenzhypothese nicht möglich ist. Nach dem gesetzgeberischen Willen soll die Anspruchsdurchsetzung hierdurch weiter vereinfacht werden[231]. Der anteilige Gewinn, der sich aus den Umsatzerlösen abzüglich der Herstellungs- und Betriebskosten errechnet, stellt für den Kläger dabei eine Art prozessualen Notnagel dar: Soweit dem Gericht die Schätzung des Schadens nicht möglich ist, darf es die Klage aus diesem Gesichtspunkt heraus nicht abweisen, sondern muss geringstenfalls den anteiligen Gewinn als Schadensersatz zusprechen[232]. Diese auf den ersten Blick klägerfreundliche Normierung erweist sich bei genauerem Hinsehen als Danaergeschenk. Denn es ist umstritten, ob lediglich der kartellbedingte Mehrerlös[233] oder der Gesamtgewinn[234] als Verletzergewinn anzusehen ist. Folgt man der erstgenannten Ansicht, bringt die Regelung keinerlei Erleichterung mit sich, da auch in diesem Fall der hypothetische Marktpreis ermittelt werden muss, um das kartellbedingte Delta bestimmen zu können. Nimmt man hingegen an, der gesamte Gewinn des Kartellanten sei mit dem Schaden des Klägers gleichzusetzen, gerät man in Konflikt mit dem schadensersatzrechtlichen Kompensationsprinzip, da Gesamtgewinn und

---

229 *Berrisch/Burianski*, WuW 2005, 878, 884.
230 *Berrisch/Burianski*, WuW 2005, 878, 884.
231 Immenga/Mestmäcker/*Emmerich*, GWB § 33 Rn. 68.
232 Immenga/Mestmäcker/*Emmerich*, GWB § 33 Rn. 70.
233 Loewenheim/Meessen/Riesenkampff/*Rehbinder*, GWB § 33 Rn. 50.
234 Langen/Bunte/*Bornkamm*, GWB § 33 Rn. 132.

Schaden regelmäßig nicht deckungsgleich sein werden[235]. Soweit hiergegen eingewandt wird, der Gewinn sei lediglich Anhaltspunkt zur Schadensschätzung, die im Ergebnis nur den Schaden im Sinne der Differenzhypothese ermitteln soll, so erfordert auch dies die Ermittlung des hypothetischen Marktpreises[236]. Der Kläger wird daher die Darlegung des hypothetischen Marktpreises und die damit verbundenen Beweisschwierigkeiten auch bei Berücksichtigung des Verletzergewinns nicht gänzlich vermeiden können.

cc. Zwischenergebnis

Kartellrechtliche Schadensersatzklagen sind für die Geschädigten mit erheblichen Beweisschwierigkeiten verbunden. Insbesondere das Vorliegen eines Wettbewerbsverstoßes und die Höhe des hierdurch verursachten Schadens sind für den Kläger nur mit größter Mühe zu beweisen und bedürfen einer möglichst breit ausgebildeten Informations- und Beweismittelgrundlage. Die Feststellungswirkung gemäß § 33 Abs. 4 S. 1 GWB entpflichtet den Kartellschadensersatzkläger im Falle einer *follow-on-Klage* dabei lediglich vom Nachweis des Wettbewerbsverstoßes. Stets verbleibt das Erfordernis des Nachweises über Eintritt und Höhe des kartellbedingten Schadens. Die mit der Frage der Schadenshöhe verbundenen Beweisproblematiken stellen oftmals den Grund für das Scheitern der angestrengten Schadensersatzklage dar.

b. Die Bedeutung von Kronzeugenerklärungen

Die dargestellte Beweisproblematik im Rahmen des kartellrechtlichen Schadensersatzprozesses versuchen Kartellgeschädigte oftmals mithilfe der in Kronzeugenerklärungen enthaltenen Informationen zu überwinden. Hierzu begehren sie Einsicht in die bei den Kartellbehörden verwahrten Kronzeugendokumente. Anhand dieses Offenlegungsbegehrens entzündet sich regelmäßig die dogmatische Diskussion um das Spannungs- und Bedeutungsverhältnis zwischen *private* und *public enforcement*. Zur Erfas-

---

235 Loewenheim/Meessen/Riesenkampff/*Rehbinder*, GWB § 33 Rn. 50; *Westhoff*, Zugang zu Beweismitteln, 102 m.w.N.
236 *Westhoff*, Zugang zu Beweismitteln, 103.

sung dieses Konfliktfeldes, das den Nukleus der vorliegenden Untersuchung bildet, ist es erforderlich, sich Sinn und Zweck der Kronzeugenerklärungen und ihre Bedeutung für die zivilprozessuale Beweisführung im Rahmen des Kartellschadensersatzprozesses vor Augen zu führen.

aa. Wirkungsweise und Zweck von Kronzeugenerklärungen

Wie gesehen, stellt der Nachweis des Kartellrechtsverstoßes insbesondere bei *Hardcore-Kartellen* ein schwieriges und aufwendiges Unterfangen dar. Dies gilt nicht nur für die durch das Kartell geschädigten Marktteilnehmer, sondern auch für die Wettbewerbsbehörden selbst. Sie sind die staatlichen Hüter des Wettbewerbsrechts und aufgrund dessen zur Ermittlung des Wettbewerbsverstoßes verpflichtet, um die Grundlage für die Bebußung nach § 81 GWB zu schaffen. Zu diesem Zweck verfügen sie über hoheitliche Ermittlungsbefugnisse, gleichwohl ist die Aufdeckung wettbewerbswidriger Verhaltensweisen für die Behörden aufgrund des klandestinen Wesens der Kartelle aus eigener Anstrengung heraus oftmals kaum möglich. Die kartellrechtswidrigen Absprachen finden naturgemäß im Geheimen statt, schriftliche Aufzeichnungen existieren nicht, werden vernichtet oder äußerst aufwendig vor fremdem Zugriff geschützt[237]. Infolge dessen stoßen die staatlichen Ermittlungsbefugnisse oftmals an die Grenze ihrer praktischen Wirksamkeit. Die Kartellbehörden sind daher in hohem Maße auf Informationen aus dem Inneren des Kartells angewiesen. Vor dem Hintergrund dieser Notwendigkeit hat im Jahre 1996 die EU-Kommission[238] und im Nachgang hierzu im Jahr 2000 auch das Bundeskartellamt[239] das Instrument der sog. Kronzeugenerklärungen bzw. Bonusanträge eingeführt[240]. Ihre Wirkungsweise lässt sich wie folgt beschreiben:

---

237 *Westhoff*, Zugang zu Beweismitteln, 85 mit einem Beispiel, in dem die Kartellmitglieder über anonyme E-Mail-Adressen mittels verschlüsselter Botschaften kommunizierten.

238 Mitteilung der Kommission über die Nichtfestsetzung oder die niedrigere Festsetzung von Geldbußen und Kartellsachen, ABl. 1996, C 207/4.

239 Bekanntmachung Nr. 68/2000 über Richtlinien des Bundeskartellamtes für die Festsetzung von Geldbußen (Bonusregelung).

240 Auf unionaler Ebene spricht man von *Kronzeugenerklärungen*, auf nationaler Ebene von *Bonusanträgen*. Vorliegend werden die Begriffe aus Gründen der Lesbarkeit sinngleich verwendet, sofern nicht eine ausdrückliche Differenzierung erfolgt.

Die Wettbewerbsbehörden eröffnen Kartellbeteiligten die Möglichkeit zur Kooperation im Rahmen der Aufdeckung wettbewerbswidriger Verhaltensweisen, indem die Kartellanten aufgefordert werden, den Behörden Informationen zuzuleiten, die eine Verfolgung und Aufdeckung des Kartells ermöglichen bzw. vereinfachen[241]. Im Gegenzug werden die Kartellanten von einer Bebußung (die aufgrund ihrer eigenen Beteiligung an dem Kartell grundsätzlich angezeigt wäre) freigestellt bzw. wird die Geldbuße um ein erhebliches Maß reduziert.

Dieser Mechanismus hat seit seiner Einführung einen kaum zu überschätzenden Beitrag zur Effektivierung der behördlichen Kartellverfolgung geleistet. Vor Einführung der entsprechenden Regelung im Jahre 1996 konnte die Europäische Kommission innerhalb von 28 Jahren insgesamt 35 Kartelle ermitteln. Nach Inkrafttreten der Kronzeugenregelung wurden in einem Zeitraum von 13 Jahren 75 Kartelle aufgedeckt[242]. Eine ähnliche Erfolgsgeschichte verzeichnet die Bonusregelung auf nationaler Ebene: Seit ihrer Einführung hat sich die Zahl der aufgedeckten Kartelle etwa verdreifacht, im Zeitraum von 2001 bis 2010 wurden insgesamt 278 Anträge gestellt[243]. Die Anreizwirkung der Bonusregelung ist bis zum heutigen Tage ungebrochen, allein im Jahr 2014 verzeichnete das Bundeskartellamt 72 Bonusanträge[244].

Die immense Wirksamkeit dieser Privilegierungsregelungen ergibt sich insbesondere aus dem Umstand, dass die Kooperationsprogramme eine Situation erzeugen, die dem sog. *Gefangenendilemma*[245] entspricht[246]: Durch die Möglichkeit, dass jeder der Kartellanten abtrünnig werden könnte, wird eine Misstrauensstimmung innerhalb des Kartells erzeugt. Jeder Beteiligte sieht sich der Gefahr ausgesetzt, dass einer der übrigen Kartellanten das Kartell gegenüber den Behörden aufdecken könnte, um in

---

241 Vgl. hierzu unter B.II.2.b.bb.(1). und cc.(2).

242 *Busch/Sellin*, BB 2012, 1167.

243 *Busch/Sellin*, BB 2012, 1167.

244 Informationsgrafik zur Übersicht der gestellten Bonusanträge, abrufbar unter http://www.bundeskartellamt.de/DE/Kartellverbot/Bonusregelung/bonusregelung _node.html (Abruf: 27.04.2016).

245 Mit der Situation des Gefangenendilemmas, das eine Ausprägung der sog. Spieltheorie darstellt, beschäftigte sich schon *Thomas Hobbes* in seinem Hauptwerk „*Leviathan*" aus dem Jahr 1651. Die Bezeichnung „Gefangenendilemma" geht zurück auf den amerikanischen Mathematiker *Albert William Tucker*, der 1950 die Forschung hierzu initiierte.

246 Vgl. *Seitz*, GRUR-RR 2012, 137, 139.

den Genuss der Privilegierung zu kommen, da grundsätzlich nur der erste Antragsteller die Privilegierung zur Gänze für sich beanspruchen kann[247]. Hierdurch wird der Druck auf den einzelnen Kartellanten, die Kooperationsmöglichkeit selbst in Anspruch zu nehmen, enorm erhöht. Zwischen den Kartellanten kommt es zu einem „Windhundrennen", da sich keiner der Kartellteilnehmer zweifelsfrei darauf verlassen kann, dass nicht ein anderer Mitkartellant die Bonusregelung für sich in Anspruch nimmt. Das Kartell wird durch die Möglichkeit der behördlichen Kooperation insgesamt destabilisiert.

bb. Regelungen auf unionaler Ebene

Die Europäische Kommission hat im Jahre 1996 erstmals eine Regelung zur bußgeldrechtlichen Privilegierung von Kartellkronzeugen erlassen[248]. Dieses Instrument zur Unterstützung der behördlichen Kartellverfolgung ist indes keine Erfindung des europäischen Gesetzgebers, sondern dem angloamerikanischen Rechtskreis entnommen. Die *Antitrust Devision* des *US Department of Justice* hatte eine solche Regelung, in den USA als „*leniency policies*" bezeichnet, bereits 1993 und 1994 eingeführt[249]. Die ursprüngliche Form der Kronzeugenregelung wurde von der Europäischen Kommission sodann 2002 überarbeitet und hierbei u.a. die Transparenz der Voraussetzungen, unter denen ein Bußgelderlass gewährt werden kann, erhöht[250]. Zudem wurde die Möglichkeit des vollständigen Bußgelderlasses vermehrt in den Fokus gerückt und der Kooperationsgrad stärker mit der Höhe der Bußgeldreduktion verknüpft[251]. Die letzte Neuerung erfuhr die Kronzeugenregelung sodann im Jahr 2006[252]. Zweck dieser erneuten Reform war es, durch eine weitere Konkretisierung der Erlassvoraussetzungen mehr Rechtssicherheit für die Antragsteller zu gewährleisten. Zudem schützt die Kronzeugenregelung die Unternehmenserklärungen der kooperierenden Kartellanten nach der Reform ausdrücklich vor

---

247 Nr. 3.1 der Bonusregelung sowie Rn. 8 der Kronzeugenregelung.
248 Mitteilung der Kommission über die Nichtfestsetzung oder die niedrigere Festsetzung von Geldbußen und Kartellsachen, ABl. 1996, C 207/4.
249 *Albrecht*, wrp 2007, 417, 418.
250 *Albrecht*, wrp 2007, 417, 420.
251 *Albrecht*, wrp 2007, 417, 420.
252 Mitteilung der Kommission über den Erlass und die Ermäßigung von Geldbußen in Kartellsachen, ABl. 2006, C 298/17.

einer Einsichtnahme durch andere als die Adressaten der Beschwerde-punkte[253]. Die Kommission will damit der Gefahr vorbeugen, dass die Kronzeugen aufgrund ihrer abgegebenen Erklärungen einen Nachteil ge-genüber nicht kooperierenden Kartellanten in Form einer vorrangigen In-anspruchnahme erleiden[254].

(1) Voraussetzungen für die Gewährung des Bußgelderlasses

(a) Prioritätsprinzip

Erforderlich für den vollständigen Erlass der Bebußung ist zunächst, dass der kooperationswillige Kartellant als erster der Kartellbeteiligten an die Wettbewerbsbehörde herantritt. Die Freistellung von der Geldbuße folgt einem strengen Prioritätsprinzip, wonach ausschließlich das Unternehmen die vollständige Privilegierung erhält, das als erstes die entsprechende Ko-operation mit den Kartellbehörden eingeht[255]. Dieses Prioritätsprinzip führt zu dem angesprochenen *Gefangenendilemma* zwischen den Kartel-lanten[256] und zur beabsichtigten Destabilisierung des Kartells. Da jeweils nur der erste Antragsteller in den Genuss des vollständigen Bußgelderlas-ses kommt, stehen die Kartellanten vor der Wahl, ihren Mitstreitern zuvor zu kommen und selbst einen Antrag zu stellen oder darauf zu vertrauen, dass keiner der übrigen Kartellanten mit den Kartellbehörden kooperiert.

Aufgrund des enormen Sanktionspotenzials stehen die Kartellanten un-ter erheblichem Entscheidungsdruck. Es entsteht Misstrauen zwischen den Beteiligten und das Kartell wird nach und nach unterminiert. Eben dieser Effekt der inneren Zersetzung des Kartells wird mit dem Kronzeugenpro-gramm beabsichtigt. Die bloße Möglichkeit, dass einer der Kartellbeteilig-ten das Kartell gegenüber der Kommission aufdecken könnte, führt dazu, dass sämtliche Kartellanten eine Kooperation zumindest in Betracht zie-hen. Dies gilt insbesondere dann, wenn auf dem Kartell bereits ein gewis-

---

253 Rn. 33 der Kronzeugenregelung.
254 *Albrecht*, wrp 2007, 417, 422 spricht insoweit davon, dass Kronzeugen vor einer Verwendung der Erklärungen in einem späteren „Zivilverfahren in Drittstaaten" geschützt werden sollen. Diese Beschränkung auf Drittstaaten ist nicht nachvoll-ziehbar, da das erhöhte Inanspruchnahmerisiko nicht in Drittstaaten, sondern viel-mehr in den Mitgliedstaaten besteht.
255 Rn. 8 der Kronzeugenregelung.
256 Vgl. unter B.II.2.b.aa.

ser Ermittlungsdruck seitens der Kartellbehörden liegt oder das Kartell aus anderen Gründen destabilisiert und das Vertrauen zwischen den Kartellanten beschädigt ist. Die Kommission eröffnet kooperationswilligen Kartellanten vor dem Hintergrund des Prioritätsprinzips die Möglichkeit, einen sog. Marker zu setzen. Hierdurch kann sich ein Unternehmen den entscheidenden Rang als erster Antragsteller sichern und die erforderlichen Beweise nachreichen[257].

Einem Kartellanten, der andere Unternehmen zur Aufnahme oder Weiterführung des Kartells gezwungen hat, kann die Geldbuße unabhängig vom Zeitpunkt seiner Antragstellung nicht erlassen werden[258].

(b) Beweismittel

Die Anzeige des Kartells hat der Antragsteller mit der Übermittlung von Beweismitteln, die eine gewisse Qualität aufweisen müssen, zu untermauern.

Die Anforderungen an die Substanz der zu übermittelnden Beweismittel sind davon abhängig, welchen Kooperationsbeitrag der Antragsteller leistet bzw. zu leisten beabsichtigt. Rn. 8 der Kronzeugenregelung unterscheidet hierzu zwei Alternativen: Entweder muss der Antragsteller Informationen vorlegen, die es der Kommission ihrer Auffassung nach ermöglichen, gezielte Nachprüfungen im Zusammenhang mit dem mutmaßlichen Kartell durchzuführen (Rn. 8 lit. a)[259] oder im Zusammenhang mit dem mutmaßlichen Kartell eine Zuwiderhandlung gegen Art. 81 EG-Vertrag (nunmehr Art. 101 AEUV) festzustellen (Rn. 8 lit. b)[260]. Bereits aus der Tatsache, dass die Kronzeugenregelung hinsichtlich der inhaltlichen Qualität der vorgelegten Informationen die Auffassung der Kommission für maßgeblich erachtet, folgt, dass die Güte der Beweismittel *ex ante* zu beurteilen ist. Die Privilegierung des kooperierenden Unternehmens hängt mithin nicht davon ab, ob eine Nachprüfung tatsächlich durchgeführt wird oder im Ergebnis erfolgreich war[261].

---

257 Rn. 14, 15 der Kronzeugenregelung.
258 Rn. 13 der Kronzeugenregelung.
259 Rn. 8 lit. a der Kronzeugenregelung.
260 Rn. 8 lit. b der Kronzeugenregelung.
261 So ausdrücklich Rn. 8, Fn. 3 der Kronzeugenregelung.

Im Falle der ersten Alternative müssen Antragsteller zwei Arten von Beweismitteln an die Kartellbehörden übermitteln: Geringstenfalls muss eine sog. Unternehmenserklärung abgegeben werden, die insbesondere Art, Ziele, Aktivitäten und Funktionsweise des Kartells eingehend beschreibt und zudem Angaben über die räumliche Ausdehnung, das betroffene Produkt oder die betroffene Dienstleistung sowie eine Schätzung zu dem betroffenen Marktvolumen enthält[262]. Zudem muss der Antragsteller Name und Anschrift der beteiligten Kartellanten und sämtlicher Einzelpersonen, die an dem Kartell beteiligt waren, offenlegen[263]. Über diese obligatorische Unternehmenserklärung hinaus muss der Antragsteller auch sonstige Beweismittel offenlegen, die sich in seinem Besitz befinden und aus denen sich das Vorliegen eines Kartells ergibt[264]. Solche Beweismittel können beispielsweise E-Mails oder sonstiger Schriftverkehr zwischen den Kartellanten sein. Die Bereitstellung dieser Beweismittel führt jedoch nur dann zum Erlass der Bebußung, wenn die Kommission nicht bereits über ausreichend Beweismittel für eine Nachprüfung verfügt oder eine Nachprüfung bereits durchgeführt hat[265].

Ein Bußgelderlass nach der zweiten Alternative wird unter den kumulativen Bedingungen gewährt, dass der Antragsteller eine Unternehmenserklärung im o.g. Umfang sowie sonstige Beweise für das Vorliegen eines Kartells übermittelt, die Kommission noch nicht über ausreichende Beweise verfügt und keinem anderen Antragsteller zuvor ein Bußgelderlass nach der ersten Alternative gewährt wurde[266].

(c) Kooperationspflicht

Neben der Pflicht zur Übermittlung von Beweismitteln und der Abgabe einer Unternehmenserklärung ist der Kronzeuge ab dem Zeitpunkt der Antragstellung zur umfassenden, fortlaufenden und ernsthaften Kooperation mit der Kommission verpflichtet[267]. Überdies darf er seine Zusammenarbeit mit der Kommission den übrigen Kartellanten gegenüber nicht offen-

---

262 Rn. 9 lit. a der Kronzeugenregelung.
263 Rn. 9 lit. a der Kronzeugenregelung.
264 Rn. 9 lit. b der Kronzeugenregelung.
265 Rn. 10 der Kronzeugenregelung.
266 Rn. 11 der Kronzeugenregelung.
267 Rn. 12 lit. a der Kronzeugenregelung.

baren. Grundsätzlich ist der Kronzeuge angehalten, seine Beteiligung an dem Kartell unmittelbar nach Antragstellung zu beenden. Dies gilt jedoch nicht für solche Aktivitäten, die nach Ansicht der Kommission für den Erfolg der Nachprüfung förderlich sind[268]. Diese Möglichkeit des (partiellen) Festhaltens an dem Kartell, verbunden mit der fortlaufenden Auskunftspflicht gegenüber der Kommission, führt in einschlägigen Fällen dazu, dass der Antragsteller als verdeckter Ermittler der Kommission agiert.

(2) Geheimhaltung der Kronzeugendokumente

Die von dem Antragsteller abzugebende Unternehmenserklärung nebst Beweismittel wird durch die Kronzeugenregelung der Kommission vor einer Einsichtnahme geschützt[269]. Zunächst eröffnet die Kommission die Möglichkeit, die erforderliche Unternehmenserklärung mündlich abzugeben und hierüber ein behördliches Protokoll anfertigen zu lassen[270]. Hierdurch entstehen nur kommissionseigene Dokumente, seitens des Kartellanten verbleibt damit kein belastendes Material[271]. Einsicht in die Akten der Kommission erhält darüber hinaus grundsätzlich nur der Adressat der Mitteilung der Beschwerdepunkte, sofern er sich verpflichtet, hiervon keinerlei Kopien anzufertigen und die erlangten Informationen ausschließlich im Rahmen des kartellrechtlichen Verwaltungsverfahrens zu verwerten[272]. Anderen Parteien oder Dritten wird prinzipiell keine Einsicht in die Verfahrensakten gewährt[273]. Grund für diese Geheimhaltungszusage der Kommission ist die mögliche Beeinträchtigung der Attraktivität des Kronzeugenprogramms, die aus Sicht der Kommission mit einer Offenlegung der Dokumente einherginge[274].

---

268 Rn. 12 lit. b der Kronzeugenregelung.
269 Die Kronzeugenregelung stellt in Rn. 33 verbaliter nur die Unternehmenserklärung unter Schutz. Aus der Zusammenschau mit Rn. 34, die abweichend dazu von der Verfahrensakte insgesamt spricht, und dem Sinn und Zweck der Geheimhaltung lässt sich jedoch schlussfolgern, dass der Schutz nicht nur die Unternehmenserklärung selbst, sondern auch die von dem Kronzeugen vorgelegten Beweismittel umfasst.
270 Rn. 32 der Kronzeugenregelung.
271 *Albrecht*, wrp 2007, 417, 425.
272 Rn. 33, 34 der Kronzeugenregelung.
273 *Albrecht*, wrp 2007, 417, 425.
274 Vgl. hierzu unter B.II.2.b.ee.

cc. Regelungen auf nationaler Ebene

Die Möglichkeit der behördlichen Zusammenarbeit mit Kartellteilnehmern hat das Bundeskartellamt erstmals im Jahre 2000 aufgegriffen und unter dem Begriff der Bonusregelung ein entsprechendes Instrumentarium auf nationaler Ebene geschaffen[275]. Im Jahre 2006 erfolgte eine Anpassung an die europäischen Leitlinien[276], sodass das Kronzeugenprogramm der Kommission und die Bonusregelung des Bundeskartellamtes in vielen Punkten nahezu deckungsgleich sind.

(1) Voraussetzungen eines Bußgelderlasses

(a) Prioritätsprinzip

Entsprechend der unionsrechtlichen Kronzeugenregelung folgt auch der Bußgelderlass auf nationaler Ebene einem Prioritätsprinzip, wonach nur der erste Antragsteller den Erlass der gesamten Geldbuße für sich in Anspruch nehmen kann[277]. Auch das Bonusprogramm des Bundeskartellamtes führt damit zur beschriebenen Unterminierung des Kartells. Auch das Bundeskartellamt eröffnet kooperationsbereiten Unternehmen die Möglichkeit, zur Rangsicherung einen Marker zu setzen und in einem Zeitraum von maximal 8 Wochen einen vollständigen Antrag nachzureichen[278].

(b) Beweismittel

Die Pflicht zur Übermittlung hinreichender Beweismittel zur Verfolgung des Kartells findet sich ebenfalls in der Bonusregelung des Bundeskartellamtes, auch hier bestehen zweierlei Handlungsalternativen. Zunächst kann der Kronzeuge das Bundeskartellamt in die Lage versetzen, einen Durchsuchungsbeschluss gegen den oder die vermeintlichen Kartellanten zu er-

---

275 Bekanntmachung Nr. 68/2000 über Richtlinien des Bundeskartellamtes für die Festsetzung von Geldbußen - Bonusregelung.
276 Bekanntmachung Nr. 9/2006 über den Erlass und die Reduktion von Geldbußen in Kartellsachen - Bonusregelung.
277 Rn. 3 Ziff. 1 und Rn. 4 Ziff. 1 der Bonusregelung.
278 Rn. 11 der Bonusregelung.

wirken[279]. Ist dieser Zeitpunkt bereits verstrichen, da das Bundeskartellamt bereits in der Lage ist, einen Durchsuchungsbeschluss zu erlangen, genügt es für den Bußgelderlass auch, wenn der Antragsteller es dem Bundeskartellamt ermöglicht, die Tat nachzuweisen[280], dies jedoch nur dann, wenn keinem anderen Antragsteller bereits ein Erlass nach Maßgabe der ersten Alternative gewährt wurde[281]. Anders als auf unionaler Ebene ist der Bußgelderlass auf nationaler Ebene damit *erfolgsgebunden*, denn der Kronzeuge muss das Bundeskartellamt in die Lage versetzen, einen Durchsuchungsbeschluss zu erwirken oder die Tat nachzuweisen. Maßgeblich ist daher nicht die *ex ante*-Sicht der Wettbewerbsbehörde, sondern die Frage, ob der Kooperationsbeitrag des Antragstellers tatsächlich zu einem Ermittlungserfolg des Bundeskartellamtes führt. Die Voraussetzungen für einen Bußgelderlass sind somit auf nationaler Ebene höher.

Die von dem Antragsteller bereitzustellenden Beweismittel umschreibt die nationale Bonusregelung deutlich unschärfer als die europäische Kronzeugenregelung. Bestimmt ist lediglich, dass der Antragsteller mündliche und schriftliche Informationen sowie Beweismittel an das Bundeskartellamt zu übermitteln hat[282]. Welche Angaben der Antrag im Einzelnen genau enthalten muss, dazu schweigt die Bonusregelung. Rn. 14 der Bonusregelung normiert insoweit nur, dass der kooperierende Kartellant Angaben tätigen muss, die geeignet sind, einen Durchsuchungsbeschluss zu erwirken bzw. die Tat nachzuweisen. Die Tautologie dieser Erläuterung liegt auf der Hand, normieren doch bereits die Rn. 3. Ziff. 2 und Rn. 4. Ziff. 2 der Bonusregelung die Verpflichtung des Antragstellers, das Bundeskartellamt in die Lage zu versetzen, einen Durchsuchungsbeschluss erwirken bzw. das Kartell aufdecken zu können. Der notwendige Mindestinhalt eines jeden Antrages kann jedoch zumindest der Zusammenschau der Rn. 11 und 12 entnommen werden: Rn. 11 der Bonusregelung bestimmt, dass der Antrag auf Setzung eines Markers Angaben über Art und Dauer des Kartells, die sachlich und räumlich betroffenen Märkte und die Identität der Beteiligten enthalten muss. Rn. 12 normiert sodann, dass dieser Antrag innerhalb von höchstens 8 Wochen zu einem Antrag nach Rn. 14 der Bonusregelung ausgearbeitet werden muss. Hieraus ergibt sich, dass diese Anga-

---

279 Rn. 3 Ziff. 2 der Bonusregelung.
280 Rn. 4 Ziff. 2 der Bonusregelung.
281 Rn. 4 Ziff. 5 der Bonusregelung.
282 Rn. 3. Ziff 2 und Rn. 4. Ziff. 2 der Bonusregelung.

ben für einen vollständigen Antrag keinesfalls fehlen dürfen und somit seinen Mindestinhalt bilden.

(c) Kooperationspflicht

Auch auf nationaler Ebene ist der Antragsteller gemäß Rn. 6 ff. verpflichtet, dauerhaft und ohne Einschränkungen mit dem Bundeskartellamt zu kooperieren und entsprechende Informationen und Beweise an dieses weiterzuleiten, unter gleichzeitiger Geheimhaltung seiner Zusammenarbeit mit der Wettbewerbsbehörde.

(2) Geheimhaltungszusage

Genau wie die Europäische Kommission hat auch das Bundeskartellamt die Bonusanträge einem weitreichenden Schutz vor der Einsichtnahme Dritter unterstellt. Die entsprechende Regelung hierzu fällt indes rudimentär aus. Sie bestimmt lediglich, dass das Bundeskartellamt Anträge Dritter auf Akteneinsicht und Auskunftserteilung im Rahmen des gesetzlich eingeräumten Ermessens grundsätzlich ablehnen wird, soweit Bonusanträge von dieser Akteneinsicht oder Auskunftserteilung betroffen wären[283]. Ein weitergehendes Abwägungsregime als das gesetzliche Ermessen, das vom Bundeskartellamt regelmäßig zu Lasten des Petenten ausgeübt wird, enthält die Bestimmung nicht.

dd. Relevanz von Kronzeugenerklärungen für die Beweisführung

Die vorstehenden Ausführungen haben gezeigt, dass kooperationswillige Kartellanten nur dann in den Genuss eines Bußgelderlasses oder einer Bußgeldreduktion kommen, wenn sie ihr Wissen über das Kartell lückenlos offenlegen. Die von den Kartellbehörden national wie unional an erfolgreiche Anträge gestellten Anforderungen haben zur Folge, dass die Erklärungen der Antragsteller oftmals ein genaues Bild von Umfang, Beteiligungsstruktur und Auswirkung des Kartells zeichnen.

---

283 Rn. 22 der Bonusregelung.

Auf Grund der beschriebenen Beweisproblematik[284] sind diese Kronzeugenerklärungen daher für Kartellgeschädigte von besonderem Interesse. Sie benötigen umfassende Informationen über Umfang und Wirkungsweite des Kartells, um insbesondere den entstandenen Schaden berechnen und vor Gericht darlegen und beweisen zu können bzw. um dem erkennenden Spruchkörper geringstenfalls die Grundlagen für eine Schadensschätzung gemäß § 287 ZPO an die Hand zu geben. Infolge dessen haben die klagewilligen Geschädigten enormes Interesse daran, der gestellten Anträge und der damit verbundenen Informationen habhaft zu werden. Wenn vereinzelt vertreten wird, die begehrten Anträge enthielten für den beweispflichtigen Kläger keinen nennenswerten Mehrwert, insbesondere hinsichtlich des Nachweises einer Preiserhöhung seien sie unergiebig[285], so kann dem im Ergebnis nicht gefolgt werden. Zunächst werden potenziell Geschädigte durch die Einsicht in die Erklärungen oftmals gerade erst in die Lage versetzt, ihre eigene Kartellbetroffenheit belastbar feststellen zu können, denn die bloße Kenntnis von der Kartellbeteiligung eines Vertragspartners allein führt nicht zwangsläufig zu der Schlussfolgerung, dass sämtliche von dem Vertragspartner vertriebenen Produkte von der Kartellabsprache betroffen sind. Stattdessen muss sich der potenzielle Geschädigte insbesondere die Reichweite der Kartellabsprache vergegenwärtigen, um seine eigene Betroffenheit mit der hinreichenden Sicherheit feststellen zu können[286]. Dies wird ihm jedoch oftmals nur unter Hinzuziehung der entsprechenden Kronzeugenerklärung möglich sein, da er dieser den Umfang und die Beteiligungsstruktur des Kartells mit der nötigen Trennschärfe entnehmen kann.

Weiterhin wird man nur schwerlich bestreiten können, dass die Erklärung des Kronzeugen den Geschädigten in die Lage versetzt, die Preiserhöhung aus den enthaltenen Angaben heraus eigenständig berechnen zu können bzw. ihm die Quantifizierung des Schadens zumindest erheblich erleichtert wird. Geringstenfalls stellen die in den Kronzeugenerklärungen enthaltenen Informationen eine taugliche Grundlage zur Schätzung des kartellbedingten Schadens durch das Gericht dar. Diesbezüglich sind insbesondere die Ausführungen des *EuG* in der Sache *Akzo Nobel* beachtenswert, wonach eine Bußgeldentscheidung, die um die Angaben aus einer

---

284 Vgl. hierzu unter B.II.2.a.
285 *Bien*, EuZW 2011, 889; *Fiedler/Huttenlauch*, NZKart 2013, 350.
286 Zur fehlenden Erkennbarkeit der eigenen Geschädigtenstellung in diesem Sinne auch *Wessing/Hiéramente*, WuW 2015, 220, 223; Saller, BB 2013, 1160.

Kronzeugenerklärung angereichert werden sollte, in dieser Fassung *„in detaillierter Weise die kollusiven Kontakte oder wettbewerbswidrigen Absprachen, an denen sich die Klägerinnen beteiligt haben"* offenbaren und *„insbesondere die Namen der von diesen Kontakten oder Absprachen betroffenen Produkte, Zahlen zu den angewandten Preisen und die von den Beteiligten hinsichtlich der Preise und der Aufteilung der Marktanteile verfolgten Ziele"* nennen würde[287]. Hieran zeigt sich, dass die in den Kronzeugenerklärungen enthaltenen Informationen insbesondere für die Berechnung der Höhe des kartellbedingten Schadens essentiell sind, der Erfolg privater Kartellschadensersatzklagen hängt maßgeblich von der Erlangung dieser Erklärungen ab[288]. Es steht daher zur Überzeugung der wohl *h.M.* fest, dass die Beweisnot privater Kartellschadensersatzkläger regelmäßig nur durch die Einsicht in Kronzeugenerklärungen überwunden werden kann[289]. Insbesondere bei intelligent operierenden Kartellen existieren regelmäßig keinerlei schriftliche Dokumente über den Kartellrechtsverstoß[290]; im seltenen Falle des Vorhandenseins ist ihre Bedeutung schlicht unklar[291], sodass ihre prozessuale Nützlichkeit gen Null strebt[292]. Die Kronzeugenerklärungen indes enthalten ein komprimiertes Bild über Umfang und Auswirkung des Kartells, sodass sich der beweisrechtliche

---

287 EuG, Urt. v. 28.01.2015 - Rs. T-345/12, BeckRS 2016, 80101 Rn. 75 *„Akzo Nobel"*.

288 *Lampert/Weidenbach*, wrp 2007, 152; ähnlich auch *Kainer*, in: *Weller/Althammer*, Mindeststandards im europäischen Zivilprozessrecht, 173, 183.

289 *Klooz*, Akteneinsicht des Geschädigten, 226; *Heinichen*, NZKart 2014, 83, 87 f.; *Steger*, BB 2014, 963; *Wessing/Hiéramente*, WuW 2015, 220, 222; *Busch/Sellin*, BB 2012, 1167, 1169; *Jüntgen*, WuW 2007, 128; *Harms/Petrasincu*, NZKart 2014, 304; *Dück/Eufinger/Schultes*, EuZW 2012, 418, 421; *Palzer*, NZKart 2013, 324, 325; *Lampert/Weidenbach*, wrp 2007, 152; *Dworschak/Maritzen*, WuW 2013, 829, 820; *Maritzen/Pauer*, wrp 2013, 1151, 1159; in diesem Sinne auch EuGH, Urt. v. 14.06.2011 - C 360/09 *„Pfleiderer"*, NJW 2011, 2946; kritisch dagegen *Bien*, EuZW 2011, 889; *Makatsch/Mir*, EuZW 2015, 7, 8; *Schweitzer*, NZKart 2014, 335, 343. Ein eigenes schriftliches Gesuch des Verfassers bei dem Bundeskartellamt, gerichtet auf eine Einsichtnahme in anonymisierte Kronzeugenerklärungen zum Zwecke der Forschung, wurde abschlägig beschieden.

290 In diesem Sinne auch *Willems*, wrp 2015, 818, der darauf hinweist, dass *Hardcore-Kartelle* ihrem Wesen nach auf geheimen Absprachen basieren, die nicht greifbar sind und von einer „Mauer des Schweigens" spricht.

291 *Schweitzer*, NZKart 2014, 335, 343.

292 So handelt es sich bei den Kartellunterlagen beispielsweise oftmals um unzählige Seiten von Zahlentabellen, deren Bedeutung sich ohne Hinzunahme entsprechender Kronzeugenerklärungen schlicht nicht erschließt.

Fokus der Kartellgeschädigten auf diese Erklärungen als oftmals allein taugliches Beweismittel verengt[293]. Soweit man Kartellgeschädigte auf weniger aussagekräftige und damit verstärkt risikobehaftete Beweismittel als die Kronzeugenerklärungen verweisen wollte, ist zu sehen, dass sich die Geschädigten nicht zuletzt einem enormen Prozesskostenrisiko gegenübersehen. Dies insbesondere dann, wenn auf Beklagtenseite eine Vielzahl von Streithelfern steht und hierdurch das Kostenrisiko des klägerischen Unternehmens um ein Vielfaches erhöht wird[294]. Dieses Kostenrisiko ist von den Kartellgeschädigten mit der prozessualen Beweissituation in Abwägung zu bringen. Oftmals sehen die Geschädigten sodann aufgrund der unzureichenden Beweismittellage von einer entsprechenden Schadensersatzklage ab, da sie die ökonomischen Risiken eines solchen Schadensersatzverfahrens scheuen. Hierdurch werden pro Jahr Kartellschadensersatzansprüche von mehreren Milliarden Euro nicht gerichtlich geltend gemacht und die Kartellbeteiligten verbleiben im Besitz ihrer durch das Kartell generierten Rendite[295]. Der Verweis auf anderweitige Beweismittel erscheint daher bereits aufgrund dieses enormen Prozesskostenrisikos aus Sicht der Geschädigten nicht als gangbarer Weg.

Sofern Gegenstimmen darauf verweisen, dass sich die für den Kläger notwendigen Erkenntnisse bereits aus dem behördlichen Bußgeldbescheid

---

293 Nicht nachvollziehbar insoweit *Fiedler*, BB 2013, 2179, 2183, wonach Kronzeugenerklärungen, obschon ihnen regelmäßig Ziele, Aktivitäten und insbesondere Funktionsweise des Kartells zu entnehmen seien, für die Berechnung des Schadens nicht nutzbringend sein sollen.

294 *Makatsch/Mir*, EuZW 2015, 7, 9. Im Falle des *Zementkartells* beispielsweise hat *Cartel Damage Claims* („CDC") insgesamt 6 Mio. Euro in die gerichtliche Durchsetzung von Kartellschadensersatzansprüchen investiert. Diese enorme Summe setzt sich u.a. dadurch zusammen, dass die Beklagtenseite im Laufe des Verfahrens insgesamt 27 verschiedenen Unternehmen den Streit verkündete, wodurch die Prozesskosten entsprechend in die Höhe getrieben wurden. Bei der Frage nach der Festsetzung des Streitwertes hat *CDC* eine erhebliche Gefährdung der eigenen wirtschaftlichen Lage zu Felde geführt. Nachdem sowohl das LG Düsseldorf als auch das OLG Düsseldorf eine Streitwertanpassung ablehnten, hat *CDC* nach Abweisung der Schadensersatzklage durch das OLG Düsseldorf von einer Nichtzulassungsbeschwerde zum BGH abgesehen, nicht zuletzt aufgrund der unkalkulierbaren Gefahr weiterer Streitbeitritte und dem daraus folgenden Prozesskostenrisiko, vgl. http://www.carteldamageclaims.com/zementkartelle/ (Abruf: 04.02.2016).

295 *Makatsch/Mir*, EuZW 2015, 7, 9.

ergäben[296], so ist dem entgegenzuhalten, dass die Bußgeldbescheide oftmals einen inhaltlichen Umfang aufweisen, der für private Schadensersatzklagen schlicht unzureichend ist[297]. In dem viel besprochenen *Pfleiderer*-Beschluss des *AG Bonn*[298] beispielsweise zeichneten sich die Bußgeldbescheide dadurch aus, dass der Kartellvorwurf lediglich in einem Satz beschrieben wurde, weitere Sachverhaltsangaben fehlten gänzlich[299]. Ein solcher Kurzbescheid ist für die kartellgeschädigten Unternehmen im Rahmen eines Schadensersatzprozesses jedoch schlechterdings nutzlos. Hinzu tritt, dass der Erlass von Kurzbescheiden in Kooperationsfällen inzwischen die regelmäßige Praxis des Bundeskartellamtes darstellt[300]. Der Verweis auf den ausreichenden Informationsgehalt der behördlichen Entscheidungen stellt daher aus Sicht der Kartellgeschädigten insbesondere in Kooperationsfällen keine hinreichende Kompensation der fehlenden Einsicht in Kronzeugenerklärungen dar. Weiterhin ist zu bedenken, dass die Beweislage privater Kartellschadensersatzkläger nicht davon abhängig gemacht werden darf, wie weit der Begründungswille der Kartellbehörde in dem jeweiligen Bußgeldbescheid reicht. Das Beweisrecht der Kartellgeschädigten steht nicht zur Disposition der Wettbewerbsbehörden. Eine solche zumindest mittelbare Disposition über die Beweislage der Geschädigten durch die Kartellbehörden bestünde jedoch, wenn man den Behörden die Möglichkeit einräumte, das Begehren um Akteneinsicht mit einem Verweis auf die Bindungswirkung der Bußgeldbescheide[301] zurückzuweisen und die Kartellbehörden zeitgleich den Informationsgehalt der bindenden Entscheidung bestimmen können. Diese einheitliche Entscheidungsgewalt über den Informationsgehalt der Bußgeldbescheide und das Einsichtsbegehren erschiene bereits aus rechtsstaatlicher Sicht bedenklich. Keinesfalls kann hieraus ein Argument gegen die Notwendigkeit der Einsicht in die Kronzeugenerklärungen abgeleitet werden.

---

296 *Thomas*, in: *Oberender*, Private und öffentliche Kartellrechtsdurchsetzung, 55, 72; OLG Düsseldorf, Beschl. v. 22.08.2012 - V-4 Kart 5/11 *„Kaffeeröster"*, wrp 2012, 1596.

297 *Thomas*, in: *Oberender*, Private und öffentliche Kartellrechtsdurchsetzung, 55, 72; *Makatsch/Mir*, EuZW 2015, 7, 8.

298 AG Bonn, Beschl. v. 18.01.2012 - 51 Gs 53/09 *„Pfleiderer II"*; vgl. hierzu ausführlich unter C.I.1.a.bb.(2).(a).

299 *Kapp*, WuW 2012, 474.

300 *Kapp*, WuW 2012, 474, 475.

301 Vgl. hierzu unter B.II.2.a.aa.(2).

Weiter verstärkt wird die Beweisnot der Kartellgeschädigten durch das Vorgehen des Bundeskartellamtes zur einvernehmlichen Verfahrensbeendigung, sog. *Settlement-Praxis*. Diese wird oftmals von Kartellanten, die nicht ohnehin einen vollständigen Bußgelderlass erhalten haben, in Anspruch genommen. Die Settlement-Praxis trägt Züge eines Vergleichsverfahrens und findet ihre rechtliche Grundlage in dem Ermessen des Bundeskartellamtes gemäß § 47 Abs. 1 OWiG bzw. § 81 Abs. 4 GWB[302]. Sie zeichnet sich dadurch aus, dass zwischen Bundeskartellamt und Betroffenem eine Absprache über den weiteren Fortgang des Verfahrens getroffen wird. Der Kartellant gibt hierbei eine Beschreibung der Tat und sämtlicher für die Bußgeldbemessung erheblicher Umstände ab und erhält im Gegenzug eine Bußgeldermäßigung von bis zu 10%[303]. Im Gegensatz zu dem auf vollen Bußgelderlass abzielenden Bonusprogramm ist der Kartellant über das Geständnis hinaus nicht zu einer weitergehenden Kooperation mit den Kartellbehörden verpflichtet. Die Brisanz der Settlement-Praxis liegt in ihrer Auswirkung auf die gegenüber den kooperierenden Kartellanten ergehenden Bußgeldbescheide. Diese enthalten lediglich die gemäß § 66 OWiG an den Inhalt des Bußgeldbescheides gestellten Mindestanforderungen und haben daher für nachfolgende Schadensersatzklagen nur eine äußerst geringe Aussagekraft[304]. Eine Vielzahl der Bußgeldverfahren wird inzwischen ganz oder teilweise durch die Inanspruchnahme der Settlement-Praxis beendet[305], sodass das Gros der ergehenden Bußgeldbescheide für die erfolgreiche Führung von *follow-on-Klagen* nicht fruchtbar gemacht werden kann und die Notwendigkeit der Einsichtnahme in Kronzeugenerklärungen weiter verstärkt wird.

Schlussendlich lässt sich bereits aus einem praktischen Blickwinkel heraus argumentieren, dass Kartellgeschädigte in der jüngeren Vergangenheit kaum einen derartigen finanziellen und juristischen Aufwand zur Erlangung der Kronzeugenerklärungen betrieben hätten, wenn die begehrten

---

302 Immenga/Mestmäcker/*Biermann*, GWB § 81 Rn. 543.

303 Immenga/Mestmäcker/*Biermann*, GWB § 81 Rn. 545 f.

304 In diesem Sinne auch Immenga/Mestmäcker/*Dannecker/Biermann*, GWB § 81 Rn. 546.

305 *Bundeskartellamt*, Tätigkeitsbericht 2009/2010, BT-Drs. 17/6640, 41 und Tätigkeitsbericht 2011/2012, BT-Drs. 17/13675, 71, 73, 97, 106; *Grafunder/Gänswein*, BB 2015, 968. Zu der damit verbundenen Problematik hinsichtlich des Akteneinsichtsrechts des Kartellanten selbst vgl. *Hiéramente/Pfister*, BB 2016, 968.

Dokumente keinen nennenswerten prozessualen Mehrwert für sie darstellten[306].

ee. Spannungsverhältnis zwischen private und public enforcement

Im Ursprung weisen *private* und *public enforcement* eine einheitliche Stoßrichtung auf. Sie sind jeweils darauf gerichtet, Verstöße gegen das Wettbewerbsrecht zu verhindern bzw. die eingetretenen Folgen zu beseitigen und hierdurch den Schutz der Wettbewerbsordnung sicherzustellen. Dem *public enforcement* kommt dabei insbesondere durch die Verhängung von Bußgeldern eine repressive und generalpräventive Funktion zu[307]. Das *private enforcement* weist demgegenüber einen verstärkt kompensatorischen Charakter auf, indem es die durch Kartellverstöße erlittenen Schäden auszugleichen sucht[308]. Gleichwohl verfolgt der Gesetzgeber auch mit dem kartellrechtlichen Schadensersatzregime den Gedanken der präventiven Verhinderung von Wettbewerbsverstößen[309]. Hinsichtlich der zu erreichenden Ziele gehen *private* und *public enforcement* daher Hand in Hand.

Konfliktpotenzial birgt jedoch die Frage nach den juristischen Instrumentarien, die zur Erreichung dieser Ziele zum Einsatz kommen sollen[310], denn auf der Vollzugsebene stehen *public* und *private enforcement* seit jeher in einem enormen Spannungsverhältnis[311]. Zur Auflösung dieses Konfliktes wurden in der Wissenschaft vielzählige Ansätze entwickelt. Mitunter wurde für eine gänzliche Abschaffung des *private enforcement* bei *Hardcore-Kartellen* und die Entwicklung eines monistischen Systems plädiert[312].

Die vermutlich stärkste Ausprägung erfährt dieses Spannungsverhältnis bei der dieser Untersuchung zugrundeliegenden Frage, ob und inwieweit

---

306 In diese Richtung argumentierend auch *Kapp*, WuW 2012, 474, 481 mit dem Hinweis darauf, dass die Klägerin im Fall „*Pfleiderer*" fast 4 Jahre um ihr Recht auf Akteneinsicht rang, einschließlich eines Vorabentscheidungsverfahrens vor dem EuGH.

307 *Bach*, in: FS Canenbley, 15, 16.

308 *Bach*, in: FS Canenbley, 15, 16.

309 Immenga/Mestmäcker/*Emmerich*, GWB § 33 Rn. 2.

310 *Thomas*, in: *Oberender*, Private und öffentliche Kartellrechtsdurchsetzung, 55, 71.

311 *Bach*, in: FS Canenbley, 15; *Mäger/Zimmer/Milde*, WuW 2009, 885, 886.

312 *Canenbley/Steinvorth*, in: FS FIW, 143, 149; *Kapp*, in: FS Möschel, 319, 331 ff.

Kartellgeschädigten Zugang zu den behördlichen Kronzeugendokumenten zu gewähren ist[313]. Die Ursache für den rechtlichen Disput zwischen Geschädigten und Kartellbehörden ist leicht erklärbar. Wie gesehen[314] haben Kartellgeschädigte ein enormes Interesse an der Einsichtnahme in Kronzeugenerklärungen, um ihre Schadensersatzklagen gegen die Kartellbeteiligten ausreichend substantiieren und durch entsprechende Beweismittel stützen zu können. Ihnen gegenüber stehen die Kartellbehörden, die sich in einem nur schwer lösbaren Dilemma wiederfinden. Einerseits sind sie bestrebt, private Kartellschadensersatzkläger in ihrem Schadensersatzbegehren bestmöglich zu unterstützen, um die Durchsetzung des Wettbewerbsrechts zu stärken und sich darüber hinaus bei der Sanktionierung und Verhinderung von Kartellverstößen selbst zu entlasten. Diese Unterstützung findet jedoch in der begehrten Einsichtnahme in Kronzeugenerklärungen ihre Grenze. Sowohl das Bundeskartellamt als auch die Europäische Kommission vertreten seit jeher den Standpunkt, dass potenziell Geschädigten keine Einsicht in die Kronzeugendokumente zu gewähren ist[315].

Diese Verweigerungshaltung fußt darauf, dass die Kartellbehörden die Effektivität ihrer Kronzeugenprogramme bedroht sehen. Es wird argumentiert, kooperationswillige Unternehmen würden von einer Inanspruchnahme der zur effektiven Kartellverfolgung dringend benötigten Kronzeugenregelungen Abstand nehmen, wenn zu befürchten steht, dass Geschädigte die Angaben in einem späteren Schadensersatzprozess gegen das Kronzeugenunternehmen verwenden und der Bußgelderlass, den das Unternehmen durch die Kooperation erlangt hat, durch gerichtlich festgestellte Schadensersatzpflichten aufgewogen oder sogar durch sie überstiegen wird[316]. Die Befürchtung der Kronzeugen, durch ihre Kooperation das primäre Ziel von Schadenersatzprozessen zu werden, wird dadurch gefördert,

---

313 *Nietsch*, in: *Nietsch/Weller*, Private Enforcement, 9, 15, der von einem „erbittert geführten Streit" spricht.

314 Vgl. unter B.II.2.b.dd.

315 *Thomas*, in: *Oberender*, Private und öffentliche Kartellrechtsdurchsetzung, 55, 71; *Mäger/Zimmer/Milde*, WuW 2009, 885, 886; *Fiedler/Huttenlauch*, NZKart 2013, 350; *Palzer*, NZKart 2013, 324, 325; vgl. zur Geheimhaltung durch die Kartellbehörden auch die Ausführungen unter B.II.2.b.bb.(2). sowie B.II.2.b.cc. (2).

316 *Jüntgen*, WuW 2007, 128, 129; *Lampert/Weidenbach*, wrp 2007, 152, 162; *Wessing/Hiéramente*, WuW 2015, 220, 226; vgl. auch die Ausführungen des AG Bonn im Beschl. v. 18.01.2012 - 51 Gs 53/09 „*Pfleiderer II*".

dass der gegen sie gerichtete und den Erlass feststellende Bußgeldbescheid ihre Beteiligung an dem Kartell aufdeckt und in der Regel zuerst in Bestandskraft erwächst. Hierdurch wird der Kronzeuge primäre Anlaufstelle für *follow-on-Klagen*[317]. Das kooperationswillige Unternehmen steht damit vor der Wahl zwischen zweierlei Szenarien: Einerseits volle Kooperation mit den Kartellbehörden samt Bußgelderlass bzw. -reduktion, verbunden mit einer deutlich schlechteren Beweislage in einem drohenden Schadensersatzprozess, andererseits volles Bußgeldrisiko mangels Kooperation, jedoch volle Kontrolle über die herausgegebenen Informationen[318]. Hinzu tritt die Wechselwirkung zwischen Inhalt des Bonusantrags und Schadensersatzrisiko: Je mehr Informationen der Antragsteller den Behörden zur Verfügung stellt, desto höher stehen die Chancen auf einen vollständigen Erlass der Bebußung. Gleichzeitig aber erhöht dies auch das Risiko einer zivilrechtlichen Inanspruchnahme. Was der Antragsteller auf der einen Seite an Privilegierung gewinnt, verliert er gleichzeitig an anderer Stelle durch die Erhöhung des Haftungsrisikos.

Das Für und Wider hinsichtlich einer Kooperation mit den Kartellbehörden ist aus unternehmerischer Sicht damit stets eine rein ökonomische Entscheidung. Die Gefahr, dass die Inanspruchnahme des Kronzeugenprogramms im Nachhinein deutlich kostenintensiver ausfallen könnte als eine Bebußung, kann Unternehmen möglicherweise von einer Zusammenarbeit mit den Wettbewerbsbehörden abhalten[319]. Die Kronzeugenprogramme der Kartellbehörden leben jedoch von ihrer Anreizwirkung. Nur dann, wenn die Inanspruchnahme der Programme für die Unternehmen wirtschaftlich vorteilhaft ist, werden sie die Kooperation ernsthaft in Betracht ziehen und die Kronzeugenprogramme die gewünschte Destabiliserungswirkung[320] entfalten. So naheliegend diese Schlussfolgerung auch sein mag, empirisch gesichert ist sie nicht. Da die Kronzeugenprogramme seit ihrer Einführung maßgeblich zum Ermittlungserfolg der Kartellbehörden beigetragen haben, versuchen die Wettbewerbsbehörden ungeachtet dessen mit allen Mitteln, die Effektivität der Programme durch die Versagung von Einsichtsrechten zu schützen und jedwedes Risiko einer Beeinträchtigung zu vermeiden. Aus Sicht der privaten Schadensersatzkläger bilden die Kartellbehörden juristische Trutzburgen, die dem Einsichtsbegehren

---

317 *Jüntgen*, WuW 2007, 128.
318 *Seitz*, EuZW 2011, 598, 602.
319 *Mäger/Zimmer/Milde*, WuW 2009, 885, 886.
320 Vgl. unter B.II.2.b.aa.

der Geschädigten mit aller Macht begegnen und ihrem Interesse an der Aufrechterhaltung der Kronzeugenprogramme stets den unbedingten Vorrang vor der privatrechtlichen Durchsetzung des Wettbewerbsrechts einräumen.

c. Zusammenfassung

Die vorstehende Untersuchung hat gezeigt, dass sich private Kartellschadensersatzkläger auch nach der 7. GWB-Novelle enormen Darlegungs- und Beweisproblemen hinsichtlich des Kartellverstoßes und insbesondere hinsichtlich der Höhe des hierdurch entstandenen Schadens gegenübersehen. Abhilfe kann hier die Einsicht in Kronzeugenerklärungen und Bonusanträge schaffen, die sich in den Verfahrensakten der Europäischen Kommission und des Bundeskartellamtes befinden. Diese vermitteln eine umfassende Auskunft über die Wirkungsweise des jeweiligen Kartells und bilden einen substantiellen Baustein der prozessualen Beweisführung. Eine Einsicht in diese Erklärungen durch Kartellgeschädigte wird jedoch von den Wettbewerbsbehörden sowohl auf nationaler als auch auf unionaler Ebene strikt abgelehnt, da die Kartellbehörden die Attraktivität ihrer Kronzeugenprogramme gefährdet sehen. Obschon auch das *private enforcement* der wirksamen Durchsetzung des Wettbewerbsrechts dient, stößt die kartellbehördliche Unterstützung privater Schadensersatzkläger bei der Einsicht in Kronzeugendokumente an ihre Grenzen. Die Frage nach der Einsicht in Kronzeugendokumente bildet damit den primären Spannungspol zwischen *private* und *public enforcement*.

C. Rechtliche Mechanismen für den Zugriff auf Kronzeugenerklärungen

Die bisherige Untersuchung hat gezeigt, dass private Kartellschadenersatzkläger zur Substantiierung und zum Beweis der maßgeblichen Tatsachen ihres Klagebegehrens auf die in Kronzeugenerklärungen enthaltenen Informationen angewiesen sind, im Rahmen der Erlangung dieser Informationen jedoch auf enormen Widerstand von behördlicher Seite stoßen. Die nationalen und unionalen Kartellbehörden sind nicht gewillt, den Geschädigten Einsicht in die Kronzeugendokumente zu gewähren, da sie die für sie so bedeutsamen Kronzeugenprogramme gefährdet sehen. Aufgrund dessen sehen sich die Geschädigten der substantiellen Frage gegenüber, welche rechtlichen Instrumentarien ihnen zur Verfügung stehen, um Einsicht in die begehrten Dokumente zu erhalten. Sowohl Wissenschaft als auch Rechtsprechung haben in der jüngeren Vergangenheit wiederholt den Versuch unternommen, diesem durch eine tripolare Interessenlage geprägten Problemfeld die nötige Konturenschärfe zu verleihen. Das sich hieraus ergebende Gesamtbild wird im Folgenden dargestellt und einer kritischen Beurteilung unterzogen. Dabei erfolgt eine Unterteilung in vorprozessuale[321] und innerprozessuale[322] Zugriffsmittel. Diese Differenzierung ist dem Umstand geschuldet, dass bisher - soweit ersichtlich - lediglich der vorprozessuale Zugriff auf Kronzeugenerklärungen wissenschaftlich beleuchtet wurde[323]. Die Möglichkeit des innerprozessualen Zugriffs war hingegen bislang ausschließlich Gegenstand gerichtlicher Betrachtung und soll daher einer eigenständigen Darstellung unterzogen werden, wobei diese über die bisher judiziell in den Blick genommenen innerprozessualen Zugriffsmittel hinausreicht[324]. Innerhalb des vorprozessualen Zugriffs ist zudem zwischen nationaler und unionaler Ebene zu differenzieren.

---

321 Hierzu nachfolgend unter C.I.

322 Hierzu unter C.II.

323 Vgl. hierzu monographisch zuletzt *Milde*, Schutz des Kronzeugen, 72 ff. sowie *Klooz*, Akteneinsicht des Geschädigten, 51 ff.

324 Zur Untersuchung des bisher in der Rechtsprechung betrachteten Zugriffsmechanismus gemäß §§ 273 Abs. 2 Nr. 2 ZPO; 474 Abs. 1 StPO unter C.II.1., zu dem Beweisantritt gemäß § 432 Abs. 1 ZPO unter C.II.2.

Die Untersuchung beschränkt sich insgesamt auf den bislang allein relevanten Fall des Zugriffs auf Erklärungen, die sich im Besitz der Kartellbehörden befinden. Rechtsdogmatisch schiene zugegebenermaßen auch ein Zugriff auf solche Erklärungen denkbar, die sich im Besitz des Kronzeugen selbst befinden. Gleichwohl zeigt insbesondere die kartellschadensersatzrechtliche Praxis, dass ein an den Kronzeugen gerichtetes Herausgabeverlangen regelmäßig keinen Erfolg versprechen wird. Oftmals entledigen sich kooperierende Kartellanten der entsprechenden Erklärungen und Beweismittel durch vollumfängliche Übergabe an die schützenden Kartellbehörden, um einem Zugriff in ihrem eigenen Herrschaftsbereich von vornherein entgegenzuwirken. Die Inanspruchnahme entsprechender Zugriffsmechanismen wäre für die Kartellgeschädigten daher stets mit der Unsicherheit behaftet, dass die tatsächliche Existenz der Dokumente im Besitz des Kronzeugen höchst unwahrscheinlich ist. Zur Vermeidung dieses Risikos begehrten die Geschädigten daher bisher eine Offenlegung allein durch die Kartellbehörden, sodass der Zugriff auf Kronzeugenerklärungen, die sich im Besitz des Kartellanten selbst befinden, sowohl in der Praxis als auch in der Wissenschaft bisher keine beachtenswerte Relevanz besessen hat[325] und daher im Rahmen der nachfolgenden Untersuchung ebenfalls unberücksichtigt bleiben soll.

I. Vorprozessualer Zugriff

Nachfolgend werden die den Kartellgeschädigten zur Verfügung stehenden Zugriffsinstrumentarien im vorprozessualen Stadium, also vor Erhebung der Kartellschadensersatzklage, aufgezeigt. Die Darstellung umfasst dabei sowohl die Offenlegung durch das Bundeskartellamt als auch durch die Europäische Kommission. Auf nationaler Ebene steht insbesondere der Zugriff gemäß § 406e Abs. 1 StPO i.V.m. § 46 Abs. 1, 3 S. 4 OWiG im Fokus, der den rechtsdogmatischen Kern der vielbeachteten Entscheidung

---

325 Vgl. hierzu nur *Kainer*, in: *Weller/Althammer*, Mindeststandards im europäischen Zivilprozessrecht, 173, 191 sowie *Fiedler/Huttenlauch*, NZKart 2013, 350, 351 mit dem Hinweis, dass bisher keine Entscheidungspraxis zu einem Zugriff auf Kronzeugenerklärungen auf Grundlage von § 142 ZPO existiert. Dies dürfte nicht zuletzt dem Umstand geschuldet sein, dass § 142 ZPO für den Fall des Zugriffs auf behördliche Dokumente nach h.M. nicht anwendbar ist (vgl. hierzu unter C.II.2.) und daher allein den Zugriff auf Dokumente im Besitz des Kronzeugen zum Gegenstand hätte.

Pfleiderer des *AG Bonn* bildete. Unional ist der Zugriffsmechanismus gemäß Art. 2 Abs. 1 (EG) VO 1049/2001 von übergeordneter Bedeutung, der unter anderem die bedeutsame Entscheidung *EnBW* des *EuGH* hervorgebracht hat.

1. Nationale Ebene

Auf der Stufe des nationalen Rechts bildet die Frage nach der Einsichtsmöglichkeit in die Akten des Bundeskartellamtes und die hierin enthaltenen Kronzeugenerklärungen einen zentralen Bestandteil der wissenschaftlichen und praktischen Auseinandersetzungen in Zusammenhang mit dem *private enforcement*. Das Vorhandensein rechtlicher Mechanismen zur Einsichtnahme in die Kronzeugenerklärungen ist aufgrund der unbedingten Schutzhaltung des Bundeskartellamtes aus Sicht der Kartellgeschädigten von elementarer Wichtigkeit. Zeitgleich ist jedoch zu bedenken, dass Akteneinsichtsrechte stets den gerechten Ausgleich widerstreitender Interessen gewährleisten müssen. Die Geschädigtenstellung der Petenten allein kann ihnen kein unbedingtes und unabwägbares Akteneinsichtsrecht vermitteln. Die nachfolgende Untersuchung der vorprozessualen Zugriffsmittel soll die Trias aus den Interessen der Kartellgeschädigten, des Bundeskartellamtes und der Kronzeugen unter Berücksichtigung der jüngst zu diesem Problemkreis ergangenen Rechtsprechung einem dogmatischen Gleichgewicht zuführen.

a. § 406e Abs. 1 S. 1 StPO i.V.m. § 46 Abs. 1, 3 S. 4 OWiG

Das bisher wohl bedeutsamste vorprozessuale Zugriffsmittel der Kartellgeschädigten auf nationaler Ebene bildet § 406e Abs. 1 S. 1 StPO[326]. Hiernach kann der Rechtsanwalt[327] des Verletzten bei Darlegung eines berechtigten Interesses Einsicht in die Akten, die dem Gericht vorliegen bzw. bei Erhebung der öffentlichen Klage vorzulegen wären sowie die amtlichen

---

326 Vgl. hierzu bereits monographisch *Milde*, Schutz des Kronzeugen, 188 ff. sowie *Klooz*, Akteneinsicht des Geschädigten, 66 ff. mit von der vorliegenden Untersuchung abweichenden Ergebnissen.

327 Das Akteneinsichtsrecht kann nur durch einen Rechtsanwalt ausgeübt werden, KK-StPO/*Zabeck* § 406e Rn. 3.

verwahrten Beweisstücke verlangen. Dieses strafprozessuale Akteneinsichtsrecht findet im Recht der Ordnungswidrigkeiten, das im Kartellbußgeldverfahren gemäß § 81 GWB maßgeblich ist, kraft der Verweisungsnorm des § 46 Abs. 1, 3 S. 4 OWiG entsprechende Anwendung.

Sofern sich die Kartellakten in den Händen des Bundeskartellamtes befinden, stützt sich das Akteneinsichtsbegehren des Kartellgeschädigten mithin auf § 406e Abs. 1 S. 1 StPO i.V.m. § 46 Abs. 1, 3 S. 4 OWiG. Befinden sich die Dokumente hingegen aufgrund eines schwebenden Strafverfahrens[328] in staatsanwaltschaftlicher Obhut, findet § 406e Abs. 1 S. 1 StPO unmittelbare Anwendung.

Den rechtlichen Ausgangspunkt für eine Akteneinsicht bildet somit stets § 406e Abs. 1 S. 1 StPO[329], an dessen Tatbestandsvoraussetzungen das Einsichtsbegehren des Kartellgeschädigten zu messen ist.

aa. Voraussetzungen des Akteneinsichtsrechts

(1) Verletzteneigenschaft

Das Akteneinsichtsrecht gemäß § 406e Abs. 1 S. 1 StPO kann nur geltend machen, wer *Verletzter* im Sinne dieser Vorschrift ist. Welche Anforderungen an diese Verletzteneigenschaft zu stellen sind, dazu schweigt § 406e Abs. 1 S. 1 StPO. Auch eine allgemein gültige Definition dieses Tatbestandsmerkmals existiert nicht[330], sodass der Begriff in Rechtsprechung und Literatur unterschiedliche Ausprägungen erfahren hat. Tatsächlich ist die Bestimmung der Verletzteneigenschaft dogmatisch schwieriger handhabbar, als es auf den ersten Blick scheinen mag.

Im Ausgangspunkt werden zweierlei Auffassungen zur Bestimmung der Verletzteneigenschaft vertreten.

---

328 Bspw. aufgrund eines Verfahrens wegen Submissionsabsprachen gemäß § 298 StGB.

329 *Wessing/Hiéramente*, WuW 2015, 220, 221.

330 OLG Düsseldorf, Beschl. v. 22.08.2012 - V 4 Kart 5/11 und 6/11 (OWi) „*Kaffeeröster*", wrp 2012, 1596, 1598; *Riedel/Wallau*, NStZ 2003, 393, 394.

(a) Bestimmung gemäß § 172 Abs. 1 S. 1 StPO

Eine Ansicht möchte im Rahmen von § 406e Abs. 1 S. 1 StPO den Verletztenbegriff des § 172 Abs. 1 S. 1 StPO angewendet wissen[331]. Im Anwendungsbereich von § 172 Abs. 1 S. 1 StPO wird die Bestimmung des Verletztenkreises grundsätzlich weit vorgenommen. Erforderlich ist jedoch in jedem Falle, dass der Petent durch die Tat unmittelbar in seinen Rechten verletzt wurde, eine bloß mittelbare Beeinträchtigung genügt nicht[332]. Eine solche unmittelbare Rechtsgutsverletzung ist dann anzunehmen, wenn der Antragsteller nicht wie jeder andere Staatsbürger als Teil der Allgemeinheit von der Tat betroffen ist[333]. Mitunter wird auch formuliert, dass Verletzter nur derjenige sei, der dem Schutzbereich der verletzten Norm unterfalle bzw. einen Individualschutz aus der entsprechenden Norm ableiten könne[334], was im praktischen Ergebnis das Gleiche bedeutet.

Legte man dieses Verständnis dem Fall des Akteneinsichtsbegehrens eines privaten Kartellschadensersatzklägers zugrunde, wäre nur jenes Unternehmen Verletzter im Sinne von § 406e Abs. 1 S. 1 StPO, das in den individuellen Schutzbereich des verletzten Kartellverbotes fällt bzw. eine unmittelbare Beeinträchtigung aus dem wettbewerbswidrigen Verhalten erlitten hat. Beide Kriterien sind jedoch im Bereich des *private enforcement* wenig praktikabel und tragen den Besonderheiten des Wettbewerbsrechts nicht ausreichend Rechnung.

Stellte man auf das Erfordernis der drittschützenden Wirkung der verletzten Kartellnorm ab, würde hierdurch die Diskussion um die Schutzgesetzeigenschaft der unterschiedlichen Kartellverbote[335] wieder aufleben. Dieses streitbare Feld wollte der Gesetzgeber jedoch mithilfe der 7. GWB-Novelle bereinigen, sodass eine Maßgeblichkeit der Schutzgesetzeigenschaft der verletzten Norm der Dogmatik des Wettbewerbsrechts, wie sie der Gesetzgeber durch die 7. GWB-Novelle geschaffen hat, zuwiderlie-

---

331 *Meyer-Goßner*/Schmitt, StPO vor § 406d Rn. 2; OLG Koblenz, StV 88, 332; LG Stralsund, Beschl. v. 10.01.2005 - 22 Qs 475/04.
332 *Meyer-Goßner*/Schmitt, StPO vor § 406d Rn. 2.
333 *Meyer-Goßner*/Schmitt, StPO § 172 Rn. 9.
334 OLG Düsseldorf, Beschl. v. 22.08.2012 - V 4 Kart 5/11 und 6/11 (OWi) „Kaffeeröster", wrp 2012, 1596, 1598; *Riedel/Wallau*, NStZ 2003, 393, 394; BVerfG, Beschl. v. 04.12.2008 - 2 BvR 1043/08 Rz. 20 m.w.N.
335 Vgl. hierzu unter B.I.1.b.aa.(1).

fe[336]. Ein Merkmal, das der Gesetzgeber bewusst aus der Dogmatik des verletzten Sachgesetzes heraustrennen wollte, sollte nicht an anderer Stelle als Leitgedanke dienen. Dies führte im Ergebnis zu einer Bestimmung des wettbewerblichen Verletztenbegriffs *contra legem*.

Auch das Erfordernis der unmittelbaren Beeinträchtigung, das dem Verletztenbegriff des § 172 Abs. 1 S. 1 StPO zugrunde liegt und von der herrschenden Meinung gleichsam für die Bestimmung der Verletzteneigenschaft gemäß § 406e Abs. 1 S. 1 StPO herangezogen wird[337], ist im Bereich des Kartellrechts kaum handhabbar. § 172 Abs. 1 S. 1 StPO ist eine strafprozessuale Norm, der zwangsläufig ein strafgesetzliches Verständnis zugrunde liegt. Im Bereich des Strafrechts ist der Wirkungskreis der Rechtsverstöße jedoch deutlich trennschärfer als dies im Wettbewerbsrecht der Fall ist. Verstöße gegen strafgesetzliche Normen weisen in der Regel eine gewisse Zielgerichtetheit auf und auch die Weite ihrer unmittelbaren Wirkung ist regelmäßig klar abgrenzbar. Anders liegt der Fall indes im Wettbewerbsrecht. Kartelle besitzen eine derart komplexe Wirkungsstruktur, dass die Grenzen ihrer unmittelbaren Wirkung nur schwer bestimmbar sind. Anders als bei den meisten strafrechtlichen Normen lässt sich nicht mit hinreichender Sicherheit bestimmen, inwieweit ein Kartellverstoß „unmittelbar" wirkt.

Äußerst plastisch wird dies am Beispiel des sog. *umbrella pricing*. Hierbei handelt es sich um ein betriebswirtschaftliches Phänomen, bei dem sich Wettbewerber eines Preiskartells durch das Kartell veranlasst sehen, ihre eigene Kostenkalkulation zu verändern, ohne selbst Teilnehmer dieses Kartells zu sein. Dieser Effekt beruht darauf, dass die Abnehmer aufgrund des erhöhten Preises der Kartellanten auf deren Wettbewerber ausweichen. Diese wiederum sehen sich einer größeren Nachfrage gegenüber und erhöhen zwangsläufig ihre Produktionsmenge, was zu einem Anstieg der sog. Grenzkosten[338] führt. Diese erhöhten Grenzkosten werden wiederum auf die Abnehmer abgewälzt, was schlussendlich zu einem wirtschaftlichen Schaden führt. Die kartellrechtswidrige Preisabsprache bewirkt mithin einen marktumspannenden und flächendeckenden Preisanstieg, da die Kartellaußenseiter ihre Preise im Windschatten oder eben unter dem „Schirm" des Kartells anheben, was sie unter gewöhnlichen Wettbewerbs-

---

336 In diesem Sinne auch *Milde*, Schutz des Kronzeugen, 191.
337 *Riedel/Wallau*, NStZ 2003, 393, 394 m.w.N.
338 Unter Grenzkosten versteht man die Kosten für die Produktion einer zusätzlichen Mengeneinheit eines Produkts.

bedingungen nicht getan hätten[339]. Der *EuGH* urteilte in der Entscheidung *Kone*, dass Geschädigten des Kartells auch dann ein Schadensersatzanspruch gegen die Kartellanten zusteht, wenn sie in keiner vertraglichen Beziehung zu diesen standen[340]. Nach Ansicht des *EuGH* haften die Kartellanten für die Gesamtverfälschung des Marktpreises, die durch das Kartell hervorgerufen wurde. Anhand dieses Phänomens zeigt sich, wie komplex die Eingrenzung der unmittelbaren Beeinträchtigung im Bereich des Kartellrechts ist. Denn die Feststellung des *EuGH* dahingehend, dass Marktteilnehmer den durch das *umbrella pricing* entstandenen Schaden ersetzt verlangen können, ist nicht zwangsläufig gleichzusetzen mit der Schlussfolgerung, dass das *umbrella pricing* eine Beeinträchtigung darstellt, die unmittelbar auf den Kartellrechtsverstoß zurückzuführen ist. Im Gegenteil: Die Tatsache, dass Kartellaußenseiter der gestiegenen Nachfrage nachkommen und infolge dessen ihre Preiskalkulation anpassen müssen, beruht in einem nicht zu vernachlässigenden Maß auf der autonomen Entscheidung dieser Marktteilnehmer. Daher handelt sich bei dem *umbrella pricing* nicht ohne Weiteres um eine ad-äquat kausale Ursache des Kartellrechtsverstoßes. Vielmehr fußt die Preiserhöhung auch auf dem autonomen Dazwischentreten der Kartellaußenseiter und ihrer eigenständigen wirtschaftlichen Kalkulation. Für den *EuGH* kommt es hinsichtlich der Ersatzfähigkeit auf die adäquate Kausalität nicht an. Nach seiner Auffassung gebietet es der *effet utile* des unionalen Wettbewerbsrechts, dass die Kartellanten auch für die durch das *umbrella pricing* entstandenen Schäden haften, da andernfalls die Effektivität des Art. 101 AEUV in Frage gestellt würde[341]. Das Phänomen des *umbrella pricing* und die Tatsache, dass der *EuGH* die hierdurch verursachten Schäden durch einen eigenständigen Richterspruch in den Anwendungsbereich des Art. 101 AEUV einbeziehen muss, verdeutlicht jedoch, welche breit gefächerte Wirkungsweise Kartellrechtsverstöße aufweisen können. Wettbewerbsverstöße erreichen oftmals auch jene Marktteilnehmer, die keinerlei wirtschaftliche Berührungspunkte mit dem Kartell besitzen. Insbesondere Preisabsprachen tangieren die Preiskalkulation des Marktes in seiner Gesamtheit und führen auch in Bereichen, die nicht im unmittelbaren Wirkkreis des Kartells stehen, zu einer wettbewerbswidrigen Verzerrung.

---

339 *Spangler*, NZBau 2015, 149.
340 EuGH, Urt. v. 05.06.2014 - Rs. C-557/12 „*Kone*", EuZW 2014, 586.
341 EuGH, Urt. v. 05.06.2014 - Rs. C-557/12 „*Kone*", EuZW 2014, 586, 588.

Stellte man sich nun auf den Standpunkt, dass nur diejenigen als Verletzte im Sinne des § 406e Abs. 1 S. 1 StPO anzusehen sind, die unmittelbar durch den Kartellrechtsverstoß geschädigt worden sind, würde dies die Komplexität der Kartellwirkung nur unzureichend widerspiegeln. Eine solche Lesart ginge an der wirtschaftlichen Realität vorbei. Insbesondere im Falle des *umbrella pricing* erscheint es wie gesehen äußerst fraglich, ob die Abnehmer der Kartellaußenseiter unmittelbar durch das Kartell geschädigt wurden oder ob es sich nicht vielmehr um einen betriebswirtschaftlichen Reflex handelt, der aufgrund des *effet utile* von der Haftung der Kartellanten umfasst sein muss. Die Vielschichtigkeit des wirtschaftlichen Wettbewerbs hat zur Folge, dass auch bei denjenigen Marktteilnehmern, die nicht gezielt durch das Kartell geschädigt wurden, ein betriebswirtschaftlicher Schaden eintreten kann. Das strafprozessuale Merkmal der Unmittelbarkeit stößt im Wettbewerbsrecht damit äußerst schnell an seine dogmatischen Grenzen und führt zu Ergebnissen, die nicht uneingeschränkt überzeugen können. Man wird beispielsweise Unternehmen, die durch das *umbrella pricing* geschädigt wurden, hinsichtlich der Schädigung nicht sachlich überzeugend von Unternehmen differenzieren können, die ihre Ware direkt von einem der Kartellanten bezogen haben. Beide haben einen (mitunter enormen) wirtschaftlichen Schaden erlitten, den sie im Wege des *private enforcement* versuchen werden zu kompensieren. Dem Geschädigten des *umbrella pricing* wird man dabei eine Akteneinsicht nicht mit dem Hinweis darauf verwehren können, dass er nicht unmittelbar geschädigt sei. Für diese Unterscheidung gegenüber dem direkten Abnehmer eines Kartells gibt es keinerlei sachliche Rechtfertigung.

Somit zeigt sich, dass das Merkmal der Unmittelbarkeit im Bereich des Wettbewerbsrechts nicht überzeugend handhabbar ist und aufgrund des vielschichtigen Wirkungskreises von Kartellen zu einem Übermaß an Rechtsunsicherheit führt. Die Bestimmung der Verletzteneigenschaft im Sinne von § 406e Abs. 1 S. 1 StPO anhand von § 172 Abs. 1 S. 1 StPO ist daher abzulehnen[342].

---

342 So im Ergebnis auch *Klooz*, Akteneinsicht des Geschädigten, 70; *Milde*, Schutz des Kronzeugen, 191.

(b) Bestimmung gemäß § 403 StPO i.V.m. § 33 Abs. 3 S. 1 GWB

Eine zweite Ansicht will die Verletzteneigenschaft gemäß § 406e Abs. 1 S. 1 StPO unter Zuhilfenahme des § 403 StPO bestimmen[343]. Hiernach ist Verletzter, wer aus der Straftat[344] einen vermögensrechtlichen Anspruch erworben hat. Dies kann im Gegensatz zu § 172 Abs. 1 S. 1 StPO sowohl der unmittelbar als auch der mittelbar Geschädigte sein[345]. Im Bereich des *private enforcement* wäre es für die Verletzteneigenschaft gemäß § 406e Abs. 1 S. 1 StPO daher erforderlich, dass der Antragsteller einen Schadensersatzanspruch nach Maßgabe von § 33 Abs. 3 S. 1 GWB innehat.

Diese Art der Bestimmung des Verletztenkreises ist einer Abgrenzung anhand von § 172 Abs. 1 S. 1 StPO im Ergebnis vorzuziehen. Ausgehend von der Erkenntnis, dass der Begriff des Verletzten grundsätzlich nach Sinn und Zweck der jeweiligen Vorschrift zu bestimmen ist[346], trägt eine Ausfüllung des Verletztenbegriffs anhand der Merkmale des § 33 Abs. 3 S. 1 GWB den Besonderheiten des Kartellrechts in ausreichendem Maße Rechnung. Im Regelfall soll die Akteneinsicht durch den Antragsteller dazu dienen, eine Schadensersatzklage vorzubereiten. In diesem Falle ist es rechtsdogmatisch überzeugend und praktikabel, die Verletzteneigenschaft anhand der Anspruchsnorm des § 33 Abs. 3 S. 1 GWB zu bestimmen[347], denn die Norm spiegelt die Bandbreite wettbewerbsrechtlicher Besonderheiten wider, indem u.a. die Anspruchsberechtigung an das Merkmal der Betroffenheit anknüpft, das wiederum die komplexe Wirkungsweise von Kartellen zu erfassen versucht[348]. Darüber hinaus ist § 33 Abs. 3 S. 1 GWB das Einfallstor für die Grenzziehung der Anspruchsberechtigung durch die nationalen Gerichte und den *EuGH*. Eine Definition der Verletzteneigenschaft anhand von § 33 Abs. 3 S. 1 GWB hat insbesondere zur Konsequenz, dass ein Auseinanderfallen von wettbewerbsrechtlichem Schadensersatzanspruch und strafprozessualem Akteneinsichtsrecht vermieden wird. Sofern ein Marktteilnehmer gemäß § 33 Abs. 3 S. 1 GWB

---

343 BVerfG, Beschl. v. 04.12.2008 - 2 BvR 1043/08 Rz. 21; LG Berlin, Beschl. v. 20.05.2008 - 514 AR 1/07, WM 2008, 1470, 1472; OLG Koblenz, Beschl. v. 14.10.1987 - 2 VAs 17/87, NJW 1988, 3275, 3277.

344 Im Falle des Kartellgeschädigten tritt an die Stelle der Straftat die Ordnungswidrigkeit in Form des Wettbewerbsverstoßes, § 46 Abs. 1 OWiG.

345 *Milde*, Schutz des Kronzeugen, 191.

346 BeckOK StPO/*Weiner*, § 406d Rn. 1 (Stand: 01.07.2016).

347 So auch *Milde*, Schutz des Kronzeugen, 192.

348 Vgl. hierzu unter B.I.1.b.aa.(1).

anspruchsberechtigt ist, folgt hieraus reflexartig die Verletztenstellung gemäß § 406e Abs. 1 S. 1 StPO. Das bei einer Bestimmung des Verletztenkreises anhand von § 172 Abs. 1 S. 1 StPO mögliche Ergebnis, dass Kartellgeschädigte einen Schadensersatzanspruch innehaben, ohne hieraus das zur effektiven Durchsetzung dieses Anspruchs benötigte Akteneinsichtsrecht ableiten zu können, weil sie nach strafprozessualem Verständnis nicht unmittelbar geschädigt sind, wird hierdurch vermieden. Nicht erforderlich ist dabei, dass der Antragsteller im Rahmen seines Akteneinsichtsbegehrens den Eintritt eines Vermögensschadens darlegt. Ein solcher ist nicht Bestandteil der Betroffenheit gemäß § 33 Abs. 3 S. 1, Abs. 1 S. 1 GWB, sondern vielmehr erst die (mögliche) Folge dieser Betroffenheit[349]. Zudem dient die Akteneinsicht regelmäßig dazu, das Bestehen und die Höhe des kartellbedingten Schadens zu ermitteln[350]. Machte man die Darlegung eines Vermögensschadens zur Bedingung für das Akteneinsichtsrecht, bliebe der Anspruch aus § 406e Abs. 1 S. 1 StPO regelmäßig ohne Wirkung und hätte für Kartellgeschädigte keinerlei praktischen Anwendungsbereich.

Umstritten ist, ob die Verletzteneigenschaft nach diesen Grundsätzen auch bei Zessionaren des Anspruches aus § 33 Abs. 3 S. 1 GWB vorliegen kann. Hiergegen wird angeführt, dass das Akteneinsichtsrecht gemäß § 406e Abs. 1 S. 1 StPO i.V.m. § 46 Abs. 1, 3 S. 4 OWiG Bestandteil des Ordnungswidrigkeitenverfahrens und der Zessionar infolge seiner fehlenden Beteiligtenstellung in diesem Verfahren nicht Verletzter, sondern Dritter sei. Infolge dessen beurteile sich sein Begehren um Akteneinsicht ausschließlich anhand § 475 StPO i.V.m. § 46 Abs. 1 OWiG[351].

Diese Ansicht vermag weder dogmatisch noch im Hinblick auf das praktische Ergebnis zu überzeugen. Zuzugeben ist, dass das Akteneinsichtsrecht gemäß § 406e Abs. 1 S. 1 StPO i.V.m. § 46 Abs. 1, 3 S. 4 OWiG ein Element des Ordnungswidrigkeitenverfahrens bildet und daher auch dem entsprechenden Regelungskomplex unterfällt. Dies bedeutet jedoch nicht, dass die Verletzteneigenschaft zwingend an die Beteiligtenstellung im Ordnungswidrigkeitenverfahren gebunden wäre. Wie soeben gesehen, ist diese Eigenschaft im Bereich des Wettbewerbsrechts eine Frage des materiellen Rechts. Das Ordnungswidrigkeitenrecht definiert die Stellung als Verletzter nicht, sondern setzt sie vielmehr voraus. Daher ist die

---

349 Zutreffend *Milde*, Schutz des Kronzeugen, 192.
350 Vgl. hierzu unter B.II.2.b.dd.
351 *Milde*, Schutz des Kronzeugen, 193; Vollmer, ZWeR 2012, 442, 447.

Verletzteneigenschaft, die der Aktivlegitimation gemäß § 33 Abs. 3 S. 1 GWB nachfolgt, im Wege der Einzelrechtsnachfolge übertragbar. Insbesondere ist diese Stellung nicht höchstpersönlich im Sinne von § 399 BGB[352].

Auch die praktischen Folgen der insbesondere von *Milde* und *Vollmer* vertretenen Auffassung sprechen gegen eine Versagung der Verletzteneigenschaft des Zessionars. Nähme man an, dass der Zessionar trotz Abtretung des Schadensersatzanspruches nicht in die Verletzteneigenschaft nachrückt, entstünde eine Lücke dergestalt, dass es nach Abtretung zum gänzlichen Wegfall des Verletzten käme: Der Zessionar wäre mangels Beteiligtenstellung im ursprünglichen Ordnungswidrigkeitenverfahren nicht Verletzter, der Zedent hingegen verliert seine Verletztenstellung durch die Abtretung, da er nicht mehr Inhaber des Anspruches aus § 33 Abs. 3 S. 1 GWB und somit nicht mehr Verletzter nach den oben dargestellten Grundsätzen ist. Dieses Ergebnis ist wenig überzeugend. Zudem erscheint es inkonsequent, die Verletzteneigenschaft im Falle des ursprünglichen Geschädigten an die Inhaberschaft des Schadensersatzanspruches gemäß § 33 Abs. 3 S. 1 GWB zu knüpfen, im Falle des Zessionars jedoch auf seine fehlende Stellung als Verfahrensbeteiligter zu verweisen[353]. Dogmatisch konsequent ist es vielmehr, die Verletzteneigenschaft stets anhand des Anspruches gemäß § 33 Abs. 3 S. 1 GWB zu bemessen.

Dieses Ergebnis wird durch die Überlegung gestärkt, dass eine Versagung der Verletztenstellung gegenüber Zessionaren eine sachlich nicht zu rechtfertigende Privilegierung des Kartellanten zur Folge hätte. Solange die Aktivlegitimation gemäß § 33 Abs. 3 S. 1 GWB bei dem ursprünglich Geschädigten verleibt, ist dieser als Verletzter - vorbehaltlich der weiteren Tatbestandsvoraussetzungen - grundsätzlich anspruchsberechtigt gemäß § 406e Abs. 1 S. 1 StPO i.V.m. § 46 Abs. 1, 3 S. 4 OWiG. Kommt es zur Abtretung, ist der Zessionar nach der von *Milde* und *Vollmer* vertretenen Auffassung auf die Rechte nach § 475 StPO i.V.m. § 46 Abs. 1 OWiG verwiesen, die gemäß § 475 Abs. 1 S. 1 StPO grundsätzlich nur auf Akten*auskunft* gerichtet sind. Eine Akten*einsicht* kann der Antragsteller hingegen nur unter den erschwerten Bedingungen der Ausnahmeregelung des § 475 Abs. 2 StPO beanspruchen. Die Akteneinsichtsrechte des Anspruchsinhabers würden also allein durch den legitimen Vorgang der Abtretung be-

---

352 *Milde*, Schutz des Kronzeugen, 192; a.A. Klooz, Akteneinsicht des Geschädigten, 83.

353 So jedoch *Milde*, Schutz des Kronzeugen, 192 f.

schnitten, was auf Seiten des Kartellanten wiederum zu einer Besserstellung führte, da der potenzielle Kläger seiner Beweisnot nun noch schwieriger entgegenwirken kann. Diese rein zufällige Besserstellung des Kartellanten entbehrt jeder sachlichen Grundlage und ist zudem mit der Abschreckungswirkung, die das Wettbewerbsrecht verfolgt, nur schwer in Einklang zu bringen. Teil dieser Wirkung muss es sein, dass die Anspruchsinhaberschaft dem Geschädigten die Möglichkeit zur Beweismittelbeschaffung im vorprozessualen Stadium vermittelt. Dies entfiele, wenn allein die Abtretung dazu führte, dass der neue Anspruchsinhaber nicht mehr Akteneinsicht nach § 406e Abs. 1 S. 1 StPO i.V.m. § 46 Abs. 1, 3 S. 4 OWiG verlangen könnte, sondern allein auf § 475 StPO i.V.m. § 46 Abs. 1 OWiG verwiesen wäre.

Im Ergebnis sind daher auch Zessionare des Anspruches aus § 33 Abs. 3 S. 1 GWB als Verletzte im Sinne von § 406e Abs. 1 S. 1 StPO zu qualifizieren.

(c) Zwischenergebnis

Die Verletzteneigenschaft gemäß § 406e Abs. 1 S. 1 StPO i.V.m. § 46 Abs. 1, 3 S. 4 OWiG ist im *private enforcement*, dem Gedanken des § 403 StPO folgend, anhand der Inhaberschaft eines materiell-rechtlichen Ausgleichsanspruches zu bemessen. Verletzter ist demnach derjenige, der gegen den Kartellanten einen möglichen Schadensersatzanspruch gemäß § 33 Abs. 3 S. 1 GWB geltend machen kann. Eine Abtretung dieses Schadensersatzanspruches steht der Verletzteneigenschaft des Zessionars nicht entgegen.

(2) Berechtigtes Interesse

(a) Verfolgung von Schadensersatzansprüchen

Neben der Verletzteneigenschaft muss der Antragsteller gemäß § 406e Abs. 1 S. 1 StPO ein berechtigtes Interesse an der Akteneinsicht darlegen.

Aus der Verletztenstellung selbst folgt grundsätzlich nicht ohne Weiteres ein berechtigtes Interesse an der Akteneinsicht[354]. Vielmehr muss die Akteneinsicht der Wahrnehmung rechtlicher Interessen dienen, sodass der Petent bzw. der bevollmächtigte Rechtsanwalt aufgefordert ist darzulegen, welche Ansprüche im Einzelnen geprüft und ggf. verfolgt werden sollen[355]. Ein berechtigtes Interesse an der Akteneinsicht liegt nach der herrschenden Meinung in Rechtsprechung und Literatur vor, wenn sie der Prüfung dienen soll, ob und in welchem Umfang der Antragsteller zivilrechtliche Ansprüche gegen den Beschuldigten - hier den Kartellanten - geltend machen kann[356]. Auch nach dem ausdrücklichen Willen des Gesetzgebers ist die Verfolgung privater Schadensersatzansprüche ein schutzwürdiges Interesse des Verletzten einer Straftat, das zur Akteneinsicht nach § 406e Abs. 1 S. 1 StPO ermächtigt[357].

Nach der hier vertretenen Auffassung, wonach bereits die Verletzteneigenschaft an die Inhaberschaft eines materiell-rechtlichen Schadensersatzanspruches geknüpft ist, ergibt sich, abweichend von dem genannten Grundsatz der Differenzierung zwischen Verletztenstellung und berechtigtem Interesse, ein Gleichlauf zwischen diesen beiden Tatbestandsmerkmalen. Denn der Geschädigte muss bereits zur Überprüfung seiner Verletztenstellung gemäß § 406e Abs. 1 S. 1 StPO durch das Bundeskartellamt das Bestehen eines Schadensersatzanspruches gemäß § 33 Abs. 3 S. 1 GWB zumindest dem Grunde nach darlegen. Gleichzeitig veranschaulicht er damit jedoch auch sein berechtigtes Interesse an der Akteneinsicht, das gerade in der weiteren Prüfung dieses Schadensersatzanspruches, insbesondere im Hinblick auf die Höhe des Schadens, besteht. Im Falle des Kartellgeschädigten verhält sich das berechtigte Interesse an der Akteneinsicht damit als Annex zu seiner Verletztenstellung.

(b) Beweisgewinnung und Ausforschung

Da eine Einsichtnahme in die Kronzeugendokumente des Bundeskartellamtes regelmäßig dazu dienen soll, die bestehende Informationsasymme-

---

354 OLG Koblenz, NStZ 1990, 604; *Hilger*, NStZ 1984, 541.

355 *Riedel/Wallau*, NStZ 2003, 393, 395.

356 Meyer-Goßner/*Schmitt*, StPO § 406e Rn. 3; *Riedel/Wallau*, NStZ 2003, 393, 395; BVerfG, NJW 2007, 1052, 1053; *Milde*, Schutz des Kronzeugen, 194 m.w.N.

357 BT-Drs. 10/5305, 8; BVerfG, Beschl. v. 04.12.2008 - 2 BvR 1043/08.

trie und die daraus folgende Beweisnot des Geschädigten[358] zu kompensieren, wird die Frage virulent, wie weit das berechtigte Interesse des Geschädigten an der Akteneinsicht reichen kann. Die wissenschaftliche Diskussion kreist dabei um die Problematik, ob es ein berechtigtes Interesse des Geschädigten darstellt, seiner beabsichtigten Schadensersatzklage mithilfe des Akteneinsichtsrechts zur Schlüssigkeit zu verhelfen bzw. die notwendigen Beweise zu beschaffen[359]. Dem Kartellschadensersatzkläger ist regelmäßig nicht daran gelegen, bereits in seinem Besitz befindliche Informationen auf ihre Richtigkeit hin zu überprüfen. Vielmehr ist er bestrebt, mithilfe der Einsicht in die Kronzeugenerklärungen neue Informationen zu gewinnen, mit deren Hilfe er sein Klagebegehren hinreichend substantiieren und beweisen kann[360].

Es wird die Auffassung vertreten, das Akteneinsichtsrecht gemäß § 406e Abs. 1 S. 1 StPO dürfe nicht dazu dienen, eine Ausforschung des potenziellen Beklagten zu betreiben und die zivilprozessualen Vorgaben zur Darlegungs- und Beweislast zu umgehen[361]. § 406e Abs. 1 S. 1 StPO sei als Instrumentarium zur Durchsetzung privater Schadensersatzansprüche im Kontext der zivilprozessualen Informationsgewinnung zu betrachten[362], dem nationalen Zivilverfahrensrecht liege jedoch der Prozessgrundsatz der Beibringungspflicht zugrunde. Eine Ausforschung, wie sie beispielsweise die Vereinigten Staaten in Gestalt des sog. *pre-trial discovery-Verfahrens* kennen, sei der Zivilprozessordnung hingegen fremd[363]. Würde man dem Kläger eine umfassende Beweissicherung über § 406e Abs. 1 S. 1 StPO zugestehen, führe dies zu einer Umgehung der zivilprozessualen Beweislastverteilung und der damit korrelierenden §§ 421 ff., 445 ff. ZPO[364], sodass der Schadensersatzprozess de facto durch die Kartellbehörden vorbereitet würde. Insbesondere Milde weist darauf hin, eine auf § 406e Abs. 1 S. 1 StPO gestützte Akteneinsicht würde die Voraussetzungen der Beweiserhebung nach §§ 421 ff. ZPO und der Vorlageanordnung nach § 142 ZPO umgehen und in das Beweisgefüge der Zivilprozessord-

---

358 Vgl. hierzu unter B.II.2.a.
359 *Riedel/Wallau*, NStZ 2003, 393, 395.
360 So zutreffend *Milde*, Schutz des Kronzeugen, 194.
361 Meyer-Goßner/*Schmitt*, StPO § 406e Rn. 3; Otto, GA 1989, 289, 301 ff; *Riedel/Wallau*, NStZ 2003, 393, 396; *Milde*, Schutz des Kronzeugen, 195.
362 *Milde*, Schutz des Kronzeugen, 195.
363 *Milde*, Schutz des Kronzeugen, 196; BGH, NJW 2000, 3488, 3490; *Otto*, GA 1989, 289, 301.
364 *Mäger/Zimmer/Milde*, WuW 2009, 885, 891.

nung eingreifen[365]. Zwar lasse die Rechtsprechung im Zusammenhang mit § 406e Abs. 1 S. 1 StPO regelmäßig auch eine Ausforschung des Beschuldigten zu, dabei handele es sich jedoch um Straftaten, die bereits tatbestandlich die Feststellung eines Vermögensschadens fordern[366].

Im kartellrechtlichen Ordnungswidrigkeitenverfahren sei die Verursachung eines Schadens jedoch nicht Gegenstand der behördlichen Feststellungen, sodass es fernliegender sei, dass der Petent Inhaber eines Schadensersatzanspruches ist[367]. Darüber hinaus stelle ein Verstoß gegen kartellrechtliche Vorschriften regelmäßig keine Straftat, sondern lediglich eine Ordnungswidrigkeit dar. Diese wiesen einen geringeren Unrechtsgehalt auf und seien weniger sanktionswürdig. Auch dieser strukturelle Unterschied spreche gegen die Gewährung einer Akteneinsicht[368]. Insgesamt sei daher eine Akteneinsicht nach § 406e Abs. 1 S. 1 StPO nur dann zu gewähren, wenn dem Petenten auch ein privatrechtlicher oder zivilprozessualer Auskunfts- oder Vorlageanspruch zustehe[369].

Dem ist zunächst entgegenzuhalten, dass das Strafverfahrensrecht und damit auch § 406e Abs. 1 S. 1 StPO nicht zivilprozessrechtsakzessorisch ist[370]. Vielmehr bilden Zivil- und Strafverfahrensrecht zwei voneinander gänzlich unabhängige Regelungskomplexe, denen hinsichtlich ihres jeweiligen Anwendungsbereiches eine autonome Stellung ohne Wechselwirkung zukommt. Sofern eingewendet wird, dass das strafprozessuale Akteneinsichtsrecht zu einer Umgehung der § 421 ff. und § 142 ZPO führe, wird dabei außer Acht gelassen, dass sich der Geschädigte zum Zeitpunkt der Akteneinsicht nach § 406e Abs. 1 S. 1 StPO der Zivilprozessordnung noch nicht unterworfen hat. Erst ab dem Zeitpunkt, in dem durch die Erhebung der Klage ein Prozessrechtsverhältnis zwischen den Parteien auflebt[371], ist es Aufgabe des Zivilverfahrensrechts, den Prozess in rechtsstaatlichen Bahnen zu lenken und die Waffengleichheit zwischen den Parteien zu gewährleisten. Die Zivilprozessordnung besitzt jedoch keine Ausstrahlungswirkung, die in das Vorfeld dieses Prozessrechtsverhältnisses

---

365 *Milde*, Schutz des Kronzeugen, 199.
366 *Milde*, Schutz des Kronzeugen, 197.
367 *Milde*, Schutz des Kronzeugen, 197.
368 *Milde*, Schutz des Kronzeugen, 198.
369 So das Ergebnis von *Milde*, Schutz des Kronzeugen, 203.
370 So auch *Klooz*, Akteneinsicht des Geschädigten, 95; *Wessing/Hiéramente*, WuW 2015, 220, 223; *Kiethe*, wistra 2006, 50, 52.
371 Thomas/Putzo/*Reichold*, Vorb. zu § 253, Rn. 1.

hineinwirkt. Die Parteien können die Wertentscheidungen des Zivilverfahrensrechts erst für sich beanspruchen, wenn sie sich ihm durch Führung eines gerichtlichen Zivilverfahrens unterwerfen. Sofern man annähme, dass die Wertungen der Zivilprozessordnung bereits in den Zeitraum vor Entstehung des Prozessrechtsverhältnisses ausstrahlen, stünde man vor der zu erheblicher Rechtsunsicherheit führenden Frage, wie weit diese Ausstrahlungswirkung reicht. Es entstünde eine nicht tolerierbare Konturenunschärfe zu der Frage, ab welchem Zeitpunkt die Zivilprozessordnung und die in ihr verankerten Grundsätze Geltung beanspruchen. Vor dem Hintergrund dieser systematischen Überlegungen kann der Ansicht, wonach die Zivilprozessordnung bereits vor Entstehung eines Prozessrechtsverhältnisses in das Strafverfahrensrecht hineinwirkt, nicht gefolgt werden[372]. Die Möglichkeit der Beweisgewinnung nach § 406e Abs. 1 S. 1 StPO ist daher auch dann zu gewähren, wenn sie nach zivilprozessualem Verständnis unzulässig wäre[373]. Darüber hinaus liefe eine zivilverfahrensrechtlich begründete Beschränkung des berechtigten Interesses den mit § 406e Abs. 1 S. 1 StPO verfolgten Zielen des Gesetzgebers zuwider[374]. Dem legislativen Willen entsprechend dient das strafprozessuale Akteneinsichtsrecht insbesondere dazu, die Durchsetzbarkeit der aus der Tat erwachsenen zivilrechtlichen Ansprüche zu verbessern[375]. Die Gewinnung bisher nicht verfügbarer Informationen ist mit dem Ziel der effektiven Durchsetzbarkeit jedoch untrennbar verbunden. Sähe man die Informations- und Beweisgewinnung als nicht von § 406e Abs. 1 S. 1 StPO umfasst an, bliebe aus Sicht des Geschädigten von den gesetzgeberischen Absichten nicht viel übrig. Es fragt sich, welchen praktischen Wert das Akteneinsichtsrecht für den Geschädigten hätte, wenn er hierdurch keinerlei neue Informationen gewinnen dürfte. Es kann nicht das Ziel des Gesetzgebers gewesen sein, dem Geschädigten zur Verbesserung der Anspruchsdurchsetzung ein Instrument an die Hand zu geben, mit dem lediglich bereits vorhandene Informationen abgesichert werden können. Dass hierdurch mitunter ein Kontrast zu den Wertungen der Zivilprozessordnung entsteht, kann vom

---

372 A.A. *Milde*, Schutz des Kronzeugen, 196.
373 So im Ergebnis auch *Klooz*, Akteneinsicht des Geschädigten, 95; OLG Koblenz, NStZ 1990, 604, 605; OLG Koblenz, StV 1988, 332, 333; *Kiethe*, wistra 2006, 50, 52; *Kuhn*, ZRP 2005, 125, 127; *Canenbley/Steinvorth*, in: FS FIW, 143, 153; BeckOK StPO/*Weiner*, § 406e Rn. 2a (Stand: 01.07.2016).
374 OLG Koblenz, NStZ 1990, 604, 605; *Vollmer*, ZWeR 2012, 442, 449.
375 BT-Drs. 10/6124, 2; BT-Drs. 10/5305, 8.

Gesetzgeber nur schwerlich übersehen worden sein und ist daher als gesetzgeberischer Wille hinzunehmen[376]. Soweit *Milde* die Auffassung vertritt, dass eine Verbesserung der Durchsetzbarkeit von Schadensersatzansprüchen allein durch das Adhäsionsverfahren gemäß §§ 403, 404 und 406 StPO bezweckt gewesen sei[377], steht dem bereits die Systematik des Gesetzes entgegen. Denn gemäß § 46 Abs. 3 S. 4 OWiG finden die Vorschriften des Adhäsionsverfahrens im Bereich des Ordnungswidrigkeitenrechts keine Anwendung, da das Ordnungswidrigkeitenverfahren selbst nicht darauf abzielt, Rechtsverletzungen gegenüber persönlich Verletzten zu bereinigen[378]. Die Kompensation der Rechtsverletzung muss stattdessen außerhalb des Ordnungswidrigkeitenverfahrens erfolgen, da dieses ausschließlich pönalen Charakter besitzt. Es ist jedoch nicht ersichtlich, dass der Gesetzgeber die Verbesserung der Durchsetzung von Schadensersatzansprüchen auf den Bereich von Straftaten beschränken wollte. Vielmehr ist, insbesondere da dem Ordnungswidrigkeitenrecht ein Adhäsionsverfahren fremd ist, anzunehmen, dass auch Schadensersatzansprüche, die aus einer Ordnungswidrigkeit erwachsen, eine effektivere Durchsetzung erfahren sollten. Hieraus folgt, dass auch § 406e Abs. 1 S. 1 StPO als einzige im Ordnungswidrigkeitenrecht anwendbare strafprozessuale Beteiligungsregelung der effektiven Durchsetzung von Schadensersatzansprüchen dienen muss, um nicht zuletzt auch das Fehlen eines Adhäsionsverfahrens zu kompensieren.

Milde weist zudem darauf hin, dass jene Rechtsprechung, die eine Akteneinsicht auch zur Ausforschung für zulässig erachtet hat[379], stets die Begehung einer Straftat, die eine schwerwiegende Verletzung der Opferinteressen nach sich zog, zum Gegenstand hatte. Kartellrechtliche Verstöße gegen Art. 101 AEUV oder § 1 GWB stellten jedoch lediglich Ordnungswidrigkeiten dar, die einen geringeren Unrechtsgehalt in sich trügen und daher nicht in der Lage seien, eine Ausforschung des Beschuldigten zu rechtfertigen[380]. Dem ist zuzugeben, dass Ordnungswidrigkeiten nach der legislativen Einordnung einen geringeren Unrechtsgehalt sowie eine gegenüber Straftaten geminderte Sanktionswürdigkeit besitzen. Ihnen fehlt

---

376 So auch *Wessing/Hiéramente*, WuW 2015, 220, 223.
377 *Milde*, Schutz des Kronzeugen, 201.
378 BeckOK OWiG/*Bücherl*, § 46 Rn. 20 (Stand: 15.04.2016).
379 OLG Koblenz, NStZ 1990, 604, 605; OLG Koblenz, StV 1988, 332, 333.
380 *Milde*, Schutz des Kronzeugen, 198.

das Kennzeichen des sozialethischen Unwerturteils[381]. Zu beachten ist jedoch zunächst, dass es sich bei Verstößen gegen das GWB und die Artt. 101 und 102 AEUV um sog. große Ordnungswidrigkeiten handelt[382], die sich innerhalb der Systematik des Ordnungswidrigkeitenrechts bereits auf einer gesteigerten Unrechtsstufe befinden[383]. Zudem unterliegt eine Argumentation anhand des Ordnungswidrigkeitencharakters von Kartellrechtsverstößen einem falschen gedanklichen Ansatzpunkt. Die Frage, ob eine Handlung als Ordnungswidrigkeit oder als Straftat geahndet werden soll, beurteilt der Gesetzgeber zuvörderst aus einem öffentlichen Blickwinkel heraus. Handlungen, die nach dem allgemeinen Empfinden als besonders verwerflich, ehrenrührig und strafwürdig erscheinen, sind demnach als Straftaten zu qualifizieren. Hinzu tritt die Frage, ob die Beeinträchtigung von Individualrechtsgütern oder die Verletzung überindividueller Interessen sanktioniert werden soll[384]. Die Einordnung einer Tat als Ordnungswidrigkeit bringt demnach nur die öffentliche bzw. legislative Betrachtung des verwirklichten Unrechts zum Ausdruck. Sie trifft hingegen keine abschließende Aussage darüber, welche Bedeutung die Tat im Einzelfall für den Geschädigten hat. Ordnungswidrigkeiten ist es dabei in der Regel immanent, dass sie Delikte ohne unmittelbar verletztes Opfer sind und ihnen die unmittelbare Einwirkung auf ein Schutzobjekt fehlt[385].

Gegenüber dieser allgemeinen Klassifizierung nimmt das Wettbewerbsrecht nunmehr eine Sonderstellung ein. Einerseits ist Schutzobjekt des Kartellrechts die Funktionsfähigkeit des Wettbewerbs und damit ein überindividuelles Allgemeininteresse. Gleichwohl vermitteln das GWB und die Artt. 101, 102 AEUV jedoch auch dem einzelnen Marktteilnehmer Individualrechtsschutz. Dies folgt nicht zuletzt aus der Existenz von § 33 Abs. 3 S. 1 GWB. Ein Kartellrechtsverstoß führt im Gegensatz zum Gros

---

381 KK-OWiG/*Mitsch*, Einl. Rn. 85; BVerfGE 27, 18, 29.
382 Zu der Begrifflichkeit im Allgemeinen KK-OWiG/*Mitsch*, Einl. Rn. 114; zu Kartellverstößen als schwerwiegende Ordnungswidrigkeiten Immenga/Mestmäcker/*Dannecker/Biermann*, GWB Vorb. vor § 81 Rn. 42, die davon sprechen, dass Kartellordnungswidrigkeiten im Verhältnis von Straftat und Ordnungswidrigkeit aufgrund ihrer Sanktionsdimension als „Fremdkörper" erscheinen. Zu dem Zusammenhang von Kartellverstößen als großen Ordnungswidrigkeiten und dem Richtermonopol gemäß Art. 92 GG vgl. *Möschel*, WuW 2010, 869.
383 In diesem Sinne auch Immenga/Mestmäcker/*Dannecker/Biermann*, GWB Vorb. vor § 81 Rn. 43.
384 KK-OWiG/*Mitsch*, Einl. Rn. 115.
385 KK-OWiG/*Mitsch*, Einl. Rn. 115.

der Ordnungswidrigkeiten regelmäßig zur Verletzung von Individualrechtsgütern. Argumentiert man nun mit dem Ordnungswidrigkeitencha-
rakter von Kartellrechtsverstößen, so beschränkt man seine Sichtweise auf
die legislative und öffentlich-ethische Einordnung dieser Verstöße und
verschließt sich der wirtschaftlichen Realität. Obschon der Tatsache, dass
kartellrechtswidrige Vereinbarungen vom Gesetzgeber lediglich als Ordnungswidrigkeit qualifiziert werden, können die Einbußen der Geschädigten im Einzelfall immens sein. Mitunter kann die Durchsetzbarkeit kartellrechtlicher Schadensersatzansprüche über Erfolg und Scheitern ganzer
Unternehmen entscheiden[386]. Da das Akteneinsichtsrecht nicht dem öffentlichen Interesse, sondern ausschließlich dem individuellen Kompensationsinteresse des Geschädigten zu dienen bestimmt ist, darf bei der Frage
nach dem Unwertgehalt des Kartellrechtsverstoßes keine verallgemeinern-
de sozial-ethische Sichtweise eingenommen werden. Vielmehr muss der
Unwertgehalt des Verstoßes aus der Sicht des Geschädigten und unter Beachtung seiner Schutzbedürftigkeit bemessen werden. Vor diesem Hintergrund erscheint es jedoch verfehlt, mit dem Ordnungswidrigkeitencharak-
ter von Kartellrechtsverstößen zu argumentieren, da dieser lediglich die legislative und damit die öffentliche Einordnung von Kartellverstößen widerspiegelt. Mögen Kartellverstöße auch nach dem legislativen Verständnis nur einen vergleichsweise geringen Unrechtsgehalt in sich tragen, so
sind sie im Einzelfall dennoch geeignet, dem Geschädigten enormen wirtschaftlichen Schaden zuzufügen, der nicht selten im dreistelligen Millionenbereich liegt. Aus der Sichtweise des Geschädigten, die im Kontext
des § 406e Abs. 1 S. 1 StPO allein maßgeblich sein kann, ist der Unrechtsgehalt von Kartellverstößen damit durchaus immens, sodass der Ord-
nungswidrigkeitencharakter von Kartellverstößen einem Akteneinsichtsrecht des Geschädigten nicht entgegenstehen kann.

Schlussendlich verfängt auch das Argument der fehlenden Schadensfeststellung durch die behördliche Entscheidung[387] nicht. Zutreffend ist,
dass die Bußgeldentscheidung des Bundeskartellamtes und die damit ein-
hergehende Feststellungswirkung gemäß § 33 Abs. 4 S. 1 GWB[388] keine
Aussage über den Eintritt eines kartellbedingten Schadens in sich trägt, da
dies nicht Voraussetzung der Bebußung ist. Dieser Umstand steht einem

---

386 *Wessing/Hiéramente*, WuW 2015, 220, 232.
387 *Milde*, Schutz des Kronzeugen, 197; *Mäger/Zimmer/Milde*, WuW 2009, 885,
891.
388 Vgl. hierzu unter B.II.2.a.aa.(2).

Akteneinsichtsrecht des Geschädigten jedoch nicht entgegen, da die fehlende Relevanz des Schadenseintritts im Rahmen der behördlichen Verfolgungstätigkeit dem Geschädigten nicht zum Nachteil gereichen darf. Er begehrt mit der Akteneinsicht Aufklärung über die Frage, ob ihm durch den Kartellverstoß ein ersatzfähiger Schaden entstanden ist und, wenn ja, in welcher Höhe. Dieses Begehren kann ihm nicht mit dem Hinweis darauf verwehrt werden, dass die Entstehung eines Schadens bisher nicht festgestellt sei, denn hierüber begehrt der Petent ja gerade Auskunft. Es erscheint zirkelschlüssig, das Begehren des Antragstellers mit dem Argument abzulehnen, der Gegenstand seines Auskunftsbegehrens sei nicht Teil der behördlichen Entscheidung gewesen. Dies würde dazu führen, dass das Bundeskartellamt die Darlegung eines Umstandes verlangen könnte, den der Geschädigte durch die Akteneinsicht gerade erst beleuchten will. Sinn und Zweck des Akteneinsichtsrechts würden hierdurch *ad absurdum* geführt. Dem hinter der Gegenauffassung stehenden Gedanken, dass ohne eine behördliche Schadensfeststellung das Bestehen eines Schadensersatzanspruches des Petenten nicht hinreichend wahrscheinlich sei[389], ist mit dem Einwand zu begegnen, dass der Antragsteller im Rahmen seines Einsichtsantrages unter anderem seine Verletzteneigenschaft schlüssig vortragen muss[390]. Wie aufgezeigt[391], ist die Verletzteneigenschaft des Kartellgeschädigten jedoch an die Anspruchsberechtigung aus § 33 Abs. 3 S. 1 GWB geknüpft. Lediglich der Umstand des Schadenseintritts bleibt dabei außen vor. Da der Antragsteller jedoch gerade hierüber Auskunft begehrt, wäre es schlicht sinnwidrig, sein Akteneinsichtsrecht an diesem Umstand scheitern zu lassen. Darüber hinaus wird der Petent hinsichtlich seiner Verletzteneigenschaft insbesondere bei Preiskartellen darlegen müssen, dass er von der Preisabsprache betroffene Waren bezogen hat[392]. Kann der Antragsteller dies darlegen, so ist es insbesondere vor dem Hintergrund des bereits dargestellten Anscheinsbeweises[393] äußerst wahrscheinlich, dass ihm hieraus ein Schaden erwachsen ist; lediglich die konkrete Höhe ist unbekannt und soll mittels Akteneinsicht bemessen werden. Die fehlende behördliche Feststellung eines Schadenseintritts wird

---

389 *Milde*, Schutz des Kronzeugen, 197.
390 *Vollmer*, ZWeR 2012, 442, 447.
391 Vgl. unter C.I.1.a.aa.(1).
392 OLG Düsseldorf, Beschl. v. 22.08.2012 - V-4 Kart 5/11 *„Kaffeeröster"*, wrp 2012, 1596.
393 Vgl. hierzu unter B.II.2.a.bb.(1).

demnach durch die Darlegung der Verletzteneigenschaft kompensiert. Zwar führt die Verletzteneigenschaft dabei nicht automatisch zum Eintritt eines messbaren Schadens, insbesondere bei Preiskartellen ist die Wahrscheinlichkeit für einen Schadenseintritt bei dem Petenten jedoch derart hoch, dass dies für ein Aktensichtsrecht genügend ist.

(3) Zwischenergebnis

Die vorstehende Untersuchung hat gezeigt, dass die Verletzteneigenschaft gemäß § 406e Abs. 1 S. 1 StPO anhand der Aktivlegitimation gemäß § 33 Abs. 3 S. 1 GWB zu beurteilen ist. Auch Zessionare des Schadensersatzanspruches sind dabei als Verletzte im Sinne von § 406e Abs. 1 S. 1 StPO zu qualifizieren. Ein berechtigtes Interesse an der Akteneinsicht ist anzuerkennen, wenn der Kartellgeschädigte die Geltendmachung seines Anspruches aus § 33 Abs. 3 S. 1 GWB beabsichtigt. Dieses Interesse kann sich insbesondere auch auf die Gewinnung und Sicherung neuartiger Beweismittel bzw. die Ausforschung des Kartellanten erstrecken.

Dabei ist es nicht erforderlich, dass die vom Petenten begehrte Auskunft auch nach zivilprozessualem Verständnis zulässig wäre. Das Zivilverfahrensrecht entfaltet seine Wirkung erst ab dem Entstehen eines Prozessrechtsverhältnisses und besitzt keinerlei Abfärbewirkung auf andere Verfahrensordnungen. Da das Strafverfahrensrecht keine Akzessorietät zum Zivilverfahrensrecht aufweist, ist ein Auseinanderfallen von zivilprozessualer und strafprozessualer Beweisgewinnung hinzunehmen.

bb. Versagung der Akteneinsicht gemäß § 406e Abs. 2 S. 1, 2 StPO

Obschon sich um die Aktivlegitimation des Antragstellers gemäß § 406e Abs. 1 S. 1 StPO im *private enforcement* wie gesehen zahlreiche Fragestellungen ranken, sind diese überwiegend wissenschaftlicher Natur. In der gerichtlichen Praxis stellen demgegenüber die Versagungsgründe gemäß § 406e Abs. 2 S. 1 und S. 2 StPO oftmals die maßgebliche Hürde dar. Sie bilden den rechtsdogmatischen Kern der beiden im Rahmen dieser Thematik maßgeblichen Entscheidungen *Pfleiderer*[394] und *Kaffeeröster*[395] und bedürfen aufgrund dessen einer eigenständigen Betrachtung.

(1) Schutzwürdige Interessen gemäß § 406e Abs. 2 S. 1 StPO

Das Akteneinsichtsrecht gemäß § 406e Abs. 1 S. 1 StPO dient dem Interesse des Geschädigten an der Durchsetzung seiner privatrechtlichen Schadensersatzansprüche. Dieses Interesse kann indes nicht schrankenlos bestehen, da die Akteneinsicht durch den Geschädigten regelmäßig die Interessen anderer tangiert. Dem Schutz dieser Interessen dient die Regelung des § 406e Abs. 2 S. 1 StPO. Hiernach *ist* die Akteneinsicht zu versagen, *soweit* überwiegende schutzwürdige Interessen des Beschuldigten oder Dritter entgegenstehen. Die Vorschrift bezweckt den Ausgleich der widerstreitenden Interessen im Spannungsverhältnis zwischen Datenschutz, Verteidigungsinteressen, Wahrheitsfindung, Funktionsinteresse der Strafrechtspflege und dem verfassungsrechtlichen Informationsanspruch des Verletzten[396]. Der Vorrang entgegenstehender Interessen führt zur Unzulässigkeit der Akteneinsicht[397].

(a) Gerichtlicher bzw. behördlicher Prüfungskanon

§ 406e Abs. 2 S. 1 StPO sucht den Ausgleich innerhalb eines Spannungsverhältnisses, das von einem Dreiklang der Interessen geprägt ist. Die Interessen des Geschädigten, des Schädigers und Dritter treffen an der Stelle des Akteneinsichtsgesuchs aufeinander und bedürfen der Abwägung. Jedes Interesse besitzt dabei seine Legitimation, § 406e Abs. 2 S. 1 StPO hilft dem Rechtsanwender lediglich bei der Beantwortung der Frage, welchem dieser gewichtigen Interessen im jeweiligen Einzelfall schlussendlich der Vorrang gebührt. Dies erfordert eine sorgfältige und insbesondere

---

394 AG Bonn, Beschl. v. 18.01.2012 - 51 Gs 53/09 „*Pfleiderer II*", NJW 2012, 947.
395 OLG Düsseldorf, Beschl. v. 22.08.2012 - V-4 Kart 5/11 und 6/11 (OWi) „*Kaffeeröster*", wrp 2012, 1596.
396 BGH, NStZ 1993, 351, 352.
397 KK-StPO/*Zabeck*, § 406e Rn. 6.

einzelfallbezogene Abwägung durch die aktenführende Institution[398]. Gegenstand der Abwägung ist dabei auf Seiten des Petenten das Interesse an der Geltendmachung seiner zivilrechtlichen Schadensersatzansprüche gegen den Beschuldigten und sein damit verbundener verfassungsrechtlicher Informationsanspruch. Dem kann der Schädiger sein Recht auf informationelle Selbstbestimmung gemäß Art. 2 Abs. 1 i.V.m. Art. 1 Abs. 1 GG[399] sowie den Schutz von Geschäfts- und Betriebsgeheimnissen gemäß Art. 12 Abs. 1 GG entgegenhalten[400]. Als berücksichtigungsfähiges Drittinteresse kommt im *private enforcement* dem Interesse des Bundeskartellamtes am Schutz seines Kronzeugenprogramms besondere Bedeutung zu. Flankiert wird dieses Interessengeflecht durch die Stärke des Tatverdachts, das Ausmaß der Rechtsverletzung und die Intensität des Eingriffs in die Grundrechte des Beschuldigten. Diese Parameter fließen ebenfalls in die Abwägungsentscheidung ein[401]. Schlussendlich ist zu berücksichtigen, dass die Akteneinsicht durch einen Rechtsanwalt erfolgt, der als Organ der Rechtspflege in der Pflicht steht, seinem Mandanten nur jene Auskünfte zukommen zu lassen, die zur Anspruchsverfolgung zwingend erforderlich sind[402].

Ergibt die Abwägung dieser Belange, dass das Interesse des Antragstellers an der Akteneinsicht zurücktreten muss, ist die Akteneinsicht zwingend zu versagen. § 406e Abs. 2 S. 1 StPO räumt der angerufenen Stelle im Gegensatz zu § 406e Abs. 2 S. 2 StPO keinen Ermessensspielraum ein[403]. Der Vorrang entgegenstehender Interessen muss jedoch *zweifelsfrei* feststehen, Zweifel wirken sich nach ganz herrschender Auffassung zugunsten des Antragstellers aus[404].

---

398 KK-StPO/*Zabeck*, § 406e Rn. 6; BGH, Beschl. v. 21.02.2011 - 4 BGs 2/11; LG Krefeld, NStZ 2009, 112.

399 BT-Drs. 10/5305, 18.

400 OLG Düsseldorf, Beschl. v. 22.08.2012 - V-4 Kart 5/11 und 6/11 (OWi) „*Kaffeeröster*", wrp 2012, 1596.

401 KK-StPO/*Zabeck*, § 406e Rn. 6.

402 BVerfG, Beschl. v. 05.12.2006 - 2 BvR 2388/06, NJW 2007, 1052.

403 Dies ergibt sich bereits aus einer Gegenüberstellung des Wortlautes: § 406e Abs. 2 S. 1 StPO spricht davon, dass die Akteneinsicht zu versagen *ist*. Demgegenüber statuiert § 406e Abs. 2 S. 2 StPO, dass die Akteneinsicht versagt werden *kann*.

404 *Milde*, Schutz des Kronzeugen, 211 m.w.N. An dieser Stelle kann man die hier nicht zu beantwortende Frage stellen, ab wann das Überwiegen der Interessen des Beschuldigten „zweifelsfrei" feststehen soll. Es handelt sich hierbei nicht um eine Tatsachen-, sondern um eine reine Wertungsfrage. Ob eine solche einer

(b) Interessen des Kronzeugen

Geht es um die Einsicht privater Kartellschadensersatzkläger in die Kronzeugenerklärungen von Kartellanten, sind auf Seiten der Kronzeugen das Recht auf informationelle Selbstbestimmung und insbesondere das Recht auf Schutz ihrer Geschäfts- und Betriebsgeheimnissen tangiert.

Kronzeugendokumente enthalten oftmals umfangreiche Angaben über unternehmerische Marktstrategien, Preiskalkulationen und Umsatzzahlen[405]. Überdies ist der Kronzeuge nach § 81a Abs. 1 S. 1 Nr. 1 GWB aufgefordert, im Bußgeldverfahren Auskunft zu erteilen über *„den Gesamtumsatz des Unternehmens oder der Unternehmensvereinigung in dem Geschäftsjahr, das für die Behördenentscheidung nach § 81 Abs. 4 Satz 2 [GWB] voraussichtlich maßgeblich sein wird oder maßgeblich war, sowie in den vorausgehenden fünf Geschäftsjahren".* Dies erweitert § 81a Abs. 1 S. 1 Nr. 2 GWB, indem ferner Angaben erteilt werden müssen über *„die Umsätze des Unternehmens oder der Unternehmensvereinigung, die mit allen, mit bestimmten oder nach abstrakten Merkmalen bestimmbaren Kunden oder Produkten innerhalb eines bestimmten oder bestimmbaren Zeitraums erzielt wurden".* Insgesamt verlangt das Bonusprogramm dem Antragsteller ab, marktsensible Daten aus seinem unternehmerischen Kernbereich preiszugeben. Auf Seiten von Wettbewerbern und Vertragspartnern weckt dies zwangsläufig Begehrlichkeiten, stellen die Bonusanträge doch einen wahren Fundus an hochsensiblen Daten dar[406].

Das Recht auf informationelle Selbstbestimmung gewährleistet, dass der Grundrechtsträger über die Preisgabe und Verwendung seiner personenbezogenen Daten grundsätzlich frei bestimmen kann[407]. Es stellt eine Ausprägung des Allgemeinen Persönlichkeitsrechts dar, das wiederum dem Schutz der Privatsphäre dient. Hieraus folgt die Frage nach der Anwendbarkeit des Rechts auf informationelle Selbstbestimmung auf juristische Personen, da diese nur schwerlich eine Privatsphäre innehaben können. Bisher ist nicht höchstrichterlich geklärt, ob das Grundrecht aus Art. 2 Abs. 1 i.V.m. Art. 1 Abs. 1 GG uneingeschränkt auf juristische Per-

---

„zweifelsfreien" Beantwortung überhaupt zugänglich ist, muss zumindest angezweifelt werden.

405 *Wessing/Hiéramente*, WuW 2015, 220, 224.
406 *Wessing/Hiéramente*, WuW 2015, 220, 224.
407 BVerfGE 65, 1, 43.

sonen anwendbar ist[408]. Einen gleichwertigen Schutz erlangen juristische Personen[409] jedoch über Art. 12 Abs. 1 GG, der den Schutz von Betriebs- und Geschäftsgeheimnissen gewährleistet[410]. Geschäfts- oder Betriebsgeheimnisse sind alle auf ein Unternehmen bezogene Tatsachen, Umstände und Vorgänge, die nicht offenkundig, sondern nur einem begrenzten Personenkreis zugänglich sind und an deren Nichtverbreitung der Rechtsträger ein berechtigtes Interesse hat[411]. Da Kronzeugendokumente regelmäßig derartige Informationen enthalten, steht der Rechtsanwender vor der Frage, ob das Interesse des Kartellanten an der Geheimhaltung dieser Daten ein überwiegendes schutzwürdiges Interesse im Sinne von § 406e Abs. 2 S. 1 Alt. 1 StPO darstellt.

(aa) Bisheriger Meinungsstand

Die Frage nach der Schutzbedürftigkeit der in Kronzeugenerklärungen enthaltenen Betriebs- und Geschäftsgeheimnisse hat das *OLG Düsseldorf* in der viel beachteten Entscheidung *Kaffeeröster* zugunsten des Kronzeugen aufgelöst[412]. Zunächst trifft das Gericht die Feststellung, dass Tatsachen, aus denen sich der Wettbewerbsverstoß ergibt, grundsätzlich nicht schützenswert seien, da verbotene Verhaltensweisen von der Rechtsordnung per se missbilligt würden[413]. Das Interesse an der Geheimhaltung der in den Kronzeugendokumenten enthaltenen Informationen erwächst damit nach der Vorstellung des *OLG Düsseldorf* nicht unmittelbar aus deren Qualifikation als Betriebs- bzw. Geschäftsgeheimnisse, da diese Geheimnisse mit dem Wettbewerbsverstoß untrennbar verknüpft sind und den Schutz der Rechtsordnung nicht für sich beanspruchen können. Stattdessen stützt das Gericht das schutzwürdige Interesse des Kronzeugen auf die Vertraulichkeitszusage, die das Bundeskartellamt im Rahmen seines Bo-

---

408 BVerfG, NJW 2002, 3619, 3622.
409 Um solche wird es sich bei Kartellanten ausschließlich handeln.
410 OLG Düsseldorf, Beschl. v. 22.08.2012 - V-4 Kart 5/11 und 6/11 (OWi) „*Kaffeeröster*", wrp 2012, 1596; *Wessing/Hiéramente*, WuW 2015, 220, 224.
411 BVerfG, Urt. v. 17.06.2006, WuW/E DE-R 1715, 1717.
412 OLG Düsseldorf, Beschl. v. 22.08.2012 - V-4 Kart 5/11 und 6/11 (OWi) „*Kaffeeröster*", wrp 2012, 1596, 1600.
413 OLG Düsseldorf, Beschl. v. 22.08.2012 - V-4 Kart 5/11 und 6/11 (OWi) „*Kaffeeröster*", wrp 2012, 1596, 1599; so auch *Klooz*, Akteneinsicht des Geschädigten, 125 m.w.N.

nusprogramms an die Kronzeugen richtet[414]. Hieraus zieht das *OLG Düsseldorf* die Schlussfolgerung eines vorrangigen Vertrauensschutzes zugunsten des kooperierenden Kartellanten. Der Antragsteller des Bonusprogramms dürfe auf die Geheimhaltungszusage vertrauen und davon ausgehen, dass das Bundeskartellamt privaten Dritten grundsätzlich keine Einsicht in die Bonusanträge und die hiermit übermittelten Unterlagen gewährt[415]. Die Vertraulichkeitszusage des Bundeskartellamtes fuße dabei auf dem legitimen öffentlichen Interesse an einer effektiven Aufdeckung und Verfolgung von Kartellrechtsverstößen. Liefen Kronzeugen Gefahr, dass die von ihnen übermittelten Informationen an klagewillige Dritte weitergereicht werden, gefährde dies die Effektivität des Kronzeugenprogramms und damit die behördliche Kartellverfolgung im Gesamten, da Kartellanten von einer Kooperation absehen würden, wenn sie Gefahr liefen, durch die Übermittlung der erforderlichen Informationen die Grundlage für Schadensersatzklagen gegen sie zu schaffen[416]. Das Bundeskartellamt sei jedoch in hohem Maße auf die Offenlegung von Kartellen durch Kronzeugen angewiesen. Das Interesse der Kartellgeschädigten an einer schadensersatzrechtlichen Kompensation habe dahinter zurückzutreten, da den Geschädigten die Erlangung von Schadensersatz nicht übermäßig erschwert oder praktisch unmöglich gemacht würde. Vielmehr sei eine Einsicht in die Kronzeugendokumente zur Erlangung der begehrten Informationen nicht erforderlich und der Grundrechtseingriff mithin aus Sicht des Kronzeugen unverhältnismäßig[417]. Zur Begründung dieser fehlenden Erforderlichkeit verweist das Gericht auf den Umstand, dass der Kartellrechtsverstoß bereits aus der Bindungswirkung gemäß § 33 Abs. 4 S. 1 GWB folge. Sofern die Petenten überdies Informationen zur Berechnung des kartellbedingten Schadens begehrten, seien die Bonusanträge hierfür unergiebig, da diese keine Angaben zum hypothetischen Wettbewerbspreis der kartellbefangenen Produkte enthielten[418]. Im Ergebnis räumt das *OLG Düsseldorf* dem durch die Geheimhaltungszusage des Bundeskartellamtes

---

414 Vgl. hierzu unter B.II.2.b.cc.(1).(c).

415 OLG Düsseldorf, Beschl. v. 22.08.2012 - V-4 Kart 5/11 und 6/11 (OWi) „*Kaffeeröster*", wrp 2012, 1596, 1600.

416 So im Ergebnis OLG Düsseldorf, Beschl. v. 22.08.2012 - V-4 Kart 5/11 und 6/11 (OWi) „*Kaffeeröster*", wrp 2012, 1596, 1600.

417 OLG Düsseldorf, Beschl. v. 22.08.2012 - V-4 Kart 5/11 und 6/11 (OWi) „*Kaffeeröster*", wrp 2012, 1596, 1601.

418 OLG Düsseldorf, Beschl. v. 22.08.2012 - V-4 Kart 5/11 und 6/11 (OWi) „*Kaffeeröster*", wrp 2012, 1596, 1601.

begründeten Vertrauensschutz des Kronzeugen damit den Vorrang vor dem Informationsinteresse des Klägers ein.

Das *OLG Düsseldorf* hat zur Frage der Wirkung der Vertraulichkeitszusage durch das Bundeskartellamt im Rahmen von § 406e Abs. 2 S. 1 Alt. 1 StPO judizielle Pionierarbeit geleistet, indem es sich erstmals mit dem Schutzumfang dieser Geheimhaltungszusage auseinandergesetzt hat[419]. Der Entscheidung wurde aufgrund dessen präjudizielle Wirkung für künftige Akteneinsichtsrechte beigemessen[420]. Inhaltlich decken sich die Erwägungen des Gerichtes und das gefundene Ergebnis dabei mit Teilen der Literatur. Nachdem auch in der Wissenschaft die Auffassung vertreten wird, dass die Geschäfts- und Betriebsgeheimnisse aufgrund ihrer sachlichen Verknüpfung mit dem Wettbewerbsverstoß keinen schützenswerten Inhalt aufweisen[421], hat insbesondere die Annahme eines durch die Geheimhaltungszusage des Bundeskartellamtes begründeten Vertrauensschutzes beachtliche Zustimmung erfahren[422]. Auch Generalanwalt *Mazák* hat in dem Verfahren *Pfleiderer* im Rahmen seiner Schlussanträge darauf hingewiesen, dass der durch das Bundeskartellamt bei dem Kartellanten geschaffene Vertrauenstatbestand im Rahmen der Abwägung zugunsten der Vertraulichkeit zu berücksichtigen sei[423]. Sowohl die bisherige obergerichtliche Rechtsprechung durch das *OLG Düsseldorf* als auch eine Vielzahl der Stimmen in der Literatur gewichten demnach den Vertrauenstatbestand, der durch die Geheimhaltungszusage des Bundeskartellamtes hervorgerufen wird, stärker als das Offenlegungsinteresse des Geschädigten. Es handele sich um eine echte Vertraulichkeitszusage, die als schutzwürdiges Interesse des Betroffenen zu berücksichtigen sei[424]. *Milde* weist zudem darauf hin, dass die Schwere der Tat im Rahmen der Abwägung zu berücksichtigen und der Kartellgeschädigte lediglich Opfer einer Ord-

---

419 Das AG Bonn zieht in seiner Entscheidung vom 18.01.2012 - 51 Gs 53/09 „*Pfleiderer II*" die Vertraulichkeitszusage lediglich als Nebenargument heran.

420 *Dohrn/Liebich*, wrp 2012, 1601, 1602.

421 Loewenheim/Meessen/Riesenkampff/*Quellmalz*, GWB § 56 Rn. 14; *Wieckmann*, WuW 1983, 13, 14; ohne genaue Festlegung Immenga/Mestmäcker/*Schmidt*, GWB § 56 Rn. 11.

422 Vgl. nur *Milde*, Schutz des Kronzeugen, 213; *Palzer*, EWS 2012, 543, 544; *Wessing/Hiéramente*, WuW 2015, 220, 224 f. Diese Ansicht wurde bereits zuvor vertreten, vgl. nur *Mäger/Zimmer/Milde*, WuW 2009, 885, 887 m.w.N.

423 GA *Mazák*, Schlussantrag v. 16.12.2010 - Rs. C-360/09 „*Pfleiderer*", BeckRS 2010, 91455 Rn. 45.

424 *Milde*, Schutz des Kronzeugen, 214 m.w.N.

nungswidrigkeit geworden sei, sodass sein Informationsinteresse im Lichte des Verhältnismäßigkeitsgrundsatzes zurücktreten müsse[425].

(bb) Stellungnahme

Der Ansicht des *OLG Düsseldorf* und der sie stützenden Literaturmeinungen kann im Ergebnis nicht gefolgt werden. Insbesondere weist die Annahme eines auf der Geheimhaltungszusage des Bundeskartellamtes beruhenden vorrangigen Vertrauensschutzes eine dogmatische Fehlvorstellung von der Wirkungsweise dieser Vertraulichkeitszusage auf.

Zuzustimmen ist der Gegenmeinung insoweit, als sie die Betriebs- und Geschäftsgeheimnisse des Kartellanten aufgrund ihrer wettbewerbswidrigen Prägung vom sachlichen Schutzbereich des Art. 12 Abs. 1 GG ausnimmt. Denn auch im Wettbewerbsrecht beansprucht der Grundsatz Geltung, wonach derjenige, der sich außerhalb der Rechtsordnung stellt, ihren Schutz nicht für sich beanspruchen kann. Marktteilnehmer, die wettbewerbswidrige Absprachen treffen, haben sich bewusst gegen den legislativen Rahmen entschieden, in dem sich Markt und Wettbewerb bewegen sollen. Folgerichtig besitzen sie kein schutzwürdiges Vertrauen dahingehend, dass ihre eigenen Betriebs- oder Geschäftsgeheimnisse dem Schutz dieser Rechtsordnung unterfallen, denn der Schutz von Geschäfts- und Betriebsgeheimnissen verfolgt insbesondere auch eine wettbewerbliche Zielrichtung. Freier Wettbewerb bedingt, dass die beteiligten Unternehmen Geheimnisse wahren können, mit deren Hilfe sie sich einen Vorteil gegenüber ihren Wettbewerbern verschaffen. Besäßen sämtliche Wettbewerber einen einheitlichen Wissensstand, würden Wettbewerbs- und Innovationsdruck deutlich gemindert. Der Schutz von Betriebs- und Geschäftsgeheimnissen dient damit gerade auch der Aufrechterhaltung des freien Wettbewerbes. Kartellanten haben sich jedoch gerade gegen eine Partizipation an diesem System des freien Wettbewerb entschieden. Folgerichtig können sie ihre unternehmerischen Geheimnisse nicht dessen Schutz unterstellen[426].

Dogmatisch nicht überzeugend ist hingegen die Annahme, die Vertraulichkeitszusage des Bundeskartellamtes in Rn. 22 der Bonusregelung führe

---

425 *Milde*, Schutz des Kronzeugen, 215.
426 So im Ergebnis auch *Jüntgen*, WuW 2007, 128, 134 mit zahlreichen weiteren Nachweisen.

dazu, dass der Kartellant ein dem Akteneinsichtsgesuch entgegenstehendes schutzwürdiges Interesse im Sinne von § 406e Abs. 2 S. 1 Alt. 1 StPO habe. Diese Ansicht verkennt das rechtliche Gewand dieser Geheimhaltungszusage. Bei der Verpflichtung des Bundeskartellamtes, die gestellten Bonusanträge Dritten gegenüber nicht offenzulegen, handelt es sich um eine reine Verwaltungsvorschrift, anhand derer das Bundeskartellamt seine Verwaltungspraxis ausrichtet[427]. Verwaltungsvorschriften stellen jedoch keine Außenrechtsnormen dar, sie besitzen keinerlei gesetzliche Bindungswirkung[428]. Sie bilden vielmehr ausschließlich behördliches Binnenrecht, ihre Funktion erschöpft sich in der Wirkung einer gebündelten innerdienstlichen Weisung[429]. Infolge dessen kann eine Vertraulichkeitsverpflichtung, die sich das Bundeskartellamt durch Erlass einer entsprechenden Verwaltungsvorschrift selbst aufbürdet, nicht zu Lasten Dritter, d.h. der Kartellgeschädigten, wirken. Soweit die Gegenansicht darauf verweist, dass das Bundeskartellamt durch eine Offenlegung der Kronzeugenerklärungen entgegen der Vertraulichkeitszusage unter Umständen gegen Art. 3 Abs. 1 GG verstößt[430], kann dies dem Petenten nicht zum Nachteil gereichen. Ein möglicher Verstoß gegen Art. 3 Abs. 1 GG tangiert allein das Verhältnis zwischen Bundeskartellamt und Kronzeuge, da allein letzterer von einem Verstoß gegen die Vertraulichkeitszusage betroffen wäre. Dem Akteneinsichtsbegehren des Geschädigten kann dieser Einwand jedoch nicht entgegengehalten werden, da das Bundeskartellamt sich der Gefahr der Schaffung eines rechtswidrigen Vertrauenstatbestandes selbst ausgesetzt hat[431]. Sofern man annähme, dass das Bundeskartellamt dem gesetzlich normierten Akteneinsichtsbegehren des Geschädigten gemäß § 406e Abs. 1 S. 1 StPO durch Festlegung einer Geheimhaltungszusage in Gestalt einer Verwaltungsvorschrift begegnen könnte, läge hierin ein Verstoß gegen den in Art. 20 Abs. 3 GG zu Tage tretenden Grundsatz der Gewaltenteilung. Denn das Bundeskartellamt wäre hierdurch in der Lage, ohne gesetzliche Ermächtigung Eigenrecht und damit den Maßstab für die Rechtmäßigkeit seines eigenen Handelns zu schaffen. Die Rechtmäßigkeit des

---

427 *Mäger/Zimmer/Milde*, WuW 2009, 885, 888.
428 BVerfGE 78, 214, 227; *Wessing/Hiéramente*, WuW 2015, 220, 225; in diese Richtung argumentierend auch EuGH, Urt. v. 05.06.2014 - Rs. C-557/12 „Kone", EuZW 2014, 586, 588 hinsichtlich der Kronzeugenregelung der Kommission.
429 *Ipsen*, Allgemeines Verwaltungsrecht, 49.
430 So u.a. *Mäger/Zimmer/Milde*, WuW 2009, 885, 888 m.w.N.
431 In diesem Sinne auch *Kapp*, WuW 2012, 474, 480.

Verwaltungshandelns des Bundeskartellamtes würde demnach nicht an § 406e StPO und damit an demokratisch legitimiertem Recht, sondern anhand selbst gesetzter Normen gemessen[432].

Dementsprechend sind Verwaltungsvorschriften nach der Rechtsprechung des *BVerfG „Gegenstand, nicht jedoch Maßstab richterlicher Kontrolle"*[433], sie besitzen keinerlei Bindungswirkung für die judikative Gewalt. Diese darf ihren Entscheidungen ausschließlich materielles Recht im Sinne von Art. 20 Abs. 3 GG und Art. 97 Abs. 1 GG zugrunde legen[434]. Diesem rechtsstaatlichen Prinzip liefe es zuwider, wenn im Rahmen einer gerichtlichen Entscheidung über das Akteneinsichtsgesuch nach § 406e Abs. 1 S. 1 StPO zulasten des Antragstellers berücksichtigt würde, dass das Bundeskartellamt gegenüber den Kronzeugen eine auf eine Verwaltungsvorschrift gestützte Vertraulichkeitszusage abgegeben hat[435]. Dieser Umstand kann und darf die Frage nach dem Akteneinsichtsrecht des Geschädigten nicht beeinflussen.

Soweit *Milde* zu Felde führt, dass zusätzlich zu Lasten des Geschädigten zu berücksichtigen sei, dass dieser lediglich Opfer einer Ordnungswidrigkeit geworden ist[436], ist dem wiederum entgegenzuhalten, dass der individuelle Unwertgehalt des Kartellrechtsverstoßes durch seine Qualifikation als Ordnungswidrigkeit nicht vollends zum Ausdruck gebracht wird[437]. § 406e Abs. 1 S. 1 StPO ist eine Norm, die allein den schadensersatzrechtlichen Interessen des Geschädigten verpflichtet und zu dienen bestimmt ist. Infolge dessen muss bei der Frage nach der Schwere des Verstoßes die Sichtweise des Geschädigten vorherrschend sein. Insbesondere im Falle von *Hardcore-Kartellen* können die Schäden der einzelnen Kartellabnehmer die Schwelle dreistelliger Millionenbeträge überschreiten. Vor diesem Hintergrund lässt sich dem schadensersatzrechtlich geprägten Akteneinsichtsbegehren des Geschädigten nur schwerlich entgegenhalten, er sei lediglich Opfer einer Ordnungswidrigkeit geworden.

---

432 *Ipsen*, Allgemeines Verwaltungsrecht, 50; *Kapp*, WuW 2012, 474, 480.
433 BVerfGE 78, 214, 227.
434 BVerfGE 78, 214, 227.
435 So jedoch geschehen durch OLG Düsseldorf, Beschl. v. 22.08.2012 - V-4 Kart 5/11 und 6/11 (OWi) *„Kaffeeröster"*, wrp 2012, 1596; zudem u.a. gefordert von *Milde*, Schutz des Kronzeugen, 214 sowie *Wessing/Hiéramente*, WuW 2015, 220, 226.
436 *Milde*, Schutz des Kronzeugen, 215.
437 Vgl. hierzu ausführlich unter C.I.1.a.aa.(2).(b).

(c) Schutz der Effektivität des Bonusprogramms

Neben der Berücksichtigung der Interessen des Beschuldigten gemäß § 406e Abs. 2 S. 1 Alt. 1 StPO ermöglicht es § 406e Abs. 2 S. 1 Alt. 2 StPO, Interessen Dritter in die Abwägungsentscheidung einzubeziehen. Im Falle der Akteneinsicht durch den Kartellgeschädigten ist hier das Interesse des Bundeskartellamtes[438] am Schutze seines Kronzeugenprogramms von zentraler Bedeutung. Es stellt sich die Frage, ob es ein dem Akteneinsichtsbegehren entgegenstehendes überwiegendes Interesse darstellt, wenn das Bundeskartellamt die Befürchtung hegt, dass eine Einsicht in die Kronzeugenerklärungen durch Kartellgeschädigte die Effektivität des Bonusprogramms schädigen könnte. Die Beeinträchtigung soll sich dabei aus dem folgenden, an dieser Stelle noch einmal in Erinnerung zu rufenden[439] Phänomen ergeben: Gewährte das Bundeskartellamt den Geschädigten Einsicht in die Kronzeugenerklärungen, wäre der Kronzeuge womöglich einer erhöhten Gefahr der Inanspruchnahme ausgesetzt, da der Geschädigte nun insbesondere über umfangreiche Informationen hinsichtlich des Kartellbeitrages des Kronzeugen verfügt und zudem der Bescheid gegen den Kronzeugen, welcher seine Kartellbeteiligung mit dem Präjudiz gemäß § 33 Abs. 4 S. 1 GWB feststellt, regelmäßig zuerst in Bestandskraft erwächst[440]. Es besteht mithin die Möglichkeit, dass der Kronzeuge selbst primäres Angriffsziel einer Schadensersatzklage des Geschädigten wird. Hieraus wird insbesondere durch die Kartellbehörden geschlussfolgert, dass ein solches erhöhtes Haftungsrisiko die Kartellanten von der Inanspruchnahme des Bonusprogramms abhalte und dieses einen Großteil seiner bestehenden Effektivität und Attraktivität einbüße (sog. *chilling effect*)[441]. Im Ergebnis sei daher zum generellen Schutz des Kronzeugenpro-

---

438 Bzw. des Bundes selbst, vgl. hierzu *Milde*, Schutz des Kronzeugen, 217.

439 Vgl. bereits unter B.II.2.b.ee.

440 Dies ergibt sich bereits aus dem Umstand, dass der Kronzeuge durch den Bescheid in den Genuss eines vollen bzw. erheblichen partiellen Bußgelderlasses kommt und den Bescheid daher im eigenen Interesse unangetastet lassen wird.

441 *Milde*, Schutz des Kronzeugen, 217 f.; *Wessing/Hiéramente*, WuW 2015, 220, 226; *Mäger/Zimmer/Milde*, WuW 2009, 885, 894; *Jüntgen*, WuW 2007, 128, 129.

gramms eine Einsicht in die Kronzeugenerklärungen grundsätzlich zu versagen[442].

Dem ist zunächst auf tatsächlicher Ebene entgegenzuhalten, dass die Beeinträchtigung des Kronzeugenprogramms durch die Offenlegung der entsprechenden Anträge bislang eine reine Vermutung ohne empirische Grundlage darstellt. So stellt beispielsweise Milde ohne größeren Begründungsaufwand fest, *„eine Beeinträchtigung der Interessen des Bundeskartellamtes [...] lässt sich in jedem Fall bejahen.[...] Die Kronzeugenregelung verliert jegliche Attraktivität und Effektivität, eine behördliche Durchsetzung des Kartellrechts wird kaum mehr möglich sein.“*[443] Diese Schlussfolgerung wird regelmäßig zum Schutz der Kronzeugenprogramme zu Felde geführt, ungeachtet der Tatsache, dass es sich hierbei bisher um eine reine Mutmaßung handelt[444]. Es erscheint jedoch keinesfalls zwingend, dass sich Kartellanten durch die Möglichkeit einer zivilrechtlichen Inanspruchnahme von der Kooperation mit dem Bundeskartellamt abhalten lassen, denn in jedem Falle verzeichnet der kooperierende Kartellant auf der Habenseite den Bußgelderlass bzw. die Bußgeldreduktion durch das Bundeskartellamt. Betrachtet man die Entwicklung der kartellbehördlichen Bebußungspraxis in den vergangenen Jahren, so erscheint allein der Erlass bzw. die erhebliche Reduktion der drohenden Bebußung Anreiz genug für die Inanspruchnahme des Bonusprogramms[445]. Nicht selten erreichten die verhängten Bußgelder in den letzten Jahren einen hohen dreistelligen Millionenbereich[446], sodass allein die Vermeidung der Bebußung für die Unternehmen einen enormen wirtschaftlichen Anreiz darstellt. Hiergegen wird angeführt, dieser Erlassvorteil werde durch das Risiko der zivilrechtlichen Inanspruchnahme aufgezehrt und nehme dem Kooperationswilligen den Anreiz zur Inanspruchnahme des Kronzeugen-

---

442 So insb. *Milde*, Schutz des Kronzeugen, 217 f.; OLG Düsseldorf, Beschl. v. 22.08.2012 - V-4 Kart 5/11 und 6/11 (OWi) „*Kaffeeröster*“ wrp 2012, 1596, 1600; *Dück/Eufinger/Schultes*, EuZW 2012, 418, 421.

443 *Milde*, Schutz des Kronzeugen, 217.

444 So auch *Hempel*, EuZW 2013, 586, 590.

445 Im Jahr 2014 hat das Bundeskartellamt Bußgelder in einer Gesamthöhe von 1,117 Mrd. € verhängt, vgl. *Bundeskartellamt*, Tätigkeitsbericht 2013/2014, BT-Drs. 18/5210, 25. Im Jahr 2003 wurde in dem Kartell „*Zement*“ gegen ein Einzelunternehmen eine Geldbuße in Höhe von 251,5 Mio. € verhängt, im Kartell „*Kaffeeröster*“ im Jahre 2009 eine Geldbuße in Höhe von 83 Mio. €, vgl. *Bundeskartellamt*, Erfolgreiche Kartellverfolgung, 10.

446 *Wessing/Hiéramente*, WuW 2015, 220.

programms[447]. Dabei wird jedoch übersehen, dass das Risiko der Schadensersatzhaftung für den Kartellanten von der Kooperation mit dem Bundeskartellamt über weite Strecken unabhängig ist. Zunächst besteht die Möglichkeit der privatrechtlichen Inanspruchnahme durch die Geschädigten für den Kartellanten auch dann, wenn ein anderes Kartellmitglied die Möglichkeiten des Kronzeugenprogramms für sich in Anspruch nimmt und das Kartell offenlegt. Zwar wird in diesem Falle der Bescheid gegen den Kartellanten meist nicht als erster in Bestandskraft erwachsen, bisher gibt es jedoch keine gesicherte klägerische Praxis dergestalt, dass stets der Adressat des ersten bestandskräftigen Bescheides zivilrechtlich in Anspruch genommen wird. Zudem sieht sich der kooperationswillige Kartellant unabhängig von einer Kooperation mit dem Bundeskartellamt stets dem Risiko der zumindest anteiligen Haftung für seinen eigenen Kartellbeitrag gegenüber. Die Kartellbeteiligten haften für den Wettbewerbsverstoß gemäß §§ 830, 840 BGB grundsätzlich gesamtschuldnerisch[448], sodass der Kartellant in dem Fall, dass ein anderes Kartellmitglied vorrangig in Anspruch genommen wird, jedenfalls dem Risiko des Innenausgleichs unter den Kartellanten ausgesetzt ist. Spiegelbildlich hierzu kann der kooperationswillige Kartellant für den Fall, dass er vorrangig in Anspruch genommen wird, über das Instrument des Gesamtschuldnerinnenausgleichs gemäß § 426 Abs. 1 S. 1 BGB eine zumindest partielle Kompensation seiner eigenen Haftung erreichen. Es zeigt sich demnach, dass die Offenlegung der Bonusanträge das Haftungsrisiko des Kronzeugen nicht in einem Maße erhöht, das den Ertrag des Bußgelderlasses bzw. der Bußgeldreduktion aufzuzehren vermag. Es ist daher zumindest fraglich, ob die Offenlegung der Kronzeugenunterlagen tatsächlich dazu führen würde, dass das Kronzeugenprogramm von Kartellmitgliedern zukünftig gemieden wird. Zu einem ähnlichen Ergebnis gelangte auch der englische *High Court of Justice* in der Entscheidung *National Grid*. Im Kontext der Frage, in welchem Umfang Kartellgeschädigte einen Anspruch auf Einsicht in die von Kronzeugen übermittelten Informationen haben, traf das Gericht die Feststellung, dass die Vermeidung hoher Kartellbußgelder bereits einen ausreichenden Anreiz zur Inanspruchnahme der Kronzeugenregelung biete und ein konkretes Haftungsrisiko des kooperationswilligen Kar-

---

447 *Wessing/Hiéramente*, WuW 2015, 220, 226; *Mäger/Zimmer/Milde*, WuW 2009, 885, 894; OLG Düsseldorf, Beschl. v. 22.08.2012 - V-4 Kart 5/11 und 6/11 (OWi) „*Kaffeeröster*", wrp 2012, 1596, 1600.
448 Immenga/Mestmäcker/*Emmerich*, GWB § 33 Rn. 33.

tellanten auch ohne Inanspruchnahme des Kronzeugenprogramms bestehe. Die Offenlegung der Bonusanträge stelle daher die Effektivität des Kronzeugenprogramms nicht infrage[449]. Insgesamt erscheint somit bereits die tatsächliche Schlussfolgerung, dass eine Offenlegung der Kronzeugendokumente zu einer Beeinträchtigung des Kronzeugenprogramms führen würde, zweifelhaft[450].

Ungeachtet dessen ist eine abstrakte Gefährdung des Kronzeugenprogramms nicht geeignet, ein schützenswertes entgegenstehendes Interesse im Sinne von § 406e Abs. 2 S. 1 Alt. 2 StPO zu begründen. § 406e Abs. 2 S. 1 StPO stellt eine Regelung dar, die durch ein Gebot der Einzelfallabwägung geprägt ist. Sie erfordert, dass die gegenläufigen Interessen einer sorgfältigen Abwägung unterzogen werden, um festzustellen, welchem Interesse *im jeweiligen Einzelfall* der Vorrang gebührt[451]. Dieses prägende Merkmal würde unterminiert, wenn man die generelle und abstrakte Gefährdung der Kronzeugenregelung als schützenswertes Interesse im Rahmen von § 406e Abs. 2 S. 1 Alt. 2 StPO zuließe, denn dieser Einwand ist keiner Einzelfallabwägung zugänglich. Er bildet vielmehr einen generellen Gesichtspunkt, der jedem Akteneinsichtsgesuch a priori und ohne Betrachtung des Einzelfalles entgegenstünde. Das Bundeskartellamt könnte sich stets auf den Standpunkt stellen, dass eine Akteneinsicht das Kronzeugenprogramm und damit das öffentliche Interesse an einer funktionierenden Kartellverfolgung gefährde. Einer Geltendmachung solch genereller Gesichtspunkte bleibt § 406e Abs. 2 S. 1 StPO jedoch verschlossen, er ermöglicht lediglich die Berücksichtigung *einzelfallbezogener* Interessen. Es ist nicht Sinn und Zweck dieser Norm, strukturelle Grundsatzprobleme eines behördlichen Verfolgungsmechanismus zu kompensieren. Soweit *Milde* darauf verweist, dass nach der Rechtsprechung des *BGH* auch das Funktionsinteresse der Strafrechtspflege insgesamt durch § 406 Abs. 2 S. 1 StPO geschützt sei[452], geht ihr Verständnis von der in Bezug genommenen Entscheidung fehl. Obschon der *BGH* festgestellt hat, dass § 406e Abs. 2 S. 1 StPO den Ausgleich zwischen „*Datenschutz, Verteidigungsinteressen, Wahrheitsfindung, Funktionsinteressen der Strafrechtspflege*" einerseits

---

449 High Court, WuW/E KRInt 403, 411 f. „*National Grid*".

450 A.A. insbesondere *Milde*, Schutz des Kronzeugen, 217 sowie *Klooz*, Akteneinsicht des Geschädigten, 205, die eine Beeinträchtigung des Kronzeugenprogramms für „unstreitig" erachtet.

451 KK-StPO/*Zabeck*, § 406e Rn. 6; BGH, Beschl. v. 21.02.2011 - 4 BGs 2/11.

452 *Milde*, Schutz des Kronzeugen, 218 mit Hinweis auf BGH, NStZ 1993, 351, 352.

und dem Informationsinteresse des Geschädigten andererseits suche[453], handelt es sich bei dieser Aufzählung lediglich um abstrakt zusammenfassende Oberbegriffe jener Interessenkreise, die im Rahmen der Einzelfallabwägung gemäß § 406e Abs. 2 S. 1 StPO ihren Niederschlag finden *können*. Dennoch ist stets erforderlich, dass es sich im jeweiligen Einzelfall um ein konkretes schutzwürdiges Interesse handelt. Der Oberbegriff des *„Funktionsinteresses der Strafrechtspflege"* muss daher jeweils einzelfallbezogen durch Benennung eines konkret betroffenen Interesses ausgefüllt werden. Rein strukturelle Interessen können hingegen nicht ausreichend sein, denn das Funktionsinteresse in seiner Abstraktheit ist kein Schutzgut des § 406e Abs. 2 S. 1 Alt. 2 StPO. Hinzu tritt, dass das Funktionsinteresse der Strafrechtspflege, das von *Milde* mit dem Interesse an der Effektivität des Bonusprogramms gleichgesetzt wird[454], eine größere Schutzwürdigkeit besitzt als das Kronzeugenprogramm. Die Strafrechtspflege begegnet regelmäßig natürlichen Phänomenen und menschlichen Verhaltensmustern, denen sie zur Erhaltung ihrer eigenen Effektivität entgegenwirken muss. Beispielhaft sei hier die unterbewusste Beeinflussung von Zeugen durch vorherige Akteneinsicht genannt[455]. Das Bonusprogramm hingegen bildet einen behördlichen Aufklärungsmechanismus, den das Bundeskartellamt durch eine Verwaltungsvorschrift ohne Gesetzesrang[456] selbst geschaffen hat. Sofern es diese Möglichkeit in Anspruch nimmt und die Vorteile eines solchen Bonusprogramms für seine Verfolgungstätigkeit nutzt, muss es gleichsam die ihm innewohnenden Schwächen hinnehmen. Keinesfalls kann die strukturelle Schwäche des Bonusprogramms, also die Abhängigkeit von kooperationswilligen Kartellanten, privaten Kartellschadensersatzklägern zum Nachteil gereichen. Dem kann nicht mit dem Argument begegnet werden, dass die Geschädigten selbst von der Effektivität des Bonusprogramms profitieren, indem hierdurch erst der Grundstein für ihr Klagebegehren geschaffen wird[457]. Das Kronzeugenprogramm bliebe für die Geschädigten letztendlich ohne Nutzen, wenn sie zwar Kenntnis von einem Kartellrechtsverstoß und ihrer persönlichen Betroffenheit erhalten, eine Schadensersatzklage jedoch in Ermangelung entsprechender Beweismittel nicht zur Kompensation des erlittenen Schadens

---

453 BGH, NStZ 1993, 351, 352.
454 *Milde*, Schutz des Kronzeugen, 217 f.
455 Vgl. hierzu *Baumhöfener*, NStZ 2014, 135.
456 *Klooz*, Akteneinsicht des Geschädigten, 183.
457 So aber *Milde*, Schutz des Kronzeugen, 221; *Vollmer*, ZWeR 2012, 442, 467.

führt[458]. Es erwiese sich schlicht als Danaergeschenk, wenn das Kronzeu-
genprogramm den Kartellgeschädigten zwar die Kenntnis von der eigenen
Schädigung durch das Kartell verschafft, ihnen jedoch gleichzeitig den
Zugriff auf die prozessual erforderlichen Beweismittel versagt.

Schlussendlich stünde ein genereller Schutz des Kronzeugenprogramms
im Wege des § 406e Abs. 2 S. 1 Alt. 2 StPO im Widerspruch zu den Wertungen des unionalen Wettbewerbsrechts, wie sie der *EuGH* in der Sache
Donau Chemie[459] festgeschrieben hat. Ausgangspunkt dieser Entscheidung war ein bei einem österreichischen Kartellgericht gestellter Akten-
einsichtsantrag, der unter anderem die Offenlegung der Kooperationsbei-
träge des damaligen Kronzeugen, der *Donau Chemie AG*, umfasste. Die
für diesen Antrag maßgebliche Regelung des § 39 Abs. 2 öKartG gewährte Dritten eine Einsicht nur dann, wenn alle Parteien des Kartellbußgeldverfahrens ihre Zustimmung erteilen. Im Gegensatz zu § 406e Abs. 2 S. 1
StPO findet dabei grundsätzlich keine Abwägung der widerstreitenden Interessen durch das aktenführende Gericht statt. Sie erfolgte vielmehr bereits durch den Gesetzgeber, der im Falle des Fehlens der Zustimmung aller Beteiligten des Bußgeldverfahrens den Interessen der von der Offenlegung betroffenen Kartellanten den Vorrang einräumt[460]. Da die erforderliche Zustimmung im Fall *Donau Chemie* nicht vorlag, legte das Gericht
dem *EuGH* die Frage vor, ob § 39 Abs. 2 öKartG mit dem Unionsrecht
und insbesondere mit dem bereits durch das *Pfleiderer*-Urteil[461] auf den
Weg gebrachten Gebot der Einzelfallabwägung vereinbar ist. Diese Frage
hat der *EuGH* mit Prägnanz verneint. Unter Bezugnahme auf seine vorangegangenen Ausführungen in der Entscheidung *Pfleiderer* betont er erneut, dass die nationalen Gerichte bei der Frage nach einem Recht auf Akteneinsicht verpflichtet sind, die gegenläufigen Interessen einzelfallbezogen gegeneinander abzuwägen[462]. Die Notwendigkeit einer solchen individuellen Abwägung ergebe sich dabei aus dem Umstand, dass insbesondere
im Bereich des Wettbewerbsrechts jede starre Regelung eines Akteneinsichtsrechts - unabhängig davon, ob sie zugunsten oder zulasten der Ge-

---

458 Zu der beweisrechtlichen Bedeutung von Kronzeugenerklärungen vgl. unter B.II.
2.b.dd.
459 EuGH, Urt. v. 06.06.2013 - Rs. C-536/11 „*Donau Chemie*", EuZW 2013, 586.
460 *Hempel*, EuZW 2013, 586.
461 EuGH, Urt. v. 14.06.2011 - Rs. C-360/09 „*Pfleiderer*", EuZW 2011, 598.
462 EuGH, Urt. v. 06.06.2013 - Rs. C-536/11 „*Donau Chemie*", EuZW 2013, 586,
588.

schädigten wirkt - die wirksame Anwendung von Art. 101 AEUV einerseits und die unionsrechtlich geschützten Interessen an der Geheimhaltung von Betriebs- und Geschäftsgeheimnissen sowie personenbezogener Daten andererseits beeinträchtigen könnte[463]. Daher kann die erforderliche Abwägung stets nur im Einzelfall erfolgen und nicht auf eine abstrakt-legislative Ebene verlagert werden[464]. Insbesondere sieht der *EuGH* die Gefahr, *„dass jeder Antrag auf Einsichtnahme systematisch abgelehnt wird* [...], *ohne dass dem Umstand Rechnung getragen würde, dass dieser Zugang für die Betroffenen die einzige Möglichkeit darstellen könnte, sich die zur Begründung ihrer Schadensersatzklage notwendigen Beweise zu verschaffen* [...]"[465].

Die rechtsdogmatische Kernaussage der Ausführungen des *EuGH* ist die Feststellung, dass es den durch Art. 101 AEUV verbürgten Rechten der Geschädigten zuwiderliefe, wenn eine nationale Regelung den Gerichten die Möglichkeit nähme, die gegenläufigen Interessen der Beteiligten gegeneinander abzuwägen und den Interessen des Geschädigten im Falle ihres Überwiegens den Vorrang einzuräumen. Nach der Auffassung des *EuGH* ist diese Abwägungsentscheidung nicht auf der legislativen, sondern aufgrund ihrer Abhängigkeit vom Einzelfall stets auf der judiziellen Ebene zu treffen.

Diesen grundlegenden primärrechtlichen Erwägungen des *EuGH* stünde es nun entgegen, wenn man das abstrakte Interesse des Bundeskartellamtes am Schutz des Kronzeugenprogramms als schutzwürdiges Interesse im Sinne von § 406e Abs. 2 S. 1 StPO zuließe. Der Einwand der grundsätzlichen Beeinträchtigung des Bonusprogramms bildet einen generellen Versagungsgrund, der einer Einzelfallabwägung keinen Raum lässt. Es handelt es sich um einen Gesichtspunkt, der von behördlicher Seite dem Akteneinsichtsbegehren stets entgegengehalten werden könnte und dem Petenten keine Möglichkeit zur Entkräftung ließe, da das übergeordnete Interesse an einer effektiven Kartellverfolgung die individuellen Interessen

---

463 EuGH, Urt. v. 06.06.2013 - Rs. C-536/11 *„Donau Chemie"*, EuZW 2013, 586, 588.
464 EuGH, Urt. v. 06.06.2013 - Rs. C-536/11 *„Donau Chemie"*, EuZW 2013, 586, 588.
465 EuGH, Urt. v. 06.06.2013 - Rs. C-536/11 *„Donau Chemie"*, EuZW 2013, 586, 588.

des Geschädigten stets überwöge[466]. Im Ergebnis wirkt der Einwand des generellen Schutzes des Bonusprogramms ähnlich wie die vom *EuGH* für unionsrechtswidrig erklärte Regelung des § 39 Abs. 2 öKartG, indem er der Möglichkeit einer Einzelfallabwägung die Grundlage entzieht. Es könnte behördenseits stets eingewendet werden, dass eine Offenlegung die Effektivität des Bonusprogramms und damit die gesamte behördliche Kartellverfolgung gefährde. Eine Entkräftung dieses Einwandes ist von Seiten der Geschädigten praktisch nicht möglich, sodass sich das Bundeskartellamt in jedem Akteneinsichtsverfahren erneut erfolgreich hierauf berufen könnte. In der Konsequenz entspräche dies jedoch einer starren Akteneinsichtsregelung, die dem primärrechtlich zwingenden Gebot der Einzelfallabwägung zuwiderliefe. Der bloße Vortrag dahingehend, dass eine Akteneinsicht die Effektivität des Kronzeugenprogramms gefährde, ist für eine solche einzelfallbezogene Abwägung zu undurchlässig. Auch das *EuG* hat in der Entscheidung *Hydrogene Peroxide* darauf hingewiesen, dass der Einwand des Schutzes der Effektivität der Kronzeugenregelung zu pauschalisierend sei, da hierdurch ein behördliches Mittel geschaffen würde, durch das die begehrten Dokumente einer Einsicht stets entzogen werden könnten[467]. Folgerichtig fordert demnach auch der *EuGH*, dass stets hinsichtlich *jedes einzelnen Dokuments*, das Gegenstand der Akteneinsicht sein soll, *zwingende Gründe* in Bezug auf den Schutz des geltend gemachten Interesses vorgebracht werden müssen[468]. Es genügt demnach nicht, dem Einsichtsbegehren den Einwand entgegenzusetzen, dass eine Offenlegung den Schutz des Kronzeugenprogramms gefährde, ohne einen konkreten Gefährdungsbezug zu jedem einzelnen Dokument herzustellen. Stattdessen kann eine Nichtweitergabe nur dann gerechtfertigt sein, wenn die Gefahr besteht, dass die Offenlegung eines bestimmten Schriftstückes die Effektivität des Kronzeugenprogramms konkret gefährdet[469]. Im Ergebnis ist daher der abstrakte Schutz des Kronzeugenprogramms auch im Lichte der Rechtsprechung des *EuGH* nicht geeignet, ein überwiegendes Interes-

---

466 Dies äußert sich gerade in den Entscheidungen OLG Düsseldorf, Beschl. v. 22.08.2012 - V-4 Kart 5/11 und 6/11 (OWi) *„Kaffeeröster"* und AG Bonn, Beschl. v. 18.01.2012 - 51 Gs 53/09 *„Pfleiderer II"*.
467 EuG, Urt. v. 15.12.2011 - Rs. T-437/08 *„Hydrogene Peroxide"*.
468 EuGH, Urt. v. 06.06.2013 - Rs. C-536/11 *„Donau Chemie"*, EuZW 2013, 586, 589.
469 EuGH, Urt. v. 06.06.2013 - Rs. C-536/11 *„Donau Chemie"*, EuZW 2013, 586, 589.

se im Sinne von § 406e Abs. 2 S. 1 Alt. 2 StPO zu begründen[470]. Stattdessen muss das Bundeskartellamt im Hinblick auf jedes einzelne Dokument darlegen, dass eine Offenlegung die Effektivität des Kronzeugenprogramms konkret zu beeinträchtigen droht. Diesen Nachweis wird das Bundeskartellamt indes nur schwerlich führen können, da es auf die beschriebene allgemeine Schlussfolgerung, wonach eine klägerfreundliche Offenlegungspraxis die Kooperationsbereitschaft der Kartellanten verringert bzw. verringern könnte, nicht zurückgreifen kann, da ihr der konkrete Bezug zu dem einzelnen Dokument fehlt. Dass aber die Offenlegung eines konkreten Kronzeugendokuments die zukünftige Kooperationsbereitschaft sonstiger Kartellanten, die keinerlei Bezug zu den in diesem Dokument enthaltenen Informationen besitzen, verringert, ist kaum vorstellbar. Dementsprechend hoch sind die Voraussetzungen für einen durchdringenden Vortrag des Bundeskartellamtes[471].

(d) Zwischenergebnis

Die vorstehende Untersuchung zeigt, dass das Interesse des Kronzeugen an der Geheimhaltung seiner Betriebs- und Geschäftsgeheimnisse das Akteneinsichtsinteresse des Geschädigten im Rahmen von § 406e Abs. 2 S. 1 Alt. 1 StPO nicht überwiegen kann. Dies folgt bereits aus dem Umstand, dass die Informationen, die der Kronzeuge geschützt wissen will, mit dem wettbewerbswidrigen Handeln verknüpft und daher nicht schutzwürdig sind. Auch die Vertraulichkeitszusage des Bundeskartellamtes rechtfertigt keine abweichende Beurteilung. Sie hat als reine Verwaltungsvorschrift lediglich Binnenwirkung und kann nicht zu Lasten des Antragstellers in die Interessenabwägung einfließen.

Der abstrakte Schutz des Bonusprogramms kann als schutzwürdiges Drittinteresse gemäß § 406e Abs. 2 S. 1 Alt. 2 StPO ebenfalls keine Berücksichtigung finden. Neben der Tatsache, dass eine Gefährdung des Kronzeugenprogramms durch die Offenlegung der Kronzeugendokumente bisher nicht empirisch festgestellt ist, bildet dieser pauschale Einwand kei-

---

470 Ähnlich auch *Kapp*, WuW 2012, 474, 481; außer Acht gelassen von *Dück/Eufinger/Schultes*, EuZW 2012, 418, 421 sowie *Milde*, Schutz des Kronzeugen, 218 f.
471 Vgl. hierzu auch *Hempel*, EuZW 2013, 586, 589 mit dem Hinweis, dass das Überschreiten der Schwelle von der abstrakten zur konkreten Gefährdung der Kronzeugenregelung nur schwer bestimmbar sei.

nen tauglichen Gesichtspunkt einer einzelfallbezogenen Interessenabwägung, die sowohl nach dem Telos von § 406e Abs. 2 S. 1 StPO als auch nach dem unionalen Wettbewerbsrecht in der Lesart des *EuGH* in den Entscheidungen *Pfleiderer* und *Donau Chemie* erforderlich ist. Ein Schutz des Kronzeugenprogramms ist vielmehr nur dann möglich, wenn das Bundeskartellamt hinsichtlich jedes einzelnen Dokumentes darlegt, dass dessen Offenlegung im jeweiligen Fall zu einer konkreten Gefährdung der Effektivität des Kronzeugenprogramms führen würde.

(2) Untersuchungszweckgefährdung gemäß § 406e Abs. 2 S. 2 StPO

Neben der Berücksichtigung der Interessen des Beschuldigten und möglicher Dritter im Rahmen von § 406e Abs. 2 S. 1 StPO ermöglicht § 406e Abs. 2 S. 2 StPO eine Versagung der Akteneinsicht, soweit der Untersuchungszweck, auch in einem anderen Strafverfahren[472], gefährdet erscheint. *Prima facie* stellt sich diese Norm als geeignetes Einfallstor für den Einwand des Bundeskartellamtes zum Schutze seines Kronzeugenprogramms dar. Behördenseits wird stets darauf hingewiesen, dass die behördliche Kartellverfolgung durch einen Wegfall der Kooperationsbereitschaft von Kartellanten ihres effektivsten Instrumentes beraubt würde, was einer Untersuchungszweckgefährdung auf den ersten Blick entspricht. Es soll daher im Folgenden untersucht werden, ob die Effektivität des Kronzeugenprogramms und damit der behördlichen Kartellverfolgung ingesamt als Untersuchungszweck im Sinne von § 406e Abs. 2 S. 2 StPO geschützt ist.

(a) Die Entscheidung Pfleiderer

Maßgeblicher Bestandteil der Frage, ob § 406e Abs. 2 S. 2 StPO einen Schutz der Effektivität des Bonusprogramms ermöglicht, sind die Entscheidungen des *EuGH* und des *AG Bonn* in der Sache *Pfleiderer*, die jene Fragestellung maßgeblich geprägt und enormen wissenschaftlichen Wider-

---

472 Soweit nachfolgend entsprechend dem Wortlaut von § 406e Abs. 2 S. 2 StPO von der Gefährdung des Untersuchungszwecks eines „Strafverfahrens" gesprochen wird, ist das kartellbehördliche Bußgeldverfahren aufgrund der Verweisung durch § 46 Abs. 1, 3 S. 4 OWiG hiervon ebenfalls umfasst.

hall erfahren haben[473]. In dem Verfahren *Pfleiderer* legte das *AG Bonn* dem *EuGH* die Frage vor, ob die unionalen Wettbewerbsbestimmungen, insbesondere die Artt. 11 und 12 der VO Nr. 1/2003 sowie Art. 10 Abs. 2 EG i.V.m. Art. 3 Abs. 1 lit. g EG, dahingehend auszulegen sind, dass Kartellgeschädigte zur Geltendmachung zivilrechtlicher Ansprüche keine Akteneinsicht in Bonusanträge erhalten dürfen, die eine mitgliedstaatliche Kartellbehörde im Rahmen eines nationalen Kronzeugenprogramms erhalten hat[474].

Hierauf antwortete der *EuGH*, dass die europäischen Wettbewerbsregeln einer Akteneinsicht grundsätzlich nicht entgegenstehen. In Ermangelung einer Akteneinsichtsregelung auf unionaler Ebene sei es jedoch Sache der mitgliedstaatlichen Gerichte, auf der Grundlage des nationalen Rechts im Wege einer Einzelfallabwägung zu bestimmen, unter welchen Voraussetzungen die Akteneinsicht zu gewähren oder zu verweigern ist[475]. Der Entscheidung des *EuGH* mangelt es dabei an der Vorgabe präziser Abwägungskriterien, zumindest jedoch wird den nationalen Gerichten ein grober Wertekanon an die Hand gegeben, anhand dessen die Entscheidung über die Einsicht in die Kronzeugenerklärungen getroffen werden soll. Zunächst erkennt der *EuGH*, dass zwischen *public* und *private enforcement* keinerlei Bedeutungsgefälle besteht. Er erkennt vielmehr sowohl die Relevanz der Kronzeugenprogramme und deren mögliche Gefährdung durch die Offenlegung von Kooperationsbeiträgen[476] als auch die Tatsache, dass das *private enforcement* wesentlich zur Aufrechterhaltung eines wirksamen Wettbewerbs beiträgt[477]. Keinem der beiden Durchsetzungsmechanismen wird eine generelle Vorrangstellung zugesprochen, vielmehr besitzen sie nach dem Verständnis des *EuGH* eine gleichwertige Daseinsberechtigung[478]. Die von vielen erhoffte Beantwortung der Frage, in welchem Rangverhältnis *public* und *private enforcement* zueinander stehen, blieb

---

473 Vgl. nur *Milde*, Schutz des Kronzeugen, 226 ff.; *Kapp*, WuW 2012, 474 ff.; *Fornasier/Sanner*, WuW 2011, 1067 ff.; *Seitz*, GRUR-RR 2012, 137 ff.; *Dück/Eufinger/Schultes*, EuZW 2012, 418 ff.; *Pooth*, CCZ 2011, 231 ff.

474 Rechtssache C-360/09: Vorabentscheidungsersuchen des Amtsgerichts Bonn (Deutschland), eingereicht am 9. September 2009 - Pfleiderer AG gegen Bundeskartellamt, BeckEuRS 2009, 505186.

475 EuGH, Urt. v. 14.06.2011 - C-360/09 „*Pfleiderer*", EuZW 2011, 598, 599.

476 EuGH, Urt. v. 14.06.2011 - C-360/09 „*Pfleiderer*", EuZW 2011, 598, 599.

477 EuGH, Urt. v. 14.06.2011 - C-360/09 „*Pfleiderer*", EuZW 2011, 598, 599.

478 Anders *Dworschak/Maritzen*, WuW 2013, 829, 833, die den Aussagen des EuGH einen Vorrang des behördlichen Interesses entnehmen wollen.

damit aus bzw. erfolgte sie in einer Weise, die der Problematik keine allgemein verbindliche Lösung gegenüberstellt. Stattdessen generierte der *EuGH* das Erfordernis der Einzelfallentscheidung. Er gibt den nationalen Gerichten hierdurch auf, eine einzelfallbezogene Abwägung unter Berücksichtigung aller maßgeblichen Gesichtspunkte der Rechtssache vorzunehmen[479]. Dabei sei insbesondere darauf zu achten, dass die Anwendung der nationalen Regelungen zur Akteneinsicht nicht dazu führen dürfe, dass die Erlangung eines kartellbedingten Schadensersatzes praktisch unmöglich gemacht oder übermäßig erschwert wird[480].

Vor dem Hintergrund dieser Erwägungen fiel sodann die Entscheidung des *AG Bonn* in der Sache *Pfleiderer*. Im Ergebnis versagt das Gericht den Geschädigten ein Recht zur Einsichtnahme in die Kronzeugenerklärungen. Es stützt sich dabei maßgeblich auf den Versagungsgrund der Untersuchungszweckgefährdung gemäß § 406e Abs. 2 S. 2 StPO[481], der einer Beeinträchtigung der behördlichen Sachaufklärung entgegenwirken wolle. Eine solche Beeinträchtigung drohe, wenn Bonusanträge offengelegt würden und zukünftige potenzielle Kronzeugen aufgrund des gesteigerten Risikos einer Schadensersatzhaftung von einer Inanspruchnahme des Bonusprogramms absähen. Die bestehenden wettbewerbsbehördlichen Möglichkeiten zur Sachaufklärung würden hierdurch beeinträchtigt[482]. Eine einzelfallbezogene Abwägung, wie sie der *EuGH* ausdrücklich forderte[483], nimmt das *AG Bonn* indes nicht vor. Stattdessen wird ein grundlegender Schutz der Effektivität des Bonusprogramms ausgeurteilt, ein konkreter Verdacht einer Gefährdung ist nach der Auffassung des *AG Bonn* hingegen nicht erforderlich[484]. Insbesondere stehe der Anwendbarkeit von § 406e Abs. 2 S. 2 StPO nicht entgegen, dass unter Umständen noch gar kein anderes Verfahren eingeleitet worden ist, dessen Untersuchungszweck gefährdet sein könnte. Denn die Sachaufklärung sei nicht erst dann beeinträchtigt, wenn ein Verfahren bereits eingeleitet worden ist, sondern schon dann, wenn das Bundeskartellamt von Beginn an mangels hinrei-

---

479 EuGH, Urt. v. 14.06.2011 - C-360/09 „*Pfleiderer*", EuZW 2011, 598, 599.
480 EuGH, Urt. v. 14.06.2011 - C-360/09 „*Pfleiderer*", EuZW 2011, 598, 599.
481 AG Bonn, Beschl. v. 18.01.2012 - 51 Gs 53/09 „*Pfleiderer II*", EuZW 2012, 193, 194.
482 AG Bonn, Beschl. v. 18.01.2012 - 51 Gs 53/09 „*Pfleiderer II*", EuZW 2012, 193, 194 f.
483 EuGH, Urt. v. 14.06.2011 - C-360/09 „*Pfleiderer*", EuZW 2011, 598, 599.
484 Vgl. hierzu auch die Kritik von *Busch/Sellin*, BB 2012, 1167, 1170.

chender Informationen nicht in der Lage sei, ein solches Verfahren zu eröffnen[485]. Das Gericht bedient sich mithin eines *argumentum a fortiori* dahingehend, dass die grundsätzliche Möglichkeit zur Einleitung von Ermittlungen in gleichem Maße schutzwürdig sei wie ein bereits existentes Ermittlungsverfahren.

Nach der Auffassung des *AG Bonn* ist die Frage nach dem generellen Schutz der Effektivität des Bonusprogramms demnach im Rahmen von § 406e Abs. 2 S. 2 StPO zu verorten und dahingehend zu beantworten, dass die Einsicht in Kronzeugendokumente grundsätzlich zu einer Gefährdung des kartellbehördlichen Untersuchungszwecks führt, die nicht von gegenläufigen Informationsinteressen des Geschädigten zurückgedrängt werden kann[486].

(b) Stellungnahme

(aa) Effektive Kartellverfolgung als taugliches Schutzgut

Die Entscheidung des *AG Bonn* zur Frage der Gefährdung des Untersuchungszwecks durch die Offenlegung von Kronzeugenerklärungen hat in der wettbewerbsrechtlichen Literatur weitreichende Beachtung erfahren[487]. Die Problematik verengte sich im Rahmen der bisherigen wissenschaftlichen Diskussion indes auf die Frage, ob andere Strafverfahren i.S.v. § 406e Abs. 2 S. 2 StPO auch solche Kartellverfahren sein können, die bisher noch nicht eingeleitet worden sind, sondern erst zukünftig möglicherweise eröffnet werden *könnten*[488].

---

485 AG Bonn, Beschl. v. 18.01.2012 - 51 Gs 53/09 „*Pfleiderer II*", EuZW 2012, 193, 195; in diesem Sinne auch *Milde*, Schutz des Kronzeugen, 228.

486 Mit diesem Ergebnis auch *Klooz*, Akteneinsicht des Geschädigten, 221; *Milde*, Schutz des Kronzeugen, 234 f.

487 Vgl. nur *Milde*, Schutz des Kronzeugen, 226 ff.; *Kapp*, WuW 2012, 474 ff.; *Seitz*, GRUR-RR 2012, 137 ff.; *Dück/Eufinger/Schultes*, EuZW 2012, 418 ff.; *Vollmer*, ZWeR 2012, 442, 461; *Wessing/Hiéramente*, WuW 2015, 220, 225; *Busch/Sellin*, BB 2012, 1167, 1170 ff.

488 Bejahend *Milde*, Schutz des Kronzeugen, 228; *Dück/Eufinger/Schultes*, EuZW 2012, 418, 421; ablehnend *Busch/Sellin*, BB 2012, 1167, 1170; *Kapp*, WuW 2012, 474, 478 mit dem interessanten Hinweis darauf, dass es sich bei dem Schutz anderer Verfahren i.R.v. § 406e Abs. 2 S. 2 StPO womöglich um eine gesetzgeberische Unachtsamkeit handelt.

Bei genauerer Reflexion zeigt sich jedoch, dass diese Betrachtungsweise einem unzutreffenden gedanklichen Anknüpfungspunkt unterliegt. Die für den Schutz des Bonusprogramms durch § 406e Abs. 2 S. 2 StPO maßgebliche Frage ist nicht diejenige, ob andere Strafverfahren auch solche sind, die erst zukünftig einmal angestoßen werden könnten[489]. Vielmehr ist zu fragen, ob § 406e Abs. 2 S. 2 StPO dazu dienen kann und soll, die *Effektivität der Strafrechtspflege insgesamt*[490] sicherzustellen, denn der Schutz des Kronzeugenprogramms ist keine Frage, inwiefern einzelne bisher nicht eingeleitete Kartellbußgeldverfahren gegebenenfalls beeinträchtigt werden könnten. Vielmehr geht es bei dem Schutz des Kronzeugenprogramms darum, die Verfolgungstätigkeit des Bundeskartellamtes insgesamt aufrechtzuerhalten und sicherzustellen. Das Bonusprogramm ist für die behördliche Kartellverfolgung von elementarer Bedeutung[491]. Wäre es seiner Wirksamkeit beraubt, würde das *public enforcement* einen Großteil seiner Verfolgungseffektivität einbüßen. Der Schutz des Kronzeugenprogramms dient demnach dazu, die öffentlich-rechtliche Kartellverfolgung in ihrer Gesamtheit zu stabilisieren und ihre Effektivität zu erhalten, es geht um den Schutz des *public enforcement als solches*. Das Interesse des Bundeskartellamtes ist nicht auf den Schutz einzelner zukünftiger Kartellbußgeldverfahren, sondern auf die Protektion eines abstrakten übergeord-

---

489 Sähe man dies als die maßgebliche Fragestellung an, wäre ein solch weites Verständnis des „anderen Strafverfahrens" gleichwohl abzulehnen. Bereits der Gesetzesentwurf zu § 406e Abs. 2 S. 2 Alt. 2 StPO nennt als Beispiel des „anderen Strafverfahrens" ein solches, das sich noch in einem frühen Stadium befindet, vgl. BT-Drs. 16/11644, 34 l.Sp. Der Gesetzgeber geht demnach davon aus, dass das zu schützende Verfahren zumindest existent sein muss. Darüber hinaus wäre der Schutz zukünftiger Verfahren mit der Systematik des § 406e Abs. 2 S. 2 StPO unvereinbar. Denn erforderlich ist stets eine Einzelfallabwägung dahingehend, ob und insbesondere wodurch ein anderes Strafverfahren im konkreten Fall gefährdet werden könnte. Der wichtigste Fall ist dabei die Beeinflussung eines Zeugen durch seine Kenntnis vom Akteninhalt, vgl. Meyer-Goßner/*Schmitt*, StPO § 406e Rn. 6a. Eine solche Einzelfallprüfung ist jedoch schlechterdings unmöglich, wenn noch kein anderes Verfahren (und womöglich auch noch keine Tat) existiert. In diesem Falle lässt sich unter keinen Umständen beurteilen, inwiefern eine Akteneinsicht das andere Verfahren beeinflussen könnte, da weder Ermittlungsstand noch Täter- bzw. Zeugenkreis bestimmbar sind. Mit ähnlicher Argumentation auch *Kapp*, WuW 2012, 474, 479.

490 Im Falle des Bundeskartellamtes also die behördliche Verfolgung von Wettbewerbsverstößen.

491 Vgl. hierzu unter B.II.2.b.aa. Dies betont auch das Bundeskartellamt selbst, vgl. *Bundeskartellamt*, Erfolgreiche Kartellverfolgung, 17.

neten Interesses gerichtet, das mit dem Schutz einzelner auch zukünftiger Kartellverfahren keinesfalls deckungsgleich ist.

Somit lautet die maßgebliche Frage, ob die Effektivität einer behördlichen Verfolgungstätigkeit in Gänze taugliches Schutzgut von § 406e Abs. 2 S. 2 StPO sein kann. Dies ist im Ergebnis abzulehnen. Die Effektivität der behördlichen Verfolgungstätigkeit in ihrer Gesamtheit und Abstraktheit ist nicht vom Schutzgedanken des § 406e Abs. 2 S. 2 StPO umfasst[492]. Geschützt ist vielmehr allein die Wahrheitsfindung[493], die mit der Effektivität der Strafverfolgung nicht deckungsgleich, sondern lediglich Teilstück dieser ist. § 406e Abs. 2 S. 2 StPO will die Wahrheitsfindung insbesondere vor Beeinträchtigungen schützen, die durch menschliche Verhaltensmuster in Straf- oder Ordnungswidrigkeitenverfahren *im Einzelfall* entstehen können. Hauptanwendungsfall ist dabei eine Beeinflussung des Verletzten durch die Akteneinsicht und die damit verbundene Minderung des Beweiswertes seiner Aussage[494]. § 406e Abs. 2 S. 2 StPO ist zuvörderst darauf ausgelegt, die Wahrheitsfindung durch die zuständige Behörde vor der Beeinflussung durch menschlich-psychologische Verhaltensmuster zu schützen. Dies macht eine Einzelfallbetrachtung erforderlich, die nach Abwägung aller relevanten Umstände in eine tragfähige Gefahrenprognose münden muss, um eine Versagung der Akteneinsicht zu rechtfertigen[495]. Es ist jedoch nicht Sinn und Zweck des § 406e Abs. 2 S. 2 StPO, eine generelle *systemische Schwäche* der behördlichen Verfolgungstätigkeit zu kompensieren, die in jedem Verfahren gleichermaßen auftritt. Um eine solche handelt es sich jedoch beim Schutz der Kronzeugenprogramme. Das Bundeskartellamt hat durch das Bonusprogramm ein Instrumentarium geschaffen, mit dessen Hilfe es die Effektivität seiner behördlichen Tätigkeit gewährleisten will. Das Defizit der Abhängigkeit von kooperationsbereiten Kartellanten ist diesem Verfolgungswerkzeug jedoch immanent und tritt unabhängig von der jeweiligen Lage des Einzelfalles auf. Hierdurch unterscheidet sich der Schutz des Kronzeugenprogramms grundlegend von jenen Fällen, die § 406e Abs. 2 S. 2 StPO in den Blick nimmt. Die Problematik der strukturellen Abhängigkeit des Kronzeugenprogramms vom Kooperationswillen der Kartellanten kann das Bundes-

---

492 Meyer-Goßner/*Schmitt*, StPO § 406e Rn. 6a.
493 BeckOK StPO/*Weiner*, § 406e Rn. 4 (Stand: 01.07.2016).
494 *Riedel/Wallau*, NStZ 2003, 393, 397; *Baumhöfener*, NStZ 2014, 135, 136; BT-Drs. 10/5305, 18.
495 BeckOK StPO/*Weiner*, § 406e Rn. 4 (Stand: 01.07.2016).

kartellamt nicht auf die Kartellgeschädigten abwälzen. Dies würde den Geschädigten im Ergebnis ein Sonderopfer zugunsten des Ermittlungsinteresses des Bundeskartellamtes abverlangen, das jeglicher gesetzlichen Grundlage entbehrt[496]. Es obliegt den Verfolgungsbehörden, die Wirksamkeit ihrer Tätigkeit zu gewährleisten. Strukturelle Effektivitätsmängel dürfen nicht, wie dies bei einer generellen Versagung der Akteneinsicht zugunsten der Kronzeugenprogramme der Fall wäre, durch ein Abschmelzen der Geschädigtenrechte kompensiert werden. Andernfalls würde den Ermittlungsbehörden durch § 406e Abs. 2 S. 2 StPO ein schrankenloser Versagungsgrund an die Hand gegeben und das Akteneinsichtsrecht weitestgehend ausgehöhlt[497].

Die Effektivität und der Bestand der behördlichen Verfolgungstätigkeit in seiner Gesamtheit ist demnach nicht als Schutzgut von der Gesetzesintention des § 406e Abs. 2 S. 2 StPO umfasst. Infolge dessen ist ein genereller Schutz der Kronzeugenprogramme durch den Versagungsgrund der Untersuchungszweckgefährdung nicht möglich.

(bb) Unionsrechtskonformität

Das hier gefundene Ergebnis steht im Einklang mit der Rechtsprechung des *EuGH* in den Rechtssachen *Pfleiderer* und *Donau Chemie*. Hiernach ist *„festzustellen, dass weder die Wettbewerbsregeln des EG-Vertrages noch die Verordnung (EG) Nr. 1/2003 eine gemeinsame Kronzeugenregelung oder gemeinsame Vorschriften über den Zugang zu Dokumenten eines Kronzeugenverfahrens [...] vorsehen.“*[498] Daher ist es *„Sache der Gerichte der Mitgliedstaaten, auf der Grundlage des jeweiligen nationalen Rechts unter Abwägung der unionsrechtlich geschützten Interessen zu bestimmen, unter welchen Voraussetzungen dieser Zugang zu gewähren oder zu verweigern ist.“*[499] Im Ergebnis unterstellt der *EuGH* die Frage der Akteneinsicht mangels unionaler Regelung den jeweiligen Statuten der Mitgliedstaaten. Aufgrund der Tatsache, dass der *EuGH* im Rahmen des unionalen Wettbewerbsrechts gerade keinen generellen Vorrang des *public en-*

---

496 So im Hinblick auf eine gesamtschuldnerische Privilegierung des Kronzeugen Immenga/Mestmäcker/*Emmerich*, GWB § 33 Rn. 33 m.w.N.
497 So im Ergebnis auch *Busch/Sellin*, BB 2012, 1167, 1171.
498 EuGH, Urt. v. 14.06.2011 - C-360/09 *„Pfleiderer“*, EuZW 2011, 598, 599.
499 EuGH, Urt. v. 14.06.2011 - C-360/09 *„Pfleiderer“*, EuZW 2011, 598, 599.

forcement erkennt, folgt, dass keine primärrechtskonforme Auslegung von § 406e Abs. 2 S. 2 StPO zugunsten der behördlichen Kartellverfolgung angezeigt ist. Dies wäre nur dann der Fall, wenn dem Schutz des *public enforcement* vor dem Hintergrund des unionalen Primärrechts der Vorrang gegenüber dem *private enforcement* gebührte. In diesem Fall führte die Herausnahme des generellen Schutzinteresses des Bundeskartellamtes aus dem Anwendungsbereich des § 406e Abs. 2 S. 2 StPO zu einem unionsrechtswidrigen Ergebnis, das mit dem in Art. 4 Abs. 3 EUV verankerten *effet utile* unvereinbar schiene. Da der *EuGH* jedoch insbesondere in der Entscheidung *Donau Chemie* ein generelles Geheimhaltungsinteresse der Wettbewerbsbehörden ablehnte, entspricht das hier geäußerte Verständnis von der Schutzweite des § 406e Abs. 2 S. 2 StPO den Wertungen des unionalen Primärrechts.

cc. Ergebnis

Nach hier vertretener Auffassung haben Kartellgeschädigte, die die Geltendmachung eines Schadensersatzanspruches gemäß § 33 Abs. 3 S. 1 GWB beabsichtigen, einen Anspruch auf Einsicht in die Kronzeugendokumente nach Maßgabe des § 406e Abs. 1 S. 1 StPO. Dies unabhängig davon, ob eine entsprechende Beweiserhebung nach zivilprozessualen Grundsätzen zulässig wäre. Dem Petenten können dabei im Rahmen von § 406e Abs. 2 S. 1 und 2 StPO weder das Geheimhaltungsinteresse des Kronzeugen hinsichtlich seiner Geschäfts- und Betriebsgeheimnisse noch das abstrakte Interesse des Bundeskartellamts am Schutz des Kronzeugenprogramms entgegengehalten werden. Eine Versagung der Akteneinsicht zum Schutze des Kronzeugenprogramms ist gemäß § 406e Abs. 2 S. 1 Alt. 2 StPO nur dann gerechtfertigt, wenn und soweit das Bundeskartellamt hinsichtlich jedes einzelnen Dokumentes darlegt, dass dessen Offenlegung die Effektivität des Kronzeugenprogramms konkret beeinträchtigen würde. Dies folgt aus dem zwingenden Gebot der Einzelfallabwägung, das primärrechtlich in Art. 101 AEUV wurzelt und überdies § 406e Abs. 1 S. 1, Abs. 2 S. 1 und 2 StPO selbst prägt. § 406e Abs. 2 S. 2 StPO ermöglicht demgegenüber keinen Schutz des Kronzeugenprogramms, unabhängig davon, ob das Bundeskartellamt eine konkrete Beeinträchtigungsgefahr für das Kronzeugenprogramm darlegen kann oder nicht. Denn auch wenn das Bundeskartellamt im jeweiligen Einzelfall in der Lage ist, eine konkrete Gefährdung für die Effektivität des Kronzeugenprogramms aufzuzeigen, so dient doch der damit verfolgte Schutz des Kronzeugenpro-gramms der Protektion der behördlichen Verfolgungstätigkeit insgesamt. Einen solch grundlegenden Schutz der Tätigkeit des Bundeskartellamtes ermöglicht § 406e Abs. 2 S. 2 StPO jedoch nicht.

b. Akteneinsicht im Kartellverwaltungsverfahren

Das voranstehend dargestellte Akteneinsichtsrecht des Geschädigten ge-genüber dem Bundeskartellamt gemäß § 406e Abs. 1 S. 1 StPO i.V.m. § 46 Abs. 1, 3 S. 4 OWiG gelangt ausschließlich im Rahmen eines kartellbe-hördlichen Bußgeldverfahrens gemäß §§ 81 ff. GWB zur Entstehung. Nur in diesem Falle ist § 406e StPO kraft der Verweisungsnorm des § 46 Abs. 1, 3 S. 4 OWiG anwendbar. Ein Bedürfnis zur Einsichtnahme in die Akten des Bundeskartellamtes kann für die Geschädigten jedoch auch dann bestehen, wenn die behördliche Tätigkeit nach dem Abschluss des Kartellverwaltungsverfahrens (voraussichtlich) nicht in die Durchführung eines Bußgeldverfahrens mündet[500]. Aus Sicht der Geschädigten stellt sich infolge dessen die Frage, ob eine Akteneinsicht bereits im Stadium des Kartellverwaltungsverfahrens gemäß §§ 54 ff. GWB beansprucht werden kann[501].

---

500 Dies ist z.B. dann der Fall, wenn das Unternehmen eine Verpflichtungszusage ge-mäß § 32b GWB abgibt. Hierdurch verzichtet die Kartellbehörde (zunächst) auf ein weiteres Tätigwerden gemäß §§ 32, 32a GWB und auch ein Wettbewerbsver-stoß wird durch die Zusage gerade nicht festgestellt, vgl. Immenga/Mestmäcker/*Bach*, GWB § 32b Rn. 26. Die Einleitung eines Bußgeldverfahrens ist nur noch dann möglich, wenn das Unternehmen den getätigten Zusagen zuwiderhandelt, § 81 Abs. 2 Nr. 2 lit. a GWB.
501 Die speziellen Akteneinsichtsrechte gemäß § 72 Abs. 1 GWB und § 49 Abs. 1 OWiG entfalten ausschließlich im Beschwerde- bzw. Ordnungswidrigkeitenver-fahren Wirkung. Zudem sind sie auf die Beteiligten gemäß § 67 Abs. 1 Nr. 1, 2 und Abs. 2 GWB bzw. die Betroffenen des Ordnungswidrigkeitenverfahrens zu-geschnitten und infolge dessen für die Kartellgeschädigten evident unergiebig.

aa. Akteneinsicht gemäß § 29 Abs. 1 S. 1 VwVfG i.V.m. § 54 Abs. 2 Nr. 3
    GWB

Das Kartellverwaltungsverfahren selbst kennt keinerlei spezialgesetzliches
Akteneinsichtsrecht zugunsten der Beteiligten. Infolge dessen ist auf die
verwaltungsverfahrensrechtliche Generalklausel zur Akteneinsicht gemäß
§ 29 Abs. 1 S. 1 VwVfG zurückzugreifen[502]. Ein Akteneinsichtsrecht setzt
demnach eine Beteiligtenstellung im Kartellverwaltungsverfahren voraus.
Da das VwVfG nur Anwendung findet, soweit das GWB keine abweichenden Spezialregelungen vorsieht[503], ist die Beteiligtenstellung nicht
nach § 13 VwVfG, sondern anhand von § 54 Abs. 2 Nr. 3 GWB zu beurteilen. Hiernach ist die Beteiligung eines Geschädigten an dem Verfahren nur
dann möglich, wenn nach entsprechender Antragstellung eine Beiladung
durch die Kartellbehörde erfolgt. Eine solche Beiladung wiederum bedingt
eine erhebliche Interessenberührung auf Seiten des Geschädigten. Nach
h.M. handelt es sich bei dem Erfordernis der erheblichen Interessenberührung um eine Erweiterung gegenüber dem von § 13 Abs. 2 S. 1 VwVfG
geforderten rechtlichen Interesse, sodass grundsätzlich auch ein Interesse
wirtschaftlicher Natur ausreichend ist[504]. Zwar ist der Begriff der Interessenberührung demnach grundsätzlich weit zu verstehen, dies darf jedoch
nicht den Blick darauf verstellen, dass es sich um die Beiladung zu einem
Kartellverwaltungsverfahren handelt. Dies hat zur Folge, dass nicht jedes
wirtschaftliche Interesse geeignet ist, eine Beiladung zu rechtfertigen[505].
Andernfalls hätte das Tatbestandsmerkmal der erheblichen Interessenberührung keinerlei filternde Wirkung, da ein irgendwie geartetes ökonomi-
sches Interesse im Wirtschaftsverkehr regelmäßig vorliegen wird. Richtigerweise ist daher zu fordern, dass das Interesse eine wettbewerbsrechtliche Prägung aufweisen muss. Dies wiederum ist der Fall, wenn die das
Kartellverwaltungsverfahren abschließende Entscheidung geeignet ist, die

---

502 Immenga/Mestmäcker/*Schmidt*, GWB § 56 Rn. 10; Loewenheim/Meessen/
    Riesenkampff/*Quellmalz*, GWB § 56 Rn. 4; Klooz, Akteneinsicht des Geschädig-
    ten, 41 m.w.N.
503 Immenga/Mestmäcker/*Bach*, GWB vor § 54 Rn. 9.
504 Immenga/Mestmäcker/*Bach*, GWB § 54 Rn. 35; OLG Düsseldorf, Beschl.
    v. 16.06.2004 - VI-Kart 2/04 (V) (zitiert nach juris).
505 OLG Düsseldorf, Beschl.v. 16.06.2004 - VI-Kart 2/04 (V) Rz. 15 (zitiert nach
    juris).

Wettbewerbslage des Antragstellers zu beeinflussen[506]. Zwischen dem Interesse und der Wettbewerbslage des Petenten muss mithin ein innerer Zusammenhang bestehen, um eine dem Wettbewerbsrecht zuwiderlaufende Ausweitung der Verfahrensbeteiligung zu vermeiden.

Dem Interesse des Kartellgeschädigten mangelt es indes an einem solchen wettbewerblichen Konnex. Der Geschädigte begehrt allein die Kompensation der durch das Kartell verursachten Schäden. Die Durchsetzung seiner Kartellschadensersatzansprüche hat jedoch keinerlei Einfluss auf die Wettbewerbslage des Geschädigten. Es handelt sich nicht um ein wettbewerbliches, sondern um ein rein *finanzielles* und damit *allgemeines wirtschaftliches* Interesse, das seine Stellung im Wettbewerb nicht tangiert. Infolge dessen ist eine Beiladung des Geschädigten zu dem Kartellverwaltungsverfahren gemäß § 54 Abs. 2 Nr. 3 GWB unzulässig, sodass es an der für das Akteneinsichtsrecht nach § 29 Abs. 1 S. 1 VwVfG erforderlichen Beteiligtenstellung mangelt.

Neben der Beteiligtenstellung erfordert § 29 Abs. 1 S. 1 VwVfG zudem die Wahrnehmung eines rechtlichen Interesses. Hierzu muss die Einsichtnahme dem Zweck dienen, eine tatsächliche Unsicherheit über ein Rechtsverhältnis zu klären, ein rechtlich relevantes Verhalten nach dem Ergebnis der Einsichtnahme zu regeln oder eine gesicherte Grundlage für die Verfolgung eines Anspruchs zu erhalten[507]. Da § 29 Abs. 1 S. 1 VwVfG die rechtliche Position der Beteiligten im Verwaltungsverfahren stärken will, muss dieses rechtliche Interesse darüber hinaus im Zusammenhang mit dem Verwaltungsverfahren stehen[508]. Der Kartellgeschädigte will durch die Akteneinsicht jedoch nicht seine Interessenwahrnehmung im Kartellverfahren fördern, sondern seinem zivilrechtlichen Schadensersatzbegehren außerhalb des Kartellverwaltungsverfahrens zur Durchsetzung verhelfen. Demnach fehlt es auf Seiten des Geschädigten an einem rechtlichen

---

506 OLG Düsseldorf, Beschl. v. 16.06.2004 - VI-Kart 2/04 (V) Rz. 15 (zitiert nach juris); Immenga/Mestmäcker/*Bach*, GWB § 54 Rn. 35; dies wird außer Acht gelassen von *Klooz*, Akteneinsicht des Geschädigten, 42.

507 Stelkens/Bonk/Sachs/*Kallerhoff*, VwVfG § 29 Rn. 46.

508 Stelkens/Bonk/Sachs/*Kallerhoff*, VwVfG § 29 Rn. 49; OLG Frankfurt a.M., Beschl. v. 04.09.2014 - 11 W 3/14 (Kart), BeckRS 2014, 21532 Rn. 28; a.A. *Klooz*, Akteneinsicht des Geschädigten, 42; Loewenheim/Meessen/Riesenkampff/*Quellmalz*, GWB § 56 Rn. 4, nach dessen Auffassung § 29 Abs. 1 S. 1 VwVfG insofern zu modifizieren sei, als auch hier ein berechtigtes Interesse nach Maßgabe von § 54 Abs. 2 Nr. 3 GWB ausreichend sein soll.

Interesse, das einen hinreichenden Bezug zu dem Kartellverwaltungsverfahren aufweist[509].

Nach alledem scheidet ein Akteneinsichtsrecht des Geschädigten gemäß § 29 Abs. 1 S. 1 VwVfG i.V.m. § 54 Abs. 2 Nr. 3 GWB aus.

bb. Anspruch auf ermessensfehlerfreie Entscheidung

Die Möglichkeit zur Einsichtnahme in die maßgeblichen Akten und Dokumente ist notwendiger Bestandteil eines jeden rechtsstaatlichen Verfahrens und somit Ausfluss des Rechtsstaatsprinzips selbst[510]. Aufgrund dieser elementaren Bedeutung kennt die Rechtsordnung neben den ausdrücklich normierten Akteneinsichtsrechten ein allgemeines Recht auf ermessensfehlerfreie Entscheidung über das jeweilige Akteneinsichtsgesuch. Nachfolgend wird untersucht, inwieweit Kartellgeschädigten hierüber eine Möglichkeit für den Zugriff auf Kronzeugenerklärungen vermittelt wird.

(1) Inhalt

Verfügt der Petent nicht über ein formalgesetzlich normiertes Recht auf Akteneinsicht wie beispielsweise § 406e Abs. 1 S. 1 StPO oder § 29 Abs. 1 S. 1 VwVfG, so hat die zur Entscheidung berufene Stelle gleichwohl und über die gesetzlich geregelten Einsichtsrechte hinaus nach pflichtgemäßem Ermessen gemäß § 40 VwVfG über das Akteneinsichtsgesuch zu befinden[511]. Der Antragsteller hat mithin geringstenfalls Anspruch darauf, dass die entscheidende Behörde eine sorgfältige Abwägung zwischen seinem Akteneinsichtsinteresse[512] und den von der Einsicht tangierten Inter-

---

509 So auch OLG Frankfurt a.M., Beschl. v. 04.09.2014 - 11 W 3/14 (Kart), BeckRS 2014, 21532 Rz. 28.

510 BeckOK VwVfG/*Herrmann* § 29 Rn. 1 (Stand: 01.07.2016).

511 BGH, Beschl. v. 14.07.2015 - KVR 55/14, NJW 2015, 3648; OLG Frankfurt a.M., Beschl. v. 04.09.2014 - 11 W 3/14 (Kart), BeckRS 2014, 21532 Rn. 35; BVerwGE 69, 268, 269 f.; Stelkens/Bonk/Sachs/*Kallerhoff*, VwVfG § 29 Rn. 18; BeckOK VwVfG/*Herrmann*, § 29 Rn. 7 (Stand: 01.07.2016).

512 Hierzu sogleich unter C.I.1.b.bb.(2).

essen vornimmt[513]. Diese Grundsätze gelten insbesondere auch im Kartellverwaltungsverfahren zugunsten eines hieran nicht beteiligten Dritten[514].

Da § 40 VwVfG keine Anspruchs- bzw. Ermächtigungsgrundlage für eine Akteneinsicht bildet, sondern eine solche vielmehr voraussetzt[515], stellt sich die Frage nach der dogmatischen Grundlage eines allgemeinen Akteneinsichtsrechts. Diese Problematik bleibt meist unbeantwortet[516] und soll auch vorliegend - aufgrund des ganz überwiegenden Konsens hinsichtlich des Bestehens eines solchen Akteneinsichtsrechts - keiner Beantwortung zugeführt werden. Für die hiesige Untersuchung genügt vielmehr im Ausgangspunkt die grundsätzliche Feststellung, dass ein Anspruch auf ermessensfehlerfreie Entscheidung über die begehrte Akteneinsicht gemäß § 40 VwVfG besteht.

(2) Erfordernis des berechtigten Interesses

Voraussetzung für einen Anspruch auf ermessensfehlerfreie Entscheidung über das Akteneinsichtsbegehren ist es, dass der Petent ein *berechtigtes Interesse* an der Akteneinsicht glaubhaft macht[517]. Hierzu ist es erforderlich, dass der Antragsteller im Einzelfall ein eigenes, gewichtiges und auf andere Weise nicht zu befriedigendes Informationsinteresse gegenüber der Behörde, gerade im Zusammenhang mit der Durchsetzung seiner Rechte, darlegen kann[518]. Ein solches berechtigtes Interesse kann auch in der Vor-

---

513 BeckOK VwVfG/*Herrmann*, § 29 Rn. 7 (Stand: 01.07.2016).
514 BGH, Beschl. v. 14.07.2015 - KVR 55/14, NJW 2015, 3648 m.w.N.; *Klooz*, Akteneinsicht des Geschädigten, 43; a.A. Immenga/Mestmäcker/*Schmidt*, GWB § 56 Rn. 13 wonach außerhalb des IFG kein Akteneinsichtsrecht unbeteiligter Dritter besteht.
515 BGH, Beschl. v. 14.07.2015 - KVR 55/14, NJW 2015, 3648.
516 Ohne Nennung einer dogmatischen Grundlage u.a. BGH, Beschl. v. 14.07.2015 - KVR 55/14, NJW 2015, 3648, 3649, der von einem „außergesetzlichen Akteneinsichtsrecht" spricht; Stelkens/Bonk/Sachs/*Kallerhoff*, VwVfG § 29 Rn. 18; BeckOK VwVfG/*Herrmann*, § 29 Rn. 7 (Stand: 01.07.2016); offen gelassen auch von *Klooz*, Akteneinsicht des Geschädigten, 43. Für eine Analogie zu § 29 VwVfG Kopp/*Ramsauer*, § 29 Rn. 21. Unklar insoweit OLG Frankfurt a.M., Beschl. v. 04.09.2014 - 11 W 3/14 (Kart) BeckRS 2014, 21532 Rz. 35, wonach „Akteneinsicht [...] nach pflichtgemäßem Ermessen gemäß § 40 VwVfG gewährt" wird.
517 Stelkens/Bonk/Sachs/*Kallerhoff*, VwVfG § 29 Rn. 18; BVerwG, NVwZ 1994, 72.
518 BGH, Beschl. v. 14.07.2015 - KVR 55/14, NJW 2015, 3648, 3649.

bereitung der Durchsetzung von Sekundäransprüchen gemäß § 33 Abs. 3 S. 1 GWB liegen[519]. Der Kartellgeschädigte ist demnach aufgefordert darzutun, dass die Akteneinsicht seine Rechtsposition und die Entscheidung über ein gerichtliches Folgeverfahren beeinflusst[520]. Erforderlich aber auch genügend ist es, dass die durch die Akteneinsicht gewonnenen Erkenntnisse für den Antragsteller für die Beantwortung der Frage, ob und in welchem Umfang er Klage erhebt, von Bedeutung sind[521]. Die Kartellbehörde kann das auf diese Weise dargelegte berechtigte Interesse nicht mit dem Einwand erschüttern, die Akteneinsicht sei für die klageweise Geltendmachung eines Schadensersatzanspruches unergiebig, denn die Überprüfung der eigenen Prozesschancen und -risiken obliegt dem Antragsteller, nicht der Kartellbehörde[522]. Auch eine Benennung der einzelnen Unterlagen, die von der Akteneinsicht umfasst sein sollen, kann dem Petenten aufgrund der mangelnden Kenntnis vom genauen Akteninhalt nicht abverlangt werden. Es genügt darzulegen, zu welchem Zweck die Akteneinsicht erforderlich ist, um das aktenführende Bundeskartellamt in die Lage zu versetzen, das berechtigte Interesse prüfen und erkennen zu können, auf welche Akteneile sich der Antrag erstreckt[523].

Eine zusätzliche Stärkung erfährt das berechtigte Interesse des Kartellgeschädigten in jenen Fällen, in denen das Verwaltungsverfahren mit einer Entscheidung endet, die keine Feststellungswirkung gemäß § 33 Abs. 4 GWB[524] aufweist. Dies ist beispielsweise bei der Abgabe einer Verpflichtungszusage gemäß § 32b Abs. 1 GWB der Fall[525]. In einer solchen Situation ist der Geschädigte nicht nur hinsichtlich der Frage des Bestehens und der Höhe eines kartellbedingten Schadens, sondern insbesondere auch hinsichtlich des Vorliegens eines Kartellverstoßes auf die Akteneinsicht ange-

---

519 BGH, Beschl. v. 14.07.2015 - KVR 55/14, NJW 2015, 3648, 3650; OLG Frankfurt a.M., Beschl. v. 04.09.2014 - 11 W 3/14, BeckRS 2014, 21532 Rz. 38; Stelkens/Bonk/Sachs/*Kallerhoff*, VwVfG § 29 Rn. 18; *Klooz*, Akteneinsicht des Geschädigten, 43.

520 OLG Frankfurt a.M., Beschl. v. 04.09.2014 - 11 W 3/14 (Kart), BeckRS 2014, 21532 Rz. 35 f.

521 BGH, Beschl. v. 14.07.2015 - KVR 55/14, NJW 2015, 3648, 3650.

522 BGH, Beschl. v. 14.07.2015 - KVR 55/14, NJW 2015, 3648, 3650.

523 BGH, Beschl. v. 14.07.2015 - KVR 55/14, NJW 2015, 3648, 3650.

524 Vgl. hierzu unter B.II.2.a.aa.(2).

525 Aus der fehlenden Feststellungswirkung schlussfolgert der BGH zutreffend eine Erhöhung des berechtigten Interesses, vgl. BGH, Beschl. v. 14.07.2015 - KVR 55/14, NJW 2015, 3648, 3651.

wiesen[526]. Der Entscheidung des *BGH* und des vorinstanzlich zuständigen *OLG Frankfurt a.M.* zur Frage der Akteneinsicht nach pflichtgemäßem Ermessen lag eine solche Verpflichtungszusage gemäß § 32b Abs. 1 GWB zugrunde, sodass die Gerichte insbesondere auch den Umstand der fehlenden Feststellungswirkung zur Grundlage des berechtigten Interesses des Antragstellers machten. Die grundsätzlichen Erwägungen beanspruchen jedoch auch in jenen Fällen Geltung, in denen das Kartellverwaltungsverfahren mit einer feststellenden Entscheidung endet[527]. Denn auch bei Vorliegen einer feststellenden kartellbehördlichen Entscheidung gemäß § 33 Abs. 4 GWB sieht sich der Geschädigte weiterhin erheblichen Beweisproblemen gegenüber, insbesondere hinsichtlich des Umfangs des erlittenen Schadens[528], deren Bewältigung für seine Entscheidung über die gerichtliche Geltendmachung seiner Schadensersatzansprüche substantiell sind. Die Frage nach der Substantiierung und dem Beweis des kartellbedingten Schadens kann der Kläger oftmals nur im Wege der Einsicht in die Akten und insbesondere die Kronzeugendokumente des Bundeskartellamtes beantworten, sodass die maßgebliche Erwägung des *BGH* zugunsten der Akteneinsicht, nämlich die Beeinflussung der Klageentscheidung des Geschädigten, auch im Falle einer feststellenden Entscheidung Platz greift.

(3) Grenzen der Akteneinsicht

Aufgrund der Tatsache, dass die Akteneinsicht stets auch die Sphäre der durch das Kartellverwaltungsverfahren Betroffenen tangiert, kann auch das außergesetzliche Akteneinsichtsrecht nicht grenzenlos gewährt werden[529]. Sofern aufgrund der Glaubhaftmachung eines berechtigten Interesses ein Anspruch auf ermessensfehlerfreie Entscheidung über das Akteneinsichtsgesuch gemäß § 40 VwVfG besteht, sind die Interessen der Beteiligten im Rahmen dieser Entscheidung einzelfallbezogen gegeneinander abzuwägen[530]. Für den Fall der Akteneinsicht durch den Kartellgeschädigten folgt hieraus, dass seinem Einsichtnahmeinteresse die Belange des

---

526 BGH, Beschl. v. 14.07.2015 - KVR 55/14, NJW 2015, 3648, 3649; OLG Frankfurt a.M., Beschl. v. 04.09.2014 - 11 W 3/14, BeckRS 2014, 21532 Rz. 41.
527 So auch *Wagener*, BB 2015, 2504, 2508.
528 Vgl. hierzu unter B.II.2.a.bb.
529 BGH, Beschl. v. 14.07.2015 - KVR 55/14, NJW 2015, 3648, 3649.
530 BeckOK VwVfG/*Herrmann*, § 29 Rn. 7 (Stand: 01.07.2016).

(mutmaßlichen) Kartellanten und die der Wettbewerbsbehörde gegenüber zu stellen sind. Infolge dessen drängt sich auch im Rahmen des außergesetzlichen Akteneinsichtsrechts die entscheidende Frage auf, ob der begehrten Einsichtnahme in die Kronzeugenerklärungen die Gefährdung des Kronzeugenprogramms bzw. die Schutzbedürftigkeit der Betriebs- und Geschäftsgeheimnisse des Kartellanten entgegengehalten werden können. Der *BGH* hat in der bisher einzigen Entscheidung zur Frage des außergesetzlichen Akteneinsichtsrechts im Kartellverwaltungsverfahren festgestellt, dass einer Akteneinsicht des Geschädigten grundsätzlich auch die freiwilligen Angaben des Betroffenen in Kronzeugenerklärungen bzw. die darin enthaltenen Betriebs- und Geschäftsgeheimnisse entgegenstehen *können*[531]. Jedoch rechtfertige sich hieraus kein *genereller Ausschluss* des Akteneinsichtsrechts[532]. Vielmehr sei diesem Umstand im Rahmen der jeweiligen einzelfallbezogenen Ermessensentscheidung Rechnung zu tragen[533].

Darüber hinaus kann die Kartellbehörde dem Begehren des Petenten nicht mit dem Einwand begegnen, eine Akteneinsicht lasse das kartellbehördliche Instrument der Verpflichtungszusage gemäß § 32b Abs. 1 GWB praktisch wirkungslos werden[534]. Eventuelle Geheimhaltungsinteressen des Betroffenen seien vielmehr gegebenenfalls durch Ausschluss einzelner Unterlagen zu wahren. Der *BGH* unterlässt indes eine handhabbare Aussage zu der Frage, wann ein solcher Ausschluss vorzunehmen ist. Er beschränkt sich stattdessen auf die Feststellung, dass es zu erwägen sei, ob den Geheimhaltungsinteressen des Betroffenen und dem behördlichen Interesse an einer effektiven Verfolgung von Wettbewerbsverstößen durch Ausschluss bzw. Schwärzung einzelner Unterlagen Rechnung getragen werden kann[535].

Für die im Rahmen der vorliegenden Untersuchung entscheidende Frage nach der Einsicht in Kronzeugenerklärungen lassen sich den Ausführungen des *BGH* im Hinblick auf das Kartellverwaltungsverfahren dennoch grundlegende Bewertungsmaßstäbe entnehmen. Zunächst ist festzustellen, dass der *BGH* weder dem *public* noch dem *private enforcement* einen generellen Vorrang einräumt. Stattdessen hebt er in Anlehnung an

---

531 BGH, Beschl. v. 14.07.2015 - KVR 55/14, NJW 2015, 3648, 3649.
532 BGH, Beschl. v. 14.07.2015 - KVR 55/14, NJW 2015, 3648, 3649, 3651.
533 BGH, Beschl. v. 14.07.2015 - KVR 55/14, NJW 2015, 3648, 3649.
534 BGH, Beschl. v. 14.07.2015 - KVR 55/14, NJW 2015, 3648, 3649.
535 BGH, Beschl. v. 14.07.2015 - KVR 55/14, NJW 2015, 3648, 3651.

die Rechtsprechung des *EuGH* das Erfordernis einer einzelfallbezogenen Abwägungsentscheidung hervor und verneint die Möglichkeit eines generellen Ausschlusses des Akteneinsichtsrechts zugunsten der behördlichen Verfolgungsmechanismen, was der hier vertretenen Auffassung entspricht[536]. Zwar ergingen sich die diesbezüglichen Feststellungen des *BGH* im Hinblick auf die Verpflichtungszusage gemäß § 32b GWB, sie können jedoch ohne weiteres auf die Problematik der Offenlegung von Kronzeugenerklärungen gespiegelt werden, da es sich um ein identisches Spannungsverhältnis handelt. Genau wie im Falle des Kronzeugenprogramms hegt das Bundeskartellamt auch hinsichtlich des Instruments der Verpflichtungszusage die Befürchtung, dass dieser Mechanismus zur Vereinfachung und Beschleunigung der Verfolgung mutmaßlich wettbewerbswidriger Handlungen an Effektivität verliert, wenn die Geschädigten Zugriff auf sensible Verfahrensdokumente erlangen. Die mutmaßlichen Kartellanten könnten von der Inanspruchnahme der Möglichkeit einer Verpflichtungszusage Abstand nehmen, wenn sie hierdurch Gefahr liefen, erhöhten schadensersatzrechtlichen Haftungsrisiken ausgesetzt zu sein. Dieselbe Interessenlage findet man bei der Frage nach dem Schutz des Bonusprogramms vor. Auch hier äußert das Bundeskartellamt die Befürchtung, eine Offenlegung der durch die Kronzeugen getätigten Angaben mindere die Attraktivität des Bonusprogramms. Eine solche pauschale Gefährdungsbehauptung hinsichtlich eines wettbewerbsbehördlichen Verfolgungsmechanismus genügt jedoch nach Ansicht des *BGH*[537] nicht, um eine Akteneinsicht zu versagen. Vielmehr ist im jeweiligen Einzelfall eine konkrete Abwägungsentscheidung zu treffen, in deren Rahmen nicht zuletzt zu berücksichtigen ist, dass auch private Kartellschadensersatzklagen zur wirksamen Durchsetzung des Wettbewerbsrechts beitragen[538].

Gelangt man auf Grundlage dieser Ausführungen an den Punkt der erforderlichen einzelfallbezogenen Abwägung, so versiegen an dieser Stelle die Ausführungen des *BGH*. Er beschränkt sich auf die Feststellung, dass den Geheimhaltungsinteressen des Kartellanten bzw. des Bundeskartellamtes durch Schwärzung oder Ausschluss einzelner Dokumente Rechnung getragen werden kann. Wann jedoch ein überwiegendes schutzwürdiges Geheimhaltungsinteresse überhaupt besteht, lässt der *BGH* hingegen of-

---

536 Vgl. zur identischen Problematik im Rahmen von § 406e Abs. 2 StPO unter C.I. 1.a.bb.(2).(b).
537 BGH, Beschl. v. 14.07.2015 - KVR 55/14, NJW 2015, 3648, 3651.
538 BGH, Beschl. v. 14.07.2015 - KVR 55/14, NJW 2015, 3648, 3649.

fen. Der Rechtsanwender steht mithin wiederum vor der Problematik, wie und anhand welcher Kriterien das Spannungsverhältnis zwischen den Interessen des Geschädigten, des Kronzeugen und des Bundeskartellamtes im jeweiligen Einzelfall aufzulösen ist.

Zur Beantwortung dieser Frage kann auf die bisher erarbeiteten Grundsätze zurückgegriffen werden, die hier gleichermaßen Geltung beanspruchen. Demnach sind die Betriebs- und Geschäftsgeheimnisse des Kronzeugen nicht schützenswert, soweit sie in Zusammenhang mit dem (mutmaßlichen) Kartellverstoß stehen[539], was regelmäßig der Fall sein wird. Eine Versagung der Akteneinsicht zugunsten des Schutzes des Kronzeugenprogramms kommt nur dann in Betracht, wenn das Bundeskartellamt darlegen kann, dass die Offenlegung im konkreten Fall eine Beeinträchtigung der Effektivität des Bonusprogramms zur Folge hätte. Auch die Vertraulichkeitszusage gemäß Rn. 22 der Bonusregelung des Bundeskartellamtes gewährt dem Kronzeugen im Rahmen der zu treffenden Abwägungsentscheidung keinen Schutz, da es sich um eine reine Verwaltungsvorschrift handelt, die im Rahmen der Ermessensentscheidung nicht zu Lasten des Geschädigten wirken kann[540]. Die behördliche Ermessensentscheidung über die Gewährung der Akteneinsicht muss daher regelmäßig zu Gunsten des Petenten ausfallen und somit einen Zugriff auf vorhandene Kronzeugenerklärungen im Rahmen des Kartellverwaltungsverfahrens ermöglichen, da der Nachweis der konkreten Gefährdung des Bonusprogramms durch die Akteneinsicht im Einzelfall nur äußerst schwer geführt werden kann[541].

Beachtenswert ist zudem die zutreffende Feststellung des *BGH*, dass Kartellgeschädigte, die Einsicht in die Kartellverwaltungsverfahrensakten begehren, nicht auf die zivilprozessuale Möglichkeit der Aktenbeiziehung gemäß § 273 Abs. 2 Nr. 2 bzw. §§ 420 ff. ZPO[542] verwiesen werden können. Hierdurch würde dem darlegungs- und beweisbelasteten Kartellgeschädigten das Risiko aufgebürdet, bar jeder Kenntnis von der Beweismittellage eine entsprechende Schadensersatzklage zu erheben, um die Offenlegung der begehrten Beweismittel zu erreichen[543]. Es erscheint jedoch nicht gerechtfertigt, Kartellgeschädigten, die im Rahmen des Zumutbaren

---

539 Vgl. hierzu unter C.I.1.a.bb.(1).(b).(bb).
540 Vgl. hierzu bereits unter C.I.1.a.bb.(1).(b).(bb).
541 Hierzu bereits unter C.I.1.a.bb.(1).(c).
542 Vgl. hierzu ausführlich unter C.II.
543 BGH, Beschl. v. 14.07.2015 - KVR 55/14, NJW 2015, 3648, 3649 f.

hinreichende Anhaltspunkte für einen Schadensersatzanspruch darlegen können, eine vorprozessuale Akteneinsicht zur Einschätzung ihrer Beweismittellage *a priori* zu versagen[544]. Der vorprozessuale Zugriff auf Kronzeugendokumente steht damit in keinem Subsidiaritätsverhältnis zur Möglichkeit des innerprozessualen Zugriffs.

cc. Ergebnis

Kartellgeschädigten steht im Rahmen des Kartellverwaltungsverfahrens mangels Beteiligtenstellung und rechtlichem Interesse kein Akteneinsichtsrecht gemäß §§ 13, 29 Abs. 1 S. 1 VwVfG i.V.m. § 54 Abs. 2 Nr. 3 GWB und damit keine formalgesetzliche Möglichkeit für den Zugriff auf vorhandene Kronzeugenerklärungen zur Seite. Kann der Antragsteller jedoch glaubhaft machen, dass die Akteneinsicht für seine Entscheidung über die Erhebung einer Schadensersatzklage zumindest von Bedeutung ist, so besitzt er ein berechtigtes Interesse an der Akteneinsicht und hat somit Anspruch auf eine ermessensfehlerfreie und einzelfallbezogene Entscheidung über sein Begehren gemäß § 40 VwVfG. Fällt diese Ermessensentscheidung zu seinen Gunsten aus, kann er Einsicht in die Akten der Kartellbehörde und die darin enthaltenen Kronzeugendokumente verlangen. Ein pauschales Interesse am Schutz des Kronzeugenprogramms sowie ein Geheimhaltungsinteresse des Kronzeugen aufgrund von Betriebs- und Geschäftsgeheimnissen bzw. der Geheimhaltungszusage des Bundeskartellamtes können dem Antragsteller im Rahmen der Ermessensentscheidung dabei nicht entgegengehalten werden. Lediglich die Darlegung einer konkreten Gefährdung des Kronzeugenprogramms durch die im Einzelfall begehrte Akteneinsicht kann zur Ausnahme der Kronzeugendokumente von der Akteneinsicht berechtigen.

c. Zugriff gemäß § 1 Abs. 1 S. 1 IFG

Seit dem 01. Januar 2006 eröffnet § 1 Abs. 1 S. 1 IFG den Zugang zu amtlichen Informationen der Bundesbehörden[545]. Es handelt sich hierbei um

---

544 BGH, Beschl. v. 14.07.2015 - KVR 55/14, NJW 2015, 3648, 3649 f.
545 Zu dem IFG im Allgemeinen *Adler*, DÖV 2016, 630.

ein allgemeines und voraussetzungsloses Informationsrecht[546], das unabhängig vom Vorliegen eines berechtigten oder rechtlichen Interesses besteht[547] und dem Demokratieprinzip sowie der Kontrolle staatlichen Handelns dient[548]. Aufgrund der Tatsache, dass das Bundeskartellamt gemäß § 51 GWB eine selbstständige Bundesoberbehörde bildet[549], stellt sich die Frage, inwieweit § 1 Abs. 1 S. 1 IFG Kartellgeschädigten einen Zugriff auf die in den Akten des Bundeskartellamtes befindlichen Kronzeugenerklärungen ermöglicht.

§ 2 Nr. 1 IFG definiert die amtliche Information als *jede amtlichen Zwecken dienende Aufzeichnung, unabhängig von der Art ihrer Speicherung.* Kronzeugenerklärungen dienen dem Bundeskartellamt zur Erleichterung der Aufdeckung und Verfolgung von Kartellverstößen, sie bilden somit eine amtliche Information im Sinne von § 2 Nr. 1 IFG. Demnach hat im Ausgangspunkt jedermann Anspruch auf Zugang zu dieser Information gemäß § 1 Abs. 1 S. 1 IFG. Diesen Anspruch hat das Bundeskartellamt gemäß § 1 Abs. 2 S. 1 IFG nach seiner Wahl durch Auskunft, Akteneinsicht oder Zurverfügungstellung auf andere Weise zu erfüllen.

aa. Subsidiarität gemäß § 1 Abs. 3 IFG

Das Verhältnis des äußerst weit gefassten Informationsanspruchs gemäß § 1 Abs. 1 S. 1 IFG zu weiteren Rechten auf Zugang zu behördlichen Informationen normiert § 1 Abs. 3 IFG. Hiernach sind Regelungen in anderen Rechtsvorschriften über den Zugang zu amtlichen Informationen mit Ausnahme von § 29 VwVfG und § 25 SGB X vorrangig. Die bisherige Untersuchung hat ergeben, dass Kartellgeschädigten unter bestimmten Voraussetzungen ein Zugang zu Kronzeugenerklärungen durch das Bundeskartellamt gemäß § 406e Abs. 1 StPO i.V.m. § 46 Abs. 1, 3 S. 4 OWiG zu gewähren ist[550] bzw. sie gemäß § 40 VwVfG einen Anspruch auf ermessensfehlerfreie Entscheidung über das Akteneinsichtsgesuch innehaben[551]. Im Hinblick auf die Subsidiaritätsregelung des § 1 Abs. 3 IFG stellt

---

546 Vgl. *Milde*, Schutz des Kronzeugen, 186.
547 *Klooz*, Akteneinsicht des Geschädigten, 45.
548 BeckOK InfoMedienR/*Debus*, IFG § 1 Rn. 33 (Stand: 01.08.2016).
549 *Klooz*, Akteneinsicht des Geschädigten, 45.
550 Vgl. hierzu unter C.I.1.a.
551 Vgl. hierzu unter C.I.1.b.

sich nunmehr die Frage, in welchem Verhältnis der allgemeine Anspruch gemäß § 1 Abs. 1 S. 1 IFG zu diesen Informationsrechten steht und ob das Bestehen sonstiger Zugangsrechte zu einer Verdrängung dieses Anspruches führt. Die Antwort auf diese Frage scheint *prima facie* § 1 Abs. 3 IFG zu liefern, wonach sonstige Informationszugangsrechte gegenüber § 1 Abs. 1 S. 1 IFG vorrangig sind, sodass ein entsprechender Informationsanspruch des Kartellgeschädigten ausschiede. Indes regelt die Kollisionsnorm des § 1 Abs. 3 IFG lediglich, dass spezialgesetzliche Informationszugangsrechte durch § 1 Abs. 1 S. 1 IFG nicht verdrängt werden, sondern diesem in der Anwendung vorgehen[552]. § 1 Abs. 3 IFG kann hingegen nicht entnommen werden, inwieweit spezialgesetzliche Zugangsrechte in umgekehrter Weise eine Sperrung der Anwendbarkeit von § 1 Abs. 1 S. 1 IFG bewirken[553]. Hinsichtlich des Verhältnisses zu § 406e Abs. 1 S. 1 StPO wird gleichwohl die Ansicht vertreten, dass es sich hierbei um ein Spezialgesetz im Sinne von § 1 Abs. 3 IFG handele und hierdurch ein Rücktritt bzw. eine Sperrung von § 1 Abs. 1 S. 1 IFG bewirkt werde[554]. Hinsichtlich des außergesetzlichen Akteneinsichtsrechts und dem damit verbundenen Anspruch auf ermessensfehlerfreie Entscheidung gemäß § 40 VwVfG wird hingegen ein Zurücktreten dieses Anspruches hinter § 1 Abs. 1 S. 1 IFG angenommen[555].

Hinsichtlich der Frage, ob § 1 Abs. 1 S. 1 IFG eine Anwendungssperre durch das ordnungswidrigkeitenrechtliche Akteneinsichtsrecht gemäß § 46 Abs. 1, 3 S. 4 OWiG i.V.m. § 406e Abs. 1 S. 1 StPO erfährt, ist die durch § 1 Abs. 3 IFG getroffene Regelung nicht zielführend, da sie keine Antwort auf die Frage liefert, inwiefern speziellere Akteneinsichtsrechte die Anwendbarkeit des IFG ausschließen[556]. Diese Problematik ist vielmehr anhand der Frage zu beurteilen, inwieweit das IFG und sonstige Informationszugangsrechte einen identischen sachlichen Regelungsgegenstand auf-

---

552 BT-Drs. 15/4493, 8; BeckOK InfoMedienR/*Debus*, IFG § 1 Rn. 180 (Stand: 01.08.2016).

553 BeckOK InfoMedienR/*Debus*, IFG § 1 Rn. 180 (Stand: 01.08.2016); *Schoch*, IFG § 1 Rn. 159.

554 *Klooz*, Akteneinsicht des Geschädigten, 49 m.w.N.

555 Immenga/Mestmäcker/*Schmidt*, GWB § 56 Rn. 13; im Hinblick auf das IFG des Landes Nordrhein-Westfalen OVG Münster, NJW 2005, 2028, 2029; offen gelassen von BGH, Beschl. v. 14.07.2015 - KVR 55/14, NJW 2015, 3648, 3650.

556 BeckOK InfoMedienR/*Debus*, IFG § 1 Rn. 180 (Stand: 01.08.2016); *Schoch*, IFG § 1 Rn. 159.

weisen[557]. Ein solcher liegt vor, wenn und soweit die spezialgesetzliche Norm Informationsrechte regelt, die ausschließlich oder typischerweise den Zugang zu behördlichen Informationen gewähren und diese ausschließlich oder typischerweise an nach dem IFG Informationspflichtige adressiert sind[558]. Darüber hinaus ist insbesondere in den Blick zu nehmen, welchen Zweck die jeweilige Normierung mit dem Zugang zu amtlichen Aufzeichnungen verfolgt.

§ 1 IFG dient als zentrale Grundsatznorm in besonderem Maße der Verwirklichung der Ziele des IFG, die in der Transparenz und Offenheit behördlicher Entscheidungen, der Verbesserung der demokratischen Beteiligungsrechte, dem verantwortlichen Handeln öffentlicher Stellen und der Stärkung der Akzeptanz des Verwaltungshandelns liegen[559]. Das Recht auf Zugang zu behördlichen Informationen gemäß § 1 Abs. 1 S. 1 IFG ist damit zuvörderst ein Instrument demokratischer Kontrolle und Partizipation. In diesem Lichte muss alsdann auch die konfligierende Norm erscheinen. Nur dann, wenn speziellere Akteneinsichtsrechte eine dem IFG gleichartige Zielsetzung verfolgen, sind sie geeignet, die Anwendbarkeit von § 1 Abs. 1 S. 1 IFG auszuschließen. Andernfalls fehlt es an der erforderlichen Kollision der sachlichen Regelungsgegenstände und der damit verbundenen Rechtfertigung der Ausschlusswirkung. Eben so verhält es sich mit dem Akteneinsichtsrecht des Geschädigten gemäß § 406e Abs. 1 S. 1 StPO i.V.m. § 46 Abs. 1, 3 S. 4 OWiG. Hierbei handelt es sich nicht um ein Mittel demokratischer Kontrolle, sondern um ein Instrumentarium der Informationsbeschaffung zum Zwecke der Durchsetzung von Sekundäransprüchen[560], wobei die begehrten behördlichen Dokumente lediglich Mittel zum Zweck sind. Ziel des Anspruches aus § 1 Abs. 1 S. 1 IFG hingegen ist die Information selbst, in ihrer bloßen Erlangung erschöpft sich das Begehren des Petenten. Mangels eines identischen sachlichen Regelungsge-

---

557 BeckOK InfoMedienR/*Debus*, IFG § 1 Rn. 182 (Stand: 01.08.2016); BVerwG, Urt. v. 15.11.2012 - 7 C 1.12, BeckRS 2013, 46016 Rn. 46.

558 BeckOK InfoMedienR/*Debus*, IFG § 1 Rn. 182 (Stand: 01.08.2016); *Schoch*, IFG § 1 Rn. 164 f.; VG Hamburg, Urt. v. 23.04.2009 - 19 K 4199/07 sowie Urt. v. 07.05.2010 - 19 K 288/10.

559 BeckOK InfoMedienR/*Debus*, IFG § 1 Rn. 91 (Stand: 01.08.2016); BT-Drs. 15/4493, 6.

560 BeckOK InfoMedienR/*Debus*, IFG § 1 Rn. 218 (Stand: 01.08.2016) sowie *Schoch*, IFG § 1 Rn. 198 zum Verhältnis zwischen § 1 Abs. 1 S. 1 IFG und Informationszugangsrechten Geschädigter.

genstandes wird § 1 Abs. 1 S. 1 IFG somit nicht durch § 406e Abs. 1 S. 1 StPO i.V.m. § 46 Abs. 1, 3 S. 4 OWiG gesperrt[561].

Betrachtet man weiterhin das Verhältnis zwischen § 1 Abs. 1 S. 1 IFG und dem außergesetzlichen Akteneinsichtsrecht[562], so zeigt sich ein ähnliches Bild. Der Anspruch auf ermessensfehlerfreie Entscheidung über das Akteneinsichtsgesuch erfordert das Vorliegen eines berechtigten Interesses, das im Falle des privaten Kartellgeschädigten in der Durchsetzung seiner Schadensersatzansprüche gemäß § 33 Abs. 3 S. 1 GWB liegt[563]. Infolge dessen verfolgen beide Informationsrechte wiederum eine unterschiedliche Zielsetzung, die in der demokratischen Kontrolle einerseits und in der Verfolgung kompensatorischer Interessen andererseits liegt. Mithin mangelt es auch hier an einer Kollision der sachlichen Regelungsgegenstände, die zu einem Anwendungsausschluss des allgemeinen Informationsanspruches gemäß § 1 Abs. 1 S. 1 IFG führen könnte. Darüber hinaus ist zu beachten, dass es nicht Sinn und Zweck des IFG ist, bereits vorhandene Informationsmöglichkeiten zu beschränken. Vielmehr sollte ein Mindestmaß an Zugang zu bundesbehördlichen Informationen geschaffen werden[564].

bb. Ausschluss des Informationszugangsrechts

Korrelat des voraussetzungslosen Anspruchs auf Zugang zu behördlichen Informationen nach Maßgabe des § 1 Abs. 1 S. 1 IFG ist ein umfassender Katalog von Ausschlusstatbeständen in Gestalt von § 3 IFG. Er erfasst eine Vielzahl von Fallgestaltungen, bei deren Vorliegen ein Anspruch auf Zugang zu den bundesbehördlichen Informationen ausgeschlossen ist. Im Hinblick auf das Informationsrecht der Kartellgeschädigten rücken dabei § 3 Nr. 1 lit. d) sowie Nr. 7 IFG in den Fokus. Im Folgenden soll deren Bedeutung für das Einsichtsbegehren der Kartellgeschädigten untersucht werden.

---

561 A.A. *Klooz*, Akteneinsicht des Geschädigten, 49 f.; gänzlich außer Acht gelassen wird die Frage von *Milde*, Schutz des Kronzeugen, 186 f.
562 Vgl. hierzu unter C.I.1.b.bb.
563 Vgl. unter C.I.1.b.bb.(2).
564 *Klooz*, Akteneinsicht des Geschädigten, 49.

(1) Schutz der Wettbewerbsbehörden gemäß § 3 Nr. 1 lit. d) IFG

§ 3 Nr. 1 lit. d) IFG ermöglicht eine Versagung des Anspruchs auf Zugang zu amtlichen Informationen u. a. dann, wenn das Bekanntwerden der Information nachteilige Auswirkungen auf die Kontroll- und Aufsichtsaufgaben der Wettbewerbsbehörden haben kann. Diese Regelung erfasst damit bereits verbaliter jene Problematik, die nach Auffassung des Bundeskartellamtes mit einer Einsichtnahme in die Kronzeugendokumente verbunden ist, sodass aufgrund dieser Norm auch im Rahmen des allgemeinen Informationsanspruches gemäß § 1 Abs. 1 S. 1 IFG die Frage virulent wird, ob das Bundeskartellamt dem Informationsbegehren des Geschädigten den Schutz des Kronzeugenprogramms und damit den Schutz seiner eigenen Verfolgungstätigkeit entgegenhalten kann.

Anders als § 406e Abs. 2 S. 2 StPO[565] ermöglicht § 3 Nr. 1 lit. d) IFG einen generellen Schutz der behördlichen Kontrolltätigkeit. Dieser umfassende Schutz bildet das dogmatische Gegengewicht zu der Voraussetzungslosigkeit des Anspruches aus § 1 Abs. 1 S. 1 IFG. Schutzgut dieses Ausschlustatbestandes ist die ordnungsgemäße Erfüllung der behördlichen Kartellverfolgung in summa, hinsichtlich derer die Möglichkeit einer Gefährdung für einen Ausschluss des Zugangsrechts genügend ist[566]. Für ein Eingreifen von § 3 Nr. 1 lit. d) IFG ist es daher genügend, dass das Bundeskartellamt darlegt, dass durch die Offenlegung der Kronzeugenerklärungen die Effektivität des Bonusprogramms und damit ihre behördliche Tätigkeit gefährdet sein *könnte*. Denn eine nachteilige Auswirkung auf die Aufgabenerfüllung der betroffenen Behörde kann auch dann vorliegen, wenn die Bereitschaft zur Kooperation zwischen Behörde und Beaufsichtigtem sinkt[567]. Die Inanspruchnahme der Möglichkeit zur freiwilligen Kooperation mit den Beaufsichtigten ist Teil des Ausgestaltungsspielraums der Behörde hinsichtlich ihrer Aufgabenerfüllung. Daher liegt eine greifbare Beeinträchtigung bereits dann vor, wenn die Möglichkeit besteht, dass die Kooperationsbereitschaft gegenüber der beaufsichtigenden Behörde abnimmt[568]. Das Erfordernis eines konkret bedrohten Verfah-

---

565 Vgl. hierzu unter C.I.1.a.bb.(2).
566 BeckOK InfoMedienR/*Schirmer*, IFG § 3 Rn. 78 (Stand: 01.08.2016).
567 BeckOK InfoMedienR/*Schirmer*, IFG § 3 Rn. 80 (Stand: 01.08.2016); a.A. BVerwG, Beschl. v. 23.06.2011 - 20 F 21/10, NVwZ 2012, 112; VGH Kassel, Beschl. v. 28.04.2010 - 6 A 1767/08, BeckRS 2010, 49021.
568 BeckOK InfoMedienR/*Schirmer*, IFG § 3 Rn. 84 (Stand: 01.08.2016).

rens, wie es im Rahmen von § 406e Abs. 2 S. 2 StPO besteht, besteht hingegen nicht. Auch eine einzelfallbezogene Interessenabwägung von behördlicher Seite ist von § 3 Nr. 1 lit. d) IFG nicht vorgesehen[569]. Vielmehr gibt § 3 Nr. 1 lit. d) IFG dem Bundeskartellamt einen generellen Versagungsgrund an die Hand, mit dessen Hilfe die Behörde den grundsätzlichen Schutz ihres Bonusprogramms ohne Einzelfallbezug gewährleisten kann. Bereits aufgrund der bloß möglichen Gefährdung des Bonusprogramms durch die Offenlegung von Kronzeugenerklärungen ist der Anspruch Kartellgeschädigter auf Zugang zu den amtlichen Informationen des Bundeskartellamtes nach der Systematik von § 3 Nr. 1 lit. d) IFG ausgeschlossen[570].

(2) Schutz vertraulicher Informationen gemäß § 3 Nr. 7 IFG

Neben dem Schutz der Effektivität des Bonusprogramms wird das Vertrauen der Kronzeugen in die Geheimhaltung der Erklärungen durch das Bundeskartellamt als Argument gegen eine Offenlegung eben jener Erklärungen zu Felde geführt[571]. Auch dieses Problemfeld findet innerhalb der Ausschlussgründe des IFG eine eigenständige Regelung in Gestalt von § 3 Nr. 7 IFG. Hiernach besteht der Anspruch auf Informationszugang nicht *bei vertraulich erhobener oder übermittelter Information, soweit das Interesse des Dritten an einer vertraulichen Behandlung im Zeitpunkt des Antrags auf Informationszugang noch fortbesteht.* Mit dieser Normierung trägt der Gesetzgeber dem Umstand Rechnung, dass die behördlichen Institutionen zur Wahrnehmung ihrer Aufgaben zunehmend auf Informationen von Bürgern und Betroffenen angewiesen sind[572]. Da die notwendige Kooperation maßgeblich von dem Vertrauen in die Verschwiegenheit der Verwaltung abhängt[573], wurde mit § 3 Nr. 7 IFG eine entsprechende Regelung zum Schutz vertraulicher Informationen geschaffen. Ob eine Information vertraulich ist, beurteilt sich danach, ob Informationsgeber und Informationsnehmer (konkludent) darin übereinstimmen, dass die Informati-

---

569 *Burholt*, BB 2006, 2201, 2203.
570 So auch *Burholt*, BB 2006, 2201, 2203.
571 Vgl. hierzu bereits unter C.I.1.a.bb.(1).(aa).
572 BT-Drs. 15/4493, 11; BeckOK InfoMedienR/*Schirmer*, IFG § 3 Rn. 183 (Stand: 01.08.2016).
573 BeckOK InfoMedienR/*Schirmer*, IFG § 3 Rn. 184 (Stand: 01.08.2016).

on der Öffentlichkeit nicht zugänglich gemacht werden soll[574]. Eine solche zumindest konkludente Übereinstimmung liegt in der Vertraulichkeitszusage gemäß Rn. 22 der Bonusregelung des Bundeskartellamtes[575], mit der das Bundeskartellamt die Geheimhaltung zusichert und ein entsprechendes Vertrauensmoment bei den kooperierenden Kartellanten schafft. Anders als die Bonusregelung selbst, die lediglich eine reine Verwaltungsvorschrift darstellt, ermöglicht es § 3 Nr. 7 IFG dem Bundeskartellamt, dem Einsichtsbegehren der Geschädigten das geschaffene Vertraulichkeitsinteresse der Kronzeugen entgegenzusetzen. Während die Bonusregelung als reines behördliches Binnenrecht keinerlei Wirkung gegenüber Dritten entfaltet[576], erhält das Vertrauen der Kronzeugen in die Geheimhaltung ihrer Angaben durch die Regelung des § 3 Nr. 7 IFG Gesetzesrang und ist infolge dessen an dieser Stelle geeignet, das Recht auf Informationszugang wirksam auszuschließen. Dem allgemeinen Informationsanspruch der Kartellgeschädigten kann das Bundeskartellamt mithin auch den Ausschlussgrund des § 3 Nr. 7 IFG entgegensetzen[577].

(3) Vereinbarkeit mit unionalem Primärrecht

Die bisherige Untersuchung hat gezeigt, dass Kartellgeschädigte im Ausgangspunkt einen Anspruch auf Zugang zu den Kronzeugendokumenten des Bundeskartellamtes gemäß § 1 Abs. 1 S. 1 IFG haben. Diesem Anspruch kann die Kartellbehörde jedoch zunächst gemäß § 3 Nr. 1 lit. d) IFG mit dem Schutz ihres Bonusprogramms entgegentreten. Darüber hinaus ist der Anspruch aufgrund der Vertraulichkeit der Bonusanträge gemäß § 3 Nr. 7 IFG ausgeschlossen. Insgesamt vermittelt die Systematik des IFG den Geschädigten damit kein wirksames Instrument für den Zugriff auf Kronzeugenerklärungen, die sich im Besitz des Bundeskartellamtes befinden.

---

574 BeckOK InfoMedienR/*Schirmer*, IFG § 3 Rn. 189 (Stand: 01.08.2016); VG Berlin, Urt. v. 22.03.2012 - VG 2 K 102.11, BeckRS 2012, 50035; OVG Berlin-Brandenburg, Urt. v. 05.10.2010 - 12 B 5/08, BeckRS 2010, 56783.

575 So auch *Milde*, Schutz des Kronzeugen, 187.

576 Vgl. hierzu ausführlich unter C.I.1.a.bb.(1).(aa).

577 So im Ergebnis auch *Milde*, Schutz des Kronzeugen, 187 f.; *Burholt*, BB 2006, 2201, 2205; *Leopold*, WuW 2006, 592, 597; *Kleine*, ZWeR 2007, 303, 317.

Fraglich erscheint jedoch, ob diese Systematik der § 3 Nr. 1 lit. d) und Nr. 7 IFG mit dem unionalen Primärrecht, wie es der *EuGH* durch die Entscheidung *Donau Chemie* ausgestaltet hat, in Einklang steht. Nach der Rechtsprechung des *EuGH* ergibt sich aus Art. 101 AEUV sowie dem *effet utile* die Notwendigkeit einer einzelfallbezogenen Abwägung zwischen dem Offenlegungsinteresse des Kartellgeschädigten einerseits und dem Geheimhaltungsinteresse der Wettbewerbsbehörden und der Kartellanten andererseits[578]. Eine starre Regelung, nach der ein Zugang zu Dokumenten eines wettbewerbsrechtlichen Verfahrens stets verweigert werden könnte, würde die Geltendmachung eines auf Art. 101 AEUV fußenden Schadensersatzes unmöglich machen oder zumindest übermäßig erschweren und infolgedessen der wirksamen Durchsetzung von Art. 101 AEUV entgegenstehen[579]. Daher kann die Abwägung der widerstreitenden Interessen nicht auf abstrakt-legislativer Ebene erfolgen, sondern muss vielmehr von den nationalen Gerichten im Einzelfall unter Berücksichtigung der jeweiligen Rechtssache vorgenommen werden. Art. 101 AEUV steht demnach einer Regelung entgegen, die den nationalen Gerichten die Möglichkeit einer Abwägung im Einzelfall vorenthält[580]. Die bloße Berufung auf die abstrakte Gefahr, dass durch den Zugang zu den begehrten Dokumenten die Wirksamkeit eines Kronzeugenprogramms beeinträchtigt werden könnte, wird der gebotenen Einzelfallabwägung nicht gerecht und vermag die Verweigerung des Zugangs nicht zu rechtfertigen[581]. Daher ist zu fordern, dass hinsichtlich jedes einzelnen Dokuments, für das die Einsichtnahme abgelehnt wurde, zwingende Gründe in Bezug auf den Schutz des geltend gemachten Interesses angeführt werden[582].

Von diesen grundsätzlichen Erwägungen ausgehend sind die Ausschlussgründe gemäß § 3 Nr. 1 lit. d), Nr. 7 IFG nicht mit dem unionalen Primärrecht vereinbar. Der *EuGH* möchte durch seine Erwägungen in der

---

578 EuGH, Urt. v. 06.06.2013 - Rs. C-536/11 *„Donau Chemie"*, EuZW 2013, 586, 588; *Kapp*, BB 2013, 1551, 1556 spricht hierbei vom „Dogma der Einzelabwägung".

579 EuGH, Urt. v. 06.06.2013 - Rs. C-536/11 *„Donau Chemie"*, EuZW 2013, 586, 588.

580 EuGH, Urt. v. 06.06.2013 - Rs. C-536/11 *„Donau Chemie"*, EuZW 2013, 586, 588.

581 EuGH, Urt. v. 06.06.2013 - Rs. C-536/11 *„Donau Chemie"*, EuZW 2013, 586, 589.

582 EuGH, Urt. v. 06.06.2013 - Rs. C-536/11 *„Donau Chemie"*, EuZW 2013, 586, 589.

Sache *Donau Chemie* verhindert wissen, dass die Abwägung der widerstreitenden Interessen auf legislativer Ebene erfolgt. Er hebt hervor, dass jede Entscheidung über eine Einsicht in Kronzeugenerklärungen eine differenzierte Abwägung im Einzelfall erfordert, in deren Rahmen das Gewicht der jeweils betroffenen Interessen stets von Neuem und unter Berücksichtigung sämtlicher Besonderheiten des Einzelfalls zu bemessen ist. Eine allgemeine Berufung auf die Gefahr der Beeinträchtigung der Kronzeugenprogramme durch die Offenlegung der Bonusanträge lässt der *EuGH* ausdrücklich und richtigerweise nicht zu. Stattdessen fordert er die Darlegung zwingender Versagungsgründe im Einzelfall in Gestalt einer konkreten Beeinträchtigungsgefahr. Nur dann erscheint es gerechtfertigt, die den Kartellgeschädigten durch Art. 101 AEUV verbürgten Rechte auf wirksame Durchsetzung ihrer Schadensersatzansprüche zu beschränken. Dieses zwingende Moment der Einzelfallabwägung wird indes durch § 3 Nr. 1 lit. d) und Nr. 7 IFG nicht gewährleistet. Vielmehr erfordern sie lediglich die Darlegung einer möglichen Beeinträchtigung der Aufgabenwahrnehmung des Bundeskartellamtes[583] bzw. der Vertraulichkeit der übermittelten Information ohne Einzelfallbezug. Bereits diese Darlegung abstrakter Umstände soll genügen, um dem Informationsinteresse des Petenten wirksam entgegentreten zu können. Die Möglichkeit einer einzelfallbezogenen Abwägung und Gewichtung der widerstreitenden Interessen wird dem Rechtsanwender durch § 3 IFG nicht an die Hand gegeben, vielmehr erfolgte diese Abwägung bereits auf abstrakt-legislativer Ebene[584]. Hiernach erlaubt es die Konzeption von § 3 Nr. 1 lit. d), Nr. 7 IFG, dass die Behörde, soweit sie ein abstraktes Geheimhaltungsinteresse darlegen kann, die Einsicht in die amtlichen Informationen stets verweigern kann. Ein mögliches Zurücktreten des behördlichen Interesses im Einzelfall sieht § 3 IFG hingegen nicht vor. Damit handelt es sich bei § 3 Nr. 1 lit. d), Nr. 7 IFG um jene Art von starrer Regelung zur Versagung der Akteneinsicht, die nach Auffassung des *EuGH* der wirksamen Anwendung von Art. 101 AEUV zuwiderläuft.

Konsequenz dessen muss eine primärrechtskonforme Auslegung der § 3 Nr. 1 lit. d), Nr. 7 IFG sein, da den Feststellungen des *EuGH* im Rahmen eines Vorabentscheidungsverfahrens eine Wirkung *erga omnes* beizumes-

---

583 Vgl. zur Darlegungslast BeckOK InfoMedienR/*Schirmer*, IFG § 3 Rn. 41 ff (Stand: 01.08.2016).
584 Dies entspricht der Sachlage, die auch der Entscheidung „*Donau Chemie*" zugrunde lag, vgl. *Kapp*, BB 2013, 1551, 1552.

sen ist[585]. § 3 Nr. 1 lit. d), Nr. 7 IFG sind in einer Weise auszulegen, dass sie einer wirksamen Anwendung von Art. 101 AEUV und der wirksamen Durchsetzung der hierdurch verbürgten Rechte nicht *eo ipso* entgegenstehen[586]. Entsprechend der Entscheidung *Donau Chemie* wird diese wirksame Anwendung durch die Möglichkeit der richterlichen Einzelfallabwägung sichergestellt, denn die Abwägung der widerstreitenden Interessen des Geschädigten und des Bundeskartellamtes, die im Kern gleichermaßen der Durchsetzung des Wettbewerbsrechts dienen, kann nur im Einzelfall und unter Berücksichtigung aller maßgeblichen Gesichtspunkte der Rechtssache vorgenommen werden[587]. Die primärrechtskonforme Auslegung gebietet es, dem behördlichen Interesse im Falle des Zugriffs auf Kronzeugenerklärungen nicht zwangsläufig und ohne Betrachtung des jeweiligen Einzelfalles den Vorrang einzuräumen. Mithin ist § 3 Nr. 1 lit. d) IFG insoweit zu modifizieren, als dass auch hier erforderlich ist, dass das Bundeskartellamt eine *konkrete* Gefährdung des Kronzeugenprogramms durch die im Einzelfall begehrte Offenlegung darlegt. Denn wie bereits gesehen, ist dem behördlichen Geheimhaltungsinteresse nur im Falle einer konkreten Gefährdung seiner Verfolgungstätigkeit der Vorrang gegenüber dem Offenlegungsinteresse des Geschädigten einzuräumen. § 3 Nr. 7 IFG ist ebenfalls um das Merkmal der Einzelfallabwägung zu erweitern, indem das erkennende Gericht[588] trotz eines Vertraulichkeitsinteresses des Kartellanten die Möglichkeit erhält, eine Abwägungsentscheidung zwischen den widerstreitenden Interessen vorzunehmen. Diese Entscheidung muss sodann regelmäßig zugunsten des Geschädigten ausfallen, denn das Interesse des Kartellanten ist schlussendlich darauf gerichtet, den kartellrechtli-

---

585 H.M., vgl. Streinz/*Ehricke*, AEUV Art. 267 Rn. 69 m.w.N.

586 Die Notwendigkeit der Gewährleistung der Wirksamkeit von Art. 101 AEUV und damit der daraus folgenden unionsrechtskonformen Auslegung von § 3 Nr. 1 lit. d), Nr. 7 IFG anhand der Vorgaben durch die Entscheidung „*Donau Chemie*" besteht nur in jenen Fällen, in denen das wettbewerbswidrige Verhalten eine Verletzung von Art. 101 AEUV bewirkt. Hierzu ist insbesondere eine Beeinträchtigung des zwischenstaatlichen Handels erforderlich, was jedoch insbesondere bei Hardcore-Kartellen regelmäßig der Fall ist, vgl. Immenga/Mestmäcker/*Zimmer*, AEUV Art. 101 Abs. 1 Rn. 214. Ausführlich zu den vielfältigen Fallgruppen Streinz/*Eilmansberger*, AEUV Art. 101 Rn. 24 ff.

587 EuGH, Urt. v. 06.06.2013 - Rs. C-536/11 „*Donau Chemie*" EuZW 2013, 586, 588.

588 Gegen eine ablehnende Entscheidung des Bundeskartellamtes ist gemäß § 9 Abs. 4 S. 1 IFG der Verwaltungsrechtsweg eröffnet.

chen Schadensersatzansprüchen des Geschädigten zu entgehen. Deren Durchsetzung dient jedoch gerade der wirksamen Anwendung des Art. 101 AEUV, sodass das Interesse des Kartellanten an der Vermeidung der schadensersatzrechtlichen Inanspruchnahme im Rahmen der Interessenabwägung hinter das Kompensationsinteresse des Geschädigten zurücktreten muss.

cc. Ergebnis

Kartellgeschädigte haben gemäß § 1 Abs. 1 S. 1 IFG einen Anspruch auf Zugang zu Kronzeugenerklärungen, die sich im Besitz des Bundeskartellamtes befinden. Diesem Anspruch können die Ausschlussgründe gemäß § 3 Nr. 1 lit. d), Nr. 7 IFG entgegenstehen. Abweichend von der genuinen Systematik der § 3 Nr. 1 lit. d) und Nr. 7 IFG und bedingt durch das primärrechtliche Erfordernis der Einzelfallabwägung ist der Ausschluss jedoch nur dann gerechtfertigt, wenn diesem eine einzelfallbezogene Abwägung der widerstreitenden Interessen vorausgegangen ist und diese das Überwiegen der Geheimhaltungsinteressen ergeben hat. Hinsichtlich § 3 Nr. 1 lit. d) IFG ist dies der Fall, wenn das Bundeskartellamt darlegen kann, dass die Offenlegung der Kronzeugendokumente im jeweiligen Einzelfall eine konkrete Gefährdung des Kronzeugenprogramms zur Folge hätte[589]. Auch in § 3 Nr. 7 IFG muss das Erfordernis und die Möglichkeit der Einzelfallabwägung hineingelesen werden. Aufgrund der Tatsache, dass das Interesse des Kronzeugen an der Vermeidung einer kartellschadensersatzrechtlichen Inanspruchnahme dem Sinn und Zweck des Wettbewerbsrechts entgegensteht, muss diese Interessenabwägung im Ergebnis zugunsten des Geschädigten ausfallen.

d. Ergebnis

Kartellgeschädigte besitzen im vorprozessualen Stadium sowohl gemäß § 406e Abs. 1 S. 1 StPO i.V.m. § 46 Abs. 1, 3 S. 4 OWiG als auch im Wege des außergesetzlichen Akteneinsichtsrechts die Möglichkeit, Einsicht in die dem Bundeskartellamt vorliegenden Kronzeugenerklärungen zu neh-

---

589 Vgl. hierzu bereits ausführlich unter C.I.1.a.bb.(1).(c).

men. Erforderlich ist hierzu, dass sie ein entsprechendes Interesse an der Einsichtnahme darlegen können. Dieses Interesse besteht in der wirksamen Geltendmachung ihrer Schadensersatzansprüche gemäß § 33 Abs. 3 S. 1 GWB. Darüber hinaus vermittelt § 1 Abs. 1 S. 1 IFG unter Verzicht auf das Erfordernis eines besonderen Interesses einen allgemeinen Anspruch auf Einsichtnahme in die Kronzeugenerklärungen des Bundeskartellamtes. Allen Einsichtsrechten ist dabei gemein, dass sie nicht grenzenlos gewährt werden können. Sie finden ihre Begrenzung in dem behördlichen Interesse am Schutz der Effektivität des Kronzeugenprogramms und der wettbewerbsbehördlichen Verfolgungstätigkeit selbst. Dieses überwiegt das Interesse an der Informationsgewinnung jedoch nur dann, wenn und soweit das Bundeskartellamt in der Lage ist darzulegen, dass die jeweils im Einzelfall begehrte Einsicht zu einer konkreten Gefährdung des Kronzeugenprogramms führt. Der allgemein gehaltene Verweis auf eine mögliche Gefährdung des Bonusprogramms ist hingegen nicht genügend und kann dem Akteneinsichtsrecht nicht entgegengehalten werden. Selbiges gilt für die in den Erklärungen enthaltenen Betriebs- und Geschäftsgeheimnisse des Kartellanten sowie das Interesse an der Vermeidung einer kartellschadensersatzrechtlichen Inanspruchnahme, die aufgrund ihres Zusammenhangs mit dem Wettbewerbsverstoß keinen Schutz genießen.

2. Unionale Ebene

Neben den nationalen Kartellbehörden ist auch die Europäische Kommission zur Verfolgung von Wettbewerbsverstößen berufen. Steht eine Verletzung der Artt. 101, 102 AEUV im Raum, sind sowohl die Europäische Kommission als auch die nationalen Wettbewerbsbehörden gemäß Artt. 4 und 5 der Kartellverfahrensverordnung VO 1/2003[590] für die Durchsetzung der unionalen Wettbewerbsregeln zuständig[591]. Ein Zurücktreten der nationalen Kartellbehörden erfolgt erst im Zeitpunkt der Verfahrenseinleitung durch die Kommission: Gemäß Art. 11 Abs. 6 VO 1/2003 wird den nationalen Wettbewerbsbehörden qua Einleitung eines Verfahrens durch die Kommission die Zuständigkeit zur Anwendung der Artt. 101 und 102

---

590 Verordnung (EG) Nr. 1/2003 des Rates vom 16. Dezember 2002 zur Durchführung der in den Artikeln 81 und 82 des Vertrages niedergelegten Wettbewerbsregeln, ABl. Nr. L 001 v. 04.01.2003, 1.
591 Immenga/Mestmäcker/*Ritter*, VO 1/2003 Art. 4 Rn. 1.

AEUV entzogen[592]. Ungeachtet der Parallelzuständigkeit von Europäischer Kommission und mitgliedstaatlichen Kartellbehörden ist der Kommission im Anwendungsbereich der unionalen Wettbewerbsregeln eine zentrale Bedeutung als *„Hüterin des Vertrages bei der Ausrichtung der europäischen Wettbewerbspolitik"* beizumessen[593]. Im Falle eines Verstoßes gegen unionales Wettbewerbsrecht spielt sich die Verfolgung und Sanktionierung des wettbewerbswidrigen Verhaltens daher oftmals auf der Ebene der Kommission ab. Sie verfügt dabei ebenfalls über den Mechanismus eines Kronzeugenprogramms zur Effektivierung ihrer Verfolgungstätigkeit[594]. Infolge dessen existieren auch im Herrschaftsbereich der Europäischen Kommission Kronzeugenerklärungen, die für die Kartellgeschädigten aus den bekannten beweisrechtlichen Gründen von besonderem Interesse sind. Die Ausgangssituation gleicht dabei aus Sicht der Geschädigten dem nationalen Bild: Auch die Europäische Kommission hat sich der Geheimhaltung der Kronzeugenerklärungen verschrieben[595] und weist Anträge auf Einsicht in diese Erklärungen trotz ihres Bestrebens, das *private enforcement* stärken zu wollen, kategorisch zurück[596]. Damit stellt sich für Kartellgeschädigte auch auf unionaler Ebene die Frage nach möglichen Akteneinsichtsrechten. Sie soll im Folgenden einer Beantwortung zugeführt werden.

a. Zugriff durch Art. 27 Abs. 2 (EG) VO 1/2003

Als kartellverfahrensrechtliches Sonderrecht normiert die VO 1/2003 in Art. 27 Abs. 2 ein spezielles Recht auf Einsicht in die Akten der Kommission. Der persönliche Anwendungsbereich ist indes auf die Parteien des Kartellverfahrens beschränkt, denn das Einsichtsrecht dient bereits nach dem Wortlaut der Norm ausschließlich der sachgerechten Verteidigung in

---

592 Immenga/Mestmäcker/*Ritter*, VO 1/2003 Art. 11 Rn. 22.

593 Immenga/Mestmäcker/*Ritter*, VO 1/2003 Art. 4 Rn. 6. Zur Verteilung der Fallzahlen zwischen der Kommission und den nationalen Behörden vgl. Bekanntmachung der Kommission über die Zusammenarbeit innerhalb des Netzes der Wettbewerbsbehörden, ABl. 2004 C 101/43 Rz. 5 - 25.

594 Mitteilung der Kommission über den Erlass und die Ermäßigung von Geldbußen in Kartellsachen, ABl. 2006 C 298/17; vgl. hierzu bereits ausführlich unter B.II. 2.b.bb.

595 Rn. 33 und 34 der Kronzeugenregelung der Kommission.

596 *Hempel*, EuZW 2014, 297.

dem jeweiligen Verfahren[597]. Als Parteien des Kartellverfahrens sind bei verständiger Lesart von Art. 27 Abs. 1 VO 1/2003 indes nur jene Unternehmen und Unternehmensvereinigungen zu qualifizieren, gegen die sich das Verfahren der Kommission richtet[598]. Kartellgeschädigte Dritte sind hingegen nicht Adressat des von der Kommission betriebenen Kartellverfahrens, sodass ihnen kein Anspruch auf Akteneinsicht gemäß Art. 27 Abs. 2 VO 1/2003 zur Seite steht[599].

b. Akteneinsichtsrecht des Beschwerdeführers

Die Kommission wird bei der Verfolgung von Wettbewerbsverstößen von Amts wegen oder auf Grund einer Beschwerde tätig, Art. 7 Abs. 1 VO 1/2003. Gemäß Art. 7 Abs. 2 VO 1/2003 sind dabei u.a. juristische Personen, die ein berechtigtes Interesse an der Durchführung des Verfahrens darlegen, taugliche Beschwerdeführer. Beabsichtigt die Kommission, die Beschwerde abzuweisen, erhält der Beschwerdeführer gemäß Art. 7 Abs. 1 (EG) VO 773/2004[600] Gelegenheit zur Stellungnahme. Bestandteil dieser Stellungnahmemöglichkeit ist das Recht auf Einsichtnahme gemäß Art. 8 S. 1 VO 773/2004 in jene Unterlagen, die der vorläufigen Beurteilung durch die Kommission zugrunde liegen. Für die Kartellgeschädigten ist dieses Einsichtsrecht jedoch aus mehreren Gründen nicht zielführend. Zunächst sind gemäß Art. 8 S. 2 VO 773/2004 Geschäftsgeheimnisse und sonstige vertrauliche Informationen von der Einsicht ausgenommen. Die Kategorie „andere vertrauliche Informationen" umfasst dabei *„Informationen, die keine Geschäftsgeheimnisse sind, aber insoweit als vertraulich angesehen werden können, als ein Unternehmen oder eine Person durch ihre Offenlegung erheblich geschädigt werden können"*[601]. Die Qualifikation als vertrauliche Information erfordert demnach lediglich die Möglichkeit einer erheblichen Schädigung. Angesichts der mitunter enormen Schadensersatzforderungen, denen sich Kronzeugen im Rahmen einer zi-

---

597 *Mestmäcker/Schweitzer*, Europäisches Wettbewerbsrecht, § 23 Rn. 59b.
598 *Milde*, Schutz des Kronzeugen, 76 m.w.N.
599 *Milde*, Schutz des Kronzeugen, 76; *Westhoff*, Zugang zu Beweismitteln, 115; *Jüntgen*, WuW 2007, 128, 130.
600 Verordnung (EG) Nr. 773/2004 der Kommission vom 07.04.2004 über die Durchführung von Verfahren auf Grundlage der Artikel 81 und 82 EG-Vertrag durch die Kommission, ABl. v. 27.04.2004, 18 in der Fassung vom 06.08.2015.
601 Erwägungsgrund 13 (EG) VO 773/2004.

vilrechtlichen Inanspruchnahme ausgesetzt sehen können, kann durch die Offenlegung der Kronzeugenerklärungen zumindest die Möglichkeit einer solch erheblichen Schädigung angenommen werden, sodass dieser grundsätzliche Schutz dem Akteneinsichtsrecht dem Kartellgeschädigten als Beschwerdeführer entgegensteht[602].

Darüber hinaus ist das Akteneinsichtsrecht des Beschwerdeführers gemäß Art. 8 S. 1 VO 773/2004 bereits systematisch ungeeignet, die Situation einer beabsichtigten Einsichtnahme in Kronzeugenerklärungen zu erfassen. Zwar ist die Einreichung einer Beschwerde und die Erlangung der damit verknüpften Verfahrensrechte auch noch dann möglich, wenn die Kommission bereits eine Voruntersuchungsphase eingeleitet hat[603]. In den Genuss des Einsichtsrechts nach Art. 8 S. 1 VO 773/2004 gelangt der Beschwerdeführer jedoch nur dann, wenn die Kommission beabsichtigt, die Beschwerde abzuweisen. Befindet sich die begehrte Kronzeugenerklärung bereits in den Akten der Kommission, ist eine solche Abweisung jedoch nur schwer vorstellbar, da die Kommission in diesem Fall über detaillierte Angaben hinsichtlich des Vorliegens eines wettbewerbswidrigen Verhaltens verfügt. Der Kartellgeschädigte befindet sich mithin in einem strukturellen Dilemma: Besitzt die Kommission die begehrte Kronzeugenerklärung, wird sie der Beschwerde regelmäßig nachgehen, sodass das Einsichtsrecht des Beschwerdeführers gemäß Art. 8 S. 1 VO 773/2004 nicht zur Entstehung gelangt. Beabsichtigt die Kommission hingegen die Abweisung der Beschwerde, erhält der Beschwerdeführer zwar die Möglichkeit zur Einsichtnahme in die Verfahrensakten, jedoch wird sich in diesem Fall regelmäßig keine Kronzeugenerklärung in den Unterlagen der Kommission befinden, sodass die Einsichtnahmemöglichkeit im Ergebnis wertlos ist.

Das Akteneinsichtsrecht des Beschwerdeführers gemäß Art. 8 S. 1 VO 773/2004 ist für Kartellgeschädigte hinsichtlich des Zugriffs auf Kronzeugenerklärungen nach alledem unergiebig.

---

602 So im Ergebnis auch *Milde*, Schutz des Kronzeugen, 76.

603 *Westhoff*, Zugang zu Beweismitteln, 115; EuG, Urt. v. 07.06.2006 - verb. Rs. T-213/01 und T-214/01 Slg. 2006, II-1601 Rn. 92 zur Rechtslage unter Geltung der VO 17/62 und 2842/98.

c. Zugriff gemäß Art. 116 § 2 VerfO-EuG und Art. 93 § 3 VerfO-EuGH

Kommt es nach dem Erlass eines Bußgeldbescheides durch die Kommission zur Anfechtungsklage durch den betroffenen Kartellanten, so sind Streithelfern im Rahmen des gerichtlichen Verfahrens gemäß Art. 116 § 2 VerfO-EuG bzw. Art. 93 § 3 VerfO-EuGH sämtliche auch den Parteien zugänglichen Schriftstücke zu übermitteln[604]. Aufgrund dieser Übermittlungspflicht wurde von Kartellgeschädigten wiederholt der Versuch unternommen, dem Anfechtungsverfahren als Streithelfer der Kommission beizutreten und hierdurch einen Anspruch auf Übermittlung der Schriftstücke einschließlich der Kronzeugenerklärungen zu erlangen[605]. Die Zulassung als Streithelfer erfordert jedoch ein berechtigtes Interesse am Ausgang des Anfechtungsverfahrens[606], sodass der Antragsteller von der Entscheidung über die Klageanträge unmittelbar berührt sein muss[607]. Der *EuGH* richtet seinen Fokus dabei insbesondere auf die Frage, ob der Ausgang des Rechtsstreits die wirtschaftliche Handlungsfreiheit des Antragstellers und seine geschäftlichen Aktivitäten tangiert[608]. Vor diesem Hintergrund wird ein berechtigtes Interesse der Kartellgeschädigten am Ausgang des Anfechtungsverfahrens vom *EuGH* zutreffend verneint[609]. Das berechtigte Interesse des Streithelfers gemäß Art. 40 Abs. 2 S. 1 *EuGH*-Satzung[610] erfordert einen unmittelbaren Bezug zum Ausgang des Verfahrens, um eine uferlose Ausweitung der Verfahrensbeteiligung zu verhindern. Die umfassenden Beteiligungsrechte des Streithelfers finden ihre Rechtfertigung in der hohen Bedeutung der Entscheidung für die rechtliche und wirtschaftliche Stellung des Streithelfers. Ähnlich der Beteiligtenstellung im nationalen Kartellverwaltungsverfahren muss das Interesse des Streithelfers daher eine wettbewerbsrechtliche Prägung besitzen, indem der Verfahrensausgang Auswirkungen auf die Stellung des Streithelfers im Wettbewerb selbst haben muss. Nur in diesem Falle ist eine Zulassung zu dem Anfechtungsverfahren, das ein genuin wettbewerbsrechtliches Verfahren darstellt,

---

604 *Mestmäcker/Schweitzer*, Europäisches Wettbewerbsrecht, § 23 Rn. 59c.
605 Vgl. EuG, Urt. v. 25.10.2011 - Rs. T-28/11 sowie *Dittrich*, WuW 2012, 133, 150.
606 *Mestmäcker/Schweitzer*, Europäisches Wettbewerbsrecht, § 23 Rn. 59d.
607 EuGH, Rs. C-602/11 P (I) „*Schenker/Deutsche Lufthansa*" Rn. 10.
608 EuGH, Rs. C-602/11 P (I) „*Schenker/Deutsche Lufthansa*" Rn. 10.
609 EuGH, Rs. C-602/11 P (I) „*Schenker/Deutsche Lufthansa*" Rn. 10.
610 Satzung des Gerichtshofes der Europäischen Union vom 26. Februar 2001, ABl. Nr. C 80, 53.

gerechtfertigt. Das Interesse privater Kartellgeschädigter ist jedoch, ungeachtet der wirtschaftlichen Dimension der Schadensersatzforderung, rein pekuniär[611]. Aufgrund dessen scheidet eine Zulassung als Streithelfer zu einem Anfechtungsverfahren und das damit verbundene Recht auf Übermittlung der Schriftstücke als Zugriffsmöglichkeit auf Kronzeugenerklärungen aus[612].

d. Zugriff gemäß Art. 2 Abs. 1 (EG) VO 1049/2001

Mit Wirkung zum 03.12.2001 ist auf unionaler Ebene die sogenannte Transparenzverordnung VO 1049/2001[613] in Kraft getreten. Sie verfolgt einen dem IFG[614] ähnelnden Ansatz und dient der Förderung des in Art. 15 Abs. 3 AEUV niedergelegten Transparenzgrundsatzes[615]. Die Unionsbürger sollen durch die Förderung der Transparenz in höherem Maße an Entscheidungsprozessen beteiligt werden und die Verwaltung eine Erhöhung ihrer Effizienz, Verantwortung und demokratischen Legitimation erfahren[616]. Zu diesem Zweck statuiert Art. 2 Abs. 1 VO 1049/2001 für jeden Unionsbürger sowie für jede natürliche oder juristische Person mit (Wohn-) Sitz in einem Mitgliedstaat ein Recht auf Zugang zu den Dokumenten der Unionsorgane. Dieser Zugangsanspruch ist äußerst weit ausgestaltet und erhält eine zusätzliche Ausdehnung durch die Legaldefinition des Dokumentenbegriffs in Art. 3 lit. a) VO 1049/2001. Die Transparenzverordnung versteht unter einem Dokument demnach *Inhalte unabhängig von der Form des Datenträgers (auf Papier oder in elektronischer Form, Ton-, Bild- oder audiovisuelles Material), die einen Sachverhalt im Zusammenhang mit den Politiken, Maßnahmen oder Entscheidungen aus dem Zuständigkeitsbereich des Organs betreffen.* Gemäß Art. 2 Abs. 3 VO 1049/2001 ist es dabei unerheblich, ob das Dokument von dem Organ erstellt wurde, bei ihm eingegangen ist oder sich lediglich in seinem Besitz

---

611 Vgl. hierzu bereits unter C.I.1.b.aa.
612 *Mestmäcker/Schweitzer*, Europäisches Wettbewerbsrecht, § 23 Rn. 59c.
613 Verordnung (EG) Nr. 1049/2001 des Europäischen Parlaments und des Rates vom 30. Mai 2001 über den Zugang der Öffentlichkeit zu Dokumenten des Europäischen Parlaments, des Rates und der Kommission, ABl. Nr. L 145, 43 ff.
614 Vgl. hierzu bereits unter C.I.1.c.
615 Erwägungsgrund (1), Art. 1 VO 1049/2001; *Westhoff*, Zugang zu Beweismitteln, 119; *Milde*, Schutz des Kronzeugen, 78.
616 Vgl. Erwägungsgrund (2) VO 1049/2001.

befindet. Da die Kronzeugenerklärungen gegenüber der Kommission regelmäßig schriftlich abzufassen sind und auch bei mündlicher Abgabe auf-
gezeichnet und niedergeschrieben werden[617], sind sie als Dokument im
Sinne von Art. 3 lit. a) VO 1049/2001 zu qualifizieren[618].

Da der Antragsteller gemäß Art. 6 Abs. 1 S. 2 VO 1049/2001 insbesondere nicht verpflichtet ist, ein irgendwie geartetes Interesse an der Einsicht
darzulegen[619], erscheint die Transparenzverordnung als geeignetes Einfallstor für den Zugriff auf Kronzeugenerklärungen auf unionaler Ebene.
Im Folgenden wird untersucht, inwieweit die Transparenzverordnung im
Bereich des unionalen Wettbewerbsrechts Anwendung finden kann und ob
dem weit gefassten Anspruch gemäß Art. 2 Abs. 1 VO 1049/2001 im Hinblick auf die Einsichtnahme in Kronzeugenerklärungen die Ausschlussgründe des Art. 4 VO 1049/2001 entgegenstehen.

aa. Anwendbarkeit neben (EG) VO 1/2003

Fraglich ist zunächst, ob und, wenn ja, inwieweit die Transparenzverordnung neben der Kartellverfahrensverordnung Anwendung finden kann.
Das zu betrachtende Konkurrenzverhältnis dieser beiden Regularien findet
seinen Ursprung in der Tatsache, dass die Transparenzverordnung einen
äußerst weit gefassten Zugangsanspruch vermittelt und hierdurch eine
Umgehung speziellerer Vorschriften erreicht werden könnte. Von einer
solchen Umgehung wäre insbesondere die Kartellverfahrensverordnung
VO 1/2003 in Verbindung mit der VO 773/2004 betroffen, die spezielle
Regeln für den Zugang zu Verfahrensdokumenten enthält[620]. Die zum Verhältnis zwischen der Kartellverfahrensverordnung und der Transparenzverordnung vertretenen Ansichten decken nahezu die gesamte Bandbreite
der denkbaren Rangverhältnisse ab. Zunächst wird die Ansicht vertreten,
die Normierungen des Kartellverfahrensrechts seien für die Frage der Akteneinsicht als *leges speciales* abschließend[621]. Generalanwältin *Kokott*

---

617 Rn. 32 der Kronzeugenregelung.
618 *Milde*, Schutz des Kronzeugen, 111; *Westhoff*, Zugang zu Beweismitteln, 121, der
  jedoch keinen ausdrücklichen Bezug auf Kronzeugenerklärugen nimmt, sondern
  allgemein von „Beweismitteln für eine Schadensersatzklage" spricht.
619 *Milde*, Schutz des Kronzeugen, 79.
620 Vgl. hierzu bereits unter C.I.2.a. und b.
621 *Soltész/Marquier/Wendenburg*, EWS 2006, 102, 104 ff., 107 f.; ausführlich hierzu
  Milde, Schutz des Kronzeugen, 88 ff.

hingegen betrachtet die Transparenzverordnung und spezielle Verfahrensordnungen isoliert voneinander und verneint jegliche Wechselwirkung[622].
Sie betont die unterschiedlichen Regelungszwecke und zieht hieraus die
Schlussfolgerung, dass sich aufgrund der abweichenden sachlichen Regelungsgegenstände kein Wertungswiderspruch bei paralleler Anwendung
der Verordnungen ergebe[623].

Auch die wohl *h.M.* im Schrifttum bejaht eine grundsätzliche Anwendbarkeit der VO 1049/2001 im Bereich des Wettbewerbsrechts[624]. Gleichzeitig besteht jedoch weitgehende Einigkeit darüber, dass die Transparenzverordnung nicht gänzlich ohne Einflussnahme durch die Kartellverfahrensverordnung zur Anwendung gelangen kann, da andernfalls Wertungs-
widersprüche und Systembrüche zu Tage gefördert würden[625]. Die Lösung
wird daher in einer kohärenten Anwendung beider Verordnungen gesehen.
Diese hat zur Folge, dass die durch die Kartellverfahrensverordnung getroffenen Wertentscheidungen in die Transparenzverordnung gespiegelt
werden müssen. Das Einfallstor für die speziellen wettbewerbsrechtlichen
Wertungen bilden dabei die Ausschlussgründe gemäß Art. 4 VO
1049/2001, die im Lichte der Kartellverfahrensverordnung auszulegen
sind[626]. Diesem Ansatz hat sich der *EuGH* angeschlossen[627], der den Gedanken der kohärenten Auslegung zuvor bereits für den Bereich des Vertragsverletzungsverfahrens[628] und der Fusionskontrolle[629] fruchtbar gemacht hatte. Er führt aus, die in Art. 4 VO 1049/2001 enthaltenen Ausschlussgründe könnten nicht ausgelegt werden, ohne die in den Verordnungen (EG) Nr. 1/2003 und 773/2004 enthaltenen speziellen Regelungen
zu berücksichtigen[630]. Die Tatsache, dass Dritte nach dem Willen des

---

622 GA *Kokott*, Schlussanträge v. 08.09.2009 - C-139/07 P „TGI", BeckRS 2009,
71002 Rn. 89 ff. Dem Verfahren lag dabei die Frage des Anwendungsverhältnis-
ses der VO 1049/2001 und der Verordnung (EG) 659/1999 über das Beihilfekon-
trollverfahren zugrunde.

623 GA *Kokott*, Schlussanträge v. 08.09.2009 - C-139/07 P „TGI", BeckRS 2009,
71002 Rn. 96 f.; im Ergebnis dem zustimmend *Frenz*, EuZW 2013, 778, 780.

624 *Westhoff*, Zugang zu Beweismitteln, 120; *Milde*, Schutz des Kronzeugen, 103;
Jüntgen, WuW 2007, 128, 130; *Lampert/Weidenbach*, wrp 2007, 152, 154; *Palzer*, EuR 2012, 583, 590.

625 Vgl. nur *Milde*, Schutz des Kronzeugen, 107 mit zahlreichen Nachweisen.

626 *Milde*, Schutz des Kronzeugen, 103 ff. m.w.N.

627 EuGH, Urt. v. 27.07.2014 - Rs. C-365/12 P „*EnBW*", EuZW 2014, 311.

628 EuGH, Urt. v. 29.06.2010 - Rs. C-28/08 P, BeckEuRS 2010, 522674.

629 EuGH, Urt. v. 28.06.2012 - Rs. C-404/10 P, BeckRS 2012, 81333.

630 EuGH, Urt. v. 27.07.2014 - Rs. C-365/12 P „*EnBW*", EuZW 2014, 311, 314.

unionalen Verordnungsgebers grundsätzlich keinen Anspruch auf Zugang zu den Dokumenten des Kartellverfahrens haben, muss demnach im Rahmen der Transparenzverordnung Berücksichtigung finden[631].

Damit ist festzuhalten, dass die VO 1049/2001 neben der Kartellverfahrensverordnung VO 1/2003 grundsätzlich Anwendung findet. Der Einfluss der speziellen Wertungen der Kartellverfahrensverordnung erlangt erst im Rahmen der Ausschlussgründe gemäß Art. 4 VO 1049/2001 Geltung, die im Lichte dieser Wertungen auszulegen sind.

bb. Ausschluss des Zugangs gemäß Art. 4 Abs. 1 und 2 VO 1049/2001

Art. 4 Abs. 1 bis 3 VO 1049/2001 normieren einen Katalog von Ausnahmeregelungen, die dem weiten Zugangsanspruch gemäß Art. 2 Abs. 1 VO 1049/2001 Grenzen setzen. Ähnlich der Rechtslage im Anwendungsbereich des IFG[632] besteht die besondere Problematik aus Sicht der Kartellgeschädigten in der Frage, inwiefern diese Ausschlussgründe das grundsätzlich bestehende Zugriffsrecht limitieren. Besondere Bedeutung kommt dabei den Ausschlusstatbeständen gemäß Art. 4 Abs. 1 lit. a) 4. Gedankenstrich sowie Art. 4 Abs. 2 1. und 3. VO 1049/2001 Gedankenstrich zu.

(1) Schutz der Wirtschaftspolitik

Zunächst könnte dem Einsichtsrecht der Kartellgeschädigten der Ausschlussgrund gemäß Art. 4 Abs. 1 lit. a) 4. Gedankenstrich VO 1049/2001 entgegenstehen. Hiernach verweigern die unionalen Organe den Zugang zu einem Dokument, wenn durch dessen Verbreitung die Wirtschaftspolitik der Gemeinschaft[633] beeinträchtigt würde. Die Ausschlussgründe gemäß Art. 4 Abs. 1 VO 1049/2001 weisen einen absoluten Charakter auf,

---

631 EuGH, Urt. v. 27.07.2014 - Rs. C-365/12 P *„EnBW"*, EuZW 2014, 311, 314.

632 Vgl. hierzu unter C.I.1.c.bb.

633 Zum Zeitpunkt des Inkrafttretens der VO 1049/2001 wurde die Struktur der Europäischen Union noch durch die Verträge von Maastricht und Lissabon bestimmt, wonach die Europäische Union auf den drei Säulen der Europäischen Gemeinschaften (Euratom und Europäische Gemeinschaft), der gemeinsamen Außen- und Sicherheitspolitik (GASP) und der polizeilichen und justiziellen Zusammenarbeit in Strafsachen (PJZS) ruhte. Aus diesem Grunde spricht die VO 1049/2001 noch von der Wirtschaftspolitik der Gemeinschaft.

wonach das unionale Organ keinerlei Abwägung mit den Interessen des Petenten vornimmt und bei Bejahung einer Beeinträchtigungsmöglichkeit zur Versagung der Einsicht verpflichtet ist[634]. Sowohl in der Literatur als auch in der gerichtlichen Praxis spielt der Ausschlussgrund des Art. 4 Abs. 1 lit. a) 4. Gedankenstrich VO 1049/2001 keine zentrale Rolle. Insbesondere die wissenschaftliche Betrachtung fokussiert sich primär auf die Ausschlussgründe gemäß Art. 4 Abs. 2 1. und 3. Gedankenstrich VO 1049/2001[635]. Auch die Kommission selbst stützt ihre Verweigerungshaltung ausschließlich auf diese Tatbestände[636]. *Milde* hingegen vertritt die Auffassung, dass auch Art. 4 Abs. 1 lit. a) 4. Gedankenstrich VO 1049/2001 für den Schutz von Kronzeugenerklärungen zu Felde geführt werden könne[637]. Nach ihrer Ansicht ist das Kronzeugenprogramm der Kommission essentieller Bestandteil der Wettbewerbs- und damit auch der Wirtschaftspolitik der Union und entsprechend Art. 4 Abs. 1 lit. a) 4. Gedankenstrich VO 1049/2001 zu schützen, da die Offenlegung von Kronzeugenanträgen die Effektivität des Kronzeugenprogramms und damit schlussendlich auch die Wirtschaftspolitik der Union beeinträchtige[638].

Die Ausführungen von *Milde* fordern indes Widerspruch heraus. Zunächst steht bereits die Systematik der Art. 4 Abs. 1 und 2 VO 1049/2001 der von *Milde* gefundenen Konklusion entgegen. Zutreffend ist, dass die Wettbewerbspolitik in ihrer Gesamtheit Bestandteil der Wirtschaftspolitik der Union ist. Dies folgt aus den Artt. 119 Abs. 1, 120 S. 2 AEUV, die in Titel VIII des Vertrages über die Arbeitsweise der Europäischen Union „*Die Wirtschafts- und Währungspolitik*" angesiedelt sind und durch die sich die Mitgliedstaaten dem Grundsatz des freien Wettbewerbs verschrieben haben[639]. Die Wettbewerbspolitik *in summa* ist damit Teil der unionalen Wirtschaftspolitik. Das Kronzeugenprogramm ist jedoch, isoliert betrachtet, ein von der Kommission geschaffenes Instrument zur Vereinfachung und Effektivierung ihrer Untersuchungs- und Kontrolltätigkeit. Mit dem Schutz des Kronzeugenprogramms bezweckt die Kommission dem-

---

634 Landmann/Rohmer/*Reidt*/*Schiller*, Verordnung (EG) Nr. 1049/2001 Rn. 45.
635 Vgl. hierzu die nachfolgende Untersuchung sowie die Darstellungen von *Westhoff*, Zugang zu Beweismitteln, 121; Immenga/Mestmäcker/*Ritter*, VO 1/2003 Art. 27 Rn. 38; *Frenz*, EuZW 2013, 778, 781; Von der Groeben/Schwarze/Hatje/ *Kellerbauer*, VO 1/2003 Art. 27 Rn. 25.
636 Vgl. EuGH, Urt. v. 27.07.2014 - Rs. C-365/12 P „*EnBW*", EuZW 2014, 311, 312.
637 *Milde*, Schutz des Kronzeugen, 119 ff.
638 *Milde*, Schutz des Kronzeugen, 121.
639 *Milde*, Schutz des Kronzeugen, 120.

nach den Schutz ihrer eigenen Verfolgungstätigkeit[640]. Die Protektion der behördlichen Untersuchungstätigkeit hat jedoch in Art. 4 Abs. 2 3. Gedankenstrich VO 1049/2001 eine eigenständige Regelung erfahren[641]. Sie ist *lex specialis* gegenüber Art. 4 Abs. 1 lit. a) 4. Gedankenstrich VO 1049/2001. Fasste man auch die Untersuchungstätigkeit der Wettbewerbsbehörden unter den generellen Begriff der Wirtschaftspolitik gemäß Art. 4 Abs. 1 lit. a) 4. Gedankenstrich VO 1049/2001, verbliebe für Art. 4 Abs. 2 3. Gedankenstrich VO 1049/2001 kein praktischer Anwendungsbereich mehr. Daher wird der Schutz des Kronzeugenprogramms als Bestandteil der Untersuchungstätigkeit der Kommission nicht von Art. 4 Abs. 1 lit. a) 4. Gedankenstrich VO 1049/2001 erfasst, sondern er unterfällt vielmehr der spezielleren Regelung gemäß Art. 4 Abs. 2 3. Gedankenstrich VO 1049/2001[642].

Neben dieses systematische Argument tritt der Umstand, dass eine Unterstellung des Kronzeugenprogramms unter das Schutzregime des Art. 4 Abs. 1 lit. a) 4. Gedankenstrich VO 1049/2001 in Widerspruch zu den Ausführungen des *EuGH* in der Sache *Donau Chemie* stünde[643]. Hierin hat der *EuGH* bekanntermaßen festgestellt, dass es insbesondere mit Art. 101 AEUV und den daraus folgenden Rechten der Kartellgeschädigten unvereinbar ist, wenn eine Regelung zur Akteneinsicht derart starr ausgestaltet ist, dass sie keine Abwägung der widerstreitenden Interessen im Einzelfall ermöglicht[644]. Art. 4 Abs. 1 lit. a) 4. Gedankenstrich VO 1049/2001 weist jedoch einen solch starren Charakter auf, da der Kommission die Möglichkeit einer Einzelfallabwägung nicht eröffnet und ihr stattdessen die Pflicht auferlegt wird, im Falle eines entgegenstehenden Interesses den Antrag auf Einsicht abzuweisen[645]. Die Kommission besitzt demnach keine rechtliche Handhabe, die Interessen der Kartellgeschädigten im Rahmen ihrer Entscheidung zu berücksichtigen und gegen die Geheimhaltungsinteressen abzuwägen. Gleiches gilt für das zur Entscheidung über die Einsichtnahme berufene Gericht. Die Möglichkeit einer solchen einzelfallbezogenen Abwägung ist nach den Ausführungen des *EuGH* je-

---

640 Dies wird auch gesehen von *Milde*, Schutz des Kronzeugen, 129.
641 Hieran anknüpfend auch *Frenz*, EuZW 2013, 778, 781.
642 Hierzu sogleich unter C.I.2.d.bb.(3).
643 EuGH, Urt. v. 06.06.2013 - Rs. C-536/11 „*Donau Chemie*"; hierzu bereits ausführlich unter C.I.1.a.bb.(1).(c). sowie C.I.1.c.bb.(3).
644 EuGH, Urt. v. 06.06.2013 - Rs. C-536/11 „*Donau Chemie*" Rz. 32.
645 Landmann/Rohmer/*Reidt*/*Schiller*, Verordnung (EG) Nr. 1049/2001 Rn. 45.

doch zwingend erforderlich, da andernfalls die wirksame Anwendung des unionalen Wettbewerbsrechts beeinträchtigt würde. Eine Anwendung von Art. 4 Abs. 1 lit. a) 4. Gedankenstrich VO 1049/2001 auf den Schutz des Kronzeugenprogramms stünde damit auch im Widerspruch zu unionalem Primärrecht und ist daher auch unter diesem Gesichtspunkt abzulehnen.

(2) Schutz geschäftlicher Interessen

Art. 4 Abs. 2 1. Gedankenstrich VO 1049/2001 schließt den Zugang zu Dokumenten der Kommission aus, wenn hierdurch der Schutz der geschäftlichen Interessen einer natürlichen oder juristischen Person beeinträchtigt würde. Im Unterschied zu den absoluten Versagungsgründen gemäß Art. 4 Abs. 1 VO 1049/2001 handelt es sich bei den in Abs. 2 normierten Tatbeständen um relative Versagungsgründe. Sie stehen einem Aktenzugangsrecht nur dann entgegen, wenn nicht gemäß Art. 4 Abs. 2 letzter HS VO 1049/2001 ein überwiegendes öffentliches Interesse an der Verbreitung besteht. Erforderlich ist demnach eine Berücksichtigung der Offenlegungsinteressen des Antragstellers[646] und eine Abwägung derselben mit den entgegenstehenden Geheimhaltungsinteressen. Es stellt sich hierbei die Frage, ob der Kronzeuge sein Interesse an der Vertraulichkeit der Kronzeugenerklärung dem Zugangsanspruch des Geschädigten entgegenhalten kann. Zur Beantwortung dieser Problematik ist zunächst daran zu erinnern, dass das Interesse des Kronzeugen zuvörderst darauf gerichtet ist, einer gerichtlich festgestellten Schadensersatzpflicht gegenüber dem Kartellgeschädigten zu entgehen. Auch wenn Kartellanten oftmals einwenden werden, dass die Kronzeugenerklärungen sensible unternehmerische Daten wie Marktstrategien, Absatzzahlen, Lohnkalkulationen u.Ä.[647] enthalten, so bezweckt die Geheimhaltung doch in erster Linie die Vermeidung der gerichtlichen Feststellung einer Schadensersatzverpflichtung[648]. Maßgeblich ist demnach, ob dieses Vermeidungsinteresse als geschäftliches Interesse im Sinne von Art. 4 Abs. 2 1. Gedankenstrich VO 1049/2001 qualifiziert werden kann. Zunächst ist zu sehen, dass nach Auf-

---

646 Landmann/Rohmer/*Reidt/Schiller*, Verordnung (EG) Nr. 1049/2001 Rn. 46; Dauses/Scherer/*Heselhaus*, Abschnitt O. Umweltrecht, Rn. 241.

647 Vgl. hierzu auch *Hiéramente/Pfister*, BB 2016, 968, 969.

648 So auch EuG, Urt. v. 22.05.2012 - T-344/08 „*EnBW*", BeckRS 2012, 80966 Rn. 147.

fassung der Kommission und des *EuG* das begriffliche Verständnis der geschäftlichen Interessen weiter zu fassen ist als das der reinen Geschäftsinteressen[649]. Das *EuG* weist gleichwohl darauf hin, dass trotz mangelnder Definition der geschäftlichen Interessen durch die Rechtsprechung nicht jedwedes Interesse als geschäftliches Interesse qualifiziert werden könne, da andernfalls der Zweck der VO 1049/2001, der Öffentlichkeit größtmöglichen Zugang zu Dokumenten der Kommission zu gewähren, unterminiert würde[650]. Folgerichtig kann nach Ansicht des *EuG* in dem Interesse eines kartellbeteiligten Unternehmens, einer schadensersatzrechtlichen Inanspruchnahme zu entgehen, kein geschäftliches Interesse gesehen werden, da der Schutzwürdigkeit dieses Interesses insbesondere das Recht eines jeden entgegensteht, Ersatz des Schadens zu verlangen, der ihm durch das wettbewerbswidrige Verhalten entstanden ist[651].

Demgegenüber vertritt *Milde* die Auffassung, die in Kronzeugenerklärungen enthaltenen Informationen seien als schutzwürdige geschäftliche Interessen gemäß Art. 4 Abs. 2 1. Gedankenstrich VO 1049/2001 zu qualifizieren[652], da der Inhalt der Kronzeugenerklärungen Geschädigten die Geltendmachung eines Kartellschadensersatzanspruches ermögliche und dies den Kronzeugen wirtschaftlich erheblich beeinträchtige und somit seine geschäftlichen Interessen tangiere[653]. Die Ansicht *Mildes* greift dabei jedoch zu kurz, da sie ausschließlich den Inhalt der Kronzeugenerklärungen und das hierdurch eröffnete Klagepotenzial in den Blick nimmt. Sie lässt hingegen unberücksichtigt, ob eine durch die Einsichtnahme in die Kronzeugenerklärungen eröffnete Kartellschadensersatzklage dem Sinn und Zweck des Schutzes der geschäftlichen Interessen gemäß Art. 4 Abs. 2 1. Gedankenstrich VO 1049/2001 entspricht. Denn nicht allein die inhaltliche Qualität der offenzulegenden Informationen ist maßgeblich, sondern insbesondere auch die Zielrichtung ihrer möglichen Verwendung: Obschon der Begriff der geschäftlichen Interessen weiter reicht als jener

---

649 *Palzer*, EuR 2012, 583, 594 mit Verweis auf EuG, Urt. v. 15.12.2011 - Rs. T-437/08.
650 EuG, Urt. v. 22.05.2012 - Rs. T- 344/08 „*EnBW*", BeckRS 2012, 80966 Rn. 134; Urt. v. 30.01.2008, Rs. T-380/04 Rn. 93.
651 EuG, Urt. v. 22.05.2012 - Rs. T- 344/08 „*EnBW*", BeckRS 2012, 80966 Rn. 148; Urt. v. 28.01.2015, Rs. T-341/12 Rn. 110; dem zustimmend auch *Frenz*, EuZW 2013, 778, 781.
652 *Milde*, Schutz des Kronzeugen, 137.
653 *Milde*, Schutz des Kronzeugen, 136 f.

der Geschäftsinteressen oder -geheimnisse[654], so wohnt ihm dennoch ein Konnex zu der geschäftlichen Tätigkeit des Unternehmens inne. Daraus folgt, dass auch der Schutz der geschäftlichen Interessen im Kern darauf ausgerichtet ist, eine Verzerrung des Marktes zu verhindern, indem das geschäftliche Wirken des Einzelnen vor sachwidrigen Beeinflussungen geschützt werden soll. Der Schutz von Geschäftsgeheimnissen zielt darauf ab, die Selbstständigkeit der unternehmerischen Marktstrategie zu erhalten und Dritten keine Informationen zugänglich zu machen, die ihnen einen Vorteil im Wettbewerb oder in der konkreten Geschäftsbeziehung vermitteln könnten[655]. Diese Grunderwägung beansprucht auch für das Merkmal der geschäftlichen Interessen Geltung; sie müssen ebenfalls einen zumindest rudimentären Zusammenhang mit der Wettbewerbsstellung des Unternehmens bzw. seiner geschäftlichen Tätigkeit am Markt aufweisen[656]. Der Gesetzgeber bezweckt mit der Geheimhaltung unternehmerischer Informationen eine Verhinderung der Beeinflussung des freien Wettbewerbs. Die Europäische Union hat sich kraft der Artt. 119 Abs. 1, 120 S. 2 AEUV dem freien Wettbewerb verschrieben. Bestandteil dieser Prämisse ist das Bemühen, die dem Wettbewerb immanente Unsicherheit über das künftige Marktverhalten eines Marktteilnehmers bzw. Wettbewerbers zu gewährleisten[657]. Hiermit wäre es unvereinbar, wenn unionale Organe Informationen preisgäben, die Wettbewerbern des Informationsgebers einen wettbewerblichen Vorteil verschaffen würden. Dementsprechend soll Art. 4 Abs. 2 1. Gedankenstrich VO 1049/2001 verhindern, dass der freie Wettbewerb durch ein allzu transparentes Handeln der unionalen Organe beeinflusst wird, der primärrechtliche Grundsatz des freien Wettbewerbs geht dem Transparenzziel der Europäischen Union vor. Der Zugriff auf Kronzeugenerklärungen, mögen sie marktsensible Daten enthalten oder nicht, im Vorfeld einer kartellrechtlichen Schadensersatzklage ist jedoch nicht auf Erlangung eines Vorteils gerichtet, der bei gewöhnlichem Marktum-

---

654 *Palzer*, EuR 2012, 583, 594 mit Verweis auf EuG, Urt. v. 15.12.2011 - Rs. T-437/08.

655 Loewenheim/Meessen/Riesenkampff/*Barthelmeß/Rudolf*, VO (EG) 1/ 2003 Art. 28 Rn. 25.

656 Insoweit auch noch übereinstimmend mit der hier vertretenen Auffassung *Milde*, Schutz des Kronzeugen, 136, wonach schützenswerte Interessen bspw. das Know-how des Unternehmens, Produktionsgeheimnisse, Bezugsquellen, Absatzstrategien oder Ähnliches sein können.

657 Loewenheim/Meessen/Riesenkampff/*Barthelmeß/Rudolf*, VO (EG) 1/ 2003 Art. 28 Rn. 25.

feld nicht zu erzielen gewesen wäre und somit dem freien Wettbewerb zuwiderläuft. Dem Kartellgeschädigten geht es stattdessen um die *Kompensation* des erlittenen Schadens. Die Beanspruchung dieser Kompensation stellt jedoch keinen wettbewerblichen Vorteil dar, der im Widerspruch zum Grundsatz des freien Wettbewerbs steht. Vielmehr ist der Schadensersatzanspruch des Kartellgeschädigten gerade Ausfluss des Gedankens des freien Wettbewerbs. Es kann nicht das Ziel des unionalen Verordnungsgebers gewesen sein, den Kartellanten durch den Schutz geschäftlicher Interessen vor einer Inanspruchnahme aus einem wettbewerbswidrigen Verhalten zu bewahren. Dies würde den Begriff und den Schutz der geschäftlichen Interessen *ad absurdum* führen, da der Schutz des freien Marktes in dieser Lesart zur Folge hätte, dass ein Verhalten, dass diesem freien Markt zuwiderläuft, schadensersatzrechtlich nicht sanktioniert werden kann. Durch den Schutz geschäftlicher Interessen gemäß Art. 4 Abs. 2 1. Gedankenstrich VO 1049/2001 soll lediglich verhindert werden, dass Unternehmen durch die Weitergabe von Informationen an unionale Organe einen geschäftlichen bzw. wettbewerblichen Nachteil erleiden. Keinesfalls soll hierdurch eine Abschottung vor wettbewerblichen Schadensersatzansprüchen anderer Marktteilnehmer gewährleistet werden. Eine solch weite Auslegung konfligiert mit der unionalen Verpflichtung zur Förderung des freien Wettbewerbs. Hinzu tritt, dass der Kronzeuge als Kartellant rechtswidrig gehandelt hat und ein geschäftliches Interesse an der Geheimhaltung eines wettbewerbswidrigen Verhaltens bzw. an der Verhinderung einer entsprechenden Kompensation gegenüber Mitbewerbern oder sonstigen Marktteilnehmern abzulehnen ist.

Im Ergebnis ist damit der Auffassung des *EuG* dahingehend zu folgen, dass das Interesse des Kartellanten an der Geheimhaltung der Kronzeugenerklärung, ungeachtet ihres Inhaltes, kein geschäftliches Interesse im Sinne von Art. 4 Abs. 2 1. Gedankenstrich VO 1049/2001 darstellt.

(3) Schutz des Zwecks von Untersuchungstätigkeiten

In Gestalt von Art. 4 Abs. 2 3. Gedankenstrich hält die VO 1049/2001 einen Versagungsgrund zum Schutze des Zwecks von Inspektions-, Untersuchungs- und Audittätigkeiten bereit. Im Falle von Einsichtsanträgen kartellgeschädigter Dritter bei der Kommission bildet dieser Ausschlussgrund oftmals den verfahrensrechtlichen Erisapfel, da die Kommission den Schutz ihres Kronzeugenprogramms insbesondere durch diesen Ausschlussgrund erfasst sieht. Im Gegensatz zu den in Art. 4 Abs. 1 VO 1049/2001 enthaltenen absoluten Ausschlussgründen normiert Abs. 2 relative Versagungsgründe. Sie beruhen auf der Abwägung der in der jeweiligen Situation widerstreitenden Interessen, sodass die Entscheidung über den Zugang zu Dokumenten von der Frage abhängt, welchem Interesse im jeweiligen Einzelfall der Vorrang gebührt[658].

(a) Schutz des Kronzeugenprogramms als Untersuchungstätigkeit

Zunächst müsste die Protektion des Kronzeugenprogramms unter das Merkmal des Schutzes von Untersuchungstätigkeiten im Sinne von Art. 4 Abs. 2 3. Gedankenstrich VO 1049/2001 zu fassen sein. Dabei ist im Blick zu behalten, dass die Ausschlussgründe gemäß Art. 4 VO 1049/2001 grundsätzlich einer engen Auslegung unterliegen müssen, da sie von dem die gesamte Transparenzverordnung tragenden Grundsatz des größtmöglichen Zugangs der Öffentlichkeit zu unionalen Dokumenten abweichen[659].

Art. 4 Abs. 2 3. Gedankenstrich VO 1049/2001 dient *expressis verbis* nicht dem Schutz der Untersuchungstätigkeit selbst, sondern dem Schutz des *Zwecks* der Untersuchungstätigkeit[660]. Der Untersuchungszweck besteht im Falle der Tätigkeit der Kommission darin, zu überprüfen, ob ein Verstoß gegen unionales Wettbewerbsrecht begangen wurde und ggf. entsprechende Sanktionen zu verhängen sind[661]. Die Relevanz der Differenzierung zwischen dem Schutz der Untersuchungstätigkeit selbst und ihres Zwecks besteht in der Erkenntnis, dass die behördlichen Dokumente im Falle des Schutzes des Untersuchungszwecks auch dann noch unter den Ausschlussgrund gemäß Art. 4 Abs. 2 3. Gedankenstrich VO 1049/2001 zu fassen sein können, wenn die konkrete Untersuchung bereits abgeschlossen, der beabsichtigte Zweck jedoch noch nicht erreicht ist[662].

Aufgrund der Tatsache, dass der Zweck der Untersuchungstätigkeit der Kommission in der Aufdeckung möglicher Wettbewerbsverstöße liegt, ist auch das Kronzeugenprogramm als Instrumentarium zur Effektivierung

---

658 EuGH, Urt. v. 14.11.2013 - C-514/11 P und C-605/11 P, BeckRS 2013, 82160.
659 EuG, Urt. v. 22.05.2012 - T-344/08 „*EnBW*", BeckRS 2012, 80966 Rn. 41; EuGH, Urt. v. 01.02.2007 - C-266/05 P, Slg. 2007, I-1233 Rn. 63.
660 EuG, Urt. v. 22.05.2012 - T-344/08 „*EnBW*", BeckRS 2012, 80966 Rn. 116.
661 EuG, Urt. v. 22.05.2012 - T-344/08 „*EnBW*", BeckRS 2012, 80966 Rn. 116.
662 EuG, Urt. v. 22.05.2012 - T-344/08 „*EnBW*", BeckRS 2012, 80966 Rn. 116.

dieser Untersuchungstätigkeit im Ausgangspunkt dem Schutz von Art. 4 Abs. 2 3. Gedankenstrich VO 1049/2001 zu unterstellen. Denn das Kronzeugenprogramm ist einzig und allein der Aufdeckung und Verfolgung möglicher Kartellrechtsverstöße und damit dem Zweck der wettbewerbsbehördlichen Untersuchungstätigkeit zu dienen bestimmt und aus Sicht der Kommission eine unverzichtbare Informationsquelle[663]. Infolge dessen stellt die wohl *h.M.* das Kronzeugenprogramm grundsätzlich unter den Schutz des Zwecks der Untersuchungstätigkeiten gemäß Art. 4 Abs. 2 3. Gedankenstrich VO 1049/2001[664]. Uneinigkeit besteht indes hinsichtlich der Frage, ob sich dieser Schutz auf die Verfolgungstätigkeit in ihrer Gesamtheit oder lediglich auf ein konkretes Kartellverfolgungsverfahren erstreckt. Der dogmatische Streit unterliegt demnach an dieser Stelle auf nationaler und unionaler Ebene einem Gleichlauf[665] und wird im europäischen Kontext an der Frage festgemacht, ob Art. 4 Abs. 2 3. Gedankenstrich VO 1049/2001 auch zukünftige Untersuchungstätigkeiten schützt, was im Ergebnis den Schutz des Kronzeugenprogramms *per se* bedeutete.

Milde vertritt hierzu die Auffassung, Art. 4 Abs. 2 3. Gedankenstrich VO 1049/2001 habe einen Schutz auf übergeordneter Ebene zum Ziel, der unabhängig vom konkreten Verfahrensstadium Geltung beanspruche und demnach auch zukünftige Verfahren erfasse, ohne dass ein irgendwie gearteter Zusammenhang zwischen den Verfahren bestehen müsse[666]. Diese Ansicht stützt sich insbesondere auf den Wortlaut des Art. 4 Abs. 2 3. Gedankenstrich VO 1049/2001, wonach *der Schutz des Zwecks von Inspektions-, Untersuchungs- und Audittätigkeiten* geschützt ist. *Milde* schlussfolgert aus der Verwendung der Pluralform einen allgemeinen Schutzcharakter, der sämtliche Kartellverfahren der Kommission erfassen soll. Wäre nur der Schutz eines konkreten Verfahrens vom Verordnungsgeber beabsichtigt gewesen, so müsse die Vorschrift stattdessen „den Schutz des Zwecks der Inspektions-, Untersuchungs- und Audittätigkeit" vorsehen[667].

---

663 *Palzer*, EuR 2012, 583, 600.

664 Vgl. nur *Milde*, Schutz des Kronzeugen, 141 m.w.N.; *Palzer*, EuR 2012, 583, 600 ff.; ohne grundlegende Zweifel auch EuG, Urt. v. 22.05.2012 - T-344/08 „En-BW"; EuGH, Urt. v. 27.02.2014 - C-365/12 P „EnBW", EuZW 2014, 311.

665 Vgl. zu dieser Problematik auf nationaler Ebene bereits unter C.I.1.a.bb.(1).(c).

666 *Milde*, Schutz des Kronzeugen, 147 ff.

667 *Milde*, Schutz des Kronzeugen, 148; mit demselben Argument auch *Palzer*, EuR 2012, 583, 601.

Den gegenteiligen Standpunkt hat das *EuG* in der Entscheidung *En-BW*[668] eingenommen. Im Rahmen dieses Verfahrens hatte die Kommission vorgetragen, Art. 4 Abs. 2 3. Gedankenstrich VO 1049/2001 schütze ihren fortlaufenden Auftrag zur Durchsetzung des Wettbewerbsrechts und damit auch das Kronzeugenprogramm insgesamt[669]. Der Begriff „Untersuchungen" sei demnach als Bestandteil ihrer grundsätzlichen und fortdauernden Aufgabe zur Überwachung des unionalen Wettbewerbs zu verstehen und mithin nicht auf den Zweck einer konkreten Untersuchungshandlung oder eines konkreten Verfahrens beschränkt[670]. Dieser generalisierenden Sichtweise hat das *EuG* widersprochen und dabei zunächst auf die bereits eingangs erwähnte Auslegung der in Art. 4 VO 1049/2001 enthaltenen Ausschlussgründe hingewiesen[671]. Darüber hinaus hat sich das Gericht auf den Standpunkt gestellt, dass der generelle Schutz der wettbewerbsbehördlichen Tätigkeit der Kommission dazu führen würde, dass die Kommission ihre Tätigkeit dem Anwendungsbereich der VO 1049/2001 ohne zeitliche Beschränkung entziehen könnte[672]. Nach Auffassung des *EuG* soll der Kommission mit dem Ausschlussgrund des Art. 4 Abs. 2 3. Gedankenstrich VO 1049/2001 jedoch kein Instrumentarium an die Hand gegeben werden, mithilfe dessen sie ihre Verfolgungstätigkeit generell und ohne Ansehung des Einzelfalles schützen kann. Diese Erwägungen des *EuG* haben im Rahmen der Rechtsmittelentscheidung[673] keine Überprüfung durch den *EuGH* erfahren. Die Frage, ob Art. 4 Abs. 2 3. Gedankenstrich VO 1049/2001 durch eine sachliche Erstreckung auch auf zukünftige Verfahren den generellen Schutz der Verfolgungstätigkeit der Kommission ermöglicht, ließ der *EuGH* offen, da er bereits eine Gefährdung des konkreten Zwecks der Untersuchungstätigkeit annehmen konnte, indem er den Abschluss der Untersuchungstätigkeit zeitlich weiter nach hinten verlagerte als das *EuG*[674]. Eine höchstrichterliche Klärung der Frage, ob Art. 4 Abs. 2 3. Gedankenstrich VO 1049/2001 einen generellen Schutz der Ver-

---

668 EuG, Urt. v. 22.05.2012 - T-344/08 „*EnBW*", BeckRS 2012, 80966.
669 EuG, Urt. v. 22.05.2012 - T-344/08 „*EnBW*", BeckRS 2012, 80966 Rn. 114.
670 EuG, Urt. v. 22.05.2012 - T-344/08 „*EnBW*", BeckRS 2012, 80966 Rn. 124.
671 EuG, Urt. v. 22.05.2012 - T-344/08 „*EnBW*", BeckRS 2012, 80966 Rn. 126.
672 EuG, Urt. v. 22.05.2012 - T-344/08 „*EnBW*", BeckRS 2012, 80966 Rn. 125.
673 EuGH, Urt. v. 27.02.2014 - C-365/12 P „*EnBW*", EuZW 2014, 311.
674 EuGH, Urt. v. 27.02.2014 - C-365/12 P „*EnBW*", EuZW 2014, 311, 315; hierzu
     sogleich unter C.I.2.d.bb.(3).(b).

folgungstätigkeit der Kommission ermöglicht, steht damit auf unionaler Ebene weiterhin aus.

Im Ergebnis ist der Ansicht des *EuG* der Vorrang einzuräumen. Zunächst begegnet das insbesondere von *Milde* angeführte Wortlautargument über die sprachliche Gestaltung des Art. 4 Abs. 2 3. Gedankenstrich VO 1049/2001 durchgreifenden Bedenken. Allein die Verwendung der Pluralform ist nicht genügend, um einen gesetzgeberischen Willen zum Schutze zukünftiger Untersuchungstätigkeiten annehmen zu können. Vielmehr ist davon auszugehen, dass diese sprachliche Gestaltung aus dem Umstand herrührt, dass Art. 4 Abs. 2 3. Gedankenstrich VO 1049/2001 eine Aufzählung verschiedener behördlicher Tätigkeiten enthält. Zudem ist es ohne weiteres möglich, dass durch die Offenlegung eines Dokuments der Zweck mehrerer konkreter Untersuchungstätigkeiten beeinträchtigt wird. Diesen Umstand soll die Norm schlicht sprachlich abbilden. Die Auffassung, dass der Verordnungsgeber durch die Verwendung des Plurals auch mögliche zukünftige Untersuchungstätigkeiten in den Schutzbereich einbeziehen wollte, vermag daher nicht zu überzeugen[675]. Vielmehr beabsichtigt Art. 4 Abs. 2 3. Gedankenstrich lediglich den Schutz konkreter und bereits existenter Verfahren[676].

Die gegenteilige Auffassung konfligiert zudem in mehrfacher Hinsicht mit der Systematik der VO 1049/2001 und der wettbewerbsrechtlichen Rechtsprechung des *EuGH*. Zunächst verstößt ein derart extensives Verständnis gegen das Gebot der engen Auslegung der in Art. 4 VO 1049/2001 enthaltenen Ausschlussgründe. Die Transparenzverordnung verfolgt das Ziel, der Öffentlichkeit ein Recht auf größtmöglichen Zugang zu den Dokumenten der Organe der Union zu gewähren[677]. Diese Zielsetzung würde unterminiert, wenn man der Kommission einen derart weitreichenden Versagungsgrund zugestehen würde, der den Zugang zu Kronzeugendokumenten schlechterdings unmöglichen werden ließe. Darüber hinaus führte eine Subsumtion der gesamten Kartellverfolgungstätigkeit der Kommission unter Art. 4 Abs. 2 3. Gedankenstrich VO 1049/2001 zu sys-

---

675 Überdies könnte der Schutz der grundsätzlichen Verfolgungstätigkeit auch in die Singularform hineingelesen werden, denn der Schutz des Zwecks *der Untersuchungstätigkeit* kann sich gerade auch auf den grundsätzlichen Untersuchungs- und Verfolgungsauftrag der Kommission erstrecken. Der Wortlaut der Vorschrift ist daher zur Lösung der Problematik gänzlich ungeeignet.

676 So auch *Hempel*, EuZW 2014, 297, 298.

677 EuGH, Urt. v. 27.02.2014 - C-365/12 P „*EnBW*", EuZW 2014, 311, 312.

temwidrigen Ergebnissen hinsichtlich des Anwendungsbereichs von Art. 4 Abs. 1 lit. a) 4. Gedankenstrich VO 1049/2001. Wie bereits festgestellt[678], ist die grundsätzliche wettbewerbsrechtliche Tätigkeit der Kommission - ausgenommen ihrer konkreten Untersuchungstätigkeiten - bereits durch den Schutz der Wirtschaftspolitik gemäß Art. 4 Abs. 1 lit. a) 4. Gedankenstrich VO 1049/2001 erfasst. Ließe man den Schutz zukünftiger Verfahren und damit der wettbewerbsrechtlichen Tätigkeit der Kommission insgesamt auch durch Art. 4 Abs. 2 3. Gedankenstrich VO 1049/2001 zu, käme es zu erheblichen Überschneidungen hinsichtlich des sachlichen Anwendungsbereichs beider Ausschlussgründe. Aufgrund der durch absolute und relative Wirkung unterschiedlich ausgestalteten Regelungskonzepte kann eine solche Kollision der Ausschlussgründe vom unionalen Verordnungsgeber nicht beabsichtigt gewesen sein. Hinzu tritt der Umstand, dass ein Schutz des fortlaufenden Auftrages der Kommission zur Durchsetzung des Wettbewerbsrechts durch Art. 4 Abs. 2 3. Gedankenstrich VO 1049/2001 unvereinbar wäre mit der in Art. 4 Abs. 2 2. HS VO 1049/2001 vorgesehenen Möglichkeit zur Abwägung mit dem öffentlichen Offenlegungsinteresse. Denn es ist nur schwer vorstellbar, dass ein konkretes öffentliches Interesse bestehen können soll, das stärker wiegt als die grundsätzliche Aufgabe der Kommission zur Durchsetzung des unionalen Wettbewerbsrechts. Stets würde ein einzelfallbezogenes öffentliches Interesse gegen die generelle und primärrechtlich verankerte Kontrollaufgabe der Europäischen Kommission abgewogen. Das öffentliche Interesse hätte in diesem Fall stets das Nachsehen, sodass die Möglichkeit zur Abwägung zu einer reinen Formalie ohne wirkliche Wertentscheidung verkäme. Da grundsätzliche Belange der Europäischen Union das öffentliche Interesse an einer Offenlegung stets überwiegen, wurden sie bewusst ohne Möglichkeit zur Abwägung durch Art. 4 Abs. 1 VO 1049/2001 unter Schutz gestellt. Daher folgt bereits aus der Systematik der Art. 4 Abs. 1 und 2 VO 1049/2001, dass der Schutz des grundsätzlichen Verfolgungsauftrages der Kommission keine Verankerung in Art. 4 Abs. 2 3. Gedankenstrich finden kann.

Schlussendlich verstieße ein Schutz auch zukünftiger Verfahren durch Art. 4 Abs. 2 3. Gedankenstrich VO 1049/2001 gegen das unionale Primärrecht, wie es der *EuGH* insbesondere in der Sache *Donau Chemie*[679] formte. Wie das *EuG* zutreffend festgestellt hat, würde ein grundsätzlicher

---

678 Vgl. hierzu unter C.I.2.d.bb.(1).
679 Vgl. hierzu ausführlich unter C.I.1.a.bb.(1).(c), C.I.1.c.bb.(3) sowie C.I.2.d.bb. (1).

Schutz zukünftiger Untersuchungstätigkeiten dazu führen, dass die Kommission ihre Tätigkeit zeitlich unbegrenzt der Anwendung der VO 1049/2001 entziehen könnte[680]. Dies würde im Ergebnis eine starre Regelung über den Dokumentenzugang darstellen, die der *EuGH* als mit dem Gebot der Einzelfallabwägung unvereinbar angesehen hat[681]. Der Schutz auch zukünftiger Verfahren ohne konkreten Einzelfallbezug hätte zur Konsequenz, dass die Kommission unabhängig vom jeweiligen Verfahrensstadium und der jeweiligen Ausgestaltung des Einzelfalls den Ausschlussgrund gemäß Art. 4 Abs. 2 3. Gedankenstrich VO 1049/2001 gegen den Zugangsantrag zu Felde führen könnte. Die Interessen des Geschädigten und damit auch das öffentliche Interesse an der konkreten Einsicht hätten gegenüber der grundsätzlichen Verfolgungstätigkeit der Kommission stets das Nachsehen. Eine einzelfallbezogene Abwägung wäre demnach nicht möglich bzw. wäre ihr Ergebnis stets zugunsten der Kommission vorgezeichnet. Ein Schutz auch zukünftiger Untersuchungstätigkeiten gemäß Art. 4 Abs. 2 3. Gedankenstrich VO 1049/2001 ist damit auch im Hinblick auf die Feststellungen des *EuGH* zu dem primärrechtlichen Gebot der Einzelfallabwägung in der Sache *Donau Chemie* abzulehnen. Art. 4 Abs. 2 3. Gedankenstrich VO 1049/2001 schützt nach alledem nur den Zweck einer konkreten Untersuchungstätigkeit, nicht hingegen die generelle Verfolgungstätigkeit der Europäischen Kommission.

(b) Die Darlegungslast nach der Entscheidung EnBW

Die bisherige Untersuchung hat gezeigt, dass Art. 4 Abs. 2 3. Gedankenstrich VO 1049/2001 nur den Schutz eines konkreten Untersuchungstätigkeitzwecks, also eines konkreten Kartellverfolgungsverfahrens, ermöglicht. Ausgehend hiervon ist nunmehr die Frage zu stellen, welche Anforderungen an die Darlegung einer konkreten Untersuchungszweckbeeinträchtigung zu stellen sind, denn aus der Sicht des Petenten ist nicht nur die sachliche Einschlägigkeit eines Versagungsgrundes entscheidend, sondern vielmehr auch die Frage, welche Darlegungsvoraussetzungen die Kommission erfüllen muss, um sich des jeweiligen Versagungsgrundes tatsächlich bedienen zu können. Gedanklicher Ausgangspunkt ist dabei

680 EuG, Urt. v. 22.05.2012 - T-344/08 „*EnBW*", BeckRS 2012, 80966 Rn. 125.
681 EuGH, Urt. v. 06.06.2013 - Rs. C-536/11 „*Donau Chemie*", EuZW 2013, 586, 588.

wiederum der Grundsatz, dass die VO 1049/2001 der Öffentlichkeit einen größtmöglichen Zugang zu den Dokumenten der unionalen Organe vermitteln soll. Hieraus folgt, dass das angerufene Organ grundsätzlich verpflichtet ist, sämtliche Dokumente, die in dem jeweiligen Zugangsantrag bezeichnet sind, im Hinblick auf mögliche Versagungsgründe konkret und individuell zu prüfen[682]. Um die Verweigerung des Zugangs zu dem begehrten Dokument zu rechtfertigen, ist es dabei nicht ausreichend, dass das Dokument lediglich im Zusammenhang mit einer in Art. 4 Abs. 2 VO 1049/2001 genannten Tätigkeit steht. Vielmehr muss das unionale Organ darlegen, inwiefern der Zugang zu dem jeweiligen Dokument die durch Art. 4 Abs. 2 VO 1049/2001 geschützten Interessen konkret und tatsächlich beeinträchtigen könnte[683]. Nach diesem aus der Systematik und dem Regelungsziel der VO 1049/2001 folgenden Gebot der Einzelfallprüfung obläge es demnach der Kommission, im Falle eines Antrags auf Einsichtnahme in Kronzeugenunterlagen die betroffenen Dokumente konkret und individuell daraufhin zu überprüfen, ob und inwieweit ihre Offenlegung den Zweck der jeweiligen Untersuchungstätigkeit tatsächlich beeinträchtigen könnte. Hieraus ergibt sich für die Kommission ein aufwändiges Prüfprogramm, das ihr Entscheidung bereits in der Entscheidung VKI/ Kommission hinsichtlich des Zugangs zu Dokumenten einer Fusionskontrolle durch das *EuG* auferlegt wurde[684]. Eine solche Pflicht der Kommission zur individuellen Prüfung und Darlegung einer möglichen Beeinträchtigung würde die Stellung des Kartellgeschädigten nicht unerheblich verbessern[685], da der Nachweis der konkreten Gefährdung durch die Kommission insbesondere dann kaum zu führen ist, wenn bereits eine abschließende Entscheidung ergangen und damit der Zweck der konkreten Untersuchungstätigkeit erreicht ist[686]. In diesem Fall entfiele der Schutzzweck des Art. 4 Abs. 2 3. Gedankenstrich VO 1049/2001, der - wie gesehen - ausschließlich den Zweck der konkreten Untersuchungstätigkeit zu schützen sucht. Kartellgeschädigten könnte somit nach Erlass einer Kommissi-

---

682 EuG, Urt. v. 22.05.2012 - T-344/08 „*EnBW*", BeckRS 2012, 80966 Rn. 28.
683 EuG, Urt. v. 22.05.2012 - T-344/08 „*EnBW*", BeckRS 2012, 80966 Rn. 40; EuGH, Urt. v. 27.02.2014 - C-365/12 P „*EnBW*", EuZW 2014, 311, 312; Urt. v. 01.07.2008 - C-39/05 P und C-52/05 P Rn. 53; Urt. v. 14.11.2013 - C-514/11 P und C-605/11 P BeckRS 2013, 82160 Rn. 44.
684 *Hempel*, EuZW 2014, 297; EuG, Urt. v. 09.06.2010 - T-237/05.
685 So auch *Yomere*, WuW 2013, 34, 36.
686 EuG, Urt. v. 22.05.2012 - T-344/08 „*EnBW*", BeckRS 2012, 80966 Rn. 57.

onsentscheidung der Ausschlussgrund des Art. 4 Abs. 2 3. Gedankenstrich VO 1049/2001 nicht mehr entgegengehalten werden, da die vorzunehmende Einzelfallprüfung keine Beeinträchtigung des konkreten Untersuchungszwecks ergeben könnte.

Etwas anderes würde gelten, wenn die Kommission von der Verpflichtung zur individuellen Prüfung befreit wäre. Ob dies im Rahmen von Anträgen zur Einsichtnahme in Kronzeugenerklärungen der Fall ist, war die zentrale Fragestellung in dem Verfahren *EnBW* vor dem *EuG*[687] und sodann vor dem *EuGH*[688]. Die Kommission hatte im Jahre 2007 gegen mehrere Hersteller gasisolierter Schaltanlagen Kartellbußgelder in Höhe von insgesamt € 750 Mio. verhängt. Im Windschatten dieser Kommissionsentscheidung begehrte die *EnBW AG* den Ersatz des ihr entstandenen Schadens und beantragte zur Prüfung eines dahingehenden Anspruchs Einsicht in die gesamte Verfahrensakte der Kommission, einschließlich enthaltener Kronzeugenerklärungen. Grundlage des Einsichtsgesuchs war dabei Art. 2 Abs. 1 VO 1049/2001. Nach über einjähriger Prüfung wies die Kommission das Gesuch u.a. unter Hinweis auf Art. 4 Abs. 2 3. Gedankenstrich VO 1049/2001 ab. Zuvor hatte die Kommission die von der *EnBW AG* begehrten Dokumente in fünf Kategorien aufgeteilt[689]. In der von der *EnBW AG* angegriffenen Entscheidung führte die Kommission sodann aus, dass sämtliche der gebildeten Kategorien unter die Ausnahme des Art. 4 Abs. 2 3. Gedankenstrich VO 1049/2001 fielen und daher der Zugang zu versagen sei[690]. Die Kommission hatte demnach die grundsätzlich gebotene Einzelfallprüfung unterlassen und stattdessen Dokumentenkategorien gebildet und angenommen, dass die jeweiligen Kategorien insgesamt in den Anwendungsbereich des Art. 4 Abs. 2 3. Gedankenstrich VO 1049/2001 fallen. Faktisch hatte sie damit eine Vermutung dahingehend geschaffen, dass sämtliche Dokumente einer bestimmten Kategorie stets dieser Ausnahmeregelung unterfallen.

---

687 EuG, Urt. v. 22.05.2012 - T-344/08 „*EnBW*", BeckRS 2012, 80966.

688 EuGH, Urt. v. 27.02.2014 - C-365/12 P „*EnBW*", EuZW 2014, 311.

689 Die fünf Kategorien waren dabei: Kronzeugendokumente, Auskunftsersuchen und deren Beantwortung durch die Parteien, Ermittlungsunterlagen, Mitteilung der Beschwerdepunkte samt Erwiderungen der Parteien sowie interne Dokumente wie z.B. Ermittlungsprotokolle, vgl. EuG, Urt. v. 22.05.2012 - T-344/08 „*EnBW*", BeckRS 2012, 80966 Rn. 8.

690 EuG, Urt. v. 22.05.2012 - T-344/08 „*EnBW*", BeckRS 2012, 80966 Rn. 9.

(aa) Die Ausgangsentscheidung des EuG

Das *EuG* wies in seiner erstinstanzlichen Entscheidung zunächst auf die grundsätzliche Pflicht der Unionsorgane zur konkreten und individuellen Prüfung der Dokumente hin. Sodann betrachtete es jene Verfahrenskonstellationen, in denen unionale Organe durch die Rechtsprechung von der Pflicht zur individuellen Prüfung ausnahmsweise befreit sind. Dies ist insbesondere dann der Fall, wenn unter den Umständen der jeweiligen Sache offenkundig ist, dass der Zugang zu den Dokumenten zu gewähren bzw. zu verweigern ist. Eine solche Offenkundigkeit ist wiederum dann anzunehmen, wenn für die begehrten Dokumente eine allgemeine Vermutung hinsichtlich einer durch die Offenlegung bewirkten Beeinträchtigung besteht[691]. Demnach hätte die Kommission von einer individuellen Prüfung der von der *EnBW AG* begehrten Kronzeugenerklärungen absehen dürfen, wenn eine Vermutung dahingehend bestünde, dass die Offenlegung der Kronzeugenerklärungen zu einer Beeinträchtigung des Zwecks von Untersuchungstätigkeiten gemäß Art. 4 Abs. 2 3. Gedankenstrich VO 1049/2001 führt. In diesem Falle wäre die Einschlägigkeit des Ausschlussgrundes offenkundig und eine individuelle Prüfung als reine Formalie obsolet[692]. In dem Verfahren vor dem *EuG* zog die Kommission zur Herleitung einer solchen Vermutung eine Parallele zu der Entscheidung des *EuGH* in der Sache *TGI*[693]. Hierin hatte der *EuGH* geurteilt, dass für aus einem Beihilfeverfahren stammende Dokumente eine allgemeine Vermutung dahingehend besteht, dass diese u.a. unter die Ausnahmeregelung des Art. 4 Abs. 2 3. Gedankenstrich VO 1049/2001 fallen. Diese Vermutung entnahm der *EuGH* der VO 659/1999[694], die ein Recht auf Zugang zu den Dokumenten der Verfahrensakte lediglich für den verantwortlichen Mitgliedstaat festschreibt[695]. Hinsichtlich des Zugangs zu Kronzeugendokumenten innerhalb einer Kartellverfahrensakte stellte sich daher die Frage, ob eine solche Vermutung auch der für Kartellverfahren maßgeblichen

---

691 EuG, Urt. v. 22.05.2012 - T-344/08 „*EnBW*", BeckRS 2012, 80966 Rn. 45 unter Verweis auf EuGH, Urt. v. 29.06.2010 - C-139/07 P „TGI" Rn. 54 ff.

692 In diesem Sinne EuG, Urt. v. 22.05.2012 - T-344/08 „*EnBW*", BeckRS 2012, 80966 Rn. 55.

693 EuGH, Urt. v. 29.06.2010 - C-139/07 P „*TGI*".

694 Verordnung (EG) Nr. 659/1999 des Rates vom 22. März 1999 über besondere Vorschriften für die Anwendung von Artikel 88 EG, ABl. L 83, 1.

695 EuGH, Urt. v. 29.06.2010 - C-139/07 P „TGI" Rn. 55 ff.

Verordnungen 1/2003[696] und 773/2004[697] entnommen werden kann. Das *EuG* maß den hierin enthaltenen Regelungen über den Zugang zu den Verfahrensakten der Kommission, die ein Zugangsrecht lediglich für den Betroffenen bzw. den Beschwerdeführer vorsehen, keine Wirkung dahingehend bei, dass bei Offenlegung der Dokumente an Dritte grundsätzlich von einer Beeinträchtigung der Verfolgungstätigkeit der Kommission auszugehen ist[698]. Darüber hinaus wies das *EuG* darauf hin, dass die speziellen Zugangsregelungen der Verordnungen 1/2003 und 773/2004 nur für die Dauer des betreffenden Verfahrens Geltung beanspruchen. Durch die (noch nicht bestandskräftige) Bußgeldentscheidung der Kommission sei indes eine abschließende Entscheidung getroffen und das Verfahren abgeschlossen worden, sodass die *leges speciales* der Kartellverfahrensverordnungen nicht mehr Platz griffen[699]. Im Ergebnis sei die Kommission daher im Falle eines Antrags auf Offenlegung von Kronzeugendokumenten zur konkreten und individuellen Prüfung hinsichtlich der Anwendbarkeit von Art. 4 Abs. 2 S. 3 VO 1049/2001 verpflichtet, ohne dass sie sich auf die Vermutung einer Beeinträchtigung berufen könne[700].

(bb) Die Rechtsmittelentscheidung des EuGH

Eine gänzlich andere Sichtweise vertrat sodann der *EuGH* im Rahmen der Entscheidung über das Rechtsmittel der Kommission gegen die Entscheidung des *EuG*[701]. Zunächst betont auch der *EuGH* unter Bezugnahme auf seine bisherige Rechtsprechung die grundsätzliche Pflicht der Organe zur konkreten Prüfung der begehrten Dokumente[702]. Hinsichtlich der Frage nach der Vermutung einer Beeinträchtigung des Zwecks einer Untersuchungstätigkeit verhält sich die Auffassung des *EuGH* jedoch diametral zu

---

696 Verordnung (EG) Nr. 1/2003 des Rates vom 16. Dezember 2002 zur Durchführung der in den Artikeln 81 und 82 des Vertrages niedergelegten Wettbewerbsregeln, ABl. v. 04.01.2003, 1; vgl. hierzu schon unter C.I.2.a.
697 Verordnung (EG) Nr. 773/2004 der Kommission vom 07.04.2004 über die Durchführung von Verfahren auf Grundlage der Artikel 81 und 82 EG-Vertrag durch die Kommission, ABl. v. 27.04.2004, 18.
698 EuG, Urt. v. 22.05.2012 - T-344/08 „*EnBW*“, BeckRS 2012, 80966 Rn. 61.
699 EuG, Urt. v. 22.05.2012 - T-344/08 „*EnBW*“, BeckRS 2012, 80966 Rn. 58.
700 EuG, Urt. v. 22.05.2012 - T-344/08 „*EnBW*“, BeckRS 2012, 80966 Rn. 62.
701 EuGH, Urt. v. 27.02.2014 - C-365/12 P „*EnBW*“, EuZW 2014, 311.
702 EuGH, Urt. v. 27.02.2014 - C-365/12 P „*EnBW*“, EuZW 2014, 311, 312.

den Ausführungen des *EuG*. Zunächst weist das Gericht darauf hin, dass das Bestehen einer solchen Vermutung bereits im Bezug auf Dokumente eines Beihilfenkontrollverfahrens[703], den Schriftwechsel im Rahmen eines Fusionskontrollverfahrens[704], die Schriftsätze eines Organs im Rahmen eines gerichtlichen Verfahrens[705] sowie die Dokumente eines Vertragsverletzungsverfahrens[706] anerkannt sei. All diesen Verfahren sei dabei gemein, dass der Einsichtsantrag jeweils eine Vielzahl von Dokumenten betraf und der Kommission die Möglichkeit zugestanden wurde, einen derart umfassenden Antrag in allgemeiner Art zu behandeln und zu bescheiden[707]. Diese Rechtsprechung dehnt der *EuGH* sodann auf die Einsichtsanträge Kartellgeschädigter aus. Anders als das *EuG* entnimmt der *EuGH* den Verordnungen 1/2003 und 773/2004 dabei die Wertung, dass Dritten kein Recht auf Zugang zu den Verfahrensakten der Kommission zustehen soll[708]. Diese Wertentscheidung des unionalen Verordnungsgebers sei im Wege einer kohärenten Auslegung auch im Rahmen des Ausschlussgrundes gemäß Art. 4 Abs. 2 3. Gedankenstrich VO 1049/2001 zu berücksichtigen. Andernfalls sei die durch die VO 1/2003 speziell kartellverfahrensrechtlich geregelte Akteneinsicht in Frage gestellt und das vom Unionsgesetzgeber bezweckte Gleichgewicht zwischen größtmöglicher Transparenz einerseits und Schutz sensibler Daten andererseits gefährdet[709]. Nach der Lesart des *EuGH* folgt damit aus den speziellen Verordnungen 1/2003 und 773/2004 eine allgemeine Vermutung dahingehend, dass die Offenlegung von Kartellverfahrensakten zu einer Beeinträchtigung im Sinne von Art. 4 Abs. 2 3. Gedankenstrich VO 1049/2001 führt[710]. Da diese in den Verordnungen 1/2003 und 773/2004 wurzelnde Vermutung indes nur für die die Dauer des jeweiligen Kartellverfahrens Geltung beansprucht, hatte der *EuGH* überdies die Frage zu beantworten, wann das jeweilige Kartellverfahren seinen Abschluss findet und somit die zeitliche Anwendbarkeit der Kartellverfahrensverordnungen endet. Anders als das *EuG* sieht der *EuGH* das wettbewerbsbehördliche Kartellverfahren nicht mit Erlass einer Kommis-

---

703 EuGH, Urt. v. 29.06.2010 - C-139/07 P „*TGI*".
704 EuGH, Urt. v. 28.06.2012 - C-447/10 P.
705 EuGH, Urt. v. 21.09.2010 - verb. Rs. C-514/07 P, C-528/07 P und C-532/07 P.
706 EuGH, Urt. v. 14.11.2013 - C-514/11 P und C-605/11 P.
707 EuGH, Urt. v. 27.02.2014 - C-365/12 P „*EnBW*", EuZW 2014, 311, 313.
708 EuGH, Urt. v. 27.02.2014 - C-365/12 P „*EnBW*", EuZW 2014, 311, 314.
709 EuGH, Urt. v. 27.02.2014 - C-365/12 P „*EnBW*", EuZW 2014, 311, 314 f.
710 EuGH, Urt. v. 27.02.2014 - C-365/12 P „*EnBW*", EuZW 2014, 311, 315; so zuvor auch schon *Milde*, Schutz des Kronzeugen, 140.

sionsentscheidung als beendet an. Vielmehr könne das konkrete Verfahren erst dann als abgeschlossen gelten, wenn die Entscheidung der Kommission in Bestandskraft erwachsen sei[711], denn hinsichtlich der Frage nach der Beendigung des Verfahrens dürfe die Möglichkeit der späteren Nichtigerklärung der Entscheidung durch die Unionsgerichte nicht außer Acht gelassen werden. Eine solche gerichtliche Entscheidung könne die Kommission dazu veranlassen, neuerlich tätig zu werden und die begehrte Verfahrensakte erneut zu verwenden[712]. Nach der Ansicht des *EuGH* wirken die speziellen Kartellverfahrensverordnungen damit über den Zeitpunkt des Erlasses einer Kommissionsentscheidung hinaus.

Nachdem der *EuGH* entgegen der Auffassung des *EuG* eine allgemeine Beeinträchtigungsvermutung zugunsten der Kommission durch Offenlegung von Kartellverfahrensakten statuiert, wendet er sich der Frage nach der Widerlegung dieser Vermutung zu. Einfallstor dieser Widerlegung ist dabei das Tatbestandsmerkmal des überwiegenden öffentlichen Interesses gemäß Art. 4 Abs. 2 2. HS VO 1049/2001. Nach dem Verständnis des *EuGH* obliegt es dem Geschädigten nachzuweisen, dass er für die Durchsetzung seines kartellrechtlichen Schadensersatzanspruches auf die begehrten Dokumente angewiesen ist und demnach eine Notwendigkeit für die Einsichtnahme besteht[713]. Könne der Geschädigte den Nachweis einer solchen Notwendigkeit nicht führen, bestehe kein öffentliches Interesse im Sinne von Art. 4 Abs. 2 2. HS VO 1049/2001, das die entsprechende Vermutung widerlegen und der Versagung entgegenstehen könne[714].

Im Ergebnis existiert daher nach Auffassung des *EuGH* in jenen Fällen, in denen Geschädigte Zugang zu einer Vielzahl von Dokumenten einer Kartellverfahrensakte begehren, eine Vermutung für das Eingreifen des Ausschlussgrundes gemäß Art. 4 Abs. 2 3. Gedankenstrich VO 1049/2001. Diese Vermutung kann nur dann als widerlegt angesehen werden, wenn der Geschädigte nachweist, auf die in den Dokumenten enthaltenen Informationen zur effektiven Durchsetzung seines Schadensersatzanspruches zwingend angewiesen zu sein.

---

711 EuGH, Urt. v. 27.02.2014 - C-365/12 P „*EnBW*", EuZW 2014, 311, 315 f.
712 EuGH, Urt. v. 27.02.2014 - C-365/12 P „*EnBW*", EuZW 2014, 311, 315 f.
713 EuGH, Urt. v. 27.02.2014 - C-365/12 P „*EnBW*", EuZW 2014, 311, 316.
714 EuGH, Urt. v. 27.02.2014 - C-365/12 P „*EnBW*", EuZW 2014, 311, 316.

(cc) Stellungnahme

Die vom *EuGH* in der Entscheidung *EnBW* geschaffene Vermutung über das Eingreifen des Ausschlussgrundes gemäß Art. 4 Abs. 2 3. Gedankenstrich VO 1049/2001 wirft eine Vielzahl dogmatischer Fragen auf. Problematisch erscheint zunächst die Schlussfolgerung des Gerichts dahingehend, dass die Verordnungen 1/2003 und 773/2004 Dritte von einem Zugang zu den Kartellverfahrensakten der Kommission bewusst ausschlössen. Zuzugeben ist dem *EuGH*, dass die Artt. 27 Abs. 2 und 28 VO 1/2003 bzw. die Artt. 6, 8, 15 und 16 der VO 773/2004 lediglich ein Akteneinsichtsrecht zugunsten der Verfahrensparteien bzw. des Beschwerdeführers normieren. Hinsichtlich sonstiger Dritter enthalten die Verordnungen jedoch kein ausdrückliches Verbot einer Akteneinsicht, vielmehr schweigen sie hierzu. Die Schlussfolgerung des *EuGH* fußt demnach nicht auf einer ausdrücklichen Normierung durch den Verordnungsgeber, sondern auf einem *argumentum e contrario*: All jene, denen die Verordnungen kein ausdrückliches Akteneinsichtsrecht zugestehen, darf auch unter sonstigen Gesichtspunkten keine Einsicht gewährt werden. Dieser Umkehrschluss erscheint zweifelhaft. Die Verordnungen 1/2003 und 773/2004 haben im Rahmen der Reglementierung der Akteneinsicht stets und ausschließlich die Verfahrens- bzw. Verteidigungsrechte der Parteien bzw. des Beschwerdeführers im Blick. Das Recht auf Akteneinsicht dient dabei stets als Annex zur effektiven Durchsetzung der Verteidigungsrechte gegen die Entscheidung der Kommission. Die Regelungen der Verordnungen 1/2003 und 773/2004 hinsichtlich der Akteneinsicht sind dabei auf dieses bipolare Verhältnis beschränkt und ihre Aussagekraft dementsprechend begrenzt. Dass die Verordnungen zu einem Akteneinsichtsrecht sonstiger Dritter schweigen, bedeutet indes nicht, dass der unionale Verordnungsgeber ein solches Akteneinsichtsrecht schlechterdings verhindert wissen wollte. Vielmehr sind geschädigte Dritte, die gänzlich außerhalb des Kartellverfahrens stehen, schlicht nicht vom Regelungsbereich der Verordnungen 1/2003 und 773/2004 erfasst. Das Schweigen des Verordnungsgebers zu einem Akteneinsichtsrecht der Geschädigten bedeutet daher keinen bewussten Ausschluss eines Einsichtsrechts, sondern vielmehr nur, dass sich der unionale Gesetzgeber an dieser Stelle keinen Willen hinsichtlich einer Akteneinsicht der Geschädigten gebildet hat, da insoweit aufgrund des Fehlens verfahrensmäßig schutzwürdiger Verteidigungsrechte schlicht keine Veranlassung hierzu bestand. Infolge dessen ist es dogmatisch fehlerhaft, wenn der *EuGH* diesen Verordnungen einen Willen des Verordnungsgebers entnehmen will, der keinerlei Bezug zum Regelungsbereich der jeweiligen Verordnung aufweist.

Auch die Ausführungen zur zeitlichen Dauer der durch die Verordnungen 1/2003 und 773/2004 vermittelten Vermutung überzeugen bei genauerer Reflexion nicht. Für die Einsicht begehrenden Geschädigten hat die Festlegung der Verfahrensbeendigung auf den Zeitpunkt der Bestandskraft zur Folge, dass hinsichtlich ihrer Schadensersatzansprüche oftmals die Problematik der Verjährung auf den Plan treten wird, sofern sie den Eintritt der Bestandskraft abwarten wollen bzw. müssen[715]. Sie werden daher regelmäßig ihr Einsichtsbegehren vor Eintritt der Bestandskraft gegenüber der Kommission geltend machen müssen und sich infolge dessen der fortwirkenden Vermutung ausgesetzt sehen. Würde man, wie der *EuGH* meint, das Kartellverfahren erst mit Bestandskraft der Kommissionsentscheidung als abgeschlossen ansehen, hätte dies zur Folge, dass die Kommission selbst zumindest Zweifel an der Rechtmäßigkeit ihrer eigenen Entscheidung hegen müsste[716]. Denn nur dann, wenn die Kommission eine Aufhebung ihrer Entscheidung durch die unionalen Gerichte und eine Wiederaufnahme des Kartellverfahrens für möglich hält, wäre das Verfahren aus ihrer Sicht nicht beendet und eine Beeinträchtigung des Untersuchungszwecks weiterhin denkbar. Der Erlass einer Entscheidung, die die Kommission selbst für möglicherweise rechtswidrig erachtet, ist ihr jedoch aufgrund der Gesetzesbindung untersagt[717].

Schlussendlich begegnet auch die dem Geschädigten eröffnete Möglichkeit zur Widerlegung der Vermutung durchgreifenden Bedenken. Zunächst ist daran zu erinnern, dass es dem Telos der VO 1049/2001 entspricht, den freien Zugang zu Unionsdokumenten als Grundsatz festzuschreiben und eine Verweigerung zur begründungsbedürftigen Ausnahme zu machen[718]. Diese Systematik verkehrt der *EuGH* schlicht in ihr Gegenteil, wenn er Geschädigten die Pflicht auferlegt, die Notwendigkeit der Einsichtnahme darzulegen. Hierdurch wird der Zugang zu den Dokumenten der Kommission de facto von einem Tatbestandsmerkmal abhängig gemacht, das Art. 2 Abs. 1 VO 1049/2001 nicht vorsieht. Darüber hinaus stellt sich die Frage, auf welche Weise der Petent diesen Nachweis führen soll, wenn er keinerlei Kenntnis von dem genauen Inhalt dieser Dokumen-

---

715 *Hempel*, EuZW 2014, 297, 300.
716 So auch *Milde*, Schutz des Kronzeugen, 143; *Hempel*, EuZW 2014, 297, 299.
717 *Hempel*, EuZW 2014, 297, 299.
718 *Palzer*, EuR 2012, 583, 598.

te besitzt. Die Widerlegung der Vermutung erscheint unter diesem Gesichtspunkt nahezu unmöglich[719]. Diese tatsächliche Problematik hat auch das *EuG* erkannt und im Nachgang zu der Entscheidung *EnBW* festgestellt, dass die Kommission dem Anspruchsteller die Möglichkeit einräumen muss, sich ein Bild von der Relevanz der begehrten Kronzeugendokumente für die Geltendmachung des Schadensersatzanspruches machen zu können[720]. Dabei konkretisiert das *EuG* zunächst die Anforderungen, die an den Nachweis der Notwendigkeit der Einsichtnahme gestellt werden. Demnach genügt der Vortrag, dass die Kronzeugenunterlagen zur Berechnung des entstandenen Schadens unerlässlich seien, nicht[721]. Vielmehr habe der Antragsteller Sachargumente bzw. spezifische rechtliche Erwägungen vorzutragen, die die konkrete Bedeutung der Unterlagen für die Substantiierung des Schadensersatzanspruches erkennen lassen[722]. Ausgehend von dieser Feststellung urteilt das *EuG* sodann, dass die Kommission keine Haltung einnehmen dürfe, die es dem Kartellgeschädigten unmöglich mache, sich eine Meinung darüber zu bilden, ob die begehrten Dokumente für die Substantiierung und den Beweis des Schadensersatzbegehrens notwendig sind und diese Notwendigkeit zu begründen[723]. Dem Kartellgeschädigten ist demnach eine Akteneinsicht zumindest insoweit zu gewähren, als es die Identifizierung und Beurteilung der Kronzeugenunterlagen erforderlich machen. Wie weit diese partielle Einsicht im Einzelfall reichen darf und auf welchem Wege sie zu gewähren ist, legt das *EuG* nicht fest. In dem betreffenden Verfahren hatte der Antragsteller Einsicht in das Inhaltsverzeichnis der Kartellverfahrensakte der Kommission begehrt[724], das unter anderem auch Verweise auf die Kronzeugenunterlagen enthielt. Diese Verweise wiederum enthielten Informationen über den Zeitpunkt der Abgabe der Kronzeugenerklärungen sowie einzelne Stichpunkte, die (nach Ansicht der Kommission) Rückschlüsse auf deren Inhalt und die Identität der kooperierenden Kartellanten zuließen[725]. Die Kommission hat daher bereits hinsichtlich des Inhaltsverzeichnisses der Verfahrensakte den Standpunkt eingenommen, dass dessen Offenlegung die

---

719 *Hempel*, EuZW 2014, 297, 299, 300.
720 EuG, Urt. v. 07.07.2015 - T-677/13, BeckRS 2015, 80908.
721 EuG, Urt. v. 07.07.2015 - T-677/13, BeckRS 2015, 80908 Rn. 72.
722 EuG, Urt. v. 07.07.2015 - T-677/13, BeckRS 2015, 80908 Rn. 73.
723 EuG, Urt. v. 07.07.2015 - T-677/13, BeckRS 2015, 80908 Rn. 134.
724 Diese Vorgehensweise schlägt auch *Hempel*, EuZW 2014, 297, 300 vor.
725 EuG, Urt. v. 07.07.2015 - T-677/13, BeckRS 2015, 80908 Rn. 103 und 106.

Effektivität des Kronzeugenprogramms gefährde und daher nicht nur die Kronzeugenerklärungen selbst, sondern auch das auf sie verweisende Inhaltsverzeichnis der oben beschriebenen Vermutung unterfalle, sodass die Einsicht zu versagen sei[726]. Das *EuG* widersprach der Kommission mit der zustimmungswürdigen Feststellung, dass eine solche gänzliche Verweigerung der Einsichtnahme dem Kartellgeschädigten die Möglichkeit nähme, der ihm auferlegten Darlegungslast hinsichtlich der Notwendigkeit der Einsichtnahme zu entsprechen. Nach Auffassung des *EuG* können Kartellgeschädigte demnach geringstenfalls Einsicht in das Inhaltsverzeichnis der Kartellverfahrensakte begehren. Ob dies ausreichend ist, um die Notwendigkeit der Offenlegung der Kronzeugendokumente hinreichend zu begründen, ist dabei eine Frage des Einzelfalles. Maßgeblich ist insbesondere der Detailreichtum des Inhaltsverzeichnisses, der wiederum zur Disposition der aktenführenden Kommission steht. Trotz des partiellen Einsichtsrechts bildet die Widerlegung der Vermutung demnach für Kartellgeschädigte eine enorme Hürde. Die durch die Rechtsprechung des *EuGH* in der Sache *EnBW* geschaffene Vermutung hinsichtlich der Beeinträchtigung des Untersuchungszwecks durch Offenlegung von Kronzeugendokumenten begrenzt den Nutzen der VO 1049/2001 aus Sicht der Kartellgeschädigten auf ein Minimum. Da der Nachweis der Notwendigkeit der Einsicht nur äußerst schwer zu führen ist, verbleibt aus Sicht der Schadensersatzkläger lediglich die Möglichkeit, ihren Antrag allein auf die Kronzeugenerklärung zu beschränken. Denn die Ausführungen des *EuGH* in der Entscheidung *EnBW* stellten maßgeblich darauf ab, dass es sich um einen allgemein gehaltenen Antrag handelte, wonach der Petent Zugang zu einer Vielzahl von Dokumenten begehrte. Der *EuGH* eröffnete der Kommission die Möglichkeit, derart allgemein gehaltene Anträge im Sinne eines *actus contrarius* auch allgemein zu behandeln. Bei spezifischen Anträgen entfällt diese zentrale Erwägung hingegen. Wann die Schwelle zur Vielzahl erreicht ist, ließ der *EuGH* naturgemäß offen. Indes dürfte bei einer Beschränkung des Antrages auf ein einzelnes Dokument die Vermutung für das Vorliegen einer Ausnahme nicht eingreifen[727]. Sofern Kartellgeschädigte ihr Einsichtsbegehren auf Kronzeugenerklärungen beschränken, würde hierdurch die Vermutung zum Eingreifen des Ausschlussgrundes gemäß Art. 4 Abs. 2 3. Gedankenstrich VO 1049/2001 umgangen und

---

726 EuG, Urt. v. 07.07.2015 - T-677/13, BeckRS 2015, 80908 Rn. 105.
727 In diesem Sinne auch *Hempel*, EuZW 2014, 297, 300 in Bezug auf das Inhaltsverzeichnis der Kartellverfahrensakte.

der Kommission wiederum die Pflicht zur konkreten und individuellen Prüfung auferlegt. Ungeachtet der Tatsache, dass auch diese Prüfung das Eingreifen des Versagungsgrundes gemäß Art. 4 Abs. 2 3. Gedankenstrich VO 1049/2001 ergeben kann, ist die Kommission in diesem Falle aufgefordert darzulegen, inwiefern die Offenlegung den Untersuchungszweck konkret zu beeinträchtigen droht. Die juristische Messlatte für eine Versagung der Einsichtnahme liegt in diesem Falle aus Sicht der Kommission deutlich höher und befreit den Petenten von der Darlegungslast, was wiederum seine Chancen auf Einsichtnahme erhöht.

e. Ergebnis

Die vorstehende Untersuchung der Zugriffsmöglichkeiten auf unionaler Ebene zeigt, dass allein Art. 2 Abs. 1 VO 1049/2001 eine taugliche Anspruchsgrundlage für die Einsichtnahme in Kronzeugendokumente der Europäischen Kommission bildet. Art. 27 Abs. 2 VO 1/2003 sowie die Artt. 116 § 2 VerfO-EuG und 93 § 3 VerfO-EuGH hingegen eröffnen für Kartellgeschädigte keine Einsichtnahmemöglichkeit, da es den Geschädigten bereits an der erforderlichen Parteistellung mangelt. Auch das Einsichtsrecht des Beschwerdeführers gemäß Art. 7 Abs. 1 VO 1/2003 können Kartellgeschädigte nicht für sich fruchtbar machen, da es die Problematik der Einsichtnahme in Kronzeugenerklärungen bereits strukturell nicht zu erfassen vermag. Im Rahmen der somit allein verbleibenden Anspruchsgrundlage des Art. 2 Abs. 1 VO 1049/2001 sehen sich die Kartellgeschädigten den Ausschlussgründen gemäß Art. 4 Abs. 1, 2 VO 1049/2001 gegenüber. Während Art. 4 Abs. 1 lit. a) 4. Gedankenstrich sowie Abs. 2 1. Gedankenstrich VO 1049/2001 nach hier vertretener Auffassung keine Versagung der Einsicht in Kronzeugenunterlagen rechtfertigen, kann die Kommission dem Einsichtsbegehren die Gefährdung eines konkreten Untersuchungszwecks gemäß Art. 4 Abs. 2 3. Gedankenstrich VO 1049/2001 entgegenhalten. Nach der Auffassung des *EuGH* ist die Europäische Kommission dabei von der Pflicht zur individuellen Prüfung der Dokumente und der konkreten Darlegung einer Beeinträchtigung befreit, sofern der Petent den Zugang zu einer Vielzahl an Dokumenten begehrt. Die dieser Befreiung zugrunde liegende Vermutung einer Beeinträchtigung, die Ausfluss der kohärenten Auslegung der Transparenzverordnung und der Kartellverfahrensverordnung sein soll, kann der Geschädigte nach der Rechtsprechung des *EuGH* nur durch den Nachweis der Notwendigkeit der Einsicht entkräften. Nach der hier vertretenen Auffassung entbehrt diese Vermutung einer dogmatisch tragfähigen Grundlage. Denn zunächst kann der Kartellverfahrensverordnung kein legislativer Wille zum Ausschluss von Akteneinsichtsrechten kartellgeschädigter Dritter entnommen werden. Darüber hinaus konfligiert die dem Kartellgeschädigten auferlegte Darlegungslast mit der Systematik der Transparenzverordnung, die einen grundsätzlich voraussetzungslosen Anspruch auf Zugang zu den Dokumenten der Kommission vorsieht. Will der Kartellgeschädigte den durch den *EuGH* geschaffenen Darlegungsanforderungen entgehen, so sollte der Einsichtnahmeantrag allein auf die Kronzeugenerklärung beschränkt werden. In diesem Falle besteht keine Beeinträchtigungsvermutung zugunsten der Kommission, sodass diese das Einsichtsbegehren nur dann abschlägig bescheiden darf, wenn sie nachweist, dass das jeweilige Dokument konkret von dem Ausschlussgrund gemäß Art. 4 Abs. 2 3. Gedankenstrich VO 1049/2001 erfasst ist und eine Offenlegung zu einer Beeinträchtigung des konkreten Untersuchungszwecks führen würde.

3. Ergebnis

Sowohl auf nationaler als auch auf unionaler Ebene haben Kartellgeschädigte die Möglichkeit zur Einsichtnahme in die Kronzeugendokumente des Bundeskartellamtes und der Europäischen Kommission[728]. Im nationalen Kontext wird der Zugriff durch § 406e Abs. 1 S. 1 StPO i.V.m. § 46 Abs. 1, 3 S. 4 OWiG sowie § 1 Abs. 1 S. 1 IFG gewährleistet. Die Möglichkeit zur Einsichtnahme in die Kronzeugendokumente der Europäischen Kommission eröffnet Art. 2 Abs. 1 VO 1049/2001. All diesen Zugriffsmechanismen ist dabei gemein, dass sie auf einem Vorrang des Offenlegungsinteresses der Kartellgeschädigten vor dem Geheimhaltungsinteresse der Wettbewerbsbehörden und der Kartellanten selbst beruhen. Dieser Vorrang der Geschädigteninteressen ist stets zwingend im Rahmen einer Einzelfallabwägung festzustellen, da weder dem *public enforcement* noch dem *private enforcement* eine generelle Vorrangstellung zugesprochen werden kann. Auf unionaler Ebene wird diese Einzelfallabwägung nach der Rechtsprechung des *EuGH* durch die Vermutung beeinflusst,

---

728 Vgl. zur gegenteiligen Auffassung *Milde*, Schutz des Kronzeugen, 184, 239, die einen Zugriff auf Kronzeugenerklärungen auf beiden Ebenen verneint.

dass die Offenlegung von Kartellverfahrensakten zu einer Beeinträchtigung im Sinne von Art. 4 Abs. 2 3. Gedankenstrich VO 1049/2001 führen soll. Diese Vermutung, die nach hier vertretener Auffassung im Widerspruch zu der Systematik der Transparenzverordnung steht und aufgrund dessen abzulehnen ist, kann durch die Kartellgeschädigten nur äußerst schwer widerlegt werden. Gleichwohl führt sie nicht zu einem gänzlichen Ausschluss der Einsichtnahmemöglichkeit auf unionaler Ebene. Insbesondere dann, wenn die Einsicht auf einzelne Dokumente der Kartellverfahrensakte beschränkt wird, greift diese Vermutung nicht Platz, sodass die Kommission, entsprechend der Rechtslage auf nationaler Ebene, den Vorrang ihres Geheimhaltungsinteresses darlegen muss, indem sie die Beeinträchtigung der Effektivität ihres Kronzeugenprogramms durch die Offenlegung im konkreten Einzelfall nachweist.

II. Innerprozessualer Zugriff auf Kronzeugenerklärungen

Neben dem vorprozessualen Zugriff ist für Kartellgeschädigte auf nationaler Ebene grundsätzlich ein weiterer Weg denkbar, der zur Erlangung der begehrten Kronzeugendokumente beschritten werden kann: Der Geschädigte kann sein unerfülltes Auskunftsbegehren in den Schadensersatzprozess hineintragen und sich sodann die Zugriffsmechanismen des Zivilverfahrensrechts zunutze machen. Hierzu erhebt der Kartellbetroffene in Unkenntnis des genauen Inhalts der Kronzeugenerklärung eine entsprechende Schadensersatzklage und nutzt sodann das Gericht als prozessuales Vehikel für den Zugang zu den Kronzeugendokumenten des Bundeskartellamtes[729]. Dieser Weg des innerprozessualen Zugriffs ist dabei vergleichsweise neuartig[730] und bisher wissenschaftlich weitgehend unbeleuchtet[731]. Nachfolgend werden daher die innerprozessualen Möglichkeiten des Zugriffs auf Kronzeugenerklärungen anhand von § 273 Abs. 2 Nr. 2 ZPO i.V.m. § 474 Abs. 1 StPO sowie § 432 Abs. 1 ZPO untersucht und entwickelt.

---

729 *Heinichen*, NZKart 2014, 83, 85.
730 *Steger*, BB 2014, 963; *Heinichen*, NZKart 2014, 83.
731 Auskunftsersuchen deutscher Gerichte gegenüber dem Bundeskartellamt wurden bisher lediglich von *Jüntgen*, WuW 2007, 128, 131 skizziert.

1. Doppeltürmodell gemäß §§ 273 Abs. 2 Nr. 2 ZPO, 474 Abs. 1 StPO

Der Beibringungsgrundsatz ist eine der tragenden Säulen der zivilverfahrensrechtlichen Dogmatik. Er durchzieht die gesamte Zivilprozessordnung und bildet das prozessuale Korrelat der materiellrechtlichen Freiheit zur Ausübung eines Rechts[732]. Nach dem Grundgedanken der Beibringungsmaxime obliegt es allein den Parteien, den maßgeblichen Streitstoff in den Prozess einzuführen und somit die Grundlage für die Entscheidung des Gerichts zu bestimmen. Das Gericht selbst hingegen ist zu einer Ermittlung des Streitstoffes von Amts wegen grundsätzlich nicht befugt[733]. Zwischen diesen beiden Polen bewegt sich die Befugnis des Gerichts zur terminsvorbereitenden Einholung behördlicher Urkunden und Auskünfte gemäß § 273 Abs. 2 Nr. 2 ZPO. Dogmatisch handelt es sich hierbei um eine Ausprägung der gerichtlichen Pflicht zur materiellen Prozessleitung, die den Beibringungsgrundsatz unangetastet lässt[734]. Trotz der Tatsache, dass § 273 Abs. 2 Nr. 2 ZPO dem Gericht keine Befugnis zur Amtsermittlung einräumt[735], kann die Möglichkeit der Beiziehung behördlicher Urkunden durch das Gericht aus Sicht des privaten Kartellschadensersatzklägers gleichwohl das Einfallstor für sein Begehren zur Einsichtnahme in die Kronzeugenerklärungen des Bundeskartellamtes bilden. Bisher existiert lediglich eine obergerichtliche Entscheidung zu einer solchen gerichtlichen Beiziehung kartellbehördlicher Unterlagen[736]. Sie hat jedoch die Möglichkeit des innerprozessualen Zugriffs entscheidend konturiert und gilt manch einem als „juristische Meisterleistung"[737]. Der Nukleus dieser Entscheidung liegt im sog. *Rolltreppenkartell*, aus dem heraus einige Teilnehmer Bonusanträge bei dem Bundeskartellamt stellten. Da gegen einige natürliche Personen der Verdacht der Strafbarkeit gemäß § 298 StGB im Raum stand, gab das Bundeskartellamt das Verfahren insoweit gemäß § 41 Abs. 1 OWiG an die zuständige Staatsanwaltschaft ab. In diesem Rahmen gelangten auch Kopien der entsprechenden Kronzeugenerklärungen zu den staatsanwaltschaftlichen Akten. Einige der geschädigten Abnehmer

---

732 Thomas/Putzo/*Reichold*, Einl. I Rn. 1.
733 Thomas/Putzo/*Reichold*, Einl. I Rn. 2.
734 Zöller/*Greger*, § 273 Rn. 1 und 3.
735 Zöller/*Greger*, § 273 Rn. 3.
736 OLG Hamm, Beschl. v. 26.11.2013 - 1 VAs 116/13 - 120/13 und 122/13, BB 2014, 526.
737 *Gussone*, BB 2014, 526, 533.

des Kartells erhoben nach der wettbewerbsbehördlichen Entscheidung sodann *follow-on-Klagen* gegen die Kartellanten vor dem *LG Berlin*, das beschloss, die in Bezug genommenen Akten der Staatsanwaltschaft samt Kronzeugenerklärungen beizuziehen. Nachdem die Staatsanwaltschaft den beklagten Kartellanten die Absicht zur Aktenübermittlung an das *LG Berlin* angezeigt hatte, stellten diese ihrerseits einen Antrag auf gerichtliche Entscheidung gemäß § 23 EGGVG. Sowohl die antragstellenden Kartellanten als auch das Bundeskartellamt sprachen sich aus den bekannten Gründen gegen eine Übermittlung aus. Das *OLG Hamm* ist dem entgegengetreten und hat die Beiziehung der staatsanwaltschaftlichen Akten für zulässig erklärt[738]. In dem sich anschließenden Nichtannahmebeschluss des *BVerfG*[739] wurden die Ausführungen des *OLG Hamm* aus verfassungsrechtlicher Sicht bestätigt und die Begrifflichkeit des *Doppeltürmodells* bemüht[740]. Hiernach unterliegt die Beiziehung von behördlichen Akten durch Zivilgerichte einem Zusammenspiel von Zivil- und (in diesem Falle) Strafverfahrensrecht. Aufgrund dessen sind zweierlei Prozessordnungen maßgebend. Die StPO bildet die Rechtsgrundlage für die Übermittlung an das Gericht, die ZPO ist juristisches Fundament für das Ersuchen und die weitere Verwendung im Zivilprozess[741]. Diesem zweigliedrigen Bild entsprechend werden nachfolgend zunächst die Voraussetzungen der Beiziehung gemäß § 273 Abs. 2 Nr. 2 ZPO und sodann die Voraussetzungen der hiermit korrespondierenden Übermittlung gemäß § 474 Abs. 1 StPO untersucht. Anschließend werden die besonderen Voraussetzungen für die Offenlegung der beigezogenen Urkunden gegenüber den Parteien des Kartellschadensersatzprozesses unter Berücksichtigung der Ausführungen des *OLG Hamm* und des *BVerfG* dargestellt.

a. Gerichtliches Ersuchen gemäß § 273 Abs. 2 Nr. 2 ZPO

Wie bereits gesehen, stellt § 273 Abs. 2 Nr. 2 ZPO ein Instrument der materiellen Prozessleitung dar, das dem Gericht die Beiziehung behördlicher

---

738 OLG Hamm, Beschl. v. 26.11.2013 - 1 VAs 116/13 - 120/13 und 122/13, BB 2014, 526; vgl. hierzu ausführlich unter C.II.1.b.
739 BVerfG, Beschl. v. 06.03.2014 - 1 BvR 3541/13 u.a., NJW 2014, 1581.
740 BVerfG, Beschl. v. 06.03.2014 - 1 BvR 3541/13 u.a., NJW 2014, 1581.
741 BVerfG, Beschl. v. 06.03.2014 - 1 BvR 3541/13 u.a., NJW 2014, 1581, 1582.

Akten ermöglicht[742]. Nach dem *Doppeltürmodell* des *BVerfG*[743] bildet § 273 Abs. 2 Nr. 2 ZPO indes lediglich eine Säule der zweigliedrigen Beiziehung behördlicher Dokumente. § 273 Abs. 2 Nr. 2 ZPO ist demnach die Ermächtigungsgrundlage für das Ersuchen des Gerichts. Ob diesem Ersuchen aus behördlicher Sicht nachzukommen ist, bestimmt sich hingegen im Falle des Bundeskartellamts anhand von § 49b OWiG i.V.m. § 474 Abs. 1 StPO[744], denn § 273 Abs. 2 Nr. 2 ZPO besagt nichts darüber, ob die angerufene Behörde zur Auskunft verpflichtet ist[745]. Da durch eine Ermächtigung des Gerichts zum Ersuchen von Behörden keinesfalls der Beibringungsgrundsatz außer Kraft gesetzt werden und dem Gericht keine Befugnis zur Amtsermittlung eingeräumt werden soll, ist bereits das gerichtliche Tätigwerden im Rahmen der Beiziehung an gewisse prozessuale Voraussetzungen geknüpft. Erforderlich ist nach der *h.M.*, dass eine der Parteien auf die beizuziehenden Dokumente zumindest implizit Bezug genommen und hierdurch Anlass zur Beiziehung gegeben hat[746]. Um eine Kollision mit dem Beibringungsgrundsatz zu vermeiden, muss sich der grundsätzliche Inhalt der beizuziehenden Akten demnach bereits im Parteivortrag widerspiegeln. Auch nach der Auffassung des *BVerfG* ist die Beiziehung von Akten zulässig, wenn und soweit sich eine Partei unter Angabe der maßgeblichen Aktenteile auf die Akten bezogen hat. Dies gilt auch dann, wenn Geschädigten wegen der Heimlichkeit von Kartellabsprachen die Substantiierung ihrer Ansprüche ohne Einsicht in die Ermittlungsakten nicht möglich sein würde[747]. Für die Ermächtigung des Gerichts zur Beiziehung von Kronzeugenunterlagen des Bundeskartellamtes gemäß § 273 Abs. 2 Nr. 2 ZPO ist es demnach erforderlich und ausreichend, dass die Klägerpartei auf die in den Akten des Bundeskartellamtes

---

742 *Harms/Petrasincu*, NZKart 2014, 304, 306.

743 Das Doppeltürmodell ist nach den Worten des BVerfG wie folgt zu verstehen: „Der Gesetzgeber muss, bildlich gesprochen, nicht nur die Tür zur Übermittlung von Daten öffnen, sondern auch die Tür zu deren Abfrage. Erst beide Rechtsgrundlagen gemeinsam, die wie eine Doppeltür zusammenwirken müssen, berechtigen zu einem Austausch personenbezogener Daten", so BVerfG, NJW 2012, 1419, 1423.

744 Vgl. hierzu ausführlich unter C.II.1.b.

745 Zöller/*Greger*, § 273 Rn. 8; BeckOK ZPO/*Bacher*, § 273 Rn. 8 (Stand: 01.09.2016).

746 Zöller/*Greger*, § 273 Rn. 7; Musielak/Voit/*Foerste*, ZPO § 273 Rn. 11; *Saenger*, ZPO § 273 Rn. 12; *Heinichen*, NZKart 2014, 83, 86.

747 BVerfG, Beschl. v. 06.03.2014 - 1 BvR 3541/13 u.a., NJW 2014, 1581, 1582.

enthaltenen Kronzeugenerklärungen Bezug nimmt und ihre Bedeutung für die Substantiierung und den Beweis des eigenen Sachvortrages darlegt. In diesem Falle sind die in den Kronzeugenerklärungen enthaltenen Informationen bereits im klägerischen Vortrag angelegt und ihre Beiziehung stellt keine unzulässige Sachverhaltsaufklärung von Amts wegen dar, sondern vielmehr die von § 273 Abs. 2 Nr. 2 ZPO beabsichtigte Ergänzung des Parteivorbringens.

b. Behördliche Übermittlung gemäß § 474 Abs. 1 StPO i.V.m. § 49b OWiG

Ist das mit der Kartellschadensersatzklage befasste Gericht zum Zwecke der Beiziehung von Kronzeugendokumenten an das Bundeskartellamt herangetreten, muss dieses seinerseits über die Erfüllung des Ersuchens befinden. Nach dem *Doppeltürmodell* des *BVerfG* bedarf es hierzu einer eigenen Rechtsgrundlage, die der Behörde die Voraussetzungen und Grenzen des Datenaustauschs zur staatlichen Aufgabenwahrnehmung, der regelmäßig mit einem Eingriff in das Recht auf informationelle Selbstbestimmung verbunden ist[748], vorgibt[749].

Im Falle der Aktenübermittlung durch die Strafverfolgungsbehörden[750] richtet sich die Zulässigkeit der Übermittlung an das ersuchende Gericht nach § 474 Abs. 1 StPO. Gemäß § 49b OWiG findet diese Norm im Bußgeldverfahren sinngemäße Anwendung, sodass auch das Bundeskartellamt die Entscheidung über die Herausgabe der Kronzeugenerklärungen an das ersuchende Gericht anhand von § 474 Abs. 1 StPO zu treffen hat[751].

---

748 Meyer-Goßner/*Schmitt*, Vorb. zu § 474 Rn. 1.
749 BVerfG, Beschl. v. 06.03.2014 - 1 BvR 3541/13 u.a., NJW 2014, 1581, 1582.
750 So geschehen im Falle von OLG Hamm, Beschl. v. 26.11.2013 - 1 VAs 116/13 - 120/13 und 122/13, BB 2014, 526.
751 *Gussone*, BB 2014, 526, 533 sowie *Heinichen*, NZKart 2014, 83, 86. Letzterer mit dem zutreffenden Hinweis, dass Gleiches für die Übermittlung durch ein mit dem Bußgeldverfahren befasstes Gericht gelte.

aa. Zweck der Rechtspflege als Voraussetzung der Akteneinsicht

(1) Erforderlichkeit der Aktensicht im Schadensersatzprozess

§ 474 Abs. 1 StPO fordert für eine Übermittlung der behördlichen Dokumente durch die ersuchte Stelle, dass die Einsicht für *Zwecke der Rechtspflege erforderlich* ist. Damit normiert § 474 Abs. 1 StPO, dessen Anwendungsbereich auch die Zivilgerichte unterfallen[752], vergleichsweise geringe Anforderungen für eine Akteneinsicht durch das prozessführende Gericht. Dies erklärt sich anhand der Tatsache, dass dem Informationsinteresse der Justiz nach dem Vorstellungsbild des Gesetzgebers ein hohes Gewicht beizumessen ist und eine sorgfältige Abwägung der Erforderlichkeit der Einsicht durch das ersuchende Gericht erwartet werden kann[753]. Im Gegensatz zu der Akteneinsicht durch Private, die nach §§ 475, 477 StPO nur bei Vorliegen eines berechtigten Interesses und Fehlen eines schutzwürdigen Interesses des Betroffenen gewährt wird, legt der Gesetzgeber die erforderliche Güterabwägung im Falle von § 474 Abs. 1 StPO in die Hände des ersuchenden Gerichts selbst. Daraus folgt, dass die Akteneinsicht nach der Systematik des § 474 Abs. 1 StPO von vornherein grundsätzlich zu gewähren ist[754]. Das Merkmal der Erforderlichkeit der Akteneinsicht ist Ausfluss des allgemeinen Verhältnismäßigkeitsgrundsatzes und regelmäßig bereits dann erfüllt, wenn eine der in § 474 Abs. 1 StPO genannten Stellen die Einsicht für Zwecke der Rechtspflege, d.h. für ein bestimmtes anderes Verfahren, begehrt[755]. Die ersuchende Stelle muss die Erforderlichkeit nicht näher darlegen[756], sie kann von der ersuchten Stelle grundsätzlich vorausgesetzt werden[757]. *De facto* enthält § 474 Abs. 1 StPO mithin eine Vermutung zugunsten der Erforderlichkeit der Akteneinsicht.

Auch im Falle der Einsicht in Kronzeugenunterlagen durch Gerichte, die mit privaten Kartellschadensersatzklagen befasst sind, entfällt diese

---

752 OLG Hamm, Beschl. v. 26.11.2013 - 1 VAs 116/13 - 120/13 und 122/13, BB 2014, 526.

753 OLG Hamm, Beschl. v. 26.11.2013 - 1 VAs 116/13 - 120/13 und 122/13, BB 2014, 526, 527; BeckOK StPO/*Wittig*, § 474 Rn. 9 (Stand: 01.10.2016).

754 OLG Hamm, Beschl. v. 26.11.2013 - 1 VAs 116/13 - 120/13 und 122/13, BB 2014, 526, 527; OLG Karlsruhe, NStZ 2015, 606 608; KK-StPO/*Gieg* § 474 Rn. 2; Meyer-Goßner/*Schmitt*, § 474 Rn. 4.

755 KK-StPO/*Gieg*, § 474 Rn. 3.

756 BT-Drs. 14/1484, 26; BeckOK StPO/*Wittig*, § 474 Rn. 9 (Stand: 01.10.2016).

757 Meyer-Goßner/*Schmitt*, § 474 Rn. 4.

Erforderlichkeitsvermutung nicht. Dies gilt insbesondere dann, wenn die Kronzeugenunterlagen für die Beweisführung über den Eintritt und die Höhe des kartellbedingten Schadens benötigt werden. Die Erforderlichkeit setzt als Konkretisierung des Verhältnismäßigkeitsgrundsatzes voraus, dass die begehrten Unterlagen für die Zwecke des Verfahrens benötigt werden, kein milderes Mittel zur Verfügung steht und die Akteneinsicht nicht außer Verhältnis zur Bedeutung der Sache steht[758]. Wie gesehen[759], stehen Kartellgeschädigte insbesondere im Hinblick auf die Höhe des eingetretenen Schadens vor enormen Beweisschwierigkeiten. Die Klandestinität der Kartelle und die hieraus folgende Informationsasymmetrie lassen die Substantiierung und den Beweis der Schadenshöhe durch die Geschädigten ohne Einsicht in die begehrten Unterlagen nahezu unmöglich erscheinen[760]. Weder die Feststellungswirkung des § 33 Abs. 4 GWB noch die Möglichkeit der Schadensschätzung gemäß § 287 Abs. 1 S. 1 ZPO vermögen eine andere Sichtweise zu rechtfertigen, insbesondere da § 33 Abs. 4 GWB seine feststellende Wirkung nicht auf die Höhe des eingetretenen Schadens erstreckt[761]. Darüber hinaus besteht die Möglichkeit, dass die Kartellbehörden lediglich Kurzbescheide erlassen oder abtrennbare Teile einer Kartellordnungswidrigkeit nicht weiter verfolgen, sodass die Feststellungswirkung des Bescheides für den Kartellgeschädigten insoweit nicht von Nutzen ist[762]. Auch das Instrument der Schadensschätzung gemäß § 287 Abs. 1 S. 1 ZPO entbindet den Schadensersatzkläger nicht von der Bürde der Darlegungslast, denn er ist aufgefordert, tragfähige Grundlagen zur Schätzung des Schadensumfangs schlüssig darzulegen[763]. Das Ausbleiben belastbarer Schätzungsgrundlagen führt dazu, dass selbst ein Mindestschaden nicht geschätzt werden kann[764]. In diesem Falle verbleibt gemäß § 33 Abs. 3 S. 3 GWB die Möglichkeit zur Berücksichtigung des anteiligen Gewinns, den der Kartellant durch den Verstoß erzielt hat. Für

---

758 BeckOK StPO/*Wittig*, § 474 Rn. 8 (Stand: 01.10.2016).

759 Vgl. unter B.II.2.b.dd.

760 *Harms/Petrasincu*, NZKart 2014, 304. Auch das LG Berlin hat in dem Schadensersatzprozess um das „Rolltreppenkartell" festgestellt, dass es „auf der Hand läge", dass den Klägern die Substantiierung ihrer Schadensersatzansprüche ohne die begehrte Einsicht kaum möglich sein dürfte, vgl. *Gussone*, BB 2014, 526, 533.

761 Immenga/Mestmäcker/*Emmerich*, GWB § 33 Rn. 96.

762 *Heinichen*, NZKart 2014, 83, 87.

763 MüKoZPO/*Prütting*, § 287 Rn. 14.

764 *Heinichen*, NZKart 2014, 83, 88.

den Geschädigten bedeutet dies jedoch wie bereits gesehen keine nennenswerte prozessuale Entlastung[765]. Kronzeugenerklärungen enthalten demgegenüber regelmäßig detaillierte Angaben zur Umsetzung der Kartellabsprache und ihrer Auswirkung auf den Marktpreis[766]. Ihre Beiziehung ist daher zur Substantiierung des geltend gemachten Schadens regelmäßig zwingend erforderlich; ein milderes, gleich geeignetes Mittel steht den Geschädigten nicht zur Verfügung. Die Übermittlung der Dokumente an das ersuchende Gericht steht dabei auch nicht außer Verhältnis zur Bedeutung der Sache. Insoweit ist daran zu erinnern, dass kartellprivatrechtliche Schadensersatzklagen zweierlei Funktionen erfüllen: Neben der Kompensation des erlittenen Schadens dienen sie der wirksamen Durchsetzung des nationalen und unionalen Wettbewerbsrechts[767]. Die Einsicht des Gerichts dient damit nicht nur dem privaten Kompensationsinteresse des Geschädigten, sondern auch dem öffentlichen Interesse an der effektiven Durchsetzung des Wettbewerbsrechts[768]. Darüber hinaus wird die Einsicht zunächst nur dem ersuchenden Gericht gewährt, denn § 474 Abs. 1 StPO trifft keine Aussage darüber, inwieweit den Parteien und damit insbesondere dem Kläger eine Einsicht in die Kronzeugenunterlagen ermöglicht wird. Vielmehr entscheidet das Gericht auch unter Berücksichtigung der Geheimhaltungsinteressen des beklagten Kartellanten und des öffentlichen Interesses an einer wirksamen Kartellverfolgung über die weitere Verwendung der Dokumente im Kartellschadensersatzprozess, sodass einer Offenlegung der beigezogenen Kronzeugenunterlagen eine Güterabwägung vorgeschaltet ist und damit die Akteneinsicht durch das ersuchende Gericht nicht außer Verhältnis zur Bedeutung der Sache steht[769]. Insgesamt ist somit die Einsicht in kartellbehördliche Verfahrensakten und damit auch in Kronzeugenunterlagen des Bundeskartellamtes durch das ersuchende Gericht zum Zwecke der Rechtspflege gemäß § 474 Abs. 1 StPO erforderlich[770].

---

765 Vgl. hierzu bereits ausführlich unter B.II.2.a.bb.(2).
766 *Heinichen*, NZKart 2014, 83, 87, der zudem auf § 17 Abs. 3 OWiG verweist.
767 Immenga/Mestmäcker/*Emmerich*, GWB § 33 Rn. 2.
768 *Heinichen*, NZKart 2014, 83, 88.
769 So auch *Heinichen*, NZKart 2014, 83, 88.
770 So i.E. auch OLG Hamm, Beschl. v. 26.11.2013 - 1 VAs 116/13 - 120/13 und 122/13, BB 2014, 526 im Hinblick auf eine Einsicht in staatsanwaltschaftliche Akten samt Kronzeugenerklärungen.

(2) Prüfung der Erforderlichkeit durch die ersuchende Stelle

Im Gegensatz zu den vorprozessualen Akteneinsichtsrechten obliegt im Rahmen des § 474 Abs. 1 StPO nicht der ersuchten Stelle, sondern der ersuchenden Stelle gemäß § 477 Abs. 4 S. 1 StPO die Verantwortung für die Zulässigkeit der begehrten Einsicht[771], sie allein überprüft die Erforderlichkeit der Akteneinsicht[772]. Die ersuchte Stelle hingegen ist auf eine abstrakte Zuständigkeitsprüfung beschränkt. Sie betrachtet im Wege einer Schlüssigkeitsprüfung gemäß § 477 Abs. 4 S. 2 1. HS StPO lediglich, ob das Übermittlungsersuchen dem Aufgabenbereich des Ersuchenden dient[773]. Demnach ist das Bundeskartellamt im Falle des Einsichtsbegehrens eines Zivilgerichts grundsätzlich darauf beschränkt zu überprüfen, ob das Gericht zur Erfüllung der Aufgabe, zu deren Zweck die Unterlagen angefordert werden, zuständig ist. Dies dürfte hinsichtlich eines Zivilgerichts, das Einsicht in die Kronzeugenunterlagen zwecks eines bei ihm anhängigen Kartellschadensersatzprozesses begehrt, kaum zweifelhaft sein[774]. Dem Bundeskartellamt steht dabei kein Ermessensspielraum zu[775], sodass dem ersuchenden Gericht im Falle seiner sachlichen Zuständigkeit für das Schadensersatzverfahren grundsätzlich Einsicht in die Kartellverfahrensakten zu gewähren ist.

bb. Versagung der Akteneinsicht durch das Bundeskartellamt

Wie gezeigt, verlagern die §§ 474 Abs. 1, 477 Abs. 4 S. 1 StPO die Frage der Zulässigkeit der Akteneinsicht aus der Sphäre des Bundeskartellamtes in den Verantwortungsbereich des ersuchenden Gerichts. Hieraus folgt für das Bundeskartellamt eine entscheidende Abweichung zu den vorprozessualen Einsichtsrechten, da es sämtlicher Einwände zum Schutze seines Kronzeugenprogramms beraubt scheint. Denn die bloß abstrakte Überprüfung der sachlichen Zuständigkeit des ersuchenden Gerichts lässt insbe-

---

771 OLG Hamm, Beschl. v. 26.11.2013 - 1 VAs 116/13 - 120/13 und 122/13, BB 2014, 526, 527 m.w.N.
772 BeckOK StPO/*Wittig*, § 474 Rn. 9 (Stand: 01.10.2016).
773 OLG Hamm, Beschl. v. 26.11.2013 - 1 VAs 116/13 - 120/13 und 122/13, BB 2014, 526, 527; BVerfG, Beschl. v. 6.3.2014 - 1 BvR 3541/13 u.a., NJW 2014, 1581, 1582; *Steger*, BB 2014, 965, 966; KK-StPO/*Gieg*, § 474 Rn. 3.
774 *Heinichen*, NZKart 2014, 83, 88.
775 BeckOK StPO/*Wittig*, § 474 Rn. 10 (Stand: 01.10.2016).

sondere keinen Raum für den Einwand der Gefährdung des Kronzeugen-programms. Es ist jedoch zu beachten, dass die lediglich abstrakte Zuständigkeitsprüfung das Bundeskartellamt als ersuchte Stelle nicht von jeglicher weiterer Prüfung ausschließt bzw. befreit. Obschon dem ersuchenden Gericht gemäß § 477 Abs. 4 S. 1 StPO die Verantwortlichkeit für die Zulässigkeit der Einsichtnahme obliegt, verbleibt seitens der ersuchten Stelle parallel hierzu weiterhin die Prüfung der besonderen gesetzlichen Versagungsgründe gemäß § 477 Abs. 2 S. 1 und Abs. 4 S. 2 2. HS StPO[776].

(1) Weitergehende Prüfung gemäß § 477 Abs. 4 S. 2 2. HS StPO

In Abweichung zu dem Grundsatz der lediglich abstrakten Zuständigkeitsprüfung durch die ersuchte Stelle gemäß § 477 Abs. 4 S. 2 1. HS StPO eröffnet § 477 Abs. 4 S. 2 2. HS StPO die Möglichkeit einer weitergehenden Prüfung, sofern ein *besonderer Anlass* hierzu besteht[777]. Wann ein solcher besonderer Anlass vorliegt, ist der Vorschrift nicht zu entnehmen. Verfassungsrechtlich ist es jedenfalls nicht geboten, § 477 Abs. 4 S. 2 2. HS StPO dahingehend auszulegen, dass bereits die Geltendmachung einer möglichen Grundrechtsverletzung die Annahme eines besonderen Anlasses im Sinne der Norm indiziert[778]. Dies folgt bereits aus der Tatsache, dass der Datenaustausch zum Zwecke der staatlichen Aufgabenwahrnehmung regelmäßig grundrechtlich geschützte Positionen tangiert, zuvörderst das Recht auf informationelle Selbstbestimmung[779]. Ließe man die bloße Berührung eines Grundrechts für die Annahme eines Ausnahmefalls genügen, würde der Ausnahmecharakter des § 477 Abs. 4 S. 2 2. HS StPO konterkariert und eine weitergehende Prüfung durch die ersuchte Stelle zum Regelfall.

Der unbestimmte Rechtsbegriff des besonderen Anlasses wird stattdessen durch die Heranziehung wissenschaftlich und judiziell entwickelter Fallgruppen ausgefüllt. Ein besonderer Anlass zur weitergehenden Prü-

---

776 OLG Hamm, Beschl. v. 26.11.2013 - 1 VAs 116/13 - 120/13 und 122/13, BB 2014, 526, 527; KK-StPO/*Gieg*, § 474 Rn. 3; hierzu sogleich unter II.1.b.bb.
777 BeckOK StPO/*Wittig*, § 477 Rn. 9 (Stand: 01.10.2016); OLG Karlsruhe, NStZ 2015, 606, 608.
778 OLG Karlsruhe, NStZ 2015, 606, 608; BVerfG Beschl. v. 06.03.2014 - 1 BvR 3541/13 u.a., NJW 2014, 1581, 1583.
779 Vgl. hierzu Meyer-Goßner/*Schmitt*, Vorb. zu § 474 Rn. 1.

fung durch die übermittelnde Stelle ist demnach anzunehmen, wenn das Ersuchen unschlüssig oder widersprüchlich erscheint, die Kenntnis der begehrten Informationen nach den Erfahrungen der ersuchten Stelle für den angegebenen Zweck normalerweise nicht erforderlich ist oder sich das Begehren auf eine ungewöhnliche Art von Daten bezieht[780]. Hinsichtlich der Kronzeugenerklärungen stellt sich dabei die Frage, ob diese aufgrund der durch das Bundeskartellamt zugesicherten Vertraulichkeit als Daten ungewöhnlicher Art zu qualifizieren sind und infolge dessen eine weitergehende Prüfung durch das Bundeskartellamt vor der Übermittlung an das ersuchende Gericht zulässig und erforderlich ist[781]. Eine allgemein gültige Definition von Daten ungewöhnlicher Art existiert nicht, der Rechtsanwender ist stattdessen auf eine einzelfallbezogene Betrachtung der jeweils begehrten Informationen verwiesen. Maßgeblich ist demnach die inhaltliche Qualität der Daten, die in den Erklärungen der kooperierenden Kartellanten enthalten sind. Regelmäßig enthalten die Bonusanträge Angaben über die Art und die Dauer des Kartells, die sachlich und räumlich betroffenen Märkte, die Beteiligten, die Auswirkungen auf den Marktpreis und Ähnliches[782]. Sämtlichen Daten ist dabei gemein, dass sie im Zusammenhang mit dem Wettbewerbsverstoß stehen und ihn offenlegen, denn allein zu diesem Zweck erfolgt ihre Preisgabe. Dies allein kann sie jedoch nicht zu Daten ungewöhnlicher Art qualifizieren, da andernfalls Angaben des Beschuldigten in Straf- oder Ordnungswidrigkeitenverfahren stets die weitergehende Prüfung der übermittelnden Stelle gemäß § 477 Abs. 4 S. 2 2. HS StPO erforderlich machen würde, was im Widerspruch zum Ausnahmecharakter der Regelung stünde. Die in den Bonusanträgen enthaltenen Daten stellen vielmehr Informationen dar, die von den Kartellanten unter Verzicht auf die Selbstbelastungsfreiheit getätigt wurden[783]. Die Tatsache, dass diese Informationen von den Kartellanten im Hinblick auf einen Bußgelderlass und die zugesicherte Vertraulichkeit offenbart wurden, rechtfertigt keine anderweitige Qualifikation. Denn zunächst sind derartige Inter-

---

780 OLG Hamm, Beschl. v. 26.11.2013 - 1 VAs 116/13 - 120/13 und 122/13, BB 2014, 526, 528.
781 Dies wurde sowohl von den beklagten Kartellanten als auch vom Bundeskartellamt in dem Verfahren vor dem OLG Hamm, 1 VAs 116/13 - 120/13 und 122/13, geltend gemacht.
782 Vgl. hierzu bereits ausführlich unter B.II.2.b.cc.(1).(b). sowie *Heinichen*, NZKart 2014, 83, 87.
783 OLG Hamm, Beschl. v. 26.11.2013 - 1 VAs 116/13 - 120/13 und 122/13, BB 2014, 526, 528.

essen kein maßgebliches Prüfungskriterium im Rahmen von § 474 Abs. 1 StPO, der im Gegensatz zu § 475 Abs. 1 S. 2 oder § 406e Abs. 2 S. 1 StPO die Interessen des Beschuldigten unberücksichtigt lässt[784]. Ein Vertraulichkeitsinteresse des kooperierenden Kartellanten, das durch die Bonusregelung des Bundeskartellamtes geschaffen wurde, kann demnach im Rahmen von § 474 Abs. 1 StPO keine Berücksichtigung finden. Darüber hinaus berühren die Vertraulichkeitszusage und ihre Einhaltung zum Schutze der Effektivität des Bonusprogramms nicht die inhaltliche Qualität der Daten. Vielmehr handelt es sich hierbei um Umstände im Zusammenhang mit ihrer *Erhebung* bzw. ihrer weiteren Verwendung. Die Qualifikation als Daten ungewöhnlicher Art knüpft jedoch allein an den *Inhalt* der Daten an, da die Daten *selbst* ungewöhnlich sein müssen. Die Umstände ihrer Erhebung bzw. ihre besondere Bedeutung für das weitere Handeln der übermittelnden Behörde sind demgegenüber rechtlich unerheblich[785]. Insgesamt sind Kronzeugenerklärungen damit nicht als Daten ungewöhnlicher Art zu qualifizieren, sodass eine weitergehende Prüfung des Bundeskartellamts vor Übermittlung an das ersuchende Gericht gemäß § 477 Abs. 4 S. 2 2. HS StPO nicht angezeigt ist[786].

(2) Versagung gemäß § 477 Abs. 2 S. 1 StPO

§ 477 Abs. 2 S. 1 Alt. 1 StPO enthält einen weiteren Ausschlussgrund, wonach eine Aktenübermittlung zu versagen ist, wenn dieser Zwecke des Straf- bzw. Ordnungswidrigkeitenverfahrens, auch die Gefährdung des Untersuchungszwecks in einem anderen Straf- oder Ordnungswidrigkeitenverfahren, entgegenstehen. Die Normierung verfolgt einen mit § 406e Abs. 2 S. 2 StPO identischen Schutzgedanken unter Verwendung eines leicht abweichenden Wortlautes. Die Gefährdung des Zwecks des konkreten Straf- bzw. Ordnungswidrigkeitenverfahrens scheidet im Falle von *follow-on-Klagen* regelmäßig aus, da diese erst nach Abschluss der jeweili-

---

784 OLG Hamm, Beschl. v. 26.11.2013 - 1 VAs 116/13 - 120/13 und 122/13, BB 2014, 526, 529; *Heinichen*, NZKart 2014, 83, 89.

785 Mit ähnlicher Begründung OLG Hamm, Beschl. v. 26.11.2013 - 1 VAs 116/13 - 120/13 und 122/13, BB 2014, 526, 528.

786 OLG Hamm, Beschl. v. 26.11.2013 - 1 VAs 116/13 - 120/13 und 122/13, BB 2014, 526, 528; bestätigt durch BVerfG, Beschl. v. 06.03.2014 - 1 BvR 3541/13 u.a., NJW 2014, 1581, 1583.

gen behördlichen Verfolgungsmaßnahmen erhoben werden, um in den Genuss der Feststellungswirkung gemäß § 33 Abs. 4 GWB zu gelangen[787]. Hinsichtlich der weitergehenden Frage, ob über die Begrifflichkeit des anderen Strafverfahrens ein Schutz des Bonusprogramms *per se* ermöglicht wird, kann auf die entsprechenden Ausführungen zu § 406e Abs. 2 S. 2 StPO verwiesen werden[788]. Die dortigen Erwägungen beanspruchen an dieser Stelle gleichermaßen Geltung mit dem Ergebnis, dass auch § 477 Abs. 2 S. 1 Alt. 1 StPO keinen generellen Schutz der kartellbehördlichen Verfolgungstätigkeit und des Kronzeugenprogramms ermöglicht, da die grundlegende Effizienz der behördlichen Verfolgungstätigkeit insgesamt nicht unter den Schutzzweck zukünftiger Verfahren fällt und ein solches Verständnis zudem mit dem unionalen Primärrecht, wie es der *EuGH* in den Entscheidungen *Pfleiderer* und *Donau Chemie* ausgestaltete, konfligierte, da eine einzelfallbezogene Interessenabwägung nicht möglich wäre. Der hier vertretenen Ansicht hat auch das *OLG Hamm* in der Entscheidung über die Akteneinsicht eines Zivilgerichts in Kronzeugenunterlagen den Vorrang eingeräumt und sich damit ausdrücklich gegen das *AG Bonn* und dessen Erwägungen in der Sache *Pfleiderer*[789] gestellt[790]. Das *OLG Hamm* nahm zutreffend an, dass der Begriff des anderen Strafverfahrens das Bestehen eines konkreten Straf- oder Bußgeldverfahrens voraussetzt, um die erforderliche Einzelfallabwägung vornehmen zu können. Die rein abstrakte Möglichkeit der Verringerung der Effektivität der Kronzeugenregelung genügt diesen Anforderungen indes nicht[791].

Neben der Verweigerung der Akteneinsicht zum Zwecke des Verfahrensschutzes gemäß § 477 Abs. 2 S. 1 Alt. 1 StPO ermöglicht § 477 Abs. 2 S. 1 Alt. 2 StPO eine Versagung in jenen Fällen, in denen spezielle bun-

---

787 Im Bezug auf Strafverfahren ist eine Gefährdung des konkreten Verfahrens bereits dann nicht mehr möglich, wenn dieses gemäß §§ 170 Abs. 2, 153 Abs. 1, 153a Abs. 1 StPO abgeschlossen wurde, ungeachtet der Möglichkeit der Wiederaufnahme mangels Strafklageverbrauch, vgl. OLG Hamm, Beschl. v. 26.11.2013 - 1 VAs 116/13 - 120/13 und 122/13, BB 2014, 526, 530.

788 Vgl. hierzu ausführlich unter C.I.1.a.bb.(2).

789 AG Bonn, Beschl. v. 18.01.2012 - 51 Gs 53/09 „*Pfleiderer*".

790 OLG Hamm, Beschl. v. 26.11.2013 - 1 VAs 116/13 - 120/13 und 122/13, BB 2014, 526, 530 mit Verweis auf Meyer-Goßner/*Schmitt*, § 474 Rn. 4 und § 406e Rn. 6a.

791 OLG Hamm, Beschl. v. 26.11.2013 - 1 VAs 116/13 - 120/13 und 122/13, BB 2014, 526, 530; zustimmend *Heinichen*, NZKart 2014, 83, 89; a.A. *Harms/Petrasincu*, NZKart 2014, 304, 309.

des- oder landesgesetzliche Verwendungsregelungen entgegenstehen. Hierbei muss es sich um eine gesetzliche Regelung handeln, die als *lex specialis* den Verwendungsradius der Daten bereits an der Quelle festschreibt[792]. An einer solchen mangelte es jedoch bislang. § 81b des Referentenentwurfes zur 8. GWB-Novelle, der die Einsicht in Kronzeugenunterlagen auf Staatsanwaltschaften und Strafgerichte beschränkte, hat keinen Gesetzesrang erlangt[793]. Auch die Vertraulichkeitszusage des Bundeskartellamtes stellt als Verwaltungsvorschrift ausschließlich behördliches Binnenrecht dar und vermag eine Versagung der Akteneinsicht daher nicht zu rechtfertigen[794]. Somit verbliebe als spezialgesetzliche Regelung über die Einsicht in Kronzeugenunterlagen allein Art. 6 Abs. 6 lit. a) der Kartellschadensersatzrichtlinie[795], der eine Offenlegung von Kronzeugenerklärungen durch nationale Gerichte zum Zwecke von Schadensersatzklagen untersagt[796]. Das *OLG Hamm* hat seinerzeit ausgeführt, dass es an einer Umsetzung der Richtlinie auf nationaler Ebene mangele und der Weg einer richtlinienkonformen Auslegung aufgrund des fehlenden Ablaufs der Umsetzungsfrist versperrt sei[797]. Vor der Umsetzung der Richtlinie fehlt es daher an einer gesetzlichen Normierung, wie sie § 477 Abs. 2 S. 1 Alt. 2 StPO voraussetzt. Im Hinblick auf eine richtlinienkonforme Auslegung stellt sich ungeachtet des fehlenden Ablaufs der Umsetzungsfrist überdies die Frage, ob eine solche im Falle von § 477 Abs. 2 S. 1 Alt. 2 StPO methodisch überhaupt zulässig wäre, denn die Norm spricht von *bundes- oder landesgesetzlichen Verwendungsregelungen*. Die Kartellschadensersatzrichtlinie hingegen stellt einen unionalen Rechtsakt dar. Zudem bildet Art. 6 Abs. 6 lit. a) der Richtlinie keine Verwendungsregelung, die an der Quelle der Information ansetzt und ihre weitere Verwendung bereits bei Entstehung vorschreibt. Vielmehr handelt es sich bereits nach der amtlichen Überschrift des Artikel 6 *Offenlegung von Beweismit-*

---

792 OLG Hamm, Beschl. v. 26.11.2013 - 1 VAs 116/13 - 120/13 und 122/13, BB 2014, 526, 530.
793 *Heinichen*, NZKart 2014, 83, 90.
794 Vgl. hierzu ausführlich unter C.I.1.a.bb.(1).(b).(bb).; Steger, BB 2014, 963, 966.
795 Richtlinie 2014/104/EU des Europäischen Parlaments und des Rates vom 26. November 2014 über bestimmte Vorschriften für Schadensersatzklagen nach nationalem Recht wegen Zuwiderhandlungen gegen wettbewerbsrechtliche Bestimmungen der Mitgliedstaaten der Europäischen Union.
796 Vgl. hierzu ausführlich unter D.II.2.a.
797 OLG Hamm, Beschl. v. 26.11.2013 - 1 VAs 116/13 - 120/13 und 122/13, BB 2014, 526, 531.

teln [...] um eine Norm, die einem Beweiserhebungsverbot gleichkommt und die Verwendung der Daten daher nicht präventiv, sondern reaktiv regelt. Art. 6 Abs. 6 lit. a) der Richtlinie wird demnach nicht von Wortlaut und Telos des § 477 Abs. 2 S. 1 Alt. 2 StPO erfasst. Die richtlinienkonforme Auslegung findet ihre Grenze jedoch insbesondere im Wortlaut der in Frage stehenden Norm, sie darf keinesfalls zu einer Auslegung *contra legem* führen[798]. Neben dem von dem *OLG Hamm* herangezogenen Argument des fehlenden Ablaufs der Umsetzungsfrist, das naturgemäß nur ein temporäres ist, ist eine richtlinienkonforme Auslegung daher insbesondere im Hinblick auf den Wortlaut und die Zielrichtung des § 477 Abs. 2 S. 1 Alt. 2 StPO abzulehnen. Schlussendlich konfligiert das absolute Offenlegungsverbot gemäß Art. 6 Abs. 6 lit. a) Kartellschadensersatzrichtlinie nach hier vertretener Auffassung mit unionalem Primärrecht[799], sodass eine Berücksichtigung dieser Wertentscheidung des Richtliniengebers im Rahmen von § 477 Abs. 2 S. 1 Alt. 2 StPO auch unter diesem Gesichtspunkt ausscheidet[800].

c. Zwischenergebnis

Zivilgerichte können im Rahmen ihrer Prozessleitungsmacht Kronzeugenerklärungen, die sich im Besitz des Bundeskartellamtes oder der Staatsanwaltschaften befinden, gemäß § 273 Abs. 2 Nr. 2 ZPO i.V.m. § 474 Abs. 1 StPO beiziehen. Die übermittelnde Stelle ist dabei grundsätzlich auf die abstrakte Prüfung der Zuständigkeit der ersuchenden Stelle beschränkt, die Verantwortung für die Zulässigkeit der Akteneinsicht trägt demgegenüber das prozessleitende Gericht. Versagungsgründe können der Akteneinsicht durch das Gericht dabei nicht entgegengehalten werden. Weder geben die Kronzeugenerklärungen als Daten ungewöhnlicher Art Anlass zu einer weitergehenden Prüfung durch die ersuchte Behörde gemäß § 477 Abs. 4 S. 2 HS. 2 StPO, noch steht der Einsicht die Verfahrenszweckgefährdung gemäß § 477 Abs. 2 S. 1 Alt. 1 StPO oder eine spezielle gesetzliche Regelung gemäß § 477 Abs. 2 S. 1 Alt. 2 StPO entgegen.

---

798 EuGH, Urt. v. 05.10.2004 - verb. Rs. C-397/10 bis C-403/01; BGH, Urt. v. 19.10.2004 - XI ZR 337/03.
799 Hierzu ausführlich unter D.V. und VI.
800 So andeutungsweise auch OLG Hamm, Beschl. v. 26.11.2013 - 1 VAs 116/13 - 120/13 und 122/13, BB 2014, 526, 530.

d. Einsichtnahme durch die Parteien

Werden Kronzeugenerklärungen dem ersuchenden Gericht zur Einsichtnahme übermittelt, ist damit noch keine Entscheidung über die Offenlegung der Dokumente gegenüber den Parteien des Kartellschadensersatzprozesses getroffen[801], denn die Vorlageanordnung gemäß § 273 Abs. 2 Nr. 2 ZPO i.V.m. § 474 Abs. 1 StPO ermöglicht allein dem ersuchenden Gericht die Einsicht in die übermittelten Unterlagen. Mit der Einsichtnahme des Gerichts in die Kronzeugenerklärungen ist dem Kartellgeschädigten jedoch wenig gedient. Die Bindung des Spruchkörpers an den Beibringungsgrundsatz und die aus Art. 101 Abs. 1 S. 2 GG folgende Neutralitätspflicht des Gerichts[802] verbieten eine Überprüfung der beigezogenen Unterlagen auf weitere, den Kläger begünstigende Tatsachen. Es obliegt weiterhin dem Kläger, den geltend gemachten Schaden auf Grundlage der beigezogenen Kronzeugenerklärungen substantiiert darzulegen und zu beweisen. Hierzu ist es jedoch erforderlich, dass der Geschädigte selbst Einsicht in die Kronzeugenunterlagen nehmen und die hierin enthaltenen Informationen im Rahmen seines prozessualen Vorbringens entsprechend fruchtbar machen kann. Daher stellt sich die Frage, unter welchen Voraussetzungen der Schadensersatzkläger Einsicht in die beigezogenen Kronzeugenunterlagen begehren kann.

aa. Einsicht nur im Falle prozessualer Verwertung

§ 299 Abs. 1 ZPO vermittelt den Parteien des Zivilprozesses einen Anspruch auf Einsichtnahme in die Prozessakten, die Nichtgewährung dieser Einsicht bedeutet einen Verstoß gegen Art. 103 Abs. 1 GG[803]. Das Einsichtnahmerecht der Parteien ist nach dem Wortlaut der Norm jedoch auf die Prozessakten beschränkt. Erfasst sind demnach allein diejenigen Akten, die bei dem Prozessgericht für den Rechtsstreit angelegt werden, bestehend aus den eingereichten Schriftsätzen nebst Anlagen, gerichtlichen Protokollen, den Urschriften über Beschlüsse, Urteilen und Verfügungen sowie den Urkunden über die Zustellungen und den amtlichen Schriftstü-

---

801 *Heinichen*, NZKart 2014, 83, 90.
802 Hierzu *Steger*, BB 2014, 963, 968.
803 MüKoZPO/*Prütting*, § 299 Rn. 1.

cken[804]. Behördliche Akten hingegen werden, auch im Falle ihrer Übermittlung gemäß § 273 Abs. 2 Nr. 2 ZPO, nicht Bestandteil der Prozessakten, sodass insoweit kein Einsichtsrecht gemäß § 299 Abs. 1 ZPO besteht[805]. Infolge dessen erwächst dem Kartellschadensersatzkläger aus § 299 Abs. 1 ZPO kein Anspruch auf Einsichtnahme in die übermittelten Kronzeugenerklärungen, da sie nicht Teil der Prozessakte sind bzw. werden[806].

Über das einfachgesetzliche Einsichtsrecht des § 299 Abs. 1 ZPO hinaus steht den Parteien jedoch ein verfassungsrechtlich verbürgtes Akteneinsichtsrecht zur Seite, das Ausfluss des Rechts auf Information gemäß Art. 103 Abs. 1 GG ist und sich auch auf beigezogene Akten erstreckt[807]. Dieses Einsichtsrecht ist indes nicht voraussetzungslos, sondern korreliert mit der prozessualen Verwertung der beigezogenen Dokumente. Dementsprechend haben die Prozessparteien nur dann einen Anspruch auf Einsichtnahme in die beigezogenen Dokumente, wenn und soweit das Gericht beabsichtigt, diese im Prozess zu verwerten und somit zum Gegenstand seiner Entscheidung zu machen[808]. Denn nur dann, wenn die beigezogenen Dokumente Bestandteil der gerichtlichen Entscheidungsfindung sein sollen, gebietet es das Informationsrecht gemäß Art. 103 Abs. 1 GG, dass die Parteien sich ein Bild von den der Entscheidung zugrunde liegenden Tatsachen machen können. Die maßgebliche Frage sowohl für das Gericht als auch für den Kartellgeschädigten ist daher diejenige nach der Verwertungsberechtigung des Gerichts hinsichtlich der beigezogenen Kronzeugenerklärungen. Nur im Falle der prozessualen Verwertbarkeit der beigezogenen Kronzeugendokumente durch das Gericht ist ein hiermit korrelierendes Einsichtnahmerecht des Geschädigten überhaupt denkbar. Eine prozessuale Verwertung beigezogener behördlicher Dokumente scheidet

---

804 MüKoZPO/*Prütting*, § 299 Rn. 4.
805 MüKoZPO/*Prütting*, § 299 Rn. 6; BeckOK ZPO/*Bacher*, § 299 Rn. 11 (Stand: 01.09.2016); BGH, NJW 1952, 305, 306.
806 OLG Hamm, Beschl. v. 26.11.2013 - 1 VAs 116/13 - 120/13 und 122/13, BB 2014, 526, 531.
807 BeckOK GG/*Radtke/Hagemeier*, Art. 103 Rn. 10 (Stand: 01.03.2015); MüKoZPO/*Prütting*, § 299 Rn. 6.
808 OLG Hamm, Beschl. v. 26.11.2013 - 1 VAs 116/13 - 120/13 und 122/13, BB 2014, 526, 527; *Harms/Petrasincu*, NZKart 2014, 304, 309; *Heinichen*, NZKart 2014, 83, 90. Im Ergebnis so auch *Gussone*, BB 2014, 526, 533 sowie *Steger*, BB 2014, 963, 967, die das Einsichtsrecht jedoch nicht auf Art. 103 Abs. 1 GG, sondern auf § 299 Abs. 1 ZPO stützen.

nach *h.M.* grundsätzlich aus, wenn die übersandten Dokumente einen Sperrvermerk der ersuchten Stelle enthalten[809]. Fehlt ein solcher Sperrvermerk hingegen, ist damit nicht *eo ipso* die Möglichkeit zur Verwertung der Kronzeugenerklärungen durch das Gericht eröffnet. Vielmehr ist den Besonderheiten des Kartellrechts bzw. der Kronzeugenerklärungen und dem daraus folgenden Spannungsverhältnis zwischen den Interessen der Prozessparteien durch eine einzelfallbezogene Interessenabwägung des Gerichts Rechnung zu tragen[810]. Daraus folgt, dass das erkennende Gericht im Nachgang zu der Beiziehung der Kartellverfahrensakten samt Kronzeugenerklärungen prüfen muss, inwieweit eine Verwendung der durch die Akteneinsicht erlangten Daten im Zivilprozess unter Berücksichtigung schützenswerter Interessen des jeweiligen Beklagten erfolgen kann[811]. Das Gericht muss dabei einen Ausgleich zwischen dem Kompensationsinteresse des Geschädigten und den Geheimhaltungsinteressen des Schädigers herbeiführen, indem es vor der Verwertung der übermittelten Dokumente eine Abwägung vornimmt, die auch den Grundrechten des Beklagten Rechnung tragen muss[812]. Mithin ist die prozessuale Verwertbarkeit der beigezogenen Kronzeugenunterlagen von der Frage abhängig, welchem Parteiinteresse im Einzelfall der Vorrang gebührt. Hierdurch ist gewährleistet, dass das primärrechtliche Gebot der Einzelfallabwägung, das der *EuGH* durch die Entscheidungen *Pfleiderer* und *Donau Chemie* geschaffen hat, auch im Falle des innerprozessualen Zugriffs auf Kronzeugenerklärungen Geltung beansprucht. Wie dieser Abwägungsvorgang im Einzelfall zu erfolgen hat, haben weder das *OLG Hamm* noch das *BVerfG* in dem bisher einzigen Verfahren zu dieser Fragestellung abschließend dargelegt. Das *BVerfG* hat unter ausdrücklichem Hinweis auf das Fehlen inhaltlicher Detailregelungen *de lege lata* lediglich die formalen Rahmenbedingungen der Abwägungsentscheidung generiert und dabei hervorgehoben, dass das erkennende Gericht eine ausdrückliche Abwägung unter Rückgriff aus subsumtionsfähige Kriterien vornehmen muss und dabei das

---

809 Vgl. zu der im Kartellrecht gebotenen Sichtweise sogleich unter C.II.1.d.bb.

810 *Steger*, BB 2014, 963, 967.

811 OLG Hamm, Beschl. v. 26.11.2013 - 1 VAs 116/13 - 120/13 und 122/13, BB 2014, 526, 527; *Heinichen*, NZKart 2014, 83, 90.

812 BVerfG, Beschl. v. 06.03.2014 - 1 BvR 3541/13 u.a., NJW 2014, 1581, 1582.

Abwägungsprogramm und die Plausibilität des Ergebnisses erkennbar werden müssen[813].

Abwägungsgegenstand müssen dabei die jeweils betroffenen Grundrechtspositionen der Prozessbeteiligten sein[814]. Auf Seiten des beklagten Kartellanten sind hierbei hauptsächlich die in den Kronzeugenerklärungen enthaltenen Geschäfts- und Betriebsgeheimnisse bzw. das Recht auf informationelle Selbstbestimmung zu berücksichtigen[815]. Der Kartellgeschädigte kann, insbesondere wenn der Beiziehung ein entsprechender Beweisantrag zugrunde liegt[816], die Entscheidungserheblichkeit und Beweisbedürftigkeit der in den Kronzeugenunterlagen enthaltenen Informationen zu Felde führen[817], denn der Ausspruch der Vorlageanordnung bedingt die vorangegangene Erkenntnis des Gerichts, dass die begehrten Informationen für den jeweiligen Schadensersatzprozess von Relevanz sind und sich der Kläger einer substantiellen Beweisnot gegenübersieht, sodass er das Grundrecht auf effektiven Rechtsschutz für sich in Anspruch nehmen kann[818]. Verstärkend tritt hinzu, dass das Schadensersatzverlangen des Klägers zugleich der wirksamen Durchsetzung des Wettbewerbsrechts und damit dem öffentlichen Interesse der Europäischen Union dient[819]. Stellt man diese Grundrechtspositionen einander gegenüber, muss die Interessenabwägung regelmäßig zugunsten des Schadensersatzklägers ausfallen. Zunächst ist zu sehen, dass der Schutz von Geschäfts- und Betriebsgeheimnissen im Falle juristischer Personen weiter reicht als das Recht auf informationelle Selbstbestimmung und dessen Schutzbereich daher in Art. 12 Abs. 1 GG aufgeht. Eine Verletzung des Rechts auf informationelle Selbstbestimmung gemäß Art. 2 Abs. 1 i.V.m. Art. 19 Abs. 3 GG scheidet daher von vornherein aus[820]. Die in den Kronzeugenunterlagen enthalte-

---

813 *Steger*, BB 2014, 963, 967; BVerfG, Beschl. v. 06.03.2014 - 1 BvR 3541/13 u.a., NJW 2014, 1581, 1582.

814 *Steger*, BB 2014, 963, 967.

815 BVerfG, Beschl. v. 06.03.2014 - 1 BvR 3541/13 u.a., NJW 2014, 1581, 1582.; OLG Hamm, Beschl. v. 26.11.2013 - 1 VAs 116/13 - 120/13 und 122/13, BB 2014, 526, 529; *Heinichen*, NZKart 2014, 83, 90.

816 Vgl. hierzu *Heinichen*, NZKart 2014, 83, 86.

817 *Heinichen*, NZKart 2014, 83, 90.

818 *Steger*, BB 2014, 963, 967; vgl. zu dem daraus folgenden Recht auf Beweis ausführlich unter D.VI.1.

819 BVerfG, Beschl. v. 06.03.2014 - 1 BvR 3541/13 u.a., NJW 2014, 1581, 1582.

820 Vgl. bereits unter C.I.1.a.bb.(1).(b).; ebenso BVerfG, Beschl. v. 06.03.2014 - 1 BvR 3541/13 u.a., NJW 2014, 1581, 1583.

nen Geschäfts- und Betriebsgeheimnisse des beklagten Kartellanten wiederum stehen einer Einsicht des Klägers nicht entgegen, da sie Ausfluss des wettbewerbswidrigen Verhaltens sind und infolge dessen keinen grundrechtlichen Schutz genießen[821].

Vor diesem Hintergrund ergibt sich folgendes Gesamtbild: Ist der Kartellgeschädigte nach Auffassung des Gerichts zur Substantiierung seiner Klage auf die in den Kronzeugenerklärungen enthaltenen Informationen angewiesen, muss dem Grundrecht auf effektiven Rechtsschutz der Vorrang vor den Grundrechten des beklagten Kartellanten eingeräumt werden, da die in den Kronzeugenerklärungen enthaltenen Betriebs- und Geschäftsgeheimnisse aus dem Kartellrechtsverstoß resultieren bzw. untrennbar mit diesem verbunden und daher auf Seiten des beklagten Kartellanten keine schützenswerten Grundrechtspositionen verbleiben[822].

bb. Interessen des Bundeskartellamtes

Die bisherige Darstellung hat gezeigt, dass auch der innerprozessuale Zugriff gemäß § 273 Abs. 2 Nr. 2 ZPO i.V.m. § 474 Abs. 1 StPO schlussendlich in einer einzelfallbezogenen Interessenabwägung mündet. Anders als im Rahmen des vorprozessualen Zugriffs erfolgt diese Abwägung indes nicht durch die aktenführende Behörde, in deren Besitz sich die Kronzeugenerklärungen befinden, sondern durch das ersuchende Gericht. Es kommt mithin zu einer Veränderung des rechtlichen Blickwinkels, da die Zulässigkeit der Einsicht in die Kronzeugenunterlagen nun nicht mehr aus Sicht des Bundeskartellamtes, sondern aus der Perspektive des erkennenden Gerichts beurteilt wird. Dem prozessleitenden Gericht wird dabei durch das *BVerfG* die Aufgabe einer einzelfallbezogenen Abwägung der widerstreitenden Parteiinteressen auferlegt. Da die Grundrechtspositionen des beklagten Kartellanten in diesem Fall wie gesehen hinter das Rechtsschutzinteresse des Klägers zurücktreten müssen, stellt sich die Frage, ob auch das Interesse des Bundeskartellamtes am Schutze des Kronzeugenprogramms Eingang in diese Interessenabwägung finden muss. *Heinichen* vertritt hierzu die Ansicht, das erkennende Gericht habe im Rahmen dieser

---

821 Vgl. bereits ausführlich unter C.I.1.a.bb.(1).(b).(bb).; so auch OLG Hamm, Beschl. v. 26.11.2013 - 1 VAs 116/13 - 120/13 und 122/13, BB 2014, 526, 529; *Gussone*, BB 2014, 526, 533.
822 In diesem Sinne auch das Ergebnis von *Steger*, BB 2014, 963, 968.

Abwägung sowohl die Geheimhaltungsinteressen des beklagten Kartellanten als auch die Interessen Dritter zu berücksichtigen[823]. Demnach sei auch das öffentliche Interesse am Schutz der Kronzeugenregelung in die Abwägung des Zivilgerichts einzubeziehen[824].

Dieser Auffassung kann im Ergebnis nicht gefolgt werden. Der kartellrechtliche Schadensersatzprozess stellt ein rein kontradiktorisches Zivilverfahren dar, das allein darauf ausgerichtet ist, die widerstreitenden Privatinteressen der Parteien in Ausgleich zu bringen. Der Zivilprozess dient der Feststellung, Durchsetzung und Gestaltung subjektiver Rechte, die Wahrung der objektiven Rechtsordnung bleibt hingegen außer Betracht[825]. Das gesamte Zivilverfahren ist durch das Prozessrechtsverhältnis der Parteien geprägt, sodass vorzunehmende Interessenabwägungen grundsätzlich nur die Interessen der prozessbeteiligten Parteien zu berücksichtigen und in Ausgleich zu bringen haben, sofern nicht die Interessen prozessfremder Dritter qua Gesetz ausnahmsweise Berücksichtigung finden müssen. Öffentliche Interessen wie das des Bundeskartellamtes am Schutze der Kronzeugenregelung sind im Rahmen des bipolaren Schadensersatzverfahrens daher grundsätzlich ohne Belang. Folgerichtig haben sowohl das *OLG Hamm* als auch das *BVerfG* festgestellt, dass eine Verwendung der erlangten Daten im Verfahren unter Berücksichtigung der Interessen des *Beklagten* zu beurteilen sei[826]. Das Interesse des Bundeskartellamtes als prozessfremdem Dritten am Schutz des Kronzeugenprogramms wurde hingegen nicht in die vorzunehmende Interessenabwägung einbezogen[827], obwohl dies ebenfalls eine Frage im Gesamtkontext des Verfahrens gewesen ist. Die Außerachtlassung des behördlichen Ansinnens im Rahmen der Interessenabwägung ist neben der Systematik des Zivilverfahrensrechts zudem aus folgendem Grunde zwingend: Die Frage nach dem Interesse des Bundeskartellamtes als Versagungsgrund hinsichtlich der Einsicht in die Kronzeugenerklärungen war bereits Gegenstand der Abwägung im Rahmen von § 477 Abs. 4 S. 2 2. HS sowie Abs. 2 S. 1 StPO[828]. Die Interessen der

---

823 *Heinichen*, NZKart 2014, 83, 90.
824 *Heinichen*, NZKart 2014, 83, 91.
825 MüKoZPO/*Rauscher*, Einl. Rn. 8; Thomas/Putzo/*Hüßtege*, vor § 50 Rn. 1 sowie Thomas/Putzo/*Reichold*, vor § 253 Rn. 1.
826 OLG Hamm, Beschl. v. 26.11.2013 - 1 VAs 116/13 - 120/13 und 122/13, BB 2014, 526, 527; bestätigt durch BVerfG, Beschl. v. 06.03.2014 - 1 BvR 3541/13 u.a., NJW 2014, 1581, 1582.
827 In diesem Sinne auch *Stauber/Schaper*, NZKart 2014, 346, 348.
828 Vgl. hierzu ausführlich unter C.II.1.b.bb.(1). und (2).

ersuchten Behörde werden bereits an dieser Stelle berücksichtigt und gewichtet. Nach dem *Doppeltürmodell* des *BVerfG* erlangen die Interessen der übermittelnden Behörde ausschließlich auf dieser Ebene Bedeutung. Stehen die behördlichen Interessen einer Übermittlung an diesem Punkt nicht entgegen und wird sodann die „Tür" durchschritten, so sind sie nach dem Überschreiten dieser Schwelle nicht mehr von Belang. Vielmehr unterliegen die Daten nach der Übermittlung an das ersuchende Gericht dem Regelungsregime des Zivilverfahrens, in das sie hineingetragen wurden. In diesem Rahmen sind die öffentlichen Interessen des Bundeskartellamtes jedoch nicht mehr berücksichtigungsfähig. Infolge dessen hat das ersuchende Gericht das Interesse des Bundeskartellamtes am Schutz der Kronzeugenregelung bei der gebotenen Interessenabwägung grundsätzlich unberücksichtigt zu lassen, da das behördliche Interesse andernfalls eine unzulässige doppelte Berücksichtigung fände.

Die Außerachtlassung der behördlichen Interessen im Rahmen der vorzunehmenden Abwägung hat indes nicht zur Folge, dass die Behörde einer Verwertung der Dokumente im Zivilverfahren nicht entgegenzutreten vermag. Die ersuchte Behörde besitzt grundsätzlich die Möglichkeit, einen sog. Sperrvermerk auf den übermittelten Dokumenten anzubringen. Über eine solche Verwendungsbeschränkung können sich die ersuchenden Zivilgerichte grundsätzlich nicht hinwegsetzen[829]. Infolge dessen wird vertreten, das Bundeskartellamt könne einer Einsicht des Klägers in die Kronzeugenunterlagen mithilfe eines solchen Sperrvermerks *a priori* die Grundlage entziehen[830]. Diese Ansicht greift indes zu kurz, da sie die primärrechtlichen Feststellungen des *EuGH* in der Sache *Donau Chemie* unberücksichtigt lässt. Wie bereits dargestellt[831], gebietet es das unionale Wettbewerbsrecht, dass die Abwägung der widerstreitenden Interessen von den nationalen Gerichten im Einzelfall unter Berücksichtigung der jeweiligen Rechtssache vorgenommen werden kann. Art. 101 AEUV steht demnach einer Regelung entgegen, die den nationalen Gerichten die Möglichkeit einer Abwägung im Einzelfall vorenthält[832]. Eine starre Regelung,

---

829 MüKoZPO/*Prütting*, § 299 Rn. 6; BGH, NJW 1952, 305, 306.
830 *Harms/Petrasincu*, NZKart 2014, 304, 310; *Heinichen*, NZKart 2014, 83, 92 mit weiteren Ausführungen zur Möglichkeit einer gerichtlichen Entscheidung gemäß § 23 Abs. 1 S. 1 EGGVG.
831 Vgl. hierzu ausführlich unter C.I.1.c..bb.(3).
832 EuGH, Urt. v. 06.06.2013 - Rs. C-536/11 „*Donau Chemie*", EuZW 2013, 586, 588.

nach der ein Zugang zu Dokumenten eines wettbewerbsrechtlichen Verfahrens stets verweigert werden könnte, würde die gerichtliche Geltendmachung eines wettbewerbsrechtlichen Schadensersatzanspruches unmöglich machen oder zumindest übermäßig erschweren und infolgedessen der wirksamen Durchsetzung von Art. 101 AEUV entgegenstehen[833]. Die Möglichkeit zur Applikation eines Sperrvermerks durch das Bundeskartellamt, der es an einer expliziten Rechtsgrundlage mangelt[834], stellt zugegebenermaßen keine legislative Regelung im Sinne der Entscheidung *Donau Chemie* dar. Gleichwohl hätte ein solcher Sperrvermerk zur Folge, dass dem erkennenden Gericht die Möglichkeit der Einzelfallabwägung genommen würde und eine Einsicht des Klägers in die Kronzeugenunterlagen ungeachtet seiner Beweisnot im Einzelfall kategorisch verweigert werden könnte, ohne dass dieser Verweigerung eine Abwägung der Interessen der Prozessparteien vorausginge. Der Sperrvermerk des Bundeskartellamtes hätte damit eine mit § 39 Abs. 2 des österreichischen Kartellgesetzes, der Grundlage der Entscheidung *Donau Chemie* gewesen ist[835], vergleichbare Wirkung. Diese Norm sah vor, dass eine Einsicht in die Kartellverfahrensakten nur mit Zustimmung sämtlicher Parteien des Kartellverfahrens möglich sein sollte. Die Verweigerung dieser Zustimmung stand einer Einsicht und damit einer Verwertung im Rahmen des Schadensersatzprozesses unabwägbar entgegen. In gleicher Weise verhielte es sich mit einem Sperrvermerk des Bundeskartellamts. Eine solche kategorische Verhinderung der Einsicht widerspricht jedoch nach Auffassung des *EuGH* dem unionalen Wettbewerbsrecht. Infolge dessen gebietet es das Gebot der Einzelfallabwägung als Ausfluss des unionalen Primärrechts, dass ein Sperrvermerk des Bundeskartellamts einer Verwertung im Zivilverfahren nicht entgegenstehen darf. Dies gilt umso mehr, als dass eine formalgesetzliche Grundlage für das Anbringen eines solchen Sperrvermerks nicht existiert. Wenn jedoch bereits eine nationale verfahrensrechtliche Regelung zur Akteneinsicht dem Gebot der Einzelfallabwägung weichen muss, so gilt dies erst recht hinsichtlich einer behördlichen Praxis, die ohne formalgesetzliches Fundament erfolgt (*argumentum a fortiori*). Mithin bleibt die Frage nach der prozessualen Verwertbarkeit der Kronzeugenerklärungen auch dann der einzelfallbezogenen Interessenabwä-

---

833 EuGH, Urt. v. 06.06.2013 - Rs. C-536/11 „*Donau Chemie*", EuZW 2013, 586, 588.
834 *Willems*, wrp 2015, 818, 821.
835 EuGH, Urt. v. 06.06.2013 - Rs. C-536/11 „*Donau Chemie*", EuZW 2013, 586.

gung des erkennenden Gerichts vorbehalten, wenn das Bundeskartellamt die übermittelten Verfahrensakten mit einem Sperrvermerk versieht. In diesem Sinne hat auch das *OLG Hamm* ohne ausdrückliche Bezugnahme auf die Entscheidung *Donau Chemie* ausgeführt, dass allein die einzelfallbezogene Abwägung die angemessene Verfahrensweise zum Ausgleich der Parteiinteressen darstelle und eine generelle Versagung der Einsicht abzulehnen sei[836].

e. Ergebnis

Die gerichtliche Beiziehung behördlicher Akten gemäß § 273 Abs. 2 Nr. 2 ZPO i.V.m. §§ 474 Abs. 1 StPO, 49b OWiG eröffnet privaten Kartellschadensersatzklägern die Möglichkeit des innerprozessualen Zugriffs auf Kronzeugenerklärungen. Die ersuchte Behörde ist dabei auf eine abstrakte Prüfung der sachlichen Zuständigkeit des ersuchenden Gerichts beschränkt, eine weitergehende Prüfung ist ihr mangels Einschlägigkeit des § 477 Abs. 4 S. 2 2. HS StPO versagt. Auch die Ausschlussgründe des § 474 Abs. 2 S. 1 StPO können einer Übermittlung an das ersuchende Gericht nicht entgegengehalten werden. Die vor der Offenlegung der Dokumente vorzunehmende Abwägung zwischen den Interessen der Prozessparteien, die nach hier vertretener Auffassung regelmäßig zugunsten des Kartellgeschädigten ausfallen muss, ist allein durch das prozessführende Gericht vorzunehmen. Aufgrund des kontradiktorischen Charakters des Zivilprozesses müssen die Interessen des Bundeskartellamtes am Schutz des Kronzeugenprogramms im Rahmen dieser Abwägung unberücksichtigt bleiben. Auch durch die Applikation eines behördlichen Sperrvermerks kann die Einsichtnahme durch den Schadensersatzkläger nicht verhindert werden, da dies im Widerspruch zu dem primärrechtlichen Gebot der Einzelfallabwägung stünde. Der somit ermöglichte innerprozessuale Zugriff gemäß § 273 Abs. 2 Nr. 2 ZPO i.V.m. §§ 474 Abs. 1 StPO, 49b OWiG vermittelt dem Kartellgeschädigten dabei einen entscheidenden Vorteil gegenüber dem vorprozessualen Zugriff: Die vorzunehmende Interessenabwägung ist im Falle des innerprozessualen Zugriffs dem erken-

---

836 OLG Hamm, Beschl. v. 26.11.2013 - 1 VAs 116/13 - 120/13 und 122/13 Rn. 98; ähnlich auch *Willems*, wrp 2015, 818, 821, mit dem Hinweis darauf, dass die Anbringung eines Sperrvermerks der ratio der §§ 474 Abs. 1, 477 Abs. 4 StPO widerspreche.

nenden Gericht vorbehalten, das im Gegensatz zum Bundeskartellamt die Beweisnot des Klägers sachnah und einzelfallbezogen beurteilen kann und überdies nicht von einem Interesse am Schutz des selbst geschaffenen Kronzeugenprogramms geleitet ist.

2. Beweisantritt gemäß § 432 Abs. 1 ZPO

Neben dem Weg der terminsvorbereitenden Beiziehung gemäß § 273 Abs. 2 Nr. 2 ZPO verbleiben grundsätzlich drei weitere zivilprozessuale Instrumentarien zur Einführung behördlicher Urkunden in den Prozess: die Möglichkeit zur Urkundenvorlage gemäß §§ 420, 435 S. 1 ZPO, des förmlichen Beweisantritts gemäß § 432 Abs. 1 ZPO sowie des Antrags auf Fristsetzung gemäß §§ 432 Abs. 3, 428, 431 ZPO zur nötigenfalls klageweisen Durchsetzung eines materiell-rechtlichen Herausgabeanspruchs gemäß § 422 ZPO[837]. Die Vorlage gemäß §§ 420, 435 S. 1 ZPO bedingt dabei, dass der Beweisführer bereits im Besitz der jeweiligen Urkunde ist. Dass dies im Falle privater Kartellschadensersatzkläger, die Einsicht in die Kronzeugenerklärungen begehren, nicht der Fall ist, bedarf keiner weitergehenden Darlegung. Der Antrag gemäß §§ 432 Abs. 3, 428, 431 ZPO setzt einen materiell-rechtlichen Herausgabe- bzw. Vorlegungsanspruch nach Maßgabe des § 422 ZPO voraus. Materiell-rechtlich in diesem Sinne sind dabei lediglich Ansprüche privatrechtlicher Natur, öffentlich-rechtliche Ansprüche genügen nicht[838]. Ein privatrechtlicher Anspruch des Kartellgeschädigten gegen das Bundeskartellamt auf Herausgabe der begehrten Kronzeugenunterlagen existiert jedoch nicht, die dargestellten Instrumentarien des vorprozessualen Zugriffs sind allein öffentlich-rechtlicher Natur. Mithin verbleibt aus Sicht der Geschädigten allein der Weg des förmlichen Beweisantritts gemäß § 432 Abs. 1 ZPO, da § 142 Abs. 1 S. 1 Alt. 2 ZPO auf Behörden als prozessfremde Dritte keine Anwendung findet[839].

§ 432 Abs. 1 ZPO regelt den Beweis über den Inhalt einer Urkunde, die sich im unmittelbaren Besitz einer nicht am Prozess beteiligten Behörde

---

837 Zöller/*Geimer*, § 432 Rn. 1.
838 MüKoZPO/*Schreiber*, § 422 Rn. 2.
839 H.M., vgl. *Kapoor*, Vorlagepflichten, 170; Zöller/*Greger*, § 142 Rn. 11; in diesem Sinne auch AG Göttingen, Beschl. v. 15.04.2015, NZI 2015, 554; a.A., jedoch einschränkend, *Gruber*/*Kießling*, ZZP 116, 305, 322 f.

befindet. Die Norm soll dem Beweisführer die Einführung behördlicher Urkunden in den Prozess erleichtern, indem sie ihn von der Voraussetzung eines materiell-rechtlichen Vorlegungsanspruches gemäß § 422 ZPO befreit und den Weg einer isolierten Herausgabeklage entbehrlich macht[840]. Da § 432 ZPO auf dem Instrumentarium der Amtshilfe gemäß Art. 35 Abs. 1 GG und § 168 GVG fußt, ist dieser erleichterte Beweisantritt grundsätzlich nicht möglich, soweit die beweisbelastete Partei die Urkunde auch ohne Mitwirkung des Gerichts beschaffen kann (§ 432 Abs. 2 ZPO)[841] oder ein materiell-rechtlicher Herausgabeanspruch besteht (§ 432 Abs. 3 ZPO)[842]. Für den Kartellgeschädigten stellt sich im innerprozessualen Stadium seines Schadensersatzbegehrens die Frage, ob auch über den Weg des Beweisantritts gemäß § 432 Abs. 1 ZPO eine Habhaftwerdung der Kronzeugenunterlagen möglich ist. Diese innerprozessuale Herangehensweise, zu der bisher keinerlei Rechtsprechung oder eingehende wissenschaftliche Darstellungen[843] vorliegen, soll im Folgenden eingehend untersucht werden.

a. Voraussetzungen des Beweisantritts

aa. Urkunde in der Verfügungsgewalt einer öffentlichen Behörde

Der sachliche Anwendungsbereich des § 432 Abs. 1 ZPO ist nur dann eröffnet, wenn sich die begehrte Urkunde in der Verfügungsgewalt einer öffentlichen Behörde bzw. eines öffentlichen Beamten in dienstlicher Eigenschaft befindet[844]. Der Behördenbegriff orientiert sich dabei an der Legaldefinition des § 1 Abs. 4 VwVfG[845], sodass jede Stelle, die Aufgaben der öffentlichen Verwaltung wahrnimmt, als Behörde im Sinne des § 432 Abs. 1 ZPO zu qualifizieren ist. Unstreitig ist somit auch das Bundeskartellamt von dem Behördenbegriff des § 432 Abs. 1 ZPO erfasst. Im Gegensatz zu § 273 Abs. 2 Nr. 2 ZPO, der sich auch auf amtliche Auskünfte erstreckt, hat § 432 Abs. 1 ZPO als Regelung des Urkundenbeweises aus-

---

840 MüKoZPO/*Schreiber*, § 432 Rn. 1.
841 Vgl. hierzu sogleich C.II.2.a.bb.
842 Musielak/Voit/*Huber*, ZPO § 432 Rn. 1.
843 Überblicksartig hierzu *Jüntgen*, WuW 2007, 128, 131.
844 MüKoZPO/*Schreiber*, § 432 Rn. 2.
845 BeckOK ZPO/*Krafka*, § 432 Rn. 1 (Stand: 01.09.2016).

schließlich die Vorlage von Urkunden gemäß § 415 ff. ZPO zum Gegenstand. Der Urkundenbegriff der Zivilprozessordnung fordert dabei zunächst die aus dem Strafrecht bekannte schriftliche Verkörperung einer Gedankenerklärung[846], ohne jedoch die Beweisbestimmung zur weitergehenden Bedingung zu machen[847]. Bonusanträge enthalten die Erklärung des Kartellanten über die Vornahme einer wettbewerbswidrigen Handlung und damit die schriftliche Verkörperung einer Gedankenerklärung. Abhängig von der Art der Antragstellung ist der Bonusantrag in der weiteren Differenzierung entweder als öffentliche Urkunde gemäß § 415 Abs. 1 ZPO oder aber als Privaturkunde gemäß § 416 ZPO zu qualifizieren. Aus Ziff. 3.3 der Bonusregelung folgt, dass Kartellanten die für einen Bonusantrag notwendigen Informationen[848] sowohl mündlich als auch schriftlich an das Bundeskartellamt richten können. Im Falle einer mündlichen Antragstellung wird das Bundeskartellamt ein entsprechendes Protokoll über die abgegebene Erklärung anfertigen, das sodann als öffentliche Urkunde im Sinne von § 415 Abs. 1 ZPO zu qualifizieren ist. Richtet der Kronzeuge seine Erklärung hingegen schriftlich an das Bundeskartellamt, ist diese nicht von der Behörde *aufgenommen* im Sinne von § 415 Abs. 1 ZPO. Vielmehr wurde der schriftliche Bonusantrag von dem Kronzeugen selbst errichtet und ist damit als Privaturkunde gemäß § 416 ZPO zu qualifizieren, da private Urkunden allein durch die Entgegennahme zu den behördlichen Akten nicht zu öffentlichen Urkunden werden[849].

Auch das Erfordernis der behördlichen Verfügungsgewalt ist im Falle der Kronzeugenerklärungen regelmäßig erfüllt. Die Behörde muss die Urkunde hierfür in ihrem unmittelbarem Besitz bzw. Zugriffsbereich haben[850]. Das Bundeskartellamt macht die Kronzeugenunterlagen nach deren Eingang zum Bestandteil der jeweiligen Verfahrensakte, sodass der unmittelbare Besitz unstreitig vorliegt. § 432 Abs. 1 ZPO setzt nach Sinn und Zweck weiterhin voraus, dass die Behörde im Rahmen des Zivilverfahrens als Dritter im Sinne von § 428 ZPO anzusehen ist, da andernfalls allein die Regelungen über die Vorlagepflicht des Gegners gemäß §§ 421-427 ZPO maßgeblich sind[851]. Auch diese Drittstellung des Bun-

---

846 MüKoZPO/*Schreiber*, § 415 Rn. 5.
847 MüKoZPO/*Schreiber*, § 415 Rn. 10.
848 Vgl. hierzu bereits unter B.II.2.b.cc.(1).
849 BeckOK ZPO/*Krafka*, § 415 Rn. 17 (Stand: 01.09.2016).
850 Musielak/Voit/*Huber*, ZPO § 432 Rn. 2.
851 Musielak/Voit/*Huber*, ZPO § 432 Rn. 2.

deskartellamtes liegt im Schadensersatzprozess zwischen dem Kartellge-schädigten und dem Kartellanten vor, da das Bundeskartellamt außerhalb dieses kontradiktorischen Zivilverfahrens steht und keinerlei Beteiligten-stellung innehat.

bb. Keine Umgehung der eigenmächtigen Beweisbeschaffung

Die Erlangung der behördlichen Urkunde im Wege der Amtshilfe gemäß § 432 Abs. 1 ZPO darf nicht zu einer Umgehung anderweitiger und vor-rangiger Mittel der Beweisbeschaffung führen[852]. Aufgrund dessen ist die Vorlage der begehrten Urkunden im Wege des § 432 Abs. 1 ZPO ausge-schlossen, wenn und soweit der Beweisführer imstande ist, sich die Doku-mente eigenmächtig auf anderem Wege zu beschaffen (§ 432 Abs. 2 ZPO) oder dem Beweisführer ein materiell-rechtlicher Herausgabeanspruch ge-gen die Behörde nach Maßgabe des § 422 ZPO zusteht[853]. Ein solcher ma-teriell-rechtlicher Anspruch des Schadensersatzklägers nach § 422 ZPO auf Herausgabe der Kronzeugenunterlagen durch das Bundeskartellamt existiert nicht, da § 422 ZPO allein privatrechtliche Ansprüche erfasst[854], sodass § 432 Abs. 3 ZPO nicht zum Ausschluss des Beweisantrittsrechts führt. Indes stellt sich die Frage, ob die aufgezeigten vorprozessualen Möglichkeiten des Kartellgeschädigten zur Beschaffung der Kronzeugen-dokumente des Bundeskartellamtes die Anwendung der Ausschlussnorm des § 432 Abs. 2 ZPO rechtfertigen. Hiernach bleibt dem Kläger die Ur-kundenbeschaffung qua Amtshilfe versagt, soweit er zur Habhaftwerdung der Urkunde ohne Mitwirkung des Gerichts imstande ist. Die beweisbelas-tete Partei soll das Gericht nicht bemühen, wenn sie die Urkunde leichter und zügiger beschaffen kann[855]. Die Ausschlussnorm des § 432 Abs. 2 ZPO erfasst jedoch nur jene Konstellationen, in denen die Behörde auf-grund gesetzlicher Vorschriften zur Erteilung von Ausfertigungen, beglau-bigten Abschriften und Ähnlichem verpflichtet ist[856]. Es muss sich dem-

---

852 BeckOK ZPO/*Krafka*, § 432 Rn. 3 (Stand: 01.09.2016).
853 Thomas/Putzo/*Reichold*, § 432 Rn. 1; BeckOK ZPO/*Krafka*, § 432 Rn. 3 (Stand: 01.09.2016); Musielak/Voit/*Huber*, ZPO § 432 Rn. 4; MüKoZPO/*Schreiber*, § 432 Rn. 4.
854 MüKoZPO/*Schreiber*, § 422 Rn. 2.
855 MüKoZPO/*Schreiber*, § 432 Rn. 4.
856 MüKoZPO/*Schreiber*, § 432 Rn. 5.

nach um einen unbedingten Anspruch handeln. Steht die Erteilung hingegen im Ermessen der Behörde, findet § 432 Abs. 2 ZPO keine Anwendung, denn die angeordnete Subsidiarität dient dem Zweck, den einfachsten Weg der Urkundenbeschaffung zu beschreiten[857]. Aufgrund dessen ist der Beweisführer nicht gehalten, zunächst das Ergebnis einer behördlichen Ermessensentscheidung abzuwarten. Die dargestellten vorprozessualen Einsichtsrechte des Kartellgeschädigten[858] stellen indes keinen unbedingten Anspruch des Geschädigten dar, da sie stets unter dem Erfordernis einer einzelfallbezogenen Abwägungsentscheidung durch das Bundeskartellamt stehen. Zwar muss diese Abwägungsentscheidung nach hier vertretener Auffassung regelmäßig zugunsten des Kartellgeschädigten ausfallen, dies allein verleiht den vorprozessualen Akteneinsichtsrechten jedoch keinen unbedingten Charakter. Infolge dessen führen die vorprozessualen Einsichtsrechte des Kartellgeschädigten nicht zum Ausschluss des Beweisantrittsrechts gemäß § 432 Abs. 2 ZPO.

cc. Beweisantrag

§ 432 Abs. 1 ZPO erfordert weiterhin die Stellung eines Beweisantrags, der den Anforderungen der §§ 430, 424 ZPO genügen muss[859]. Erforderlich ist demnach insbesondere eine möglichst genaue Bezeichnung der vorzulegenden Urkunde sowie der Tatsachen, die durch sie bewiesen werden sollen. Die Benennung der vorzulegenden Urkunde dürfte für den Kläger im Hinblick auf die Kronzeugendokumente dabei keine nennenswerte Erschwernis mit sich bringen, da sich der Beweisantrag auf ein genau zu bezeichnendes Dokument nebst Anlagen bezieht, das vom Bundeskartellamt zweifelsfrei ermittelt und aufgefunden werden kann. Indes könnte sich der Kartellgeschädigte aufgrund der fehlenden Kenntnis vom Inhalt der Kronzeugendokumente dem Vorwurf des Ausforschungsbeweises ausgesetzt sehen, denn der Kläger ist regelmäßig nicht in der Lage,

---

857 MüKoZPO/*Schreiber*, § 432 Rn. 5; RGZ 84, 142, 143.
858 Vgl. unter C.I.1.
859 Zöller/*Geimer*, § 432 Rn. 2 mit Beschränkung auf § 432 Nr. 1-3; Musielak/Voit/ *Huber*, ZPO § 432 Rn. 3; a.A. MüKoZPO/*Schreiber*, § 432 Rn. 6 sowie Saenger/ *Eichele*, ZPO § 432 Rn. 2, die eine Anwendbarkeit von § 424 ZPO verneinen, jedoch eine Bezeichnung der zu beweisenden Tatsache sowie die genaue Benennung der im Besitz der Behörde befindlichen Urkunde erfordern, was im praktischen Ergebnis dasselbe bedeuten dürfte.

zum Zeitpunkt des Beweisantrages bereits eine konkret zu beweisende Schadenshöhe substantiiert darzulegen. Vielmehr dient die Einsichtnahme in die Kronzeugenunterlagen erst dem Erkenntnisgewinn über die Struktur des Kartells und seine Auswirkung auf den Marktpreis, was wiederum Bedingung für die Berechnung der konkreten Schadenshöhe ist. Diesbezüglich ist jedoch zu sehen, dass eine Substantiierung der zu beweisenden Tatsache nur insoweit gefordert werden kann, als sie dem Beweisführer zumutbar ist[860]. Demnach darf die beweisführende Partei auch eine vermutete Tatsache behaupten und unter Beweis stellen, soweit sie hierüber kein hinreichendes Wissen besitzt und es auch nicht erlangen kann[861]. Insbesondere dann, wenn der Beweisführer keine Kenntnis von internen Vorgängen der Gegenpartei hat und haben kann, darf er die zu beweisende Tatsache als feststehend behaupten und unter Beweis stellen, wenn für die Richtigkeit seines Vorbringens hinreichende Anhaltspunkte bestehen[862]. Ein unzulässiger Ausforschungsbeweis liegt in diesem Falle erst bei offensichtlicher Willkür bzw. Rechtsmissbrauch vor[863]. Vor diesem Hintergrund kommt die besondere Beweisnot[864] des Kartellgeschädigten zum Tragen. Aufgrund der Klandestinität der Kartelle haben die Geschädigten regelmäßig keinerlei Kenntnis von deren Struktur und Reichweite. Insbesondere die Beeinflussung des Marktpreises durch Preisabsprachen ist von Kartellaußenseitern praktisch nicht nachzuvollziehen. Dem Schadensersatzkläger ist es daher nicht möglich, die Tragweite des durch den Beklagten mitverursachten Kartells und die damit verbundene Schadenshöhe bei Beweisantritt im Einzelnen konkret darzulegen. Diese erhebliche Beweisnot ist bei der Bemessung des Substantiierungsgrades zu berücksichtigen, sodass sich der Schadensersatzkläger im Rahmen seines Beweisantrags auf die Darlegung eines kartellbedingten Schadeneintritts beschränken und die zu beweisende Schadenshöhe unbeziffert lassen können muss, ohne dem Vorwurf eines unzulässigen Beweisermittlungsantrags ausgesetzt zu sein. Hinzu tritt, dass die Ermittlung der Schadenshöhe oftmals auf eine Schätzung gemäß § 287 Abs. 1 S. 1 ZPO hinauslaufen wird[865]. Der Beweisantritt des Klägers zielt mithin regelmäßig darauf ab, allein die erforderli-

---

860 Zöller/*Geimer*, § 432 Rn. 2.
861 MüKoZPO/*Prütting*, § 284 Rn. 79.
862 Thomas/Putzo/*Reichold*, § 284 Rn. 3.
863 BGH, Beschl. v. 08.12.2011 - IV ZR 5/10, BeckRS 2012, 04158 Rn. 16.
864 Vgl. unter B.II.2.
865 Vgl. hierzu bereits ausführlich unter B.II.2.a.bb.(2).

chen Schätzungsgrundlagen in den Prozess einzuführen und dem Gericht hierdurch die Schätzung der Schadenshöhe zu ermöglichen. Ist der Beweisantritt jedoch lediglich auf die Herbeischaffung von Schätzungsgrundlagen gerichtet, so kann dem Kläger im Rahmen des Beweisantrages keine substantiierte Darlegung der Schadenshöhe abverlangt werden, da das Instrument der gerichtlichen Schätzung gemäß § 287 Abs. 1 S. 1 ZPO die fehlende Möglichkeit der exakten Berechnung des Schadens gerade kompensieren soll und eine übersteigerte Darlegungslast diese zivilprozessuale Erleichterung konterkarieren würde[866].

b. Behördliche Vorlage nach Beweisbeschluss

Liegt ein den genannten Voraussetzungen genügender Beweisantrag vor und wird die zu beweisende Tatsache von dem erkennenden Gericht als entscheidungserheblich eingestuft, ergeht sodann ein Beweisbeschluss gemäß § 358 ZPO, dessen Ausführung in einem Ersuchungsschreiben des Vorsitzenden an die aktenführende Behörde besteht[867]. Das weitere Vorgehen der ersuchten Behörde folgt sodann den Regeln der Amtshilfe gemäß Art. 35 Abs. 1 GG und § 168 GVG[868]. Auch im Falle des Bundeskartellamtes ist die behördliche Reaktion auf das gerichtliche Ersuchen somit an den Maßstäben der Amtshilfe zu messen[869].

aa. Rechtlicher Rahmen der Amtshilfe gemäß § 7 Abs. 1 VwVfG

Den Ausgangspunkt der bundesbehördlichen Amtshilfe bildet § 7 Abs. 1 VwVfG, der wiederum durch die Normierung des § 5 VwVfG[870] flankiert wird und vorgibt, anhand welcher Regelungen die durch die Amtshilfe zu verwirklichende Maßnahme einerseits und die Durchführung der Amtshilfe andererseits zu beurteilen sind. Er umschreibt somit die Grenzen recht-

---

866 Zur verringerten Substantiierungslast vgl. Thomas/Putzo/*Reichold*, § 287 Rn. 9 sowie MüKoZPO/*Prütting*, § 287 Rn. 28.
867 MüKoZPO/*Schreiber*, § 432 Rn. 7.
868 MüKoZPO/*Schreiber*, § 432 Rn. 9; BeckOK ZPO/*Krafka*, § 432 Rn. 6 (Stand: 01.09.2016); Saenger/*Eichele*, ZPO § 432 Rn. 3; Thomas/Putzo/*Reichold*, § 432 Rn. 7.
869 So auch *Jüntgen*, WuW 2007, 128, 131.
870 Hierzu sogleich unter C.II.2.b.bb.

mäßiger Amtshilfe[871]. Gemäß § 7 Abs. 1 VwVfG richtet sich die Zulässigkeit der *Maßnahme*, die durch die Amtshilfe verwirklicht werden soll, nach dem für die *ersuchende* Behörde maßgeblichen Recht, die Durchführung der *Amtshilfe selbst* hingegen ist an dem für die *ersuchte* Behörde geltenden Recht zu messen. Damit ist § 7 Abs. 1 VwVfG Maßstab für die Frage, wie weit die Prüfungskompetenz des Bundeskartellamts im Falle eines gerichtlichen Beweisbeschlusses zur Vorlage von Kronzeugenerklärungen reicht und an welchen rechtlichen Parametern sie sich orientiert. Unabdingbar ist dabei eine trennscharfe gedankliche Unterscheidung zwischen der durch die Amtshilfe zu verwirklichenden Maßnahme und der Vornahme der Amtshilfe selbst. Die Maßnahme, die durch die Amtshilfe des Bundeskartellamts realisiert werden soll, ist die zivilprozessuale Beweiserhebung (insbesondere) über die Höhe des kartellbedingten Schadens mittels Einblick in die Kronzeugenunterlagen. Die Beurteilung der Rechtmäßigkeit dieser Offenlegung als Bestandteil der gerichtlich angeordneten Beweiserhebung obliegt demnach gemäß § 7 Abs. 1 VwVfG dem ersuchenden Gericht. Daraus folgt, dass allein das prozessleitende Gericht über die Einführung der übermittelten Dokumente in den Prozess im Wege der Beweisverwertung nach Maßgabe der Zivilprozessordnung entscheidet[872]. Dem Bundeskartellamt hingegen obliegt nach § 7 Abs. 1 VwVfG lediglich die Entscheidungsbefugnis über die Durchführung der Amtshilfe im Wege der Übersendung der angeforderten Dokumente an das ersuchende Gericht. Da sich die Zulässigkeit der Amtshilfe an dem für das Bundeskartellamt geltenden Recht zu orientieren hat, sind an dieser Stelle wiederum die §§ 474 Abs. 1, 477 Abs. 2 S. 1, Abs. 4 S. 2 StPO i.V.m. § 49b OWiG heranzuziehen, da diese aus Sicht des Bundeskartellamtes die maßgeblichen Normen für die Einsichtnahme durch eine Justizbehörde in die Akten eines Ordnungswidrigkeitenverfahrens bilden. Zur fehlenden Einschlägigkeit der hierin genannten Ausschlussgründe und der Beschränkung auf eine abstrakte Zuständigkeitsprüfung kann daher auf die vorstehenden Ausführungen verwiesen werden[873]. Im Ergebnis enthält § 7 Abs. 1 VwVfG somit eine Zuständigkeitsverteilung, die dem vom *BVerfG* in seiner Entscheidung zur Beiziehung staatsanwaltschaftlicher Ermitt-

---

871 Stelkens/Bonk/Sachs/*Schmitz*, VwVfG § 7 Rn. 1.
872 Zu der gebotenen einzelfallbezogenen Interessenabwägung durch das Gericht vgl. nachfolgend unter C.II.2.c.
873 Vgl. unter C.II.1.

lungsakten herangezogenen *Doppeltürmodell*[874] entspricht, denn die durch § 7 Abs. 1 VwVfG ausgelöste Rechtsfolge ist deckungsgleich mit jenen Vorgaben, die das *BVerfG* im Rahmen dieses *Doppeltürmodells* festgeschrieben hat. Auch im Falle der durch einen gerichtlichen Beweisbeschluss ausgelösten Amtshilfe ist das Bundeskartellamt mithin gemäß § 7 Abs. 1 VwVfG i.V.m. §§ 474 Abs. 1, 477 Abs. 2 S. 1, Abs. 4 S. 2 StPO auf die abstrakte Prüfung der Zuständigkeit der ersuchenden Stelle sowie der (nicht einschlägigen) Ausschlussgründe gemäß §§ 477 Abs. 2 S. 1, Abs. 4 S. 2 StPO beschränkt. Erwähnenswert ist überdies, dass der Anwendbarkeit der verwaltungsverfahrensrechtlichen Regelungen über die Amtshilfe in diesem Falle nicht die Bereichsausnahme des § 2 Abs. 2 Nr. 2 VwVfG entgegensteht, wonach das VwVfG auf die Verfolgung von Ordnungswidrigkeiten keine Anwendung findet. Zwar stammen die von dem erkennenden Gericht angeforderten Kronzeugenunterlagen regelmäßig aus der Verfolgung einer Ordnungswidrigkeit[875], jedoch handelt es sich bei dem beweisrechtlichen Ersuchen selbst nicht mehr um die *Verfolgung* einer Ordnungswidrigkeit. § 2 Abs. 2 Nr. 2 VwVfG nimmt die Strafverfolgung und die Verfolgung von Ordnungswidrigkeiten aus dem Anwendungsbereich des VwVfG aus, da diese Tätigkeiten Rechtsnormen unterliegen, die stark dem Strafprozessrecht angenähert sind und ihre besondere Eigenart daher einer Anwendung des VwVfG aus systematischen Gründen entgegensteht[876]. Diese dogmatische Sperre ist jedoch nicht erforderlich, soweit es sich nicht mehr um die Verfolgung einer Ordnungswidrigkeit handelt, sondern lediglich um die Übermittlung von Dokumenten, die aus einer solchen Verfolgung stammen.

---

874 BVerfG, Beschl. v. 06.03.2014 - 1 BvR 3543/13 u.a., NJW 2014, 1581; vgl. hierzu ausführlich unter C.II.1. Die Frage der Amtshilfe nach § 5 ff. VwVfG stellte sich in diesem Verfahren nicht, da die Staatsanwaltschaft trotz ihrer formalen Behördeneigenschaft ein Organ der Rechtspflege bildet und somit vom Anwendungsbereich des VwVfG ausgeschlossen ist, Stelkens/Bonk/Sachs/*Schmitz*, VwVfG § 1 Rn. 202 und § 2 Rn. 75.

875 Aufgrund dessen sind gemäß § 49b OWiG die Regelungen der §§ 474 bis 478, 480 und 481 StPO sinngemäß anzuwenden.

876 Stelkens/Bonk/Sachs/*Schmitz*, VwVfG § 2 Rn. 74.

bb. Ausschluss der Amtshilfe gemäß § 5 Abs. 2 S. 1 Nr. 1, S. 2 VwVfG

Neben dem Verweis auf das für die ersuchte Behörde maßgebliche Recht gemäß § 7 Abs. 1 VwVfG enthalten § 5 Abs. 2 und 3 VwVfG originäre Ausschluss- bzw. Versagungsgründe, die zur Unzulässigkeit der Amtshilfe führen bzw. die ersuchte Behörde zur Verweigerung der Amtshilfe berechtigen. Unabhängig von der Verweisung in § 7 Abs. 1 VwVfG auf die jeweiligen Spezialgesetze ist die Amtshilfe demnach auch stets an den generellen Versagungsgründen gemäß § 5 Abs. 2 und 3 VwVfG zu messen.

§ 5 Abs. 2 VwVfG normiert dabei das sog. *Amtshilfeverbot*, das zwingende Ausschlussgründe für die Verweigerung der Amtshilfe enthält und der ersuchten Behörde als *ius cogens* keinerlei Ermessen einräumt[877]. Gemäß § 5 Abs. 2 S. 1 Nr. 1 VwVfG ist der ersuchten Behörde dabei die Amtshilfe verwehrt, wenn sie hierzu aus rechtlichen Gründen nicht in der Lage ist. Im Falle des gerichtlichen Ersuchens an das Bundeskartellamt stellt sich die Frage, ob die Geheimhaltungszusage des Bundeskartellamts in Rn. 22 der Bonusregelung zu einer solchen rechtlichen Unmöglichkeit führt. Da die Regelung des § 5 Abs. 2 S. 1 Nr. 1 VwVfG dem Grundsatz der Gesetzmäßigkeit der Verwaltung dient[878], ist für das Eingreifen des Amtshilfeverbotes ein die Behörde an diesen Grundsatz bindendes formelles Gesetz oder eine entsprechende Rechtsverordnung erforderlich. Reine Verwaltungsvorschriften reichen demgegenüber nicht aus[879]. Da die Bonusregelung des Bundeskartellamtes indes lediglich eine solche Verwaltungsvorschrift und damit allein behördlichen Binnenrecht darstellt[880], genügt die die hierin enthaltene Geheimhaltungszusage nicht, um das zwingende Amtshilfeverbot gemäß § 5 Abs. 2 S. 1 Nr. 1 VwVfG auszulösen.

Die behördliche Geheimhaltungspflicht gemäß § 5 Abs. 2 S. 1 Nr. 1 VwVfG wird durch § 5 Abs. 2 S. 2 VwVfG ergänzt. Hiernach ist eine Urkundenvorlage insbesondere dann unzulässig, wenn die Vorgänge nach einem Gesetz oder ihrem Wesen nach geheim gehalten werden müssen. Da auch die gesetzliche Geheimhaltung gemäß § 5 Abs. 2 S. 2 Alt. 1 VwVfG auf einem formellen Gesetz oder einer Rechtsverordnung fußen muss[881] und die Geheimhaltungszusage innerhalb der Bonusregelung die-

---

877 Stelkens/Bonk/Sachs/*Schmitz*, VwVfG § 5 Rn. 14.
878 BeckOK VwVfG/*Funke-Kaiser*, § 5 Rn. 33 (Stand: 01.10.2016).
879 Stelkens/Bonk/Sachs/*Schmitz*, VwVfG § Rn. 15.
880 Vgl. bereits ausführlich unter C.I.1.a.bb.(1).(b).(bb).
881 Stelkens/Bonk/Sachs/*Schmitz*, VwVfG § 5 Rn. 28.

sen Anforderungen nicht genügt, stellt sich hinsichtlich des verbleibenden Ausschlussgrundes gemäß § 5 Abs. 2 S. 2 Alt. 2 VwVfG die Frage, ob die Kronzeugenerklärungen ihrem Wesen nach der Geheimhaltung unterliegen müssen. Inwieweit eine solche wesensgebundene Geheimhaltungspflicht vorliegt, ist nach Maßgabe des Einzelfalls zu beurteilen, wobei die gegenläufigen Interessen einer sorgfältigen Abwägung zu unterziehen sind[882]. Für die Annahme einer wesensgebundenen Geheimhaltungspflicht bestehen im Falle der Kronzeugenerklärungen grundsätzlich zweierlei Anknüpfungspunkte. Zunächst könnten die Kronzeugenerklärungen aufgrund der in ihnen enthaltenen Betriebs- und Geschäftsgeheimnisse und damit auf Grundlage der Interessen des Kartellanten ihrem Wesen nach geheim zu halten sein[883]. Darüber hinaus könnte das Interesse des Bundeskartellamtes zu einer wesensmäßigen Geheimhaltungspflicht führen[884]. In der bisherigen Untersuchung wurde bereits festgestellt, dass die Interessen des Kartellanten an der Geheimhaltung der in der Erklärung enthaltenen Betriebs- und Geschäftsgeheimnisse nicht berücksichtigungsfähig sind, da die Verknüpfung dieser Geheimnisse mit dem Wettbewerbsverstoß zu einem Ausschluss aus dem sachlichen Schutzbereich des Art. 12 Abs. 1 GG führt[885]. Folglich kann dieses Interesse des Kronzeugen keine wesensmäßige Geheimhaltungspflicht gemäß § 5 Abs. 2 S. 2 Alt. 2 VwVfG begründen. Auch das Interesse des Bundeskartellamts an einem generellen Schutz des Bonusprogramms ist für die Begründung einer wesensgebundenen Geheimhaltungspflicht ungeeignet, denn § 5 Abs. 2 S. 2 Alt. 2 VwVfG setzt voraus, dass die angeforderten Urkunden oder Akten ihrem Wesen nach geheim gehalten werden müssen. Diese Bezugnahme des Wortlauts auf das Wesen der Urkunde zeigt, dass es allein auf ihre inhaltliche Qualität ankommt. Auch die Betrachtung der dieses Amtshilfeverbot in Bezug nehmenden Rechtsprechung und Literatur führt zu der Erkennt-

---

882 Stelkens/Bonk/Sachs/*Schmitz*, VwVfG § 5 Rn. 31; BeckOK VwVfG/*Funke-Kaiser*, § 5 Rn. 52 (Stand: 01.10.2016).

883 Zu Betriebs- und Geschäftsgeheimnissen als abwägungsrelevanter Grundrechtsposition i.R.v. § 5 Abs. 2 S. 2 Alt. 2 VwVfG vgl. BeckOK VwVfG/*Funke-Kaiser*, § 5 Rn. 50 (Stand: 01.10.2016); Stelkens/Bonk/Sachs/*Schmitz*, VwVfG § 5 Rn. 32.

884 Grundsätzlich ist § 5 Abs. 2 S. 2 Alt. 2 VwVfG auf den Schutz von Individualinteressen zugeschnitten. Im Einzelfall können jedoch auch behördliche Geheimhaltungsinteressen als Ausdruck des öffentlichen Interesses eine Geheimhaltung nahelegen, BeckOK VwVfG/*Funke-Kaiser*, § 5 Rn. 51 (Stand: 01.10.2016).

885 Vgl. hierzu bereits ausführlich unter C.I.1.a.bb.(1).(b).(bb).

nis, dass die Geheimhaltungspflicht stets nur auf den in der Urkunde enthaltenen Informationen selbst und ihrer originären Sensibilität fußen kann[886]. Demnach muss der Inhalt der in der Urkunde enthaltenen Information derart sensibel sein, dass bereits die bloße Kenntnis Dritter hiervon unverhältnismäßig erscheint. Das Geheimhaltungsinteresse des Bundeskartellamts betrifft jedoch nicht den Inhalt der in den Kronzeugenunterlagen enthaltenen Daten selbst bzw. die bloße Kenntnisnahme durch den Kartellgeschädigten, sondern vielmehr die weitere Verwendung der Informationen und das reaktive Verhalten zukünftiger potenzieller Kronzeugen auf diese Offenlegung. Dies führt jedoch nicht zu einer inhaltlichen Umqualifizierung der enthaltenen Informationen, bei denen es sich weiterhin um (nicht schutzwürdige) Geschäfts- und Betriebsgeheimnisse handelt, deren Sensibilitätsgrad eine Geheimhaltung nicht rechtfertigt. Das Geheimhaltungsinteresse des Bundeskartellamts fußt nicht auf der inhaltlichen Qualität der Daten, sondern vielmehr auf den Umständen ihrer Erhebung, namentlich auf der Tatsache, dass Kronzeugen diese Daten im Vertrauen auf ihre Geheimhaltung preisgeben. Einen solchen Schutz der Daten*erhebung* bezweckt § 5 Abs. 2 S. 2 Alt. 2 VwVfG jedoch nicht, sodass auch unter diesem Gesichtspunkt eine Geheimhaltung dem Wesen nach abzulehnen ist[887].

cc. Ausschluss gemäß § 5 Abs. 3 Nr. 3 VwVfG

Einen weiteren Ausschlussgrund, der aus Sicht des Bundeskartellamtes im Rahmen der Amtshilfe zum Schutz des Bonusprogramms argumentativ herangezogen werden könnte, bildet § 5 Abs. 3 Nr. 3 VwVfG[888]. Er enthält, wie alle in § 5 Abs. 3 VwVfG normierten Ausschlussgründe, einen fakultativen Ablehnungsgrund, der die endgültige Verweigerung der Amtshilfe in das Ermessen der ersuchten Behörde stellt[889] und eine Versa-

---

886 Häufige Beispiele sind hierbei Personalakten, Patientenakten, Suchtkrankenberatungsunterlagen, Verfassungsschutzsachen sowie nachrichtendienstliche Feststellungen, die Schlussfolgerungen auf die Arbeitsweise der Behörde zulassen, vgl. Stelkens/Bonk/Sachs/*Schmitz*, VwVfG § 5 Rn. 32; BeckOK VwVfG/*Funke-Kaiser*, § 5 Rn. 54.1 ff. (Stand: 01.10.2016).
887 Zur vergleichbar gelagerten Argumentation im Rahmen von § 477 Abs. 4 S. 2 2. HS StPO vgl. unter C.II.1.b.bb.(1).
888 So auch *Jüntgen*, WuW 2007, 128, 132.
889 BeckOK VwVfG/*Funke-Kaiser*, § 5 Rn. 58 (Stand: 01.10.2016).

gung grundsätzlich dann ermöglicht, wenn die ersuchte Behörde durch die Hilfeleistung die Erfüllung ihrer eigenen Aufgaben ernstlich gefährden würde. *Prima facie* scheint es sich hierbei um ein geeignetes Einfallstor für den Schutz des Kronzeugenprogramms und die Verhinderung der Beeinträchtigung der Verfolgungstätigkeit des Bundeskartellamts bei Offenlegung der Kronzeugenerklärungen zu handeln[890]. Bei näherer Betrachtung zeigt sich jedoch, dass § 5 Abs. 3 Nr. 3 VwVfG eine gänzlich andere Stoßrichtung verfolgt. Die in § 5 Abs. 3 VwVfG genannten Ausschlussgründe zielen allesamt allein auf organisatorische Anstrengung ab, die für die ersuchte Behörde mit der Erfüllung der Amtshilfe verbunden wäre. Bereits der Vergleich von § 5 Abs. 3 Nr. 3 VwVfG mit den in § 5 Abs. 3 Nr. 1 und Nr. 2 VwVfG enthaltenen Versagungsgründen zeigt, dass nach der *ratio* der Norm allein der Aufwand, der mit der Erfüllung der Amtshilfe verbunden wäre, tauglicher Anknüpfungspunkt der Versagung ist, § 5 Abs. 3 Nr. 1 und Nr. 2 VwVfG zielen bereits ihrem Wortlaut nach allein auf die Belastung ab, die mit der Amtshilfe einhergeht. Es erschiene systematisch inkonsequent, in § 5 Abs. 3 Nr. 3 VwVfG sodann einen Versagungsgrund sehen zu wollen, der die behördliche Tätigkeit völlig losgelöst von dieser „Überlastungssperre" zu schützen sucht. § 5 Abs. 3 VwVfG insgesamt will die ersuchte Behörde davor bewahren, durch die allgemeine Verpflichtung zur Amtshilfe gemäß Art. 35 Abs. 1 GG in eine Überlastungssituation zu geraten. Daher soll gemäß § 5 Abs. 3 Nr. 1 VwVfG stets der Weg des geringsten Aufwandes gewählt werden. Die Amtshilfe soll nach dem § 5 Abs. 3 VwVfG zugrunde liegenden Gedanken die verfahrensfremde Behörde geringstmöglich belasten und ihre Grenze in der Leistungsfähigkeit der ersuchten Behörde finden[891]. Ausgehend von dieser grundlegenden Intention normiert § 5 Abs. 3 VwVfG ein Stufensystem, das die Versagung der Amtshilfe je nach Schwere der Belastung ermöglicht: § 5 Abs. 3 Nr. 1 VwVfG verweist die ersuchende Stelle zunächst grundsätzlich auf jenen Amtshilfeweg, der den geringsten Aufwand generiert, § 5 Abs. 3 Nr. 2 VwVfG nimmt sodann das relative Verhältnis zwischen dem Ziel der Amtshilfe und dem entstehenden Aufwand in den Blick während § 5 Abs. 3 Nr. 3 VwVfG schlussendlich auf die absolute

---

890 Hiervon geht offensichtlich *Jüntgen*, WuW 2007, 128, 132 aus, ohne jedoch Sinn und Zweck des § 5 Abs. 3 Nr. 3 VwVfG näher zu untersuchen.

891 Allein auf den Aufwand des Gesuchs abstellend auch BeckOK VwVfG/*Funke-Kaiser*, § 5 Rn. 65 ff. (Stand: 01.10.2016); a.A. Stelkens/Bonk/Sachs/*Schmitz*, VwVfG § 5 Rn. 36.

Belastung der Behörde abstellt. Diese Struktur des § 5 Abs. 3 VwVfG zeigt, dass allein die Gefährdung der eigenen Aufgabenerfüllung durch den organisatorischen Aufwand zur Verweigerung der Amtshilfe berechtigt. Auch die Gesetzesbegründung zu § 5 Abs. 3 Nr. 3 VwVfG legt diesen Schluss nahe, werden doch § 5 Abs. 3 Nr. 2 und 3 VwVfG vom Gesetzgeber *in unum* erläutert und dabei darauf hingewiesen, dass für eine Versagung der Amtshilfe gemäß § 5 Abs. 3 Nr. 2 VwVfG ein Missverhältnis zwischen dem Aufwand der Amtshilfe und der eigenen Tätigkeit erforderlich ist, wohingegen § 5 Abs. 3 Nr. 3 VwVfG bei ernstlicher Gefährdung der eigenen Aufgabenerfüllung stets eine Versagung ermöglicht, sofern es sich nicht um eine begrenzte *Erschwerung oder Verzögerung* handelt[892]. Demnach hat auch der Gesetzgeber die in § 5 Abs. 3 VwVfG enthaltenen Ausschlussgründe als abschließendes System zum Schutze der ersuchten Behörde vor einer organisatorischen amtshilfebedingten Überlastung begriffen. Eventuelle Beeinträchtigungen der behördlichen Tätigkeit durch die Sensibilität der angeforderten Dokumente werden stattdessen durch § 5 Abs. 2 VwVfG erfasst[893]. Das dogmatische Verständnis des § 5 Abs. 3 Nr. 3 VwVfG muss nach alledem auf den Schutz der ersuchten Behörde vor einer „Lähmung" durch den mit der Amtshilfe verbundenen Arbeitsaufwand hinauslaufen[894]. Eine solche ernstliche Beeinträchtigung der Tätigkeit des Bundeskartellamts durch den mit der Übermittlung der Bonusanträge an das ersuchende Gericht verbundenen Aufwand ist jedoch kaum vorstellbar, sodass § 5 Abs. 3 Nr. 3 VwVfG bereits nach seinem Sinn und Zweck nicht zum strukturellen Schutz des Bonusprogramms geeignet ist.

dd. Zwischenergebnis

Erlässt das verfahrensleitende Gericht einen Beweisbeschluss zur Vorlage der Kronzeugenunterlagen, so ist das Bundeskartellamt zur Übermittlung im Wege der Amtshilfe verpflichtet. Die originären Ausschlussgründe gemäß § 5 Abs. 2 S. 1 Nr. 2, S. 2, Abs. 3 Nr. 3 VwVfG können dem Ersuchen des Gerichts dabei nicht entgegengehalten werden. Auch die darüber hinausgehende Verweisung des § 7 Abs. 1 VwVfG auf die für die Übermitt-

---

892 Vgl. BT-Drs. 7/910, 40.
893 Zu dessen fehlender Einschlägigkeit vgl. vorangehend unter C.II.2.b.bb.
894 Mit diesem Verständnis auch BeckOK VwVfG/*Funke-Kaiser*, § 5 Rn. 65 ff. (Stand: 01.10.2016).

lung maßgeblichen Verfahrensvorschriften gemäß §§ 474 Abs. 1, 477 Abs. 2 S. 1, Abs. 4 S. 2 2. HS StPO rechtfertigt keine Versagung der Akteneinsicht, sondern eröffnet dem Bundeskartellamt lediglich die abstrakte Überprüfung der sachlichen Zuständigkeit des ersuchenden Gerichts.

c. Verwertbarkeit im Rahmen des Schadensersatzprozesses

Hat die ersuchte Behörde die Urkunden an das ersuchende Gericht übermittelt, erfolgt die Beweisaufnahme durch Einsichtnahme des Gerichts und der Parteien in die Urkunden und die entsprechende Verwertung der erlangten Informationen im Rahmen der schriftlichen Entscheidung[895]. Gemäß § 7 Abs. 2 VwVfG trägt das Gericht als ersuchende Behörde die Verantwortung für die Rechtmäßigkeit der durchzuführenden Maßnahme. Das bedeutet, dass das Prozessgericht nach der Übermittlung der behördlichen Urkunden über deren weitere Verwendung im Rahmen des Prozesses entscheidet. Im Falle der Übermittlung von Kronzeugenunterlagen auf Grundlage eines entsprechenden Beweisbeschlusses müssen an dieser Stelle die Vorgaben des *BVerfG* hinsichtlich der Beiziehung von Kronzeugenunterlagen im Wege des § 273 Abs. 2 Nr. 2 ZPO[896] Berücksichtigung finden. Hiernach muss den Besonderheiten des Wettbewerbsrechts durch eine einzelfallbezogene Interessenabwägung des erkennenden Gerichts zur Frage der Verwertbarkeit der beigezogenen Kronzeugenerklärungen Rechnung getragen werden. Für diese Berücksichtigung der wettbewerbsrechtlichen Besonderheiten darf es keinen Unterschied machen, ob die Übermittlung der Kronzeugenunterlagen im Wege des Vorlageersuchens gemäß § 273 Abs. 2 Nr. 2 ZPO oder aufgrund eines Beweisantritts gemäß § 432 Abs. 1 ZPO erfolgt. Um einen Wertungswiderspruch und eine Umgehung des primärrechtlich indizierten Gebots der Einzelfallabwägung zu vermeiden, muss demnach ein inhaltlicher Gleichlauf zwischen § 273 Abs. 2 Nr. 2 ZPO und § 432 Abs. 1 ZPO hergestellt werden. Aufgrund dessen ist auch im Rahmen des § 432 Abs. 1 ZPO vor der endgültigen Offenlegung der Kronzeugenunterlagen und deren prozessualer Verwertung stets eine einzelfallbezogene Interessenabwägung vorzunehmen. Das prozessleitende Gericht ist daher vor der Beweisaufnahme über den Inhalt der Kronzeu-

---

895 Zöller/*Geimer*, § 432 Rn. 4; Thomas/Putzo/*Reichold*, vor § 415 Rn. 4.
896 BVerfG, Beschl. v. 06.03.2014 - 1 BvR 3541/13 u.a., NJW 2014, 1581; vgl. hierzu bereits ausführlich unter C.II.1.d.aa.

genunterlagen und deren Verwertung in der schriftlichen Entscheidung aufgefordert, die gegenläufigen Interessen der Prozessparteien einzelfallbezogen gegeneinander abzuwägen und festzustellen, ob dem Beweisinteresse des Kartellgeschädigten der Vorrang gebührt[897]. Nur wenn dies der Fall ist, kann eine Beweisaufnahme durch Einsichtnahme in die Kronzeugenunterlagen und eine Verwertung der darin enthaltenen Informationen im Rahmen der Entscheidungsfindung erfolgen. Auch im Rahmen des Beweisantritts gemäß § 432 Abs. 1 ZPO ist die ersuchte Behörde grundsätzlich befugt, durch die Applikation eines Sperrvermerks die Verwertung der übermittelten Unterlagen durch das erkennende Gericht zu verhindern[898]. Die vorangegangenen Ausführungen, wonach im Falle der Übermittlung von Kronzeugenunterlagen dem klägerischen Beweisinteresse regelmäßig der Vorrang gebührt und ein Sperrvermerk der aktenführenden Behörde aufgrund des Widerspruchs zu dem im unionalen Primärrecht wurzelnden Gebot der Einzelfallabwägung der Offenlegung nicht entgegensteht[899], beanspruchen an dieser Stelle gleichermaßen Geltung. Auf sie kann daher vollumfänglich verwiesen werden.

d. Ergebnis

Der klägerische Beweisantritt gemäß § 432 Abs. 1 ZPO hat zur Folge, dass das Bundeskartellamt im Wege der Amtshilfe zur Übermittlung der Kronzeugenunterlagen an das prozessführende Gericht verpflichtet ist, die Ausschlussgründe gemäß § 5 Abs. 2 S. 1 Nr. 1, S. 2, Abs. 3 Nr. 3 VwVfG stehen dem nicht entgegen. Das Bundeskartellamt ist aufgrund des auch in § 7 Abs. 1 VwVfG zum Ausdruck kommenden *Doppeltürmodells* gemäß §§ 474 Abs. 1, 477 Abs. 2 S. 1, Abs. 4 S. 2 2. HS StPO auf eine abstrakte Prüfung der Zuständigkeit des ersuchenden Gerichts beschränkt. Die erforderliche einzelfallbezogene Interessenabwägung erfolgt stattdessen durch das erkennende Gericht, das vor der Offenlegung der Dokumente die widerstreitenden Interessen der Prozessparteien gegeneinander abzuwägen hat. Dabei gebührt den Interessen des Kartellgeschädigten, im Gleichlauf zur Beiziehung gemäß § 273 Abs. 2 Nr. 2 ZPO, regelmäßig der

---

897 So im Hinblick auf § 273 Abs. 2 Nr. 2 ZPO BVerfG, Beschl. v. 06.03.2014 - 1 BvR 3541/13 u.a., NJW 2014, 1581, 1583.

898 MüKoZPO/*Schreiber*, § 432 Rn. 10.

899 Vgl. ausführlich unter C.II.1.d.

Vorrang. Im Ergebnis bildet somit auch der förmliche Beweisantritt gemäß § 432 Abs. 1 ZPO ein geeignetes innerprozessuales Instrument für den Zugriff auf Kronzeugenerklärungen.

III. Ergebnis

Die bisherige Untersuchung zeigt, dass Kartellgeschädigte *de lege lata* sowohl im vorprozessualen als auch im innerprozessualen Stadium auf die im Besitz des Bundeskartellamtes und der Europäischen Kommission befindlichen Kronzeugenerklärungen und Bonusanträge zugreifen können. Allen Zugriffsmechanismen ist dabei gemein, dass stets eine einzelfallbezogene Abwägung der widerstreitenden Interessen vorzunehmen ist. Im vorprozessualen Stadium sind die Wettbewerbsbehörden, im innerprozessualen Bereich das erkennende Gericht zur Vornahme dieser Interessenabwägung berufen. Nach hier vertretener Auffassung wird diese Interessenabwägung regelmäßig zugunsten des Kartellgeschädigten ausfallen müssen, da die Interessen des Kartellanten aufgrund ihres wettbewerbswidrigen Nukleus nicht schützenswert sind und das Bundeskartellamt bzw. die Europäische Kommission zum Schutze ihrer Kronzeugenprogramme die konkrete Gefährdung durch die im Einzelfall begehrte Einsicht hinreichend darlegen müssen, da ein genereller Schutz des *public enforcement* der effektiven Durchsetzung der primärrechtlich vermittelten Geschädigtenrechte zuwiderliefe. Da den Wettbewerbsbehörden diese Darlegung der konkreten Gefährdung kaum möglich ist, verfügen Kartellgeschädigte nach bisheriger Rechtslage über geeignete und wirksame rechtliche Mechanismen, um der zur Beweisführung benötigten Kronzeugendokumente habhaft zu werden.

D. Die Kartellschadensersatzrichtlinie 2014/104/EU

Aufgrund der vielfältigen Veränderungen, denen das *private enforcement* und sein Verhältnis zum *public enforcement* in der jüngeren Vergangenheit unterlagen[900], hat sich der europäische Gesetzgeber veranlasst gesehen, einen einheitlichen Rechtsrahmen für die Durchsetzung kartellprivatrechtlicher Schadensersatzansprüche zu schaffen. Das vorläufige Endergebnis dieser seit Jahren andauernden Bemühungen bildet nunmehr die Kartellschadensersatzrichtlinie 2014/104/EU[901]. Die nachfolgende Untersuchung wird zunächst Genese, Zielsetzung und Aufbau der Richtlinie[902] skizzieren. Sodann widmet sich die Darstellung ausführlich den Artt. 6 Abs. 6 lit. a), 7 Abs. 1 der Richtlinie, die einen zentralen Baustein des zukünftigen kartellprivatrechtlichen Beweismittelrechts bilden. Sie sehen hinsichtlich der Frage der Offenlegung von Kronzeugenerklärungen einen unbedingten Vorrang des *public enforcement* vor, indem Kartellgeschädigten der Zugriff auf Kronzeugenerklärungen bzw. deren prozessuale Verwertung zukünftig versagt bleiben soll. Die Darstellung untersucht Inhalt und Reichweite dieser Beweismittelregelungen und zeigt auf, welchen Anpassungsbedarf die Richtlinie vor dem Hintergrund der bisherigen Zugriffsmechanismen generiert. Hieran schließt sich die dogmatische Aufarbeitung der Frage an, inwieweit die durch die Neuregelungen innerhalb der Richtlinie vorgesehene absolute Geheimhaltung der Kronzeugendokumente mit dem unionalen Wettbewerbsrecht vereinbar ist. Überdies geht die Untersuchung der Frage nach, ob auf Ebene des unionalen Primärrechts ein Recht auf Beweis existiert und inwieweit dieses Beweisrecht einem absoluten Schutz der Kronzeugendokumente entgegensteht.

---

900 Zur überblicksartigen Historie vgl. bereits unter B.I.2.
901 Richtlinie 2014/104/EU des Europäischen Parlaments und des Rates vom 26.11.2014 über bestimmte Vorschriften für Schadensersatzklagen nach nationalem Recht wegen Zuwiderhandlungen gegen wettbewerbsrechtliche Bestimmungen der Mitgliedstaaten und der Europäischen Union, EU ABl. L 349/13 v. 05.12.2014, im Folgenden als „Richtlinie" oder „Kartellschadensersatzrichtlinie" bezeichnet.
902 Nachfolgende Artikel ohne Gesetzesbezeichnung sind solche der Kartellschadensersatzrichtlinie.

I. Entstehung, Struktur und Zielsetzung der Richtlinie

1. Historie

Ihren Ursprung findet die Kartellschadensersatzrichtlinie in der Entscheidung *Courage*[903], in der durch den *EuGH* die wegweisende Feststellung getroffen wurde, dass Kartellgeschädigten ein unmittelbarer Schadensersatzanspruch aus dem unionalen Wettbewerbsrecht erwächst. Noch bevor der *EuGH* diese Aktivlegitimation im Jahre 2006 in der Entscheidung *Manfredi* auf „jedermann" unter der Prämisse der Kartellbetroffenheit ausdehnte und seine Rechtsprechung zum kartellbedingten Schadensersatz weiter präzisierte[904], legte die Kommission bereits Ende des Jahres 2005 ein Grünbuch[905] vor, das die primären Hürden bei der privaten Durchsetzung von Kartellschadensersatzansprüchen auslotete und einem ersten Lösungsvorschlag zuführte[906]. Dem folgte im Jahre 2008 ein Weißbuch[907], das bereits zum damaligen Zeitpunkt das Spannungsverhältnis zwischen *public* und *private enforcement* und den Schutz der Kronzeugenprogramme im Blick hatte[908]. Das Weißbuch sah vor, die Attraktivität der Kronzeugenprogramme durch die umfassende Geheimhaltung von Kronzeugenerklärungen bzw. die haftungsrechtliche Privilegierung des Kronzeugen aufrechtzuerhalten[909]. Die legislativen Bestrebungen der Europäischen Union wurden dabei von einer teils kontrovers geführten wissenschaftlichen Diskussion begleitet[910], die auch nach Inkrafttreten der Richtlinie nicht an Dynamik verloren hat und gänzlich unterschiedliche rechtspolitische Einschätzungen umfasst[911]. Den vorläufigen Abschluss des annä-

---

903 EuGH, Urt. v. 20.09.2001 - C-453/99, Slg. 2001, I-6297 „*Courage*"; vgl. bereits unter B.I.2.a.aa.

904 EuGH, Urt. v. 13.07.2006 - C-295/04 u.a., Slg. 2006, I-6619 „*Manfredi*".

905 EU-Kommission, Grünbuch - Schadensersatzklagen wegen Verletzung des EG-Wettbewerbsrechts, KOM (2005) 672 endg.

906 *Gussone/Schreiber*, WuW 2013, 1040, 1041.

907 EU-Kommission, Weißbuch - Schadensersatzklagen wegen Verletzung des EG-Wettbewerbsrechts, KOM (2008) 165 endg.

908 Ausführlich zum Weißbuch *Weidenbach/Saller*, BB 2008, 1020.

909 Ziff. 2.9 des Weißbuchs.

910 *Vollrath*, NZKart 2013, 434 m.w.N.

911 Vgl. aus der umfangreichen Literatur insb. *Roth*, ZHR 179 (2015), 668, 669; *Kersting*, WuW 2014, 564; *Lettl*, wrp 2015, 537; *Makatsch/Mir*, EuZW 2015, 7; *Schweitzer*, NZKart 2014, 335; *Roth*, GWR 2015, 73; *Haus/Serafimova*, BB 2014, 2883; *Willems*, wrp 2015, 818; *Keßler*, VuR 2015, 83.

hernd zehnjährigen Prozesses zur Schaffung eines unionalen Regelungs-rahmens über die Durchsetzung kartellprivatrechtlicher Schadensersatzan-sprüche bildet die Kartellschadensersatzrichtlinie 2014/104/EU, die am 11. Juni 2013 von der Europäischen Kommission vorgelegt und unter dem 26. November 2014 von dem Präsidenten des Europäischen Parlaments unterzeichnet wurde. Die Richtlinie greift die primärrechtlichen Feststel-lungen des *EuGH* zur privaten Durchsetzung des Kartellrechts auf und transformiert diese unter zahlreichen Ergänzungen in unionales Sekundär-recht[912]. Flankiert wird die Richtlinie von einer Mitteilung zur Schadens-ermittlung bei Kartellverstößen[913] und einem „Praktischen Leitfaden" zu eben jener Schadensermittlung[914]. Die Richtlinie führt zur Umsetzungs-pflicht der Mitgliedstaaten gemäß Art. 288 Abs. 3 AEUV, die bis zum 27. Dezember 2016 zu erfüllen ist[915].

2. Regelungszweck und Aufbau der Richtlinie

a. Zielsetzung

Die Richtlinie, die ihre Rechtsgrundlage in den Artt. 103 und 114 AEUV findet[916], weist eine janusköpfige Intention auf. Zunächst verfolgt sie das Ziel der lückenlosen Kompensation, wonach Kartellgeschädigten der voll-ständige Ausgleich ihrer kartellbedingten Schäden ermöglicht werden soll[917]. Die Europäische Union hat die praktischen Hürden, die Geschädig-te im Falle der privatrechtlichen Durchsetzung ihrer Ansprüche zu über-winden haben, erkannt und versucht diese durch die Richtlinie zu beseiti-gen bzw. abzumildern und damit den aus den Artt. 101 und 102 AEUV er-

---

912 *Roth*, ZHR 179 (2015), 668, 672.
913 Mitteilung der Kommission zur Ermittlung des Schadensumfangs bei Schadens-ersatzklagen wegen Zuwiderhandlungen gegen Artikel 101 oder 102 des Vertra-ges über die Arbeitsweise der Europäischen Union, ABl. C 167 v. 13.06.2013, 19.
914 Praktischer Leitfaden zur Ermittlung des Schadensumfangs bei Schadensersatz-klagen im Zusammenhang mit Zuwiderhandlungen gegen Artikel 101 oder 102 des Vertrages über die Arbeitsweise der Europäischen Union - Arbeitsunterlage der Kommissionsdienststellen.
915 *Lettl*, wrp 2015, 537.
916 *Schweitzer*, NZKart 2014, 335, 336.
917 *Makatsch/Mir*, EuZW 2015, 7.

wachsenden Ansprüchen zu größtmöglicher Wirksamkeit zu verhelfen[918]. Als mittelbare Folge der uneinheitlichen Durchsetzbarkeit kartellprivatrechtlicher Schadensersatzansprüche in den Mitgliedstaaten hat die Europäische Union zudem die mögliche Beeinträchtigung des Binnenmarktes und den Eintritt von Wettbewerbsverzerrungen erkannt[919]. Die Vereinheitlichung der Regelungen zum *private enforcement* in den Mitgliedstaaten auf supranationaler Ebene soll daher auch dieser drohenden Binnenmarktgefährdung entgegenwirken[920]. Das zweite Ziel der Richtlinie liegt in der kohärenten Koordinierung von *public* und *private enforcement*[921]. Die Europäische Union konstatiert die gesteigerte Bedeutung des *private enforcement*, indem sie den nationalen Gerichten bei der Durchsetzung der Wettbewerbsvorschriften eine gegenüber den Kartellbehörden gleichermaßen wichtige Rolle zuspricht[922]. Zeitgleich zur wachsenden Bedeutung des *private enforcement* erkennt sie auch das Spannungsverhältnis, das durch die Koexistenz von *private* und *public enforcement* zu Tage gefördert wird. Damit beide Durchsetzungsmechanismen größtmögliche Wirkung entfalten, sei es erforderlich, sie in kohärenter Art und Weise zu reglementieren. Als Beispiel nennt der Richtliniengeber dabei ausdrücklich den Zugang zu Unterlagen, die sich im Besitz der Wettbewerbsbehörden befinden[923], was darauf schließen lässt, dass die kohärente Koordinierung insbesondere in einem Schutz der Kronzeugenprogramme münden soll[924]. Der unionale Gesetzgeber hat es sich ungeachtet dessen insgesamt zum Ziel gesetzt, das *private enforcement* durch Vereinheitlichung der rechtlichen Rahmenbedingungen in den Mitgliedstaaten zu stärken und das genuine Spannungsverhältnis zwischen behördlicher und privatrechtlicher Durchsetzungsebene[925] aufzulösen bzw. abzumildern. Bereits an dieser Stelle zeigt sich, dass die beiden grundlegenden Zielsetzungen der Richtlinie somit zu einem gewissen Grade konfligieren[926]. Mit welchen Mechanismen der Richtliniengeber die über weite Strecken widerstreitenden Interessen in Ausgleich

---

918 Erwägungsgründe 1, 3 und 4 der Richtlinie.
919 Erwägungsgrund 8 der Richtlinie.
920 *Schweitzer*, NZKart 2014, 335; *Lettl*, wrp 2015, 537, 538.
921 Art. 1 Abs. 2, Erwägungsgrund 6 der Richtlinie.
922 Erwägungsgrund 3 der Richtlinie.
923 Erwägungsgrund 6 der Richtlinie.
924 *Makatsch/Mir*, EuZW 2015, 7; vgl. hierzu ausführlich unter D.II.2.
925 Vgl. hierzu bereits unter B.II.2.b.ee.
926 So auch *Keßler*, VuR 2015, 83, 84 sowie *Vollrath*, NZKart 2013, 434, 435.

bringen will und ob diese Vorgehensweise rechtlich belastbar ist, wird die folgende Darstellung untersuchen.

b. Struktur

Zur Erreichung der vorstehend dargestellten rechtspolitischen Ziele enthält die Richtlinie in insgesamt sieben Kapiteln sowohl materiell-rechtliche als auch verfahrensrechtlichen Vorgaben an die Mitgliedstaaten. Das erste Kapitel bildet dabei den „Allgemeinen Teil" der Richtlinie, indem es in Art. 1 ihren Anwendungsbereich festschreibt und in Art. 2 zahlreiche Begriffsbestimmungen regelt. Art. 1 Abs. 1 i.V.m. Erwägungsgrund 10 legt fest, dass die Richtlinie auf private Schadensersatzklagen wegen Verstoßes gegen europäische und nationale Wettbewerbsvorschriften anwendbar ist. Letzteres steht dabei unter der Bedingung, dass die verletzte nationale Wettbewerbsvorschrift gemäß Art. 3 Abs. 1 VO 1/2003 neben den europäischen Vorschriften Anwendung findet[927]. Der erkennbare Regelungsschwerpunkt der Richtlinie liegt auf der Vereinheitlichung des Rechtsrahmens für *follow-on-Klagen* nach behördlicher Feststellung eines *Hardcore-Kartells*, wenngleich auch Verstöße durch vertikale Vereinbarungen unter Wettbewerbern o.Ä. erfasst werden[928]. Gänzlich außerhalb des Anwendungsbereichs stehen private Durchsetzungsmechanismen, die keinen kompensatorischen Charakter aufweisen, wie beispielsweise Unterlassungsklagen und einstweilige Verfügungen bei Missbrauch einer marktbeherrschenden Stellung[929]. Auch rein nationale Sachverhalte sind nicht originär vom Anwendungsbereich der Richtlinie umfasst. Gleichwohl können die Vorgaben der Richtlinie im Interesse einer einheitlichen Regelung des *private enforcement* auch auf nationale Sachverhalte erstreckt werden[930]. Dies brächte den strukturellen Vorteil mit sich, dass nationale Gerichte den *EuGH* im Wege des Vorabentscheidungsverfahrens gemäß Art. 267 AEUV zur Auslegung der Richtlinie auch dann anrufen könnten, wenn der ausschlaggebende Einzelfall nicht vom ursprünglichen Anwendungsbereich der Richtlinie umfasst ist[931]. Im Hinblick auf die vielfältigen Problembereiche, die

---

927 *Keßler*, VuR 2015, 83, 84.
928 *Schweitzer*, NZKart 2014, 335, 336.
929 *Schweitzer*, NZKart 2014, 335, 336.
930 *Keßler*, VuR 2015, 83, 84.
931 *Stauber/Schaper*, NZKart 2014, 346.

durch die Richtlinie eröffnet werden[932], sollte die Vorlage an den *EuGH* auch bei rein nationalen Sachverhalten ermöglicht werden. Abgeschlossen wird das erste Kapitel mit den Artikeln 3 und 4, durch die die grundlegenden Feststellungen des *EuGH* zur primärrechtlichen Gewährleistung einer effektiven Kompensationsmöglichkeit aus den Entscheidungen *Courage*[933], *Manfredi*[934], *Donau Chemie*[935] und *Pfleiderer*[936] Eingang in die Richtlinie finden. Gemäß Art. 3 Abs. 1 soll jede natürliche oder juristische Person, die durch einen Verstoß gegen das Wettbewerbsrecht geschädigt wurde, den vollständigen Ersatz ihres Schadens erwirken können. Die Richtlinie kodifiziert damit den *acquis* und setzt die primärrechtlichen Vorgaben des *EuGH* insbesondere aus den Entscheidungen *Courage* und *Manfredi* um[937]. Der Gedanke der Vollkompensation findet seine Grenze dabei im Verbot der Überkompensation gemäß Art. 3 Abs. 3. Hierdurch werden insbesondere eine Mehrfachentschädigung sowie pönale Elemente des *private enforcement*, wie beispielsweise die Geltendmachung eines Strafschadensersatzes, ausgeschlossen[938]. Art. 4 übernimmt nahezu wortgleich den insbesondere in der Entscheidung *Donau Chemie* zum Ausdruck gekommenen Effektivitäts- und Äquivalenzgrundsatz, wonach die Vorschriften über Rechtsbehelfe, die den Schutz der dem Einzelnen aus der unmittelbaren Wirkung des Unionsrecht erwachsenden Rechte gewährleisten sollen, nicht weniger günstig sein dürfen als bei entsprechen-

---

932 Siehe hierzu unter D.V. und VI.
933 EuGH, Urt. v. 20.09.2001 - C-453/99, Slg. 2001, I-6297 *„Courage"*.
934 EuGH, Urt. v. 13.07.2006 - C-295/04 u.a., Slg. 2006, I-6619 *„Manfredi"*.
935 EuGH, Urt. v. 06.06.2013 - Rs. C-536/11 *„Donau Chemie"*, EuZW 2013, 586.
936 EuGH, Urt. v. 14.06.2011 - C 360/09 *„Pfleiderer"*, EuZW 2011, 598.
937 *Vollrath*, NZKart 2013, 434, 437.
938 Da das deutsche Schadensersatzrecht allein dem Kompensationsgedanken verpflichtet ist, ist der Ausschluss des Strafschadensersatzes für den deutschen Gesetzgeber bei der Umsetzung der Richtlinie ohne Belang. Andere mitgliedstaatliche Rechtsordnungen wie z.B. in Großbritannien verfügen hingegen über dieses Instrument. Erwähnenswert ist zudem, dass der EuGH in der Entscheidung *„Manfredi"* ausgeurteilt hatte, dass die Mitgliedstaaten zur Gewährung von Strafschadensersatz verpflichtet sind, wenn ein solcher im Rahmen vergleichbarer Klagen nach innerstaatlichem Recht zugesprochen werden kann, vgl. EuGH, Urt. v. 13.07.2006 - Rs. C-295/04 bis 298/04, Slg. 2006 I-6641 Rn. 93. Diese Rechtsprechung ist mit dem Strafschadensersatzverbot der Richtlinie nunmehr hinfällig, was wiederum Auswirkungen auf den Aspekt des „forum shopping" nehmen wird, da die Attraktivität mancher Mitgliedstaaten als Gerichtsstand mit dem Wegfall des Strafschadensersatzes sinken dürfte.

den Rechtsbehelfen, die ausschließlich innerstaatliches Recht betreffen
(Äquivalenzgrundsatz) und die Ausübung der durch die Unionsrechtsord-
nung verliehenen Rechte nicht praktisch unmöglich gemacht oder übermäßig erschwert werden darf (Effektivitätsgrundsatz)[939].

Kapitel 2 der Richtlinie reglementiert den bedeutsamen Bereich der Beweismitteloffenlegung und enthält in den Artikeln 5 und 6 ein komplexes
System zu den Voraussetzungen des Zugangs und den hiervon betroffenen
Beweismitteln[940]. Das dritte Kapitel regelt in den Artikeln 9 bis 11 Fragen
der Bindungswirkung nationaler Behördenentscheidungen, der Verjährung
sowie der gesamtschuldnerischen Haftung. Die in Art. 9 Abs. 1 vorge-
schriebene Bindungswirkung der Entscheidungen nationaler Wettbewerbsbehörden findet sich bereits heute in § 33 Abs. 4 GWB[941]. Ausweislich des
Art. 10 wird die Verjährungsfrist für die Erhebung von Kartellschadensersatzklagen *de lege ferenda* mindestens 5 Jahre betragen und ähnlich § 199
Abs. 1 BGB einer kenntnisabhängigen Dogmatik folgen, jedoch mit signifikanten Unterschieden zum nationalen Verjährungsrecht[942]. Artikel 11
normiert den Grundsatz der gesamtschuldnerischen Haftung aller Kartellmitglieder, der bereits *de lege lata* durch §§ 830, 840 BGB wirkt[943]. Eine
Durchbrechung erfährt dieser Grundsatz hinsichtlich des Wettbewerbsverstoßes durch kleinere oder mittlere Unternehmen (KMU)[944] und Kronzeugen, die der Richtliniengeber durch eine Haftungsprivilegierung einem besonderen Schutz unterstellt. Demnach haften KMU ausschließlich ihren
unmittelbaren und mittelbaren Abnehmern, wenn der Anteil des Kartellanten an dem betroffenen Markt in der Zeit der Zuwiderhandlung stets weniger als 5% betrug und die Anwendung der mitgliedstaatlichen Regelungen
zur Gesamtschuld zu einer unwiederbringlichen Gefährdung der wirtschaftlichen Leistungsfähigkeit führen würde[945]. Auch die Haftung des

---

939 EuGH, Urt. v. 06.06.2013 - Rs. C-536/11 „*Donau Chemie*", EuZW 2013, 586,
    587.
940 Vgl. hierzu ausführlich unter D.II.
941 *Stauber/Schaper*, NZKart 2014, 346, 347; vgl. hierzu bereits ausführlich unter
    B.II.2.a.aa.(2).
942 Vgl. hierzu *Stauber/Schaper*, NZKart 2014, 346, 349; *Gussone/Schreiber*, WuW
    2013, 1040, 1050; *Makatsch/Mir*, EuZW 2015, 7, 10.
943 *Keßler*, VuR 2015, 83, 89; vgl. zur gesamtschuldnerischen Haftung auch BGH,
    Urt. v. 28.06.2011 - KZR 75/10 „*ORWI*", NJW 2012, 928, 933
944 Zur begrifflichen Definition von KMU verweist die Richtlinie auf die Empfeh-
    lung der Kommission 2003/361/EG.
945 Art. 11 Abs. 2 der Richtlinie.

Kronzeugen ist auf dessen unmittelbare und mittelbare Abnehmer begrenzt, es sei denn, der Geschädigte kann von den übrigen Kartellanten
keine vollständige Kompensation seines Schadens erlangen[946]. Die Haftungsbegrenzung des Kronzeugen auf den Kreis der unmittelbaren und
mittelbaren Abnehmer ist dabei auch im Innenausgleich der Kartellanten
als Obergrenze maßgeblich[947]. Diese Privilegierungsregelungen, die in der
deutschen Systematik der Gesamtschuld bisher keinen gesetzlichen Anknüpfungspunkt finden und einen entsprechenden Anpassungsbedarf auslösen[948], haben weitreichende Kritik erfahren[949].

Die äußerst praxisrelevanten Fragen[950] der *passing-on-defence* und der
Aktivlegitimation indirekter Abnehmer[951] sind Gegenstand des vierten
Kapitels. Art. 13 verpflichtet die Mitgliedstaaten zur Implementierung der
passing-on-defence in das nationale Recht, wobei der Schädiger die Beweislast für die Weitergabe des Preisaufschlages tragen soll. Grundsätzlich
ist die *passing-on-defence* bereits seit dem *ORWI*-Urteil des *BGH*[952] Bestandteil des nationalen Rechts. Art. 288 Abs. 3 AEUV verlangt ein mit-
gliedstaatliches Tätigwerden in Gestalt der Richtlinienumsetzung nur, soweit der bestehende Rechtszustand nicht bereits den Richtlinienvorgaben
entspricht[953]. Die Richtlinie enthält hinsichtlich der *passing-on-defence* indes signifikante Abweichungen gegenüber den Feststellungen des *BGH*,
insbesondere hinsichtlich der Beweislast des Schädigers, sodass eine ausdrückliche Umsetzungsregelung erforderlich sein wird[954]. Art. 13 normiert

---

946 Art. 11 Abs. 4 der Richtlinie.

947 Art. 11 Abs. 5 und 6 der Richtlinie.

948 Insbesondere sieht sich der nationale Gesetzgeber vor der Aufgabe, Kriterien für
die Verteilung der relativen Verantwortung innerhalb des Kartells zu definieren,
s. hierzu auch *Gussone/Schreiber*, WuW 2013, 1040, 1054 f.

949 Vgl. nur *Lettl*, wrp 2015, 537, 544; *Keßler*, VuR 2015, 83, 89 sowie *Kersting*,
WuW 2014, 564, 568, der insbesondere die Außenhaftungsprivilegierung von
KMU als „vollkommen verfehlt" betrachtet. Zustimmend hingegen *Fiedler*, BB
2013, 2179, 2184.

950 Als zentrales Problem privater Kartellschadensersatzklagen sieht sie *Vollrath*,
NZKart 2013, 434, 441.

951 Vgl. hierzu bereits unter B.II.1.e.; monographisch zu diesem Themenkomplex
Schürmann, Die Weitergabe des Kartellschadens, 170 ff.

952 BGH, Urt. v. 28.06.2011 - KZR 75/10 „*ORWI*", NJW 2012, 928, 933.

953 Grabitz/Hilf/*Nettesheim*, AEUV Art. 288 Rn. 119.

954 Zu den Detailunterscheidungen vgl. *Makatsch/Mir*, EuZW 2015, 7, 12 sowie
Kersting, WuW 2014, 564, 569; eine Umsetzungsregelung für entbehrlich halten
hingegen *Stauber/Schaper*, NZKart 2014, 346, 351.

die Tatbestandsvoraussetzungen, unter denen auch mittelbare Abnehmer hinsichtlich eines Kartellschadensersatzanspruches aktivlegitimiert sein können. Artikel 15 trägt dem Verbot der Überkompensation bzw. der Nichthaftung Rechnung, indem verhindert werden soll, dass die in den Artt. 13 und 14 niedergelegten Beweislastregelungen dazu führen, dass der Kartellbeteiligte sowohl gegenüber seinen unmittelbaren als auch gegenüber seinen mittelbaren Abnehmern haftet bzw. nicht haftet[955]. Die Ermittlung des Schadens ist sodann Regelungsgegenstand des fünften Kapitels der Richtlinie. Art. 17 Abs. 2 vermutet dabei widerleglich den Eintritt eines Schadens bei Kartellrechtsverstößen. Da sich die Vermutung jedoch nicht auf die Höhe des kartellbedingten Schadens erstreckt[956], bildet sie gegenüber der bisherigen Rechtslage keine nennenswerte Verbesserung für die klagenden Kartellgeschädigten[957]. Ihren Abschluss findet die Richtlinie mit den Regelungen zur einvernehmlichen Streitbeilegung in Kapitel 6 sowie der Schlussbestimmungen in Kapitel 7, die unter anderem ein Rückwirkungsverbot der materiell-rechtlichen Umsetzungsvorschriften in Art. 23 Abs. 1 vorsehen[958].

II. Beweismittelzugangsregelungen

Essentieller Bestandteil der Kartellschadensersatzrichtlinie sind die in Kapitel 2 enthaltenen Regelungen zur Offenlegung von Beweismitteln[959], die insbesondere tiefgreifende Änderungen für den Zugriff auf Kronzeugendokumente und deren prozessuale Verwertbarkeit vorsehen. Die in der Richtlinie enthaltenen Normierungen zur Offenlegung von Beweismitteln bringen die Janusköpfigkeit der Richtlinienzielsetzung[960] in besonderem Maße zum Ausdruck, indem sie sowohl die Effektivierung der privatrechtlichen Rechtsverfolgung als auch die Koordinierung von privater und behördlicher Durchsetzungsebene bezwecken. Die Systematik der von dem

---

955 Vgl. hierzu *Kersting*, WuW 2014, 564, 570.

956 *Schweitzer*, NZKart 2014, 335, 337; Erwägungsgrund 47 der Richtlinie.

957 *Kersting*, WuW 2014, 564, 573, der auf die weiterhin bestehende Pflicht zur Beibringung von Schätzungsgrundlagen im Rahmen von § 287 Abs. 1 ZPO verweist und infolge dessen die Bedeutung der Schadensvermutung als „gegen Null" tendierend einstuft.

958 Vgl. hierzu *Stauber/Schaper*, NZKart 2014, 346.

959 *Schweitzer*, NZKart 2014, 335, 340 misst diesen „herausragende Bedeutung" zu.

960 Vgl. hierzu unter D.I.2.

unionalen Gesetzgeber geschaffenen Normierungen zur Auflösung der klägerischen Beweisnot bildet die gedankliche Basis der zu untersuchenden Frage, inwieweit die Regelungen zur Offenlegung von Kronzeugendokumenten[961] einen Umsetzungsbedarf auf nationaler Ebene auslösen und ob sie mit höherrangigem Recht in Einklang stehen. Nachfolgend wird daher die Struktur der Vorschriften zur Offenlegung von Beweismitteln unter besonderer Beachtung der Regelungen zum Zugriff auf Kronzeugenerklärungen dargestellt.

1. Beweisrechtliche Systematik der Richtlinie

Die eingangs dargestellte Beweisnot der Kartellgeschädigten[962], die ihren Ursprung im klandestinen Wesen der Kartelle und der daraus folgenden Informationsasymmetrie zwischen Kläger und beklagtem Kartellanten findet, wurde auch vom europäischen Richtliniengeber als zentrales Problem der privaten Kartellrechtsdurchsetzung erkannt. Im Rahmen der Erwägungsgründe zur Kartellschadensersatzrichtlinie stellt der unionale Gesetzgeber fest, dass Kartellschadensersatzklagen regelmäßig eine komplexe Analyse der zugrunde liegenden Tatsachen und wirtschaftlichen Zusammenhänge erforderlich machen[963]. Aufgrund dessen komme den Beweismitteln hinsichtlich der Verringerung der bestehenden Informationsasymmetrie große Bedeutung zu[964]. Da sich die erforderlichen Beweismittel regelmäßig im Besitz der gegnerischen Partei oder Dritter befinden und dem Kartellgeschädigten daher weder hinreichend bekannt noch zugänglich sind[965], sah sich der Richtliniengeber zur Schaffung eines eigenen Be-

---

961 Genau genommen müsste man hinsichtlich der die Kronzeugendokumente betreffenden Beweismittelregelungen von „Regelungen zur Geheimhaltung" sprechen, da die Artt. 6 Abs. 6 lit. a), 7 Abs. 1 allein dies bezwecken. Da die Richtlinie insbesondere die Regelung des Art. 6 Abs. 6 lit. a) jedoch unter die Überschrift der „Offenlegung von Beweismitteln" stellt, folgt die Untersuchung dieser Terminologie.
962 Vgl. hierzu unter B.II.2.a.
963 Erwägungsgrund 14 der Richtlinie.
964 Erwägungsgrund 15 der Richtlinie.
965 Erwägungsgrund 14 der Richtlinie.

weisrechts veranlasst[966]. Die Ausgangsnorm bildet dabei Art. 5 Abs. 1. Hiernach obliegt es den Mitgliedstaaten zu gewährleisten, dass die nationalen Gerichte *unter den Voraussetzungen dieses Kapitels die Offenlegung von relevanten Beweismitteln durch den Beklagten oder einen Dritten, die sich in deren Verfügungsgewalt befinden, anordnen können.* Den Begriff des Beweismittels definiert Art. 2 Nr. 13 dabei denkbar weit als alle vor dem nationalen Gericht zulässigen Beweismittel, *insbesondere Urkunden und sonstige Gegenstände, die Informationen enthalten,* unabhängig von dem konkret verwendeten Medium.

a. Substantiierte Begründung

Da der Richtliniengeber sog. *fishing expeditions,* also unspezifische Beweisermittlungsanträge, verhindert wissen will[967], ist die gerichtliche Anordnung der Beweismitteloffenlegung an mehrere Voraussetzungen geknüpft. Zunächst muss der Kläger gemäß Art. 5 Abs. 1 S. 1 eine substantiierte Begründung nebst den mit zumutbarem Aufwand zugänglichen Tatsachen und Beweismitteln, die die Plausibilität seines Schadensersatzanspruches ausreichend stützen, vorlegen. Dem Kartellgeschädigten wird somit abverlangt, die hinreichende Wahrscheinlichkeit seines geltend gemachten Schadensersatzanspruches darzutun. Zur Frage, wann diese Plausibilitätsschwelle überschritten ist, schweigt die Richtlinie. Im Falle von *follow-on-Klagen* wird sich der Kläger dabei hinsichtlich des Tatbestandsmerkmals des Wettbewerbsverstoßes regelmäßig der Feststellungswirkung der behördlichen Entscheidung gemäß Art. 9 Abs. 1[968] bedienen können. Zur Frage des Eintritts eines kartellbedingten Schadens steht ihm sodann die widerlegliche Vermutung gemäß Art. 17 Abs. 2 zur Seite. Im Rahmen von *follow-on-Klagen* wird die Darlegungslast gemäß Art. 5 Abs. 1 S. 1 für den Kartellgeschädigten daher nur äußerst selten eine prozessuale Hürde darstellen. Im Falle von *stand-alone-Klagen* hingegen wird der Kläger anhand der ihm zugänglichen Materialien plausibel vortragen müssen,

---

966 Der europäische Gesetzgeber spricht ausdrücklich davon, dass es erforderlich sei, den „Grundsatz der Waffengleichheit" zu wahren, vgl. Erwägungsgrund 15 der Richtlinie.

967 *Schweitzer,* NZKart 2014, 335, 340; *Vollrath,* NZKart 2013, 434, 443.

968 Diese Feststellungswirkung existiert bereits de lege lata gemäß § 33 Abs. 4 GWB.

dass ein Wettbewerbsverstoß des Beklagten vorliegt und zu einem entsprechenden Schadenseintritt geführt hat[969]. Aufgrund der fehlenden Abstrahierbarkeit einer solchen Darlegungslast wird die einzelfallbezogene Wertung des klägerischen Vortrags den erkennenden Gerichten vorbehalten bleiben. Dabei wird jedoch stets zu berücksichtigen sein, dass der europäische Gesetzgeber mit der Regelung des Art. 5 Abs. 1 S. 1 gerade die Auflösung der bestehenden Informationsasymmetrie bezweckt, sodass die Anforderungen an die plausible Darlegung eines Schadensersatzanspruches nicht überhöht werden dürfen. Andernfalls würde der Wille des Richtliniengebers konterkariert, der bei der Schaffung der Regelungen zur Offenlegung von Beweismitteln den fehlenden Zugang des Geschädigten zu Dokumenten, die den Verstoß und den hierdurch generierten Schaden belegen, zu kompensieren suchte. Allzu hohe Anforderungen an die plausible Darlegung eines Schadensersatzanspruches würde die Nivellierung der Informationsasymmetrie an eben dieser scheitern lassen und zu einem Zirkelschluss führen. In diesem Zusammenhang ist gleichsam die Regelung des Art. 5 Abs. 2 zu sehen, wonach auch die Offenlegung einer Kategorie von Beweismitteln begehrt werden kann. Hierdurch soll dem Umstand, dass das vorzulegende Beweismittel von dem Beweisführer oftmals nicht zweifelsfrei individualisiert werden kann, Rechnung getragen werden[970]. Gleichwohl muss die betroffene Beweismittelkategorie so präzise wie möglich abgegrenzt werden, indem auf die gemeinsamen Merkmale der in die jeweilige Kategorie fallenden Dokumente Bezug genommen wird[971]. Gemäß Art. 5 Abs. 1 S. 2 kann auch der beklagte Kartellant die Offenlegung von Beweismitteln durch die Gegenpartei oder Dritte verlangen. Der Offenlegungsanspruch des Beklagten dient dabei insbesondere dem Nachweis eines möglichen Mitverschuldens des Klägers und der *passing-on-defence*[972]. Die Beweismitteloffenlegung hat damit nicht allein die effektive Anspruchsdurchsetzung durch den Kartellgeschädigten, sondern auch die wirksame Verteidigung des beklagten Kartellanten zum Ziel. Auf das Erfordernis einer substantiierten Darlegung der zu beweisenden Tatsache hat der Richtliniengeber im Rahmen von Art. 5 Abs. 1 S. 2 indes offenbar verzichtet. Der Beklagte kann verbaliter ohne substantiierte Darlegung sei-

---

969 *Vollrath*, NZKart 2013, 434, 444.
970 *Vollrath*, NZKart 2013, 434, 444.
971 Erwägungsgrund 16 der Richtlinie, der beispielhaft Art, Gegenstand, Inhalt und Erstellungsdatum als gemeinsame Merkmale nennt.
972 *Vollrath*, NZKart 2013, 434, 444.

nes Verteidigungsmittels eine Beweismitteloffenlegung begehren. Diese prozessuale Privilegierung wird jedoch durch die Berücksichtigung der Darlegungsdichte im Rahmen der Verhältnismäßigkeit gemäß Art. 5 Abs. 3 lit. c)[973] und das Erfordernis der Relevanz des Beweismittels[974] aufgewogen.

b. Verhältnismäßigkeit

Neben das Tatbestandsmerkmal der substantiierten Begründung tritt das Erfordernis der Verhältnismäßigkeit gemäß Art. 5 Abs. 3[975]. Hiernach ist jeder Offenlegung von Beweismitteln eine einzelfallbezogene Verhältnismäßigkeitsprüfung durch das erkennende Gericht vorgeschaltet, in deren Rahmen die Interessen der Parteien und betroffener Dritter Berücksichtigung finden müssen. Den nationalen Gerichten wird hierdurch die Möglichkeit eingeräumt, im Einzelfall wesentlichen Einfluss auf die Reichweite und den Ablauf der Offenlegung von Beweismitteln zu nehmen[976]. Diese Regelung zur einzelfallbezogenen Entscheidungsmacht der nationalen Gerichte über Inhalt und Reichweite der Beweismitteloffenlegung dürfte dabei insbesondere den Vorgaben des *EuGH* in der Sache *Donau Chemie*[977] geschuldet sein, wonach die Abwägung der widerstreitenden Interessen ausschließlich den erkennenden Gerichten obliegt und ihnen stets die Möglichkeit der einzelfallbezogenen Entscheidung unter besonderer Berücksichtigung der individuellen Umstände des jeweiligen Rechtsstreits verbleiben muss[978]. Art. 5 Abs. 3 lit. a) bis c) enthalten einen nicht ab-

---

973 Hierzu sogleich unter D.II.1.b.
974 Hierzu unter D.II.1.c.
975 Bei näherer Betrachtung von Erwägungsgrund 16 der Richtlinie ließe sich das Erfordernis der substantiierten Darlegung eines Schadensersatzanspruches auch als Teilelement des Verhältnismäßigkeitserfordernisses begreifen. Erwägungsgrund 16 der Richtlinie spricht davon, dass sich die Pflicht zur substantiierten Darlegung „aus dem Erfordernis der Verhältnismäßigkeit" ergebe. Systematik und Wortlaut von Art. 5 Abs. 1 bis 3 hingegen legen nahe, dass die substantiierte Darlegung Voraussetzung für die Eröffnung des Offenlegungsverfahrens ist, in dessen Rahmen das Element der Verhältnismäßigkeit sodann zum Tragen kommt.
976 *Vollrath*, NZKart 2013, 434, 444.
977 EuGH, Urt. v. 06.06.2013 - Rs. C-536/11 „*Donau Chemie*", EuZW 2013, 586.
978 Vgl. hierzu bereits unter C.I.1.a.bb.(1).(c). sowie C.I.1.c.bb.(3).

schließenden Katalog an Abwägungskriterien, die Eingang in die Verhältnismäßigkeitsprüfung der nationalen Gerichte finden müssen.

Gemäß Art. 5 Abs. 3 S. 2 lit. a) ist dabei aus richterlicher Sicht zunächst in den Blick zu nehmen, *inwieweit die Klage oder die Klageerwiderung durch zugängliche Tatsachen und Beweismittel gestützt wird, die den Antrag auf Offenlegung von Beweismitteln rechtfertigen.* Die mitgliedstaatlichen Gerichte sind demnach aufgefordert, im Rahmen der Interessenabwägung zu berücksichtigen, wie substantiiert der durch den Offenlegungsantrag zu beweisende Umstand im Rahmen der Klage bzw. Klageerwiderung vorgetragen wurde und ob dieser Umstand insbesondere durch bereits vorhandene Beweismittel gestützt wird. Je substantiierter der Vortrag, desto weiter reicht seine Rechtfertigungswirkung zur Offenlegung des begehrten Beweismittels und für das Zurücktreten gegenläufiger Interessen. Die dargestellte Tatsache, dass der beklagte Kartellant im Rahmen von Art. 5 Abs. 1 S. 2 von dem Erfordernis einer substantiierten Begründung, wie sie der Kläger vorzunehmen hat, befreit ist[979], wird durch Art. 5 Abs. 3 S. 2 lit. a) stark relativiert, da die Rechtfertigung der Offenlegung mit der Darlegungsdichte korreliert. Der unsubstantiierte Vortrag eines Verteidigungsmittels nebst entsprechendem Beweismitteloffenlegungsantrag wird demnach nur selten zum Erfolg führen, da die erkennenden Gerichte die unzureichende Substantiierung gemäß Art. 5 Abs. 3 S. 2 lit. a) zu Lasten des Beklagten zu werten haben werden und dies regelmäßig einen Vorrang der Interessen des Beweisgegners zur Folge haben wird.

Art. 5 Abs. 3 S. 2 lit. b) trägt sodann den praktischen Umständen der Beweismittelbeschaffung Rechnung, indem *Umfang und Kosten der Beweismitteloffenlegung, insbesondere für betroffene Dritte, einschließlich zur Verhinderung einer nicht gezielten Suche nach Informationen, die für die Verfahrensbeteiligten wahrscheinlich nicht relevant sind* zu berücksichtigen sind. Besonders umfangreiche Beweisanträge können demnach bereits an der praktischen Umsetzung scheitern. Dies insbesondere dann, wenn sie sich an der Grenze zur *fishing expedition* bewegen. Praktische Relevanz wird dieser Abwägungsaspekt insbesondere für jene Anträge entwickeln, die sich gemäß Art. 5 Abs. 2 auf Beweismittelkategorien beziehen, da Anträge dieser Art naturgemäß einen nicht unerheblichen Umfang aufweisen werden. Der Richtliniengeber will damit die prozessökonomische Umsetzbarkeit der Beweisbeschlüsse sicherstellen und verhin-

---

979 Vgl. hierzu unter D.II.1.a.

dern, dass kartellprivatrechtliche Schadensersatzprozesse zu reinen Materialschlachten nach angloamerikanischem Vorbild[980] verkommen. Gleichwohl werden die nationalen Gerichte jenen Normen, die der Umsetzung von Art. 5 Abs. 3 S. 2 lit. b) dienen, mit Zurückhaltung begegnen müssen, denn Kartellschadensersatzprozesse sind aufgrund ihrer Komplexität regelmäßig mit einem enormen Beschaffungsaufwand im Rahmen der Sachverhaltsermittlung verbunden. Diese Eigenart von Kartellschadensersatzprozessen kann Art. 5 Abs. 3 S. 2 lit. b) daher nur als restriktiv auszulegende Ausnahmeregelung erscheinen lassen.

Gemäß Art. 5 Abs. 3 S. 2 lit. c) ist schlussendlich zu berücksichtigen, *ob die offenzulegenden Beweismittel vertrauliche Informationen - insbesondere Dritte betreffende Informationen - enthalten und welche Vorkehrungen zum Schutz dieser vertraulichen Informationen bestehen.* Eine Legaldefinition der vertraulichen Information enthält die Richtlinie nicht, Erwägungsgrund 18 jedoch nennt Geschäftsgeheimnisse als Beispiel für eine solche vertrauliche Information. Fraglich erscheint in diesem Zusammenhang, ob dieser Schutz von Geschäftsgeheimnissen auch die Unternehmensdaten des beklagten Kartellanten umfasst oder ob ausschließlich drittbezogene Geschäftsgeheimnisse erfasst sein sollen. Der Wortlaut des Art. 5 Abs. 3 S. 2 lit. c) i.V.m. Erwägungsgrund 18 legt *prima facie* nahe, dass der Richtliniengeber auch die Geschäftsgeheimnisse des beklagten Kartellanten geschützt wissen will. Dem steht jedoch entgegen, dass jene Geschäftsgeheimnisse, die in Zusammenhang mit dem Wettbewerbsverstoß stehen, im Lichte des unionalen Wettbewerbsrechts nicht schutzwürdig sind[981]. Darüber hinaus wird man die Wertung des Richtliniengebers gemäß Art. 5 Abs. 5 berücksichtigen müssen, wonach das Interesse von Unternehmen, Schadensersatzklagen aufgrund von Zuwiderhandlungen gegen das Wettbewerbsrecht zu vermeiden, keinem Schutz untersteht. Das Interesse des beklagten Kartellanten an der Vermeidung einer Schadensersatzpflicht darf demnach im Rahmen der Interessenabwägung keine Berücksichtigung finden. Man mag sich auf den Standpunkt stellen, dass es sich hierbei um einen anderen Regelungsbereich als den Schutz von Ge-

---

980 Wesentliches Element der privatrechtlichen Kartellrechtsdurchsetzung in den Vereinigten Staaten ist das sog. *pre-trial discovery-Verfahren*, das aufgrund des erheblichen Umfangs der offenzulegenden Beweismittel für den Beklagten regelmäßig mit einem enormen Kostenaufwand verbunden ist, vgl. *Mestmäcker/ Schweitzer*, Europäisches Wettbewerbsrecht, § 8 Rn. 57 f.

981 Vgl. hierzu bereits unter C.I.1.a.bb.(1).(b).(bb). sowie C.I.2.d.bb.(2).

schäftsgeheimnissen handelt. Regelmäßig jedoch wird der beklagte Kartellant den Schutz von Geschäftsgeheimnissen lediglich zu Felde führen, um in seinem Windschatten der Schadensersatzpflicht zu entgehen[982]. Letztlich wird der *EuGH* zukünftig die Frage zu beantworten haben, ob und inwieweit der Schutz von Geschäftsgeheimnissen des beklagten Kartellanten ein berücksichtigungsfähiges Interesse gemäß Art. 5 Abs. 3 S. 2 lit. c) bildet.

c. Relevanz

Die für die Offenlegung von Beweismitteln maßgebliche Trias wird vervollständigt durch das in Art. 5 Abs. 1 enthaltene Merkmal der Relevanz der offenzulegenden Beweismittel. Anders als der Richtlinienvorschlag, der in Art. 5 Abs. 2 lit. a) die Darlegung der Relevanz ausdrücklich forderte[983], enthält der Wortlaut der finalen Richtlinie ein solches Erfordernis nicht. Gleichwohl lässt sich das Tatbestandsmerkmal der Relevanz in Art. 5 wiederfinden. Zunächst sprechen Art. 5 Abs. 1 S. 1 und Abs. 2 davon, dass den nationalen Gerichten die Möglichkeit zur Anordnung der Offenlegung von *relevanten Beweismitteln* bzw. *relevanten Kategorien von Beweismitteln* einzuräumen sei. Darüber hinaus will Art. 5 Abs. 3 S. 2 lit. c) die Suche nach Beweismitteln, die für die Entscheidung wahrscheinlich nicht von Relevanz sind, verhindert wissen. Auch ohne ausdrückliche eigenständige Normierung eines Relevanzerfordernisses lässt sich der Richtlinie daher entnehmen, dass der unionale Gesetzgeber die Relevanz des begehrten Beweismittels als Grundvoraussetzung für seine Offenlegung betrachtet. Demnach muss neben die substantiierte Begründung und die Feststellung der Verhältnismäßigkeit zusätzlich die Relevanz des Beweismittels treten. Diese Erkenntnis mag auf den ersten Blick trivial erscheinen, bildet doch die Relevanz des Beweismittels stets eine zwingende Voraussetzung für seine prozessuale Nutzbarmachung[984]. Nichtsdestoweniger kann die Relevanz des Beweismittels im Rahmen des Offenlegungs-

---

982 So auch EuG, Urt. v. 22.05.2012 - T-344/08 „*EnBW*", BeckRS 2012, 80966 Rn. 147.

983 Hierzu *Vollrath*, NZKart 2013, 434, 444.

984 Vgl. zum nationalen Recht Thomas/Putzo/*Reichold*, § 284 Rn. 7. Die Möglichkeit der Zurückweisung eines Beweismittels mangels Geeignetheit ist grundsätzlich äußerst restriktiv zu handhaben, BVerfG, NJW 1993, 254, 255.

antrages erhebliche Schwierigkeiten aufwerfen, denn die fehlende Relevanz des begehrten Beweismittels ist ein häufig erhobener Verteidigungseinwand[985]. Insbesondere bei Offenlegungsanträgen, die gemäß Art. 5 Abs. 2 auf ganze Beweismittelkategorien gerichtet sind, liegt der Einwand der fehlenden Relevanz nahe. Diese Problematik ist bereits in der Regelung des Art. 5 Abs. 3 S. 2 lit. b) 2. HS angelegt, wonach umfassenden Offenlegungsanträgen, die auf *wahrscheinlich nicht relevant[e]* Beweismittel gerichtet sind, der Erfolg versagt bleiben soll. Virulent wird sodann die hier nicht abschließend zu untersuchende Frage, welche Anforderungen an die Darlegung und Prüfung der Relevanz des Beweismittels zu stellen sind. Der Richtlinienvorschlag[986] sah in Art. 5 Abs. 2 lit. a) vor, dass die beweisführende Partei nachzuweisen hat, dass Beweismittel, die sich in der Sphäre der gegnerischen Partei oder eines Dritten befinden, für die Substantiierung ihres Anspruchs beziehungsweise ihres Verteidigungseinwandes relevant sind. Die Darlegung der Relevanz oblag somit dem Beweisführer[987]. Dass diese ausdrückliche Darlegungspflicht keinen Eingang in die endgültige Fassung der Richtlinie gefunden hat, legt den Schluss nahe, dass der Richtliniengeber den Beweisführer von dieser Darlegungslast befreien wollte. Die Ermittlung der Relevanz verbliebe damit allein in der Sphäre des Gerichts, das die Geeignetheit des Beweismittels anhand des Vortrags des Beweisführers, der keine explizite Darlegung hierzu enthalten müsste, von Amts wegen zu überprüfen hätte. Ohne die besondere Darlegungspflicht des Beweisführers würde damit die allgemeine zivilprozessuale Maxime gelten, wonach die Zurückweisung eines Beweismittels als ungeeignet nur in seltenen Ausnahmefällen und nur dann in Betracht kommt, wenn jedwede Möglichkeit ausgeschlossen ist, dass der übergangene Beweisantrag Sachdienliches ergeben könnte[988].

---

985 Vgl. nur OLG Düsseldorf, Beschl. v. 22.08.2012 - V-4 Kart 5/11 und 6/11 (OWi) *„Kaffeeröster"*, wrp 2012, 1596, 1601 zur (angeblich) fehlenden Relevanz von Kronzeugenerklärungen für die Schadensberechnung.

986 Vorschlag für eine Richtlinie des europäischen Parlaments und des Rates über bestimmte Vorschriften für Schadensersatzklagen nach einzelstaatlichem Recht wegen Zuwiderhandlungen gegen wettbewerbsrechtliche Bestimmungen der Mitgliedstaaten und der Europäischen Union vom 11.06.2013 - COM (2013) 404 final.

987 *Vollrath*, NZKart 2013, 434, 444.

988 BeckOK ZPO/*Bacher*, § 284 Rn. 52 (Stand: 01.09.2016); BGH, NJW-RR 2015, 158, 160; BVerfG, NJW 1993, 254, 255.

d. Sonderfall der Offenlegung von wettbewerbsbehördlichen Beweismitteln

Die allgemeine Systematik der Beweismitteloffenlegung gemäß Art. 5 erfährt im Hinblick auf Beweismittel, die in den Akten einer Wettbewerbsbehörde enthalten sind, eine weitreichende Verschärfung durch Art. 6 Abs. 4, 5, 10 und 11. Gemäß Art. 6 Abs. 1 treten diese Vorschriften neben Art. 5 und sind mit diesem gemeinsam maßgeblich für die Offenlegung wettbewerbsbehördlicher Beweismittel mit Ausnahme von Kronzeugendokumenten, die in Art. 6 Abs. 6 lit. a) wiederum eine eigenständige Beweismittelregelung erhalten haben[989]. Unter den Begriff der Wettbewerbsbehörde fallen gemäß Art. 2 Nr. 8 sowohl die Kommission als auch die nationalen Wettbewerbsbehörden. Zu beachten ist, dass die Vorschriften der Verordnung (EG) Nr. 1049/2001 gemäß Art. 6 Abs. 2 unberührt bleiben. Die Richtlinie hat mithin keine Auswirkungen auf die unmittelbare Akteneinsicht Kartellgeschädigter, sondern regelt ausschließlich den mittelbaren Zugang durch entsprechende Offenlegungsanordnungen der Gerichte[990]. Die Abweichung zur grundsätzlichen Systematik des Art. 5 folgt daraus, dass die Gerichte bei der Beurteilung der Verhältnismäßigkeit neben den durch Art. 5 Abs. 3 normierten Gesichtspunkten gemäß Art. 6 Abs. 4 RL zusätzliche Abwägungsfaktoren zu berücksichtigen haben.

Zunächst erfordert Art. 6 Abs. 4 lit. a) eine hinreichende Spezifizierung der begehrten Beweismittel[991]. Demnach muss der Antrag hinsichtlich Art, Gegenstand oder Inhalt der Beweismittel eigens formuliert sein. Der Beweisführer ist im Falle der Offenlegung von wettbewerbsbehördlichen Beweismitteln daher aufgefordert, die begehrten Dokumente genau zu bezeichnen[992], um jegliche über den Beweiszweck hinausgehende Offenlegung behördlicher Dokumente zu verhindern. Die Enthüllung wettbewerbsbehördlicher Dokumente soll demnach auf den geringstmöglichen Umfang beschränkt werden.

Weiterhin soll gemäß Art. 6 Abs. 4 lit. c) im Zusammenhang mit den Absätzen 5, 10 und 11 die Wahrung der Wirksamkeit der öffentlich-recht-

---

989 Hierzu sogleich unter D.II.2.
990 *Makatsch/Mir*, EuZW 2015, 7, 9; *Fiedler/Huttenlauch*, NZKart 2013, 350, 355; vgl. zum Akteneinsichtsrecht nach der Transparenzverordnung ausführlich unter C.I.2.d.
991 *Makatsch/Mir*, EuZW 2015, 7, 9.
992 *Schweitzer*, NZKart 2014, 341, 335.

lichen[993] Kartellrechtsdurchsetzung berücksichtigt werden. Die Norm ist äußerst unscharf formuliert, da sie den Gerichten lediglich abverlangt, die Notwendigkeit der Wirksamkeit der öffentlichen Durchsetzung des Wettbewerbsrechts zu berücksichtigen. Welche Anforderungen an eine mögliche Beeinträchtigung dieser Wirksamkeit zu stellen sind, offenbart sie hingegen nicht. Art. 6 Abs. 4 lit. c) fungiert daher offensichtlich als Auffangklausel zum Schutze des *public enforcement*.

Ferner soll gemäß Art. 6 Abs. 4 lit. b) von Relevanz sein, ob die Partei, die die Offenlegung beantragt, diesen Antrag im Rahmen einer Schadensersatzklage vor einem nationalen Gericht stellt. Sinn und Zweck dieses Abwägungskriteriums erschließen sich auch bei eingehender Betrachtung nicht. Denn der Regelungsbereich der Richtlinie ist gemäß Art. 1 Abs. 2 von vornherein auf kartellprivatrechtliche Schadensersatzprozesse beschränkt. Ein Offenlegungsantrag, der das von der Richtlinie vorgegebene Abwägungsprogramm eröffnet, wird daher stets im Rahmen einer Schadensersatzklage gestellt werden. Demnach wird das Gericht nicht berücksichtigen müssen bzw. können, ob der Antrag Bestandteil eines Schadensersatzprozesses ist, sodass Anwendungsbereich und Regelungsziel des Art. 6 Abs. 4 lit. c) unklar bleiben.

Eine weitere Verschärfung der Voraussetzungen einer Beweismitteloffenlegung enthält Art. 6 Abs. 5. Die Offenlegung der hierin genannten Beweismittel unterliegt einer zeitlichen Zäsur in Gestalt der Beendigung des Wettbewerbsverfahrens durch Erlass einer behördlichen Entscheidung oder auf andere Weise. Der Richtliniengeber will die Verfolgungstätigkeit der Kartellbehörden schützen, indem bestimmte aus dem Verfahren stammende Beweismittel erst nach dessen Beendigung offengelegt werden dürfen. Art. 6 Abs. 5 enthält demnach ein zeitlich begrenztes Offenlegungsverbot und wird daher auch als „Graue Liste" bezeichnet[994]. Diesem temporären Offenlegungsverbot unterliegen gemäß Art. 6 Abs. 5 lit. a) zunächst Informationen, die von einer natürlichen oder juristischen Person eigens für das wettbewerbsbehördliche Verfahren erstellt worden sind, bei-

---

993 Der Wortlaut des Art. 6 Abs. 4 lit. c) ist sprachlich ungenau, denn er spricht von „öffentlicher" Durchsetzung des Wettbewerbsrechts. Das public enforcement, auf dessen Übersetzung diese Formulierung offensichtlich fußt, ist jedoch nicht öffentlich, sondern öffentlich-rechtlich.

994 *Schweitzer*, NZKart 2014, 335, 343. Die sog. „Schwarze Liste" bilden die absoluten Offenlegungsverbote gemäß Art. 6 Abs. 6 bzw. die Beweisverwertungsverbote gemäß Art. 7 Abs. 1 RL, hierzu sogleich unter D.II.2.

spielsweise Antworten auf behördliche Fragebögen[995] oder Zeugenaussagen[996]. Ergänzend hierzu erfasst Art. 6 Abs. 5 lit. b) Informationen, die die Wettbewerbsbehörde im Laufe des Verfahrens erstellt und den Parteien übermittelt hat, wie zum Beispiel die Mitteilung der Beschwerdepunkte[997]. Schlussendlich unterwirft Art. 6 Abs. 5 lit. c) zurückgezogene Vergleichsausführungen, also zum Zwecke der Anwendung des vereinfachten Verfahrens angefertigte freiwillige Darlegungen des Kartellanten[998], dem zeitlich bedingten Offenlegungsverbot. Ergänzt wird der Schutz der „Grauen Liste" durch Art. 7 Abs. 2. Regelungsgegenstand dieser Normierung sind Fälle, in denen die in Art. 6 Abs. 5 genannten Beweismittel durch vorprozessuale Akteneinsicht erlangt wurden. Solange das kartellbehördliche Verfahren noch keinen Abschluss gefunden hat, wird die prozessuale Verwertung der außerprozessual erlangten Beweismittel durch Art. 7 Abs. 2 für unzulässig erklärt[999]. Dieses Beweisverwertungsverbot spiegelt den Umstand wider, dass sich der Anwendungsbereich der Richtlinie nicht auf außerprozessuale Akteneinsichtsrechte erstreckt[1000] und somit die Offenlegung behördlicher Dokumente im vorprozessualen Stadium nicht reglementiert[1001]. Stattdessen wird die vorprozessuale Akteneinsicht durch Art. 7 Abs. 2 antizipiert[1002] und hinsichtlich der in Art. 6 Abs. 5 genannten Beweismittel eine prozessuale Verwertung untersagt, um eine Umgehung des beabsichtigten Schutzes zu verhindern[1003].

Art. 6 Abs. 10 normiert schlussendlich die Subsidiarität der behördlichen Offenlegungspflicht. Hiernach sollen die Wettbewerbsbehörden nur dann Adressat einer gerichtlichen Offenlegungsanordnung sein, wenn die

---

995 *Vollrath*, NZKart 2013, 434, 446.

996 Vgl. Erwägungsgrund 25 der Richtlinie.

997 Vgl. Erwägungsgrund 25 der Richtlinie.

998 Vgl. die Legaldefinition gemäß Art. 2 Ziff. 18 RL.

999 *Vollrath*, NZKart 2013, 434, 445; *Schweitzer*, NZKart 2014, 335, 343.

1000 Vgl. nur Art. 6 Abs. 2 RL.

1001 *Makatsch/Mir*, EuZW 2015, 7, 9.

1002 *Stauber/Schaper*, NZKart 2014, 346, 349; zum entsprechenden Beweisverwertungsverbot für außerprozessual erlangte Kronzeugenerklärungen vgl. unter D.II.2.

1003 Beweismittel, die nicht durch eine solche den Schutz des Art. 6 Abs. 5 umgehende Akteneinsicht gewonnen wurden, können gemäß Art. 7 Abs. 3 grundsätzlich prozessual fruchtbar gemacht werden, jedoch nur durch den Einsichtnehmenden bzw. dessen Rechtsnachfolger oder den Zessionar des Schadensersatzanspruches. Diese Norm will einen möglichen Handel mit Beweismitteln verhindern, vgl. *Haus/Serafimova*, BB 2014, 2883, 2887.

Beweismittel nicht mit zumutbarem Aufwand von einer anderen Partei oder Dritten erlangt werden können. Der Beweisführer ist daher grundsätzlich gehalten, vor Inanspruchnahme der Wettbewerbsbehörden zunächst sämtliche sonst verfügbaren Quellen zur Erlangung der Beweismittel zu bemühen. Fraglich ist, ob dem Beweisführer unter dem Merkmal des zumutbaren Aufwandes abverlangt werden kann, zuvor einen an den Anforderungen des Art. 5 zu messenden erfolglosen Beweisantrag hinsichtlich aller sonstigen Beweisquellen zu stellen. Dies würde bedeuten, dass der Beweisführer vor der Inanspruchnahme der Wettbewerbsbehörde zunächst hinsichtlich aller sonstigen potenziellen Beweismittelquellen das komplexe einzelfallbezogene Abwägungsprogramm des Art. 5 erfolglos durchlaufen müsste. Ein solches Verständnis stünde jedoch im Widerspruch zu der Zielsetzung der Richtlinie, die Durchsetzung privatrechtlicher Kartellschadensersatzansprüche und im Zusammenhang damit auch die Erlangung benötigter Beweismittel zu vereinfachen. Vor diesem Hintergrund kann Art. 6 Abs. 10 lediglich eine summarische Prüfung des Gerichts erforderlich machen. Ergibt diese, dass der Beweisführer das Beweismittel mit überwiegender Wahrscheinlichkeit von der Gegenpartei oder einem Dritten erlangen kann, so ist er auf diesen Weg verwiesen. In allen anderen Fällen steht Art. 6 Abs. 10 der Offenlegung durch die Wettbewerbsbehörde nicht entgegen.

e. Sanktionierung

Flankiert werden die Regelungen zur Offenlegung von Beweismitteln gemäß Art. 5 durch die Sanktionsmöglichkeiten gemäß Art. 8, die eine wirksame Durchsetzung des durch die Richtlinie geschaffenen Beweisrechts gewährleisten sollen. Demnach ist den nationalen Gerichten die Möglichkeit einzuräumen, die Nichtbefolgung von Offenlegungsanordnungen, die Vernichtung relevanter Beweismittel, die Nichterfüllung einer Anordnung zum Schutz vertraulicher Informationen sowie eine Verletzung der Vorschriften über die Beschränkung der Beweismittelverwertung verhältnismäßig, abschreckend und wirksam sanktionieren zu können. Beispielhaft nennt die Richtlinie dabei die Möglichkeit des Gerichts, bei Nichtbefolgung einer Vorlageanordnung durch den Beweisgegner für diesen nachteilige Schlüsse im Rahmen der freien Beweiswürdigung zu ziehen, wie es bereits *de lege lata* in § 427 S. 2 ZPO vorgesehen ist[1004].

f. Ergebnis

Die Offenlegung von Beweismitteln nach Maßgabe von Art. 5 erfordert zunächst eine substantiierte Darlegung des geltend gemachten Schadensersatzanspruches. Im Falle eines Offenlegungsantrages durch den Beklagten entfällt diese Pflicht zur Begründung seines Verteidigungsmittels. Sodann ist die Verhältnismäßigkeit der Offenlegung durch die nationalen Gerichte zu prüfen, wobei insbesondere die Darlegungsdichte, der durch die Offenlegung generierte Aufwand sowie der Schutz in den Beweismitteln enthaltener vertraulicher Informationen zu berücksichtigen ist. Ferner erfordert die Offenlegung die Relevanz des begehrten Beweismittels. Diese ist von dem Beweisführer nicht explizit darzulegen, sodass das Gericht das angebotene Beweismittel und den damit verbundenen Antrag auf Offenlegung nur bei völliger Ungeeignetheit des Beweismittels zurückweisen können wird. Für den Fall der Offenlegung von Beweismitteln, die sich in den Akten nationaler Wettbewerbsbehörden oder der Europäischen Kommission befinden, sehen Artt. 6 Abs. 4, 5, 10, 11 und 7 Abs. 2 Sonderregelungen vor, die an den Zugang zu und die prozessuale Verwertung von wettbewerbsbehördlichen Beweismitteln erhöhte Anforderungen stellen. Hiernach darf der Zugriff auf das begehrte Beweismittel insbesondere nicht auf anderem zumutbarem Wege möglich sein. Zudem wird die Offenlegung bzw. Verwertung für das Verfahren erstellter Dokumente und zurückgezogener Vergleichsausführungen bis zum Abschluss des Wettbewerbsverfahrens untersagt.

2. Offenlegung und Verwertung von Kronzeugendokumenten

Die kohärente Koordinierung von *private* und *public enforcement* ist neben der Förderung kartellprivatrechtlicher Schadensersatzklagen das zwei-

---

1004 Zur Umsetzung der Richtlinie für ausreichend erachten diese Norm *Stauber/ Schaper*, NZKart 2014, 346, 349. In diesem Sinne, allerdings ohne Bezugnahme auf eine spezielle Normierung der ZPO, auch *Vollrath*, NZKart 2013, 434, 445.

te Ziel der Kartellschadensersatzrichtlinie[1005]. Der Richtliniengeber hat das zwischen diesen beiden Durchsetzungsmechanismen währende Spannungsverhältnis erkannt und seine Auflösung zu einem zentralen Regelungspunkt der Richtlinie gemacht. Besonderes Augenmerk wurde dabei auf die Problematik der Offenlegung von Kronzeugenerklärungen gelegt. Der unionale Gesetzgeber konstatiert, dass Kronzeugenprogramme sowohl für die behördliche Kartellrechtsdurchsetzung als auch für die erfolgreiche Führung privater Kartellschadensersatzprozesse von zentraler Bedeutung sind[1006]. Im Hinblick auf das *private enforcement* wird die Bedeutung der Kronzeugenprogramme indes auf ihre Funktion als Initiator für private Kartellschadensersatzklagen beschränkt. Die den Kronzeugenerklärungen innewohnende Beweiskraft erwähnt der Richtliniengeber hingegen nicht ausdrücklich[1007]. Gleichwohl sieht der Richtliniengeber die Attraktivität der Kronzeugenprogramme durch die Offenlegung der Erklärungen gefährdet[1008], ohne für diese Befürchtung eine empirische Grundlage zu bemühen[1009]. Er nimmt es vielmehr zur Prämisse der Richtlinie, dass Unternehmen davon abgeschreckt werden könnten, *im Rahmen von Kronzeugenprogrammen und Vergleichsverfahren mit Wettbewerbsbehörden zusammenzuarbeiten, wenn Erklärungen, mit denen sie sich selbst belasten, wie Kronzeugenerklärungen und Vergleichsausführungen, die ausschließlich zum Zwecke dieser Zusammenarbeit mit den Wettbewerbsbehörden erstellt werden, offengelegt würden*[1010]. Ausgehend hiervon wurden der Offenlegung von Kronzeugendokumenten eigene Normierungen in Gestalt der Art. 6 Abs. 6 lit. a), 7[1011] sowie Art. 7 Abs. 1[1012] gewidmet. Hiernach ist die Lösung für das Spannungsverhältnis aus Sicht des Richtlinienge-

---

1005 Hierzu bereits unter D.I.2.
1006 Vgl. Erwägungsgrund 26 der Richtlinie.
1007 Erwägungsgrund 26 der Richtlinie spricht lediglich davon, dass die Geschädigten nach wie vor ausreichend alternative Möglichkeiten besäßen, Zugang zu den relevanten Beweismitteln zu erlangen. Die Kronzeugenerklärungen selbst werden vom Richtliniengeber dabei offensichtlich nicht als relevantes Beweismittel eingestuft, da andernfalls von anderen relevanten Beweismitteln gesprochen werden müsste.
1008 Vgl. Erwägungsgrund 26 der Richtlinie.
1009 *Makatsch/Mir*, EuZW 2015, 7, 9.
1010 Vgl. Erwägungsgrund 26 der Richtlinie.
1011 Hierzu sogleich unter D.II.2.a.
1012 Hierzu unter D.II.2.b.

bers in einem unabwägbaren Schutz der Kronzeugenerklärungen und damit in einem unbedingten Vorrang des *public enforcement* zu sehen.

a. Absolutes Offenlegungsverbot gemäß Art. 6 Abs. 6 lit. a)

Die zentrale Norm der Richtlinie zum unbedingten Schutz der Kronzeugenerklärungen bildet Art. 6 Abs. 6 lit. a). Sie weicht von der bisherigen nationalen Systematik zur Akteneinsicht Kartellgeschädigter in Kronzeugenunterlagen der Wettbewerbsbehörden[1013] grundlegend ab[1014] und verlangt,

> „dass die nationalen Gerichte für die Zwecke von Schadensersatzklagen zu keinem Zeitpunkt die Offenlegung der folgenden Beweismittel durch die Partei oder einen Dritten anordnen können:
> a) Kronzeugenerklärungen [...]".

Damit normiert Art. 6 Abs. 6 lit. a) ein unbedingtes und vorbehaltloses Verbot der innerprozessualen Offenlegung von Kronzeugenerklärungen[1015], ohne dass die Möglichkeit einer einzelfallbezogenen Interessenabwägung durch die nationalen Gerichte vorgesehen ist. Kartellgeschädigten soll demnach der innerprozessuale Zugriff auf Kronzeugenunterlagen grundsätzlich und ohne Ausnahme verwehrt werden. Eine einzelfallbezogene Berücksichtigung der Interessen der am Prozess beteiligten Parteien oder Dritter ist demnach nicht möglich.

aa. Sachlicher Schutzbereich

Den Begriff der Kronzeugenerklärung definiert der Richtliniengeber gemäß Art. 2 Ziff. 16 als *freiwillige mündliche oder schriftliche Darlegung seitens oder im Namen eines Unternehmens oder einer natürlichen Person gegenüber einer Wettbewerbsbehörde, in der das Unternehmen oder die natürliche Person seine bzw. ihre Kenntnis von einem Kartell und seine bzw. ihre Beteiligung daran darlegt und die eigens zu dem Zweck formu-*

1013 Vgl. hierzu die ausführliche Darstellung unter C.
1014 *Schweitzer*, NZKart 2014, 335, 342.
1015 Sog. „Schwarze Liste", zu der überdies auch Vergleichsausführungen zählen, vgl. *Schweitzer*, NZKart 2014, 335, 343. Zum Beweisverwertungsverbot hinsichtlich außerprozessual erlangter Kronzeugendokumente vgl. unter D.II.2.b.

liert wurde, im Rahmen eines Kronzeugenprogramms bei der Wettbe-
werbsbehörde den Erlass oder eine Ermäßigung der Geldbuße zu erwir-
ken, oder eine Aufzeichnung dieser Darlegung [...]. Die Legaldefinition
der Kronzeugenerklärung wirft dabei hinsichtlich ihrer Erstreckung auf
nationale Bonuserklärungen und unionale Kronzeugenerklärungen im
Ausgangspunkt keine Fragen auf. Demnach sind sowohl Erklärungen nach
dem nationalen Bonusprogramm[1016] als auch Anträge nach dem Kronzeugenprogramm der Kommission[1017] in sachlicher Hinsicht von der Legaldefinition des Art. 2 Ziff. 16 erfasst. Dem gleichgestellt werden wörtliche Zi-
tate aus Kronzeugenerklärungen, die in anderen Unterlagen enthalten
sind[1018].

(1) Erstreckung auf nachgelagerte Kronzeugenanträge

Klärungsbedürftig erscheint die Reichweite des Begriffs der Kronzeugenerklärung in zeitlicher Hinsicht. Es stellt sich die Frage, ob das absolute
Offenlegungsverbot gemäß Art. 6 Abs. 6 lit. a) im Lichte einer klägerfreundlichen Auslegung lediglich den ersten und damit erfolgreichen
Kronzeugenantrag erfasst oder ob vielmehr auch Folgeanträge, die aufgrund des Prioritätsprinzips[1019] nicht zu einem Bußgelderlass führten, geschützt sein sollen[1020]. Die Literatur beantwortet diese Frage bisher uneinheitlich[1021]. Eine zielführende Untersuchung dieser Problematik kann allein anhand einer teleologischen Auslegung nach Sinn und Zweck der
Richtlinie erfolgen. Problematisch ist hierbei die janusköpfige und in ihren
Zielsetzungen diametrale Ausgestaltung der Richtlinie, denn der Richtliniengeber bezweckte sowohl die Effektuierung der privaten Kartellrechtsdurchsetzung als auch eine kohärente Koordinierung zwischen *public* und

---

1016 Vgl. hierzu unter B.II.2.b.bb.
1017 Hierzu unter B.II.2.b.cc.
1018 Vgl. Erwägungsgrund 26 der Richtlinie.
1019 Hierzu unter B.II.2.b.bb.(1).(a). sowie B.II.2.b.cc.(1).(a).
1020 Die fehlende Präzisierung durch die Richtlinie bemängelnd auch *Makatsch/Mir*,
     EuZW 2015, 7, 10.
1021 Für eine Beschränkung des Offenlegungsverbotes auf den ersten Antrag *Gusso-
     ne/Schreiber*, WuW 2013, 1040, 1045 (noch zum Richtlinienentwuf); für eine
     Erstreckung auch auf nachgelagerte Anträge hingegen *Fiedler/Huttenlauch*, NZ-
     Kart 2013, 350, 353; *Fiedler*, BB 2013, 2179, 2183; *Schweitzer*, ZEW Nr. 212,
     11.

private enforcement mit dem Ergebnis des absoluten Schutzes zugunsten des *public enforcement*. Demnach ließe das grundsätzliche Telos der Richtlinie sowohl eine klägerfreundliche und damit enge Auslegung des Begriffs der Kronzeugenerklärung als auch eine weite Auslegung, mit der Folge des Schutzes auch für nachfolgende Kronzeugenerklärungen, zu. Die beiden konfligierenden Zielsetzungen der Richtlinie dürfen indes nicht den Blick darauf verstellen, dass die spezielle Regelung des Art. 6 Abs. 6 lit. a) allein dem Schutz der Kronzeugenprogramme geschuldet ist. Der Richtliniengeber will mit dieser Norm den Risiken, die mit einer Einsichtnahme in wettbewerbsbehördliche Dokumente verbunden sein können, begegnen. Der alleinige Sinn und Zweck des Art. 6 Abs. 6 lit. a) liegt in einem möglichst umfassenden Schutz des *public enforcement*, sodass die Norm einer klägerfreundlichen Auslegung von vornherein nicht zugänglich ist. Da der Richtliniengeber mit Art. 6 Abs. 6 lit. a) den größtmöglichen Schutz der Bonusprogramme bezweckt, muss sich der sachliche Schutzbereich der Norm daher auch auf nachgelagerte Kronzeugenerklärungen erstrecken. Andernfalls sähe sich der kooperationswillige Kartellant in jenen Fällen, in denen er sich nicht als Erster an die Kartellbehörde wendet, einer erhöhten Gefahr der schadensersatzrechtlichen Inanspruchnahme ausgesetzt. Oftmals werden kooperationsbereite Kartellanten jedoch keine Kenntnis darüber besitzen, ob bereits ein Kooperationsbeitrag eines weiteren Kartellanten vorliegt. Der Kronzeuge liefe Gefahr, als Verlierer aus dem „Windhundrennen" hervorzugehen, mit der Folge der Nichtgewährung des Bußgelderlasses und einer deutlich erhöhten Gefahr der schadensersatzrechtlichen Inanspruchnahme. Diese doppelte Benachteiligung hätte jene Minderung der Attraktivität der Kronzeugenprogramme zur Folge, die der Richtliniengeber durch den Schutz der Kronzeugenerklärungen verhindert wissen will, denn das Inanspruchnahmerisiko bestünde für den Kartellanten nur dann nicht, wenn sein Antrag der erste wäre. Diese Sicherheit wird der Kartellant jedoch regelmäßig nicht haben, sodass die Stellung eines entsprechenden Antrages mit dem Risiko behaftet wäre, sich prozessual zum Nachteil des Kartellanten auszuwirken, ohne dass der Antragsteller in den Genuss eines Bußgelderlasses kommt. Da dies den Vorstellungen des Richtliniengebers von einem umfassenden Schutz der Attraktivität der Kronzeugenprogramme zuwiderliefe, muss sich der sachliche Schutzbereich des Art. 6 Abs. 6 lit. a) nach teleologischer Auslegung auch auf nachgelagerte Kronzeugenerklärungen erstrecken und damit sämtlichen kooperationsbereiten Kartellanten zu Gute kommen[1022].

(2) Erstreckung auf beizufügende Anlagen und Beweismittel

In eine ähnliche Richtung zielt die Frage, ob der Schutz der Kronzeugendokumente nach Art. 6 Abs. 6 lit. a) ausschließlich die Erklärung des Kronzeugen erfasst oder ob auch die dem Antrag beizufügenden Unterlagen und Beweismittel[1023] unter den Schutz des absoluten Offenlegungsverbots fallen[1024]. *Vollrath* vertritt hierzu die Auffassung, dass der letztgenannten Auslegung bereits der Wortlaut der Legaldefinition entgegenstehe, wonach ausdrücklich nur die Unternehmenserklärung als solche geschützt sei[1025]. Die Ausführungen *Vollraths* bezogen sich dabei jedoch noch auf den Richtlinienvorschlag[1026], der in Art. 4 Nr. 14[1027] sowie Art. 6 Abs. 1 lit. a)[1028] noch von der *Kronzeugenunternehmenserklärung* sprach. Demgegenüber verwendet die endgültige Richtlinienfassung die Begrifflichkeit der *Kronzeugenerklärung*. Die Relevanz dieser sprachlichen Differenzierung liegt darin, dass die Unternehmenserklärung nur ein Teilelement der Kronzeugenerklärung bildet. Die Kronzeugenerklärung insgesamt besteht aus der anzufertigenden Unternehmenserklärung und den beizufügenden Beweismitteln[1029]. Hieraus folgt, dass der Begriff der Kron-

---

1022 So im Ergebnis auch *Schweitzer*, ZEW Nr. 212, 11 sowie *Fiedler/Huttenlauch*, NZKart 2013, 350, 353, jedoch ohne dogmatische Begründung. Auch Fiedler, BB 2013, 2179, 2183 will der Regelung dieses Ergebnis durch teleologische Auslegung entnehmen, ohne jedoch eine entsprechende Auslegung vorzunehmen.

1023 Vgl. hierzu die Darstellung unter B.II.2.b.bb.(1).(b). sowie B.II.2.b.cc.(1).(b).

1024 Dies bejahend *Fiedler*, BB 2013, 2179, 2183 sowie *Fiedler/Huttenlauch*, NZKart 2013, 350, 353 (jeweils noch zum Richtlinienentwurf); die Fragestellung aufwerfend, aber offen lassend *Makatsch/Mir*, EuZW 2015, 7, 10.

1025 *Vollrath*, NZKart 2013, 434, 445.

1026 Vorschlag für eine Richtlinie des europäischen Parlaments und des Rates über bestimmte Vorschriften für Schadensersatzklagen nach einzelstaatlichem Recht wegen Zuwiderhandlungen gegen wettbewerbsrechtliche Bestimmungen der Mitgliedstaaten und der Europäischen Union vom 11.06.2013 - COM (2013) 404 final.

1027 Entspricht nunmehr Art. 2 Nr. 16 RL.

1028 Entspricht nunmehr Art. 6 Abs. 6 lit. a) RL.

1029 Vgl. hierzu unter B.II.2.b.bb.(1).(b).

zeugenerklärung weiter reicht als jener der Kronzeugenunternehmenserklärung, da er die erforderlichen Beweismittel einschließt. Die Tatsache, dass der Richtliniengeber in Art. 6 Abs. 6 lit. a) schlussendlich die Offenlegung der Kronzeugenerklärung für unzulässig erklärte und sich damit von der ursprünglich verwendeten Begrifflichkeit der Kronzeugenunternehmenserklärung abwandte, lässt darauf schließen, dass das Offenlegungsverbot nicht allein die Erklärung des Kartellanten, sondern vielmehr den gesamten Kooperationsbeitrag einschließlich beigefügter Anlagen erfassen soll, da sich der unionale Gesetzgeber offensichtlich an den Begrifflichkeiten des Kronzeugenprogramms orientierte.

Als weiteres Argument für eine Erstreckung des Schutzes von Art. 6 Abs. 6 lit. a) auf die der Unternehmenserklärung beizufügenden Anlagen und Beweismittel lässt sich der letzte Halbsatz der Legaldefinition gemäß Art. 2 Nr. 16 heranziehen. Hiernach unterfallen bereits vorhandene Informationen nicht dem Begriff der Kronzeugenerklärung. Art. 2 Nr. 17 wiederum definiert bereits vorhandene Informationen als *Beweismittel, die unabhängig von einem wettbewerbsbehördlichen Verfahren vorliegen, unabhängig davon, ob diese Information in den Akten einer Wettbewerbsbehörde enthalten sind oder nicht.* Der Zweck dieser Bereichsausnahme besteht darin, Beweismittel, die sich bereits im Besitz des Beweisführers befinden, nicht allein dadurch, dass sie auch Bestandteil einer Kronzeugenerklärung sind, als prozessual unverwertbar bzw. geschützt anzusehen. Vielmehr sollen die entsprechenden Beweismittel nur dann dem Offenlegungsverbot unterfallen, wenn sie ausschließlich in der Akte der Wettbewerbsbehörde enthalten sind. Andernfalls könnte der Kartellant dem Geschädigten ein taugliches Beweismittel allein dadurch entziehen, dass er es auch zum Gegenstand seiner Kronzeugenerklärung macht. Würde der Schutzbereich des Art. 6 Abs. 6 lit. a) nun lediglich die Unternehmenserklärung selbst ohne die beizufügenden Anlagen umfassen, hätte die Ausnahme bereits vorhandener Informationen hieraus keinerlei sinnvollen Anwendungsbereich, da die Unternehmenserklärung selbst, die der Kronzeuge ausschließlich gegenüber der Wettbewerbsbehörde abgibt, dem Geschädigten niemals vorliegen dürfte. Das fehlende Offenlegungsverbot für bereits vorhandene Informationen ergibt vielmehr nur dann Sinn, wenn sich der Schutz der Kronzeugenerklärung auch auf beizufügende Dokumente und sonstige Beweismittel erstreckt, da diese gegebenenfalls (in Teilen) auch im Besitz des Geschädigten sind und nicht allein durch ihre Koppelung mit einer entsprechenden Kronzeugenunternehmenserklärung dem Offenlegungsverbot unterfallen sollen.

(3) Zwischenergebnis

Art. 6 Abs. 6 lit. a) normiert einen umfassenden Schutz sämtlicher Kronzeugenerklärungen nebst Anlagen vor einem innerprozessualen Zugriff durch den Geschädigten. Den nationalen Gerichten ist es ohne die Möglichkeit einer einzelfallbezogenen Interessenabwägung verwehrt, die Offenlegung von Kronzeugendokumenten durch eine Gegenpartei oder Dritte anzuordnen. Dieses absolute Offenlegungsverbot erfasst dabei auch Dokumente, die die Kronzeugenerklärung wörtlich wiedergeben. Die bisherige Möglichkeit eines innerprozessualen Zugriffs auf Kronzeugendokumente wird den Geschädigten damit genommen, ohne dass es auf die jeweilige Gewichtung der widerstreitenden Interessen im Einzelfall ankäme. Hiervon ausgenommen sind lediglich Beweismittel, die sich bereits im Besitz des Geschädigten befinden.

bb. Einsichtnahmemöglichkeit gemäß Art. 6 Abs. 7

Das Offenlegungsverbot gemäß Art. 6 Abs. 6 lit. a) erfährt eine verfahrensrechtliche Ergänzung durch Art. 6 Abs. 7, der auf begründeten Antrag des Klägers eine prüfende Einsichtnahme des erkennenden Gerichts in die begehrten Beweismittel ermöglicht. Das Gericht soll hierdurch in die Lage versetzt werden zu beurteilen, ob die benannten Beweismittel als Kronzeugendokumente zu qualifizieren und somit von dem Offenlegungsverbot des Art. 6 Abs. 6 lit. a) erfasst sind[1030]. Es kann dabei die Unterstützung der zuständigen Wettbewerbsbehörde in Anspruch nehmen; zudem kann der Verfasser des entsprechenden Beweismittels Gelegenheit zur Anhörung erhalten. In jedem Falle ist zu gewährleisten, dass andere Parteien oder Dritte zu keinem Zeitpunkt Einsicht in die Beweismittel erhalten. Die Regelung des Art. 6 Abs. 7 normiert somit ein *in camera-Verfahren* zur Überprüfung der Geheimhaltungsbedürftigkeit[1031]. Der Kartellgeschädigte

---

1030 Entsprechendes gilt für Vergleichsausführungen gemäß Art. 2 Ziff. 18, Art. 6 Abs. 6 lit. b) RL.

1031 *Kersting/Preuß*, Umsetzung der Kartellschadensersatzrichtlinie, 137. Dieses verfahrensrechtliche Instrument ist auf der Ebene des deutschen Rechts aufgrund der Normierung des § 99 Abs. 2 VwGO insbesondere im Bereich der Verwaltungsgerichtsbarkeit von Bedeutung, vgl. hierzu im Überblick *Paur*, Sächs-VBl. 2010, 1 ff. Die begriffliche Prägung dieses Verfahrens liegt darin begründet, dass sich das zuständige Gericht die betroffenen Unterlagen vorlegen lässt

erhält hierdurch die Möglichkeit, die inhaltliche Qualität der benannten Beweismittel durch das Gericht überprüfen zu lassen. Indes ist der Kläger nicht in der Lage, auf die Entscheidungsfindung des Gerichts zu seinen Gunsten einzuwirken, da er naturgemäß keine Möglichkeit zur Einsicht und Stellungnahme erhält. Jedoch können die zuständige Wettbewerbsbehörde sowie der Beweismittelverfasser angehört bzw. unterstützend hinzugezogen werden. Obschon den Stellungnahmen dabei keine Bindungswirkung für das Gericht zukommt, folgt hieraus gleichwohl ein prozessuales Ungleichgewicht zu Lasten des Beweisführers, da sich sowohl die Wettbewerbsbehörde als auch der Beweismittelverfasser im Zweifelsfall gegen eine Offenlegung aussprechen werden und hierdurch zumindest argumentativen Einfluss auf die Entscheidung des Gerichtes nehmen können.

b. Beweisverwertungsverbot gemäß Art. 7 Abs. 1

Um einen lückenlosen Schutz der Kronzeugenerklärungen zu gewährleisten, enthält Art. 7 Abs. 1 ein Beweisverwertungsverbot für Kronzeugenerklärungen, die durch außerprozessuale Einsicht in die Akten einer Wettbewerbsbehörde nach der Transparenzverordnung 1049/2001 oder den nationalen Akteneinsichtsregelungen erlangt wurden[1032]. Die Richtlinie nimmt damit keinen Einfluss auf diese außerprozessualen Akteneinsichtsrechte, sondern antizipiert sie und unterbindet eine prozessuale Verwertung der hierdurch erlangten Beweismittel im Wege eines Beweisverwertungsverbotes[1033]. Während Art. 6 Abs. 6 lit. a) den innerprozessualen Zugriff auf Kronzeugenerklärungen[1034] unterbindet, wird dem Geschädigten durch Art. 7 Abs. 1 die Nutzbarmachung außerprozessualer Akteneinsichtsrechte[1035] versagt. Der außerprozessuale Zugriff auf Kronzeugenerklärungen wird demnach nicht präventiv, sondern repressiv reglementiert. Zu beachten ist dabei, dass Art. 7 Abs. 1 die beweisrechtliche Verwertung von Kronzeugenerklärungen untersagt, die eine natürliche oder juristische Per-

---

und beurteilt, ob die Verweigerung der Offenlegung durch die ersuchte Behörde rechtmäßig erfolgte. Die entscheidungserheblichen Informationen unterliegen dabei ausschließlich der Einsichtnahme durch das Gericht und verbleiben mithin „in der Kammer" („in camera")

1032 *Schweitzer*, NZKart 2014, 335, 343.

1033 Vgl. hierzu bereits unter D.II.1.d.

1034 Hierzu unter C.II.

1035 Hierzu unter C.I.

son durch eine außerprozessuale Akteneinsicht bei den Wettbewerbsbehörden erlangt hat. Aus der Tatsache, dass die Norm nicht explizit auf den Kläger abstellt, folgt, dass auch der Handel mit Kronzeugenerklärungen, die durch eine außerprozessuale Akteneinsicht erlangt worden sind, unterbunden werden soll. Eine Umgehung des Beweisverwertungsverbotes durch den Ankauf von Kronzeugenunterlagen ist demnach nicht möglich. Zwar hätte in diesem Falle nicht der Kläger selbst die Beweismittel nicht durch eine außerprozessuale Akteneinsicht erlangt, jedoch ist für die Bemakelung des Beweismittels und seine daraus folgende Unverwertbarkeit nach dem Wortlaut der Norm allein entscheidend, dass sie von einer beliebigen natürlichen oder juristischen Person durch eine unmittelbare Akteneinsicht erlangt worden sind. Es muss sich dabei nicht um den Kläger selbst gehandelt haben. Jeglicher beweisrechtlicher Nutzbarmachung außerprozessual erlangter Kronzeugenerklärung wird durch Art. 7 Abs. 1 somit die Grundlage entzogen.

3. Ergebnis

Der Richtliniengeber hat die grundsätzliche Beweisnot privater Kartellschadensersatzkläger erkannt und ein komplexes Beweisrechtsinstrumentarium in die Richtlinie implementiert. Die Offenlegung von Beweismitteln ist dabei nach der Ausgangsnorm des Art. 5 geprägt von der Vorgabe einer umfassenden und einzelfallbezogenen Interessenabwägung durch die nationalen Gerichte. Grundsätzlich wird Kartellgeschädigten damit bei Erfüllung der entsprechenden Voraussetzungen zur Beweiserhebung der Zugang zu relevanten Beweismitteln realistisch ermöglicht. Erhöhte Anforderungen stellt die Richtlinie dabei an die Offenlegung von Beweismitteln, die sich in den Akten der Kartellbehörden befinden. In diesen Fällen ist durch die erkennenden Gerichte insbesondere die Wirksamkeit der öffentlichen Durchsetzung des Wettbewerbsrecht zu berücksichtigen. Überdies dürfen Dokumente der „Grauen Liste" nicht vor Beendigung des sie hervorbringenden Verfahrens offengelegt werden.

Keinerlei Zugriffs- bzw. Offenlegungsmöglichkeit besteht hingegen für Kronzeugendokumente. Der unionale Gesetzgeber hat durch die Regelungen der Art. 6 Abs. 6 lit. a) und Art. 7 Abs. 1 unmissverständlich klargestellt, dass die kartellschadensersatzrechtliche Beweisführung zukünftig nicht mehr im Wege des innerprozessualen Zugriffs auf Kronzeugenerklärungen bzw. durch die prozessuale Verwertung außerprozessual erlangter

Kronzeugendokumente erfolgen können soll. Aufgrund der angenommenen Bedrohung für die Attraktivität der Kronzeugenprogramme im Fall der Offenlegung von Kronzeugendokumenten hat sich der Richtliniengeber für ein unbedingtes Offenlegungs- und Beweisverwertungsverbot entschieden, das dem public enforcement ungeachtet der Interessenlage im Einzelfall stets den Vorrang vor dem Kompensationsbegehren der Kartellgeschädigten einräumt.

III. Umsetzung auf nationaler Ebene

Vor dem Hintergrund der existierenden vorprozessualen und innerprozessualen Einsichtsrechte der Kartellgeschädigten stellt sich hinsichtlich der durch die Richtlinie nunmehr vorgesehenen Offenlegungs- und Beweisverwertungsverbote für Kronzeugendokumente die Frage, wie weit der hierdurch ausgelöste Umsetzungsbedarf für den nationalen Gesetzgeber reicht. Der Umfang des Anpassungsbedarfs ist dabei wiederum von der Frage abhängig, ob der Kronzeugenschutz im Wege der Voll- oder Teilharmonisierung umzusetzen ist und inwieweit die bestehende Rechtslage dem Umsetzungsziel der Richtlinie bereits gerecht wird.

1. Voll- oder Teilharmonisierung?

Die Umsetzung unionaler Richtlinien in das nationale Recht wird maßgeblich durch die Frage beeinflusst, ob der Richtliniengeber die Voll- oder lediglich eine Teilharmonisierung anstrebt, denn der Harmonisierungsgrad bestimmt den Gestaltungsspielraum des nationalen Gesetzgebers. Die Regelungskomplexe der Kartellschadensersatzrichtlinie zeichnen sich hinsichtlich der angestrebten Harmonisierung uneinheitlich. Sie enthalten sowohl Vorgaben zur Vollharmonisierung als auch Normierungen, die lediglich einen Mindeststandard vorschreiben[1036]. Dabei kann den jeweiligen Regelungen das Harmonisierungsziel nicht stets ausdrücklich entnommen werden. Diejenigen Regelungen, denen es an einer Harmonisierungsvorgabe mangelt, sind dem angestrebten Harmonisierungsgrad durch Auslegung zuzuführen[1037]. Hinsichtlich der Vorschriften zum Zwecke des

---

1036 *Stauber/Schaper*, NZKart 2014, 346.
1037 *Vollrath*, NZKart 2013, 434, 437.

Schutzes von Kronzeugenunterlagen kann der Wille des Richtliniengebers nur auf eine Vollharmonisierung gerichtet sein. Dies folgt zum einen aus dem Telos dieser Vorschriften, das auf einen unbedingten und lückenlosen Schutz der Kronzeugenunterlagen gerichtet ist. Darüber hinaus bieten Art. 6 Abs. 6 lit. a), Abs. 7 sowie Art. 7 Abs. 1 bereits nach ihrem Wortlaut keinerlei Grundlage für einen weitergehenden Gestaltungsspielraum des nationalen Gesetzgebers. Denn Art. 6 Abs. 6 lit. a) fordert, dass die nationalen Gerichte „zu keinem Zeitpunkt" die Offenlegung von Kronzeugenerklärungen anordnen können sollen, gemäß Art. 6 Abs. 7 dürfen die Gerichte die zu prüfenden Dokumente „auf keinen Fall" anderen Parteien oder Dritten zugänglich machen. Ergänzend hierzu legt Art. 7 Abs. 1 fest, dass außerprozessual erlangte Kronzeugenerklärungen in nationalen Schadensersatzprozessen stets als unzulässige Beweismittel zu qualifizieren sind. Damit ist der Schutz der Kronzeugenerklärungen unbedingt und unabwägbar und somit bereits durch den Richtliniengeber auf das Höchstmaß ausgeweitet. Ein weitergehender Schutz, der Art. 6 Abs. 6 lit. a), Abs. 7 sowie Art. 7 Abs. 1 lediglich als Mindeststandard der Umsetzung erscheinen ließe, ist schlechterdings nicht vorstellbar. Darüber hinaus ergibt sich der Wille des Richtliniengebers zur Vollharmonisierung auch aus der Regelung des Art. 5 Abs. 8. Hiernach kann der nationale Gesetzgeber unbeschadet des Art. 6 eine über die Vorschrift des Art. 5 Abs. 1 hinausgehende Beweismitteloffenlegung normieren. Die Mitgliedstaaten können demnach nicht entgegen der Richtlinie eine Offenlegung von Kronzeugenerklärungen durch entsprechende gerichtliche Anordnung normieren. Hieraus folgt, dass der Richtliniengeber die Kronzeugenschutzvorschriften als einheitlichen Schutzstandard verstanden wissen will[1038]. Infolge dessen sind die Kronzeugenschutzvorschriften gemäß Artt. 6 Abs. 6 lit. a), Abs. 7, 7 Abs. 1 insgesamt im Wege der Vollharmonisierung umzusetzen[1039]. Die Umsetzung hat dabei durch die Schaffung zwingenden und verbindlichen staatlichen Rechts zu erfolgen, soweit der bestehende Rechtszustand nicht bereits den Vorgaben der Richtlinie entspricht[1040]. Soweit der absolute Schutz von Kronzeugen bisher durch das nationale Recht nicht gewährleistet wird[1041], ist der nationale Gesetzgeber daher zwecks Gewährleis-

---

1038 *Vollrath*, NZKart 2013, 434, 446.
1039 So auch *Keßler*, VuR 2015, 83, 88; *Vollrath*, NZKart 2013, 434, 446; *Makatsch/ Mir*, EuZW 2015, 7, 10.
1040 Grabitz/Hilf/*Nettesheim*, AEUV Art. 288 Rn. 119, 121.
1041 Zum Umfang des Anpassungsbedarfs sogleich unter D.III.2.

tung hinreichender Rechtssicherheit zur Schaffung entsprechender formeller Gesetze aufgefordert[1042]. Die bloße Nichtanwendung entgegenstehenden nationalen Rechts oder die richtlinienkonforme Auslegung von Vorschriften, die ihrerseits nicht das erforderliche Maß an Klarheit und Rechtssicherheit aufweisen, genügt der Umsetzungspflicht der Mitgliedstaaten hingegen nicht[1043].

2. Umfang des Anpassungsbedarfs

Der durch die Richtlinie festgeschriebene Schutz der Kronzeugendokumente lässt sich in zweierlei Regelungskomplexe gliedern. Den ersten Regelungskomplex bildet das Offenlegungsverbot gemäß Art. 6 Abs. 6 lit. a) in Verbindung mit der Möglichkeit der *in camera-Prüfung* gemäß Art. 6 Abs. 7[1044]. Dieser Komplex befasst sich allein mit dem Verbot des innerprozessualen Zugriffs auf Kronzeugendokumente. Den zweiten Regelungskomplex stellt sodann das Beweisverwertungsverbot hinsichtlich außerprozessual erlangter Kronzeugenerklärungen gemäß Art. 7 Abs. 1 dar[1045]. Im Folgenden wird, unter Beachtung der in der bisherigen Untersuchung dargestellten Zugriffsmechanismen, der durch die Kronzeugenschutzvorschriften der Richtlinie auf Ebene des nationalen Rechts ausgelöste Anpassungsbedarf dargestellt[1046].

a. Offenlegungsverbot und in camera-Verfahren

Art. 6 Abs. 6 lit. a) sieht vor, dass nationale Gerichte in Kartellschadensersatzverfahren zukünftig zu keinem Zeitpunkt die Offenlegung von Kronzeugenerklärungen anordnen können sollen. Der Richtliniengeber will hierdurch den innerprozessualen Zugriff auf Kronzeugenerklärungen verhindert wissen. Die bisherige Untersuchung hat gezeigt, dass ein solcher

---

1042 Zur gesetzlichen Verortung des Kronzeugenschutzes vgl. unter D.IV.

1043 Grabitz/Hilf/*Nettesheim*, AEUV Art. 288 Rn. 121; EuGH, Urt. v. 22.04.1999 - Rs. C-340/96, Slg. 1999, I-2023 „*Kommission/UK*"; EuGH, Urt. v. 27.11.1997 - Rs. C-137/96, Slg. 1997, I-6749 „*Kommission/Deutschland*".

1044 Hierzu nachfolgend unter D.III.2.a.

1045 Hierzu unter D.III.2.b.

1046 Zu dem durch Art. 5 ausgelösten Anpassungsbedarf hinsichtlich der zivilprozessualen Beweismitteloffenlegung vgl. *Stauber/Schaper*, NZKart 2014, 346, 348.

innerprozessualer Zugriff auf Kronzeugendokumente, die sich im Besitz des Bundeskartellamtes befinden, im Wege der terminsvorbereitenden Beiziehung gemäß § 273 Abs. 2 Nr. 2 ZPO i.V.m. § 474 Abs. 1 StPO[1047] sowie über den förmlichen Beweisantritt gemäß § 432 Abs. 1 ZPO[1048] möglich ist. Beiden Vorgehensweisen ist dabei gemein, dass jeweils eine einzelfallbezogene Interessenabwägung durch das erkennende Gericht vorzunehmen ist, die nach hier vertretener Auffassung regelmäßig im Vorrang der klägerischen Interessen und damit in der Offenlegung der Kronzeugendokumente münden muss. Die Rechtslage zum innerprozessualen Zugriff auf Kronzeugenerklärungen de lege lata steht damit in diametralem Widerspruch zum unbedingten Schutz von Kronzeugenerklärungen, wie ihn die Kartellschadensersatzrichtlinie in Art. 6 Abs. 6 lit. a) vorsieht. Sie bedarf daher der Anpassung durch den nationalen Gesetzgeber. Eine bloße Orientierung der gerichtlichen Interessenabwägung an den Vorgaben der Richtlinie mit dem Ergebnis der Geheimhaltung von Kronzeugenerklärungen würde der Umsetzungspflicht der Mitgliedstaaten demgegenüber nicht genügen[1049], da eine bloße richtlinienkonforme Auslegung von Vorschriften, die das erforderliche Maß an Rechtsklarheit nicht aufweisen, für die Erfüllung der Umsetzungspflicht unzureichend ist[1050]. Der nationale Gesetzgeber ist daher aufgefordert, zwingendes staatliches Recht zu schaffen, das den Regelungsgehalt der Richtlinie in der erforderlichen Klarheit zum Ausdruck bringt. Infolge dessen bedürfen die Zugriffsmechanismen gemäß § 273 Abs. 2 Nr. 2 ZPO i.V.m. § 474 Abs. 1 StPO sowie § 432 Abs. 1 ZPO, die bisher ergebnisoffen formuliert sind, einer richtlinienkonformen Anpassung dahingehend, dass ein innerprozessualer Zugriff auf Beweismittel im Kartellschadensersatzverfahren sich zukünftig in keinem Fall auf Kronzeugenerklärungen erstrecken darf[1051].

1047 Vgl. hierzu ausführlich unter C.II.1.

1048 Hierzu ausführlich unter C.II.2.

1049 So auch *Stauber/Schaper*, NZKart 2014, 346, 348 im Hinblick auf die Anpassung des § 142 ZPO.

1050 Grabitz/Hilf/*Nettesheim*, AEUV Art. 288 Rn. 121.

1051 Ein Anpassungsbedarf ergibt sich gleichsam für den Beweismittelzugriff auf Grundlage von § 142 ZPO, vgl. *Stauber/Schaper*, NZKart 2014, 346, 348 sowie *Kersting/Preuß*, Umsetzung der Kartellschadensersatzrichtlinie, 101 f. Diese Norm wurde im Rahmen der vorliegenden Untersuchung unberücksichtigt gelassen, da der innerprozessuale Zugriff auf behördliche Dokumente nach h.M. allein im Wege des § 432 ZPO möglich ist, vgl. hierzu bereits unter C.II.2. Demnach beschränkt sich § 142 ZPO allein auf Kronzeugendokumente, die sich

Neben der Versagung des innerprozessualen Zugriffs *de lege ferenda* erfordert die Richtlinie zur Umsetzung von Art. 6 Abs. 7 weiterhin die Schaffung eines zivilprozessualen *in camera-Verfahrens*[1052]. Dem nationalen Zivilprozessrecht ist eine solche Dokumentenprüfung in camera, die einer entsprechenden gesetzlichen Grundlage bedarf[1053], de lege lata fremd[1054]. Anpassungsbedarf folgt daher auch aus Art. 6 Abs. 7, der die Schaffung eines gesetzlichen *in camera-Verfahrens* erforderlich macht[1055].

b. Beweisverwertungsverbot

Auch das Beweisverwertungsverbot des Art. 7 Abs. 1, das die prozessuale Verwertung außerprozessual erlangter Kronzeugendokumente untersagt und damit den durch Art. 6 Abs. 6 lit. a) geschaffenen Schutz flankiert und vervollständigt, führt zu einem Anpassungsbedarf auf nationaler Ebene. Denn ausdrückliche und unbedingte Beweisverwertungsverbote, die den vorgesehenen umfassenden Schutz der Kronzeugendokumente ermöglichen könnten, hält das Zivilverfahrensrecht *de lege lata* nicht bereit[1056]. Die Verwertbarkeit rechtswidrig erlangter Beweismittel ist nach bisheriger Rechtslage allein anhand einer Interessen- und Güterabwägung zu beurteilen[1057]. Eine Außerachtlassung des Beweismittels kommt demnach insbesondere dann in Betracht, wenn es unter Verletzung verfassungsrechtlich geschützter Rechtspositionen erlangt wurde und der Eingriff nicht aus-

---

möglicherweise im Besitz des Kronzeugen selbst befinden. Dass dies regelmäßig nicht der Fall ist, wird bereits durch den Umstand belegt, dass bisher keinerlei Entscheidungspraxis zum Zugriff auf Kronzeugenerklärungen gemäß § 142 ZPO existiert, vgl. *Kainer*, in: *Weller/Althammer*, Mindeststandards im europäischen Zivilprozessrecht, 173, 191; *Fiedler/Huttenlauch*, NZKart 2013, 350, 351; *Willems*, wrp 2015, 818, 822.

1052 Vgl. hierzu bereits unter D.II.2.b.
1053 BVerwGE 127, 282.
1054 In diesem Sinne auch Musielak/Voit/*Stadler*, ZPO § 142 Rn. 7 zur unterlassenen Schaffung eines in camera-Verfahrens durch den nationalen Gesetzgeber im Rahmen der Umsetzung der Richtlinie 2004/48/EG (Enforcement-Richtlinie).
1055 Vgl. hierzu auch *Kersting/Preuß*, Umsetzung der Kartellschadensersatzrichtlinie, 137.
1056 *Stauber/Schaper*, NZKart 2014, 346, 348.
1057 Thomas/Putzo/*Reichold*, § 286 Rn. 7; BGH, NJW 2003, 1123.

nahmsweise gerechtfertigt erscheint[1058]. Erforderlich ist jedoch stets eine Abwägung anhand der Umstände des Einzelfalles[1059]. Eine solche abwägungsgebundene Verwertbarkeit entspricht jedoch nicht dem legislativen Willen des Richtliniengebers, der die Unverwertbarkeit außerprozessual erlangter Kronzeugendokumente unabhängig von den Umständen des Einzelfalles gewährleistet wissen will, sodass die Schaffung eines ausdrücklichen Beweisverwertungsverbotes erforderlich ist[1060]. Hinzu tritt, dass Beweisverwertungsverbote nach der zivilverfahrensrechtlichen Dogmatik grundsätzlich zur Disposition der Parteien stehen. Die Zurückweisung eines Beweismittels erfordert daher die Erhebung der Verfahrensrüge gemäß § 295 Abs. 1 ZPO[1061]. Art. 7 Abs. 1 dient jedoch der Sicherung des Offenlegungsverbotes gemäß Art. 6 Abs. 6 lit. a), indem der Schutz der Kronzeugenprogramme durch die Unverwertbarkeit außerprozessual erlangter Kronzeugendokumente flankiert werden und eine prozessuale Nutzbarmachung unter jedem denkbaren Gesichtspunkt ausgeschlossen sein soll, um die Attraktivität der Kronzeugenprogramme zu erhalten. Mit diesem unbedingten Schutzgedanken schiene es unvereinbar, wenn die Unzulässigkeit außerprozessual erlangter Kronzeugendokumente unter der Bedingung einer Verfahrensrüge des Beweisgegners stünde, denn der Richtliniengeber will den Schutz der Kronzeugendokumente, der vorrangig dem Interesse der verfahrensfremden Wettbewerbsbehörden dient, nicht zur Disposition der Parteien stellen. Infolge dessen muss die Umsetzung des Art. 7 Abs. 1 auf nationaler Ebene ein indisponibles und von Amts wegen zu beachtendes Beweisverwertungsverbot zum Ergebnis haben[1062].

3. Ergebnis

Die Kartellschadensersatzrichtlinie strebt hinsichtlich des in den Artt. 6 Abs. 6 lit. a), 7 Abs. 1 vorgesehenen Kronzeugenschutzes eine Vollharmo-

---

1058 *Stauber/Schaper*, NZKart 2014, 346, 348; Thomas/Putzo/*Reichold*, § 286 Rn. 7; BGH, WM 1997, 2046; OLG Karlsruhe, NJW 2000, 1577.
1059 BGH, NJW 1994, 2289.
1060 So auch *Stauber/Schaper*, NZKart 2014, 346, 348; *Makatsch/Mir*, EuZW 2015, 7, 10; *Kainer*, in: *Weller/Althammer*, Mindeststandards im europäischen Zivilprozessrecht, 173, 191 Fn. 93.
1061 Thomas/Putzo/*Reichold*, § 295 Rn. 2; Musielak/Voit/*Huber*, ZPO § 295 Rn. 4; BGH, NJW-RR 2007, 1624, 1627; BGH, NJW 1995, 1158.
1062 So auch *Kersting/Preuß*, Umsetzung der Kartellschadensersatzrichtlinie, 140 f.

nisierung an. Der nationale Gesetzgeber ist daher zur Schaffung entsprechender formalgesetzlicher Regelungen aufgefordert, wenn und soweit die Rechtslage *de lege lata* den Vorgaben der Richtlinie nicht genügt. Dies führt zu einem weitreichenden Anpassungsbedarf im Hinblick auf den Schutz der Kronzeugendokumente, da gegenwärtig nach hier vertretener Auffassung sowohl der innerprozessuale als auch der vorprozessuale Zugriff auf Kronzeugendokumente sowie ihre beweisrechtliche Verwertung möglich sind und der unabwägbare Schutz der Kronzeugendokumente, wie ihn die Richtlinie beabsichtigt, derzeit keine Verankerung im geltenden Recht findet. Infolge dessen ist der nationale Gesetzgeber kraft der Richtlinie verpflichtet, den momentan gemäß § 273 Abs. 2 Nr. 2 ZPO i.V.m. § 474 Abs. 1 StPO bzw. § 432 Abs. 1 ZPO möglichen innerprozessualen Zugriff zu unterbinden. Darüber hinaus macht die Richtlinie die Schaffung eines kartellprivatrechtlichen *in camera-Verfahrens* und eines indisponiblen Beweisverwertungsverbotes erforderlich.

IV. Verfahrensrechtliche oder materiell-rechtliche Implementierung?

Mit dem dargestellten Anpassungsbedarf geht die Frage einher, an welcher Stelle die Vorschriften der Richtlinie zum Schutz der Kronzeugendokumente in nationales Recht transformiert werden sollten. Unzweifelhaft dürfte sein, dass die Umsetzung der Artt. 6 Abs. 6 lit. a), Abs. 7 und 7 Abs. 1 nicht isoliert erfolgen kann, sondern Bestandteil der Gesamtumsetzung des Kapitels 2 der Richtlinie sein sollte. Die Vorschriften über den Schutz der Kronzeugenerklärungen und das *in camera-Verfahren* bilden Ausnahmevorschriften zu der im Übrigen weitreichenden Offenlegung von Beweismitteln, wie sie Art. 5 der Richtlinie vorsieht. Die Umsetzung der Artt. 6 Abs. 6 lit. a), Abs. 7 und 7 Abs. 1 sollte daher als Teilelement der Gesamtumsetzung der Artt. 5 bis 8 verstanden werden, indem sie als Ausnahmevorschriften zur grundsätzlich möglichen Offenlegung von Beweismitteln konzipiert werden. Diese Systematik sieht bereits die Kartellschadensersatzrichtlinie selbst vor.

Klärungsbedürftig ist hingegen die Frage, in welchen gesetzlichen Rahmen die Beweismittelvorschriften der Kartellschadensersatzrichtlinie - und als deren Bestandteil auch die Schutzvorschriften zugunsten der Kronzeugendokumente - eingefasst werden sollten. Grundsätzlich sind mit der ZPO und dem GWB zwei sachlich geeignete Gesetze für die Umsetzung der Beweismittelvorschriften vorhanden. Die maßgebliche Frage lautet daher, ob zur Umsetzung des in der Richtlinie vorgesehenen Beweismittelrechts die Anpassung zivilverfahrensrechtlicher Beweisgewinnungsinstrumente oder stattdessen die Schaffung materiell-rechtlicher Ansprüche auf Information und Beweismittelbeschaffung vorzugswürdig erscheint[1063].

1. Umsetzung innerhalb der Zivilprozessordnung

Das Beweisrecht der Kartellschadensersatzrichtlinie ließe sich zunächst innerhalb der Zivilprozessordnung verankern. Ein solches Umsetzungsverständnis hätte zur Folge, dass die zivilprozessualen Vorschriften der Urkundenvorlage gemäß §§ 142, 273 Abs. 2 Nr. 2, 421, 425, 432 ZPO unmittelbar an die durch die Richtlinie hervorgerufene Situation angepasst werden müssten. Erforderlich wäre demnach, die durch Art. 5 Abs. 1 bis 3 sowie Art. 6 Abs. 1 bis 5 vorgegebene Systematik zur Offenlegung von Beweismitteln innerhalb der Zivilprozessordnung einfachgesetzlich zu normieren, unter besonderer Beachtung und Formulierung des Offenlegungsverbots hinsichtlich der Kronzeugendokumente gemäß Art. 6 Abs. 6 lit. a). Eine Implementierung der Vorgaben der Kartellschadensersatzrichtlinie in die Zivilprozessordnung brächte damit eine unmittelbare Anpassung des zivilprozessualen Beweisrechts mit sich und würde dem allgemeinen Beweisrecht des Zivilverfahrensrechts eine besondere kartellprivatrechtliche Schattierung verleihen. Die Stärke dieser Schattierung wäre dabei wiederum von der Frage abhängig, inwieweit man das nationale Beweisrecht bereits *de lege lata* als richtlinienkonform betrachtet[1064].

Eine solche Anpassung der Zivilprozessordnung entspricht der derzeit wohl überwiegenden Auffassung in der Literatur, die die Vorgaben der Kartellschadensersatzrichtlinie unmittelbar in die Zivilprozessordnung integrieren und somit das zivilprozessuale Beweisrecht als solches einer un-

---

1063 So zutreffend *Kersting/Preuß*, Umsetzung der Kartellschadensersatzrichtlinie, 103 mit dem Hinweis auf die gleich gelagerte Fragestellung bei der seinerzeitigen Umsetzung der Enforcement-Richtlinie 2004/48/EG.

1064 Vgl. hierzu *Stauber/Schaper*, NZKart 2014, 346, 348; *Keßler*, VuR 2015, 83, 87; *Schweitzer*, NZKart 2014, 335, 341; *Makatsch/Mir*, EuZW 2015, 7, 10 zu der Frage, inwieweit das zivilprozessuale Beweisrecht bereits jetzt die Vorgaben der Richtlinie widerspiegelt.

mittelbaren Anpassung unterziehen will[1065]. Für eine solche verfahrensrechtliche Umsetzung spricht, dass das Beweismittelrecht der Richtlinie prozessrechtlicher Natur ist[1066]. Die in den Artt. 5 bis 8 enthaltenen Vorgaben zur Offenlegung von Beweismitteln wirken primär in den Regelungsbereich der Beweiserhebung und damit in das Zivilprozessrecht hinein[1067]. Vor diesem Hintergrund schiene eine Umsetzung im Wege der direkten Anpassung der zivilverfahrensrechtlichen Beweismittelregelungen angezeigt. Fragen der Beweisgewinnung bilden einen ureigenen Regelungsbereich des Verfahrensrechts, sodass eine Verankerung der kartellprivatrechtlichen Beweisführung in der Zivilprozessordnung dem Gedanken der verfahrensrechtlichen Sachnähe Rechnung trüge.

2. Schaffung eines Sonderbeweisrechts innerhalb des GWB

Einen gegenläufigen Ansatz verfolgen *Kersting* und *Preuß*, die für die Schaffung eines kartellrechtlichen Sonderprozessrechts innerhalb des GWB eintreten[1068]. Ihr Gesetzgebungsvorschlag sieht vor, die Regelungen der Richtlinie zur Offenlegung von Beweismitteln systemkonform innerhalb der Schadensersatzregelungen des GWB zu verorten[1069]. Hieraus ergäbe sich eine geschlossene Kodifizierung des Kartellschadensersatzrechts innerhalb des GWB, die auch verfahrensrechtliche Fragen der Beweismittelgewinnung regelte. Nach dem Verständnis von *Kersting* und *Preuß* sind die Regelungen der Beweismitteloffenlegung dabei als materiell-rechtliche Offenlegungsansprüche auszugestalten[1070]. Das Vorbild ihres Gesetz-

---

1065 *Kainer*, in: *Weller/Althammer*, Mindeststandards im europäischen Zivilprozessrecht, 173, 191, demzufolge die Umsetzung der Beweismittelregelungen „bei § 142 ZPO ansetzen kann"; *Stauber/Schaper*, NZKart 2014, 346, 348; *Schweitzer*, NZKart 2014, 335, 341; *Makatsch/Mir*, EuZW 2015, 7, 10; offen gelassen von *Fiedler/Huttenlauch*, NZKart 2013, 350, 353, die lediglich von der Schaffung eines kartellrechtlichen „Sonderzivilprozessrechts" sprechen.

1066 *Vollrath*, NZKart 2013, 434, 437; *Kersting/Preuß*, Umsetzung der Kartellschadensersatzrichtlinie, 101.

1067 *Kainer*, in: *Weller/Althammer*, Mindeststandards im europäischen Zivilprozessrecht, 173, 181, 189, wonach die Beweismittelregelungen mit Blick auf das Zivilverfahrensrecht von Bedeutung seien und in die Regelungen der zivilprozessualen Beweiserhebung eingriffen.

1068 *Kersting/Preuß*, Umsetzung der Kartellschadensersatzrichtlinie, 100.

1069 *Kersting/Preuß*, Umsetzung der Kartellschadensersatzrichtlinie, 100.

1070 *Kersting/Preuß*, Umsetzung der Kartellschadensersatzrichtlinie, 101.

gebungsvorschlages ist die seinerzeitige Umsetzung der Richtlinie 2004/48/EG, sog. *Enforcement-Richtlinie*[1071]. Auch diese sieht in Art. 6 Abs. 1 vor, dass die zuständigen Gerichte unter bestimmten Voraussetzungen *die Vorlage dieser Beweismittel durch die gegnerische Partei anordnen können*. Obschon es sich hierbei verbaliter um eine prozessrechtliche Vorschrift handelt[1072], entschied sich der nationale Gesetzgeber zu einer Umsetzung auf der Grundlage materiell-rechtlicher Ansprüche[1073]. Dies hatte zur Folge, dass die prozessrechtlichen Vorgaben der *Enforcement-Richtlinie* durch die Schaffung materiell-rechtlicher Ansprüche in nationales Recht transformiert wurden, ergänzt durch einen prozessualen Annex zum Zwecke des Geheimnisschutzes[1074]. Für ein ähnliches Vorgehen sprechen sich *Kersting* und *Preuß* hinsichtlich der Umsetzung des Beweismittelrechts der Kartellschadensersatzrichtlinie aus. Sie regen an, die Beweismitteloffenlegung gemäß Art. 5 innerhalb des GWB als materiell-rechtlichen Offenlegungsanspruch auszugestalten und diesen, in Anlehnung an die Umsetzung der *Enforcement-Richtlinie*, zum Zwecke des Schutzes bestimmter Dokumente durch prozessrechtliche Annexvorschriften zu ergänzen[1075]. Eine solche Struktur findet sich *de lege lata* unter anderem bereits in § 19a Abs. 1 MarkenG, der einen materiell-rechtlichen Offenlegungsanspruch mit prozessualem Geheimnisschutz vereint[1076]. Für das Kartellschadensersatzrecht bedeutete dies die Schaffung eines materiell-rechtlichen Anspruches auf Beweismitteloffenlegung innerhalb des GWB[1077],

---

1071 Richtlinie 2004/48/EG des Europäischen Parlaments und des Rates vom 29. April 2004 zur Durchsetzung der Rechte des geistigen Eigentums, ABl. L 195/16 vom 02.06.2004.

1072 BT-Drs. 16/5048, 26.

1073 BT-Drs. 16/5048, 27.

1074 *Kersting/Preuß*, Umsetzung der Kartellschadensersatzrichtlinie, 103.

1075 *Kersting/Preuß*, Umsetzung der Kartellschadensersatzrichtlinie, 100, 103 sowie 26 hinsichtlich der genauen Formulierung der Gesetzgebungsvorschläge.

1076 § 19a Abs. 1 MarkenG lautet: „Bei hinreichender Wahrscheinlichkeit einer Rechtsverletzung [...] kann der Inhaber einer Marke [...] den vermeintlichen Verletzer auf Vorlage einer Urkunde oder Besichtigung einer Sache in Anspruch nehmen, die sich in dessen Verfügungsgewalt befindet, wenn dies zur Begründung seiner Ansprüche erforderlich ist. [...] Soweit der vermeintliche Verletzer geltend macht, dass es sich um vertrauliche Informationen handelt, trifft das Gericht die erforderlichen Maßnahmen, um den im Einzelfall gebotenen Schutz zu gewährleisten".

1077 Zur genauen Formulierung *Kersting/Preuß*, Umsetzung der Kartellschadensersatzrichtlinie, 26.

von dem Kronzeugenerklärungen in entsprechender Umsetzung des Art. 6 Abs. 6 lit. a) ausdrücklich auszunehmen wären. Flankiert würde dieser materiell-rechtliche Offenlegungsanspruch zum einen durch den prozessrechtlichen Annex des *in camera-Verfahrens* zwecks Überprüfung der Geheimhaltungsbedürftigkeit[1078], zum anderen durch das entsprechende Beweisverwertungsverbot hinsichtlich außerprozessual erlangter Kronzeugendokumente[1079].

Für die von *Kersting* und *Preuß* präferierte materiell-rechtliche Umsetzung innerhalb des GWB, der sich der nationale Gesetzgeber ausweislich des Referentenentwurfs zur 9. GWB-Novelle vorläufig angeschlossen hat[1080], spricht, dass bereits die Normierung des Art. 5 Abs. 1 Züge eines materiell-rechtlichen Anspruches trägt[1081]. Der Richtliniengeber beabsichtigt, dass Beweisführer „das Recht erhalten, die Offenlegung der für ihren Anspruch relevanten Beweismittel zu erwirken"[1082]. Es lässt sich durchaus annehmen, dass bereits der Richtliniengeber selbst die Schaffung eines materiell-rechtlichen Offenlegungsanspruches vorsah. Ungeachtet dessen steht es dem nationalen Gesetzgeber grundsätzlich frei, in welchem rechtlichen Gewand er die Vorgaben der Richtlinie umsetzt. Erforderlich ist allein, dass Form und Mittel geeignet sind, das durch die Richtlinie vorgegebene Ziel zu erreichen und die Art der Umsetzung derart klar und bestimmt ist, dass der Einzelne von den durch die Richtlinie gewährten Rechten Kenntnis erlangen und sie wirksam durchsetzen kann[1083]. Daher kann der nationale Gesetzgeber auch prozessrechtliche Richtlinienvorgaben auf materiell-rechtliche Art und Weise umsetzen[1084].

1078 Vgl. hierzu die Normierung § 16 Abs. 2 bei *Kersting/Preuß*, Umsetzung der Kartellschadensersatzrichtlinie, 28.

1079 Vgl. hierzu § 18 Abs. 1 des Gesetzgebungsvorschlags bei *Kersting/Preuß*, Umsetzung der Kartellschadensersatzrichtlinie, 31.

1080 Vgl. § 33g des Entwurfs eines Neunten Gesetzes zur Änderung des Gesetzes gegen Wettbewerbsbeschränkungen (9. GWB-ÄndG), abrufbar unter www.bmwi.de/DE/Themen/Wirtschaft/Wettbewerbspolitik/wettbewerbsrecht.html (Stand: 24.11.2016).

1081 So auch *Vollrath*, NZKart 2013, 434, 444, der Parallelen zum lauterbarkeitsrechtlichen Auskunftsanspruch sieht.

1082 Vgl. Erwägungsgrund 15 der Richtlinie.

1083 Von der Groeben/Schwarze/Hatje/*Geismann*, AEUV Art. 288 Rn. 44; EuGH, Urt. v. 11.07.2002 - Rs. C-62/00, Slg. 2002, I-6325 „*Marks & Spencer*"; EuGH, Urt. v. 07.11.1996 - Rs. C-221/94, Slg. 1998, I-5669 „*Kommission/Luxemburg*".

1084 *Kersting/Preuß*, Umsetzung der Kartellschadensersatzrichtlinie, 99.

Darüber hinaus ist zu sehen, dass die Zivilprozessordnung ausschließ-lich zur Regelung allgemeiner zivilverfahrensrechtlicher Komplexe zweckdienlich ist. Zur Reglementierung der speziell kartellprivatrechtli-chen Beweisführungsproblematik ist sie als verfahrensrechtliches General-gesetz hingegen ungeeignet, denn die Kartellschadensersatzrichtlinie ge-neriert keinen Anpassungsbedarf, der über das Kartellschadensersatzrecht hinausreicht. Die Zivilprozessordnung beansprucht jedoch die Stellung einer für sämtliche Zivilprozessarten geltenden Verfahrensordnung. Die Regelung spezialgesetzlicher Einzelfragen ist ihr hingegen fremd[1085]. Da-her erschiene die Implementierung eines speziellen kartellprivatrechtli-chen Beweismittelrechts, ungeachtet seiner verfahrensrechtlichen Schat-tierung, innerhalb der rechtsgebietsübergreifenden Zivilprozessordnung systemwidrig. Denn obschon die Artt. 5 bis 8 der bestehenden Beweisnot des Kartellgeschädigten und damit einer prozessualen Problematik Abhilfe schaffen sollen, handelt es sich gleichwohl um Normen, die ausschließlich den Besonderheiten der kartellschadensersatzrechtlichen Beweisführung Rechnung tragen. Die allgemeine Sachnähe dieser Beweismittelregelun-gen zum Verfahrensrecht wird durch die speziellere und größere Sachnähe zum Wettbewerbsrecht verdrängt, sodass einer Umsetzung innerhalb des GWB im Ergebnis der Vorrang einzuräumen ist. Dabei ist zu beachten, dass die Zivilprozessordnung neben dem zu schaffenden kartellprivat-rechtlichen Sonderprozessrecht weiterhin Geltung beansprucht. Infolge dessen sind die nationalen Regelungen zum Schutze der Kronzeugendoku-mente so auszugestalten, dass das Umsetzungsziel auch bei Anwendung anderer Regelungsmaterien als dem GWB erreicht wird[1086]. Für den Schutz der Kronzeugendokumente nach Art. 6 Abs. 6 lit. a) bedeutet dies, dass das Offenlegungsverbot sich nicht allein auf den neu zu schaffenden materiell-rechtlichen Offenlegungsanspruch erstrecken darf, sondern auch die *de lege lata* bestehenden innerprozessualen Zugriffsmechanismen[1087] nach der Zivilprozessordnung in Bezug nehmen muss[1088]. Es sollte sich demnach nicht um eine Bereichsausnahme des materiell-rechtlichen Of-fenlegungsanspruches innerhalb des GWB, sondern um ein grundsätzli-ches Offenlegungsverbot handeln, das auch den innerprozessualen Zugriff

---

1085 So zutreffend *Kersting/Preuß*, Umsetzung der Kartellschadensersatzrichtlinie, 100.

1086 *Kersting/Preuß*, Umsetzung der Kartellschadensersatzrichtlinie, 100.

1087 Hierzu ausführlich unter C.II.

1088 Vgl. zu dem entsprechenden Anpassungsbedarf unter D.III.2.a.

gemäß § 273 Abs. 2 Nr. 2 ZPO i.V.m. § 474 Abs. 1 StPO sowie § 432 ZPO ausschließt, um das Umsetzungsziel der Richtlinie vollumfänglich zu verwirklichen[1089].

3. Ergebnis

Die Vorgaben der Kartellschadensersatzrichtlinie zum Schutze der Kronzeugendokumente sind gemeinsam mit den übrigen Vorschriften des Kapitel 2 der Richtlinie in nationales Recht umzusetzen. Das entstehende kartellrechtliche Sonderbeweisrecht sollte dabei nicht Bestandteil der Zivilprozessordnung sein, sondern innerhalb des GWB als wettbewerbsrechtlichem Sachgesetz verortet werden. Hierbei empfiehlt sich die Schaffung eines materiell-rechtlichen Offenlegungsanspruches, von dem Kronzeugenerklärungen durch ein entsprechendes Offenlegungsverbot ausdrücklich auszunehmen sind. Dieses Offenlegungsverbot muss sich dabei zur vollumfänglichen Erreichung des Umsetzungsziels auch auf die innerprozessualen Zugriffsmechanismen qua Zivilprozessordnung erstrecken. Prozessrechtlich flankiert wird der materiell-rechtliche Offenlegungsanspruch durch die Schaffung eines *in camera-Verfahrens* und die Normierung eines ausdrücklichen Beweisverwertungsverbotes hinsichtlich außerprozessual erlangter Kronzeugendokumente.

V. Primärrechtswidrigkeit des unbedingten Schutzes von Kronzeugendokumenten

Der Richtliniengeber hat sich mit den Regelungen der Artt. 6 Abs. 6 lit. a), 7 Abs. 1 für einen vorbehaltlosen und unabwägbaren Schutz der Kronzeugendokumente entschieden. Ruft man sich nunmehr die Feststellungen des *EuGH* in den Entscheidungen *Pfleiderer*[1090] und *Donau Chemie*[1091] zu dem beweisrechtlichen Gehalt des unionalen Wettbewerbsrechts in Erinnerung, scheint der von der Kartellschadensersatzrichtlinie im Bereich des Kronzeugenschutzes vorgesehene absolute Vorrang des *public enforce-*

1089 Diesem Regelungsziel dient § 89c des Regierungsentwurfs zur 9. GWB-Novelle.
1090 EuGH, Urt. v. 14.06.2011 - C-360/09 „*Pfleiderer*", EuZW 2011, 598.
1091 EuGH, Urt. v. 06.06.2013 - C-536/11 „*Donau Chemie*", EuZW 2013, 586.

ment mit der Auslegung des Primärrechts durch den *EuGH* zu konfligieren. Die hieraus erwachsende Möglichkeit der Primärrechtswidrigkeit der Artt. 6 Abs. 6 lit. a), 7 Abs. 1 stellt eine der umstrittensten Kernfragen im Zusammenhang mit dem durch die Kartellschadensersatzrichtlinie vorgesehenen Kronzeugenschutz dar und bedarf daher einer eingehenden Untersuchung.

1. Ausgangsproblematik

Der *EuGH* hatte im Rahmen des Vorabentscheidungsverfahrens in der Sache *Donau Chemie* die Frage zu beantworten, ob § 39 Abs. 2 des österreichischen Kartellgesetzes, wonach am Bußgeldverfahren nicht als Partei Beteiligte nur dann Einsicht in die Akten des Kartellgerichts nehmen können, wenn die Parteien des Bußgeldverfahrens zustimmen, im Einklang mit unionalem Primärrecht steht. Eine Vereinbarkeit mit dem Primärrecht wurde durch den *EuGH* im Ergebnis mit der Erwägung verneint, dass *jede starre Regel - sei es im Sinne einer völligen Verweigerung eines Zugangs zu den betreffenden Dokumenten oder im Sinne eines allgemein gewährten Zugangs zu diesen - die wirksame Anwendung insbesondere des Art. 101 AEUV und der Rechte, die diese Bestimmung den Einzelnen verleiht, beeinträchtigen kann*[1092]. Der *EuGH* hat somit eine nationale Bestimmung, die den Zugang zu wettbewerbsrechtlichen Verfahrensakten und hierin enthaltenen Kronzeugendokumenten starr und ohne jede Möglichkeit der Einzelfallabwägung regelt, als primärrechtswidrig qualifiziert[1093]. Grundlage dieser rechtlichen Schlussfolgerung war die bereits in der Rechtssache *Pfleiderer* geäußerte Erkenntnis, dass *public* und *private enforcement* gleichermaßen der wirksamen Durchsetzung des unionalen Wettbewerbsrechts dienen, sie hinsichtlich der Offenlegung von Kronzeugendokumenten jedoch in einem elementaren Spannungsverhältnis stehen und aufgrund dessen stets eine Abwägung der widerstreitenden Interessen im Einzelfall erforderlich ist[1094]. Einem solchen Gebot der Einzelfallabwägung können starre Bestimmungen über die Offenlegung von Kartelldokumen-

---

1092 EuGH, Urt. v. 06.06.2013 - C-536/11 „*Donau Chemie*", EuZW 2013, 586, 588; vgl. zu der Entscheidung „*Donau Chemie*" bereits unter C.I.1.a.bb.(1).(c). sowie unter C.I.1.c.bb.(3).

1093 Vgl. hierzu ausführlich nachfolgend unter D.V.3.a.

1094 EuGH, Urt. v. 14.06.2011 - C-360/09 „*Pfleiderer*", EuZW 2011, 598, 599.

ten wie § 39 Abs. 2 des österreichischen Kartellgesetzes indes nicht gerecht werden, sodass sie als mit dem Primärrecht unvereinbar anzusehen sind. *Prima facie* hat der *EuGH* damit jedweden Regelungen, die die Frage des Zugangs zu kartellrechtlichen Verfahrensdokumenten unabwägbar zugunsten einer Partei regeln, die Vereinbarkeit mit dem Unionsrecht abgesprochen.

Betrachtet man nun die Artt. 6 Abs. 6 lit. a), 7 Abs. 1, so drängt sich die Frage auf, ob der hierin vorgesehene absolute Schutz der Kronzeugendokumente im Widerspruch zu dem unionalen Primärrecht in der Lesart des *EuGH* steht, denn die Artt. 6 Abs. 6 lit. a), 7 Abs. 1 stellen starre Akteneinsichts- bzw. Beweisverwertungsregelungen dar, die das Spannungsverhältnis zwischen *public* und *private enforcement* einseitig zugunsten der behördlichen Durchsetzungsebene auflösen, ohne dass dem Vorrang des *public enforcement* dabei einzelfallbezogene Erwägungen korrigierend entgegengestellt werden könnten. Eine Vereinbarkeit mit den Vorgaben des *EuGH* scheint damit ausgeschlossen und eine Primärrechtswidrigkeit der Artt. 6 Abs. 6 lit. a), 7 Abs. 1 *prima facie* offensichtlich, da die generelle Versagung der Einsicht in die Kronzeugendokumente der wirksamen Durchsetzung des Art. 101 AEUV und der hieraus erwachsenden Rechte entgegensteht bzw. diese zumindest erheblich beeinträchtigt. Bei genauerer Betrachtung zeigt sich jedoch, dass von der fehlenden Möglichkeit der Einzelfallabwägung nicht ohne Weiteres auf die Primärrechtswidrigkeit der Artt. 6 Abs. 6 lit. a), 7 Abs. 1 geschlossen werden kann. Denn zunächst stellt sich die Frage, ob die beschriebenen primärrechtlichen Feststellungen des *EuGH*, die eine mitgliedstaatliche Verfahrensregelung zum Gegenstand hatten, ohne Weiteres auf die Kartellschadensersatzrichtlinie als unionalen Gesetzgebungsakt übertragbar sind. Dem schließt sich die Frage an, ob und inwieweit der europäische Gesetzgeber in der Lage ist, das Primärrecht durch den Erlass unionalen Sekundärrechts zu modifizieren und hierdurch die Bewertungsparameter des *EuGH* zu beeinflussen. Diese Fragestellungen werden nachfolgend einer Beantwortung zugeführt.

2. Bisheriger wissenschaftlicher Meinungsstand

Die Frage der Primärrechtswidrigkeit bildet einen Schwerpunkt der bisherigen wissenschaftlichen Betrachtung der Artt. 6 Abs. 6 lit. a), 7 Abs. 1 und wird innerhalb der Literatur unterschiedlich beantwortet. Es finden sich sowohl gewichtige Stimmen, die für eine Primärrechtswidrigkeit streiten, als auch solche, die die Regelungen der Artt. 6 Abs. 6 lit. a), 7 Abs. 1 für primärrechtskonform erachten. Nachfolgend werden die bisherigen Standpunkte innerhalb des Schrifttums dargestellt, bevor eine eigene Aufarbeitung der Problematik erfolgt.

a. Annahme der Primärrechtswidrigkeit

Zahlreiche Stimmen in der wissenschaftlichen Literatur erachten den unabwägbaren Schutz von Kronzeugendokumenten, wie ihn Artt. 6 Abs. 6 lit. a), 7 Abs. 1 vorsehen, als konfligierend mit den Vorgaben des *EuGH* in den Entscheidungen *Pfleiderer* und *Donau Chemie* und damit schlussendlich als unvereinbar mit dem unionalen Primärrecht in Gestalt des Art. 101 AEUV[1095]. Sie betonen die Notwendigkeit einer einzelfallbezogenen Interessenabwägung und entnehmen den Ausführungen des *EuGH* ein grundsätzliches Verbot starrer Dokumenteneinsichtsregelungen. Bereits in der Entscheidung *Pfleiderer* habe der *EuGH* darauf hingewiesen, dass nationale Akteneinsichtsregelungen die Geltendmachung eines aus Art. 101 AEUV erwachsenden Kartellschadensersatzanspruches nicht praktisch unmöglich machen oder übermäßig erschweren dürften. Aufgrund dessen seien im Falle eines Akteneinsichtsbegehrens die widerstreitenden Interessen gegeneinander abzuwägen, was ausschließlich durch die im Einzelfall zur Entscheidung berufenen Gerichte möglich sei[1096]. Diese Notwendigkeit der einzelfallbezogenen Abwägung und Entscheidung habe der *EuGH* in der Entscheidung *Donau Chemie* bekräftigt und vertieft, indem er ausdrücklich festgestellt habe, dass die Verweigerung der Einsicht bei jedem Dokument einzeln zu prüfen und auf zwingende Schutzinteressen zu stützen sei, die nicht allein in einer abstrakten Gefährdung für die Attraktivität der Kronzeugenprogramme bestehen könnten[1097]. Der *EuGH* habe die zwingende Vorgabe der einzelfallbezogenen Interessenabwägung dabei nicht allein an die Mitgliedstaaten gerichtet, sondern dieses Erfordernis

1095 *Makatsch/Mir*, EuZW 2015, 7, 9; *Kainer*, in: *Weller/Althammer*, Mindeststandards im europäischen Zivilprozessrecht, 173, 190 f.; *Kersting*, WuW 2014, 564, 566; *Schweitzer*, NZKart 2014, 335, 343; *Kersting/Preuß*, Umsetzung der Kartellschadensersatzrichtlinie, 115 f.; *Keßler*, VuR 2015, 83, 89; zweifelnd auch *Hempel*, EuZW 2013, 586, 590.
1096 *Keßler*, VuR 2015, 83, 88 f.
1097 Vgl. nur *Keßler*, VuR 2015, 83, 88 f.

vielmehr einer entsprechenden Auslegung des Art. 101 AEUV und des Effektivitätsgrundsatzes entnommen, sodass das Verbot starrer Dokumentenzugangsregelungen auch den unionalen Gesetzgeber binde[1098]. Der Richtliniengeber sei daher bei der Normierung von Akteneinsichtsrechten in gleichem Maße wie die Mitgliedstaaten dazu verpflichtet zu gewährleisten, dass die nationalen Gerichte jederzeit die Möglichkeit besitzen, die gegenläufigen Interessen unter Berücksichtigung der jeweiligen besonderen Umstände des Einzelfalles gegeneinander abzuwägen. Die Artt. 6 Abs. 6 lit. a), 7 Abs. 1 würden diesem Abwägungserfordernis jedoch nicht gerecht, was bei konsequenter Beachtung der Ausführungen des *EuGH* deren Primärrechtswidrigkeit zur Folge habe. *Kersting* und *Preuß* weisen zudem darauf hin, dass die fehlende Möglichkeit einer einzelfallbezogenen Interessenabwägung hinsichtlich der Offenlegung von Kronzeugendokumenten einer Kompensation durch weitgehende Offenlegungsansprüche an anderer Stelle nicht zugänglich sei[1099]. Das durch die Artt. 6 Abs. 6 lit. a), 7 Abs. 1 bestimmte absolute Offenlegungs- und Verwertungsverbot könne daher nicht durch sonstige Beweiszugangsansprüche aufgewogen werden.

b. Gegenauffassung

Die Gegenauffassung qualifiziert den unbedingten Schutz der Kronzeugenunterlagen als uneingeschränkt primärrechtskonform[1100] und stützt sich dabei zuvörderst auf die Feststellung, dass die vom *EuGH* geschaffene Notwendigkeit der einzelfallbezogenen Abwägung gemäß den Entscheidungen *Pfleiderer* und *Donau Chemie* nicht unmittelbar im unionalen Primärrecht wurzele, sondern vielmehr die Folge des Fehlens einer unionalen Regelung gewesen sei und daher ausschließlich eine Auslegungs-

---

1098 So insbesondere *Schweitzer*, NZKart 2014, 335, 343 sowie *Kersting*, WuW 2014, 564, 566.

1099 *Kersting*, WuW 2014, 564, 567 sowie *Kersting/Preuß*, Umsetzung der Kartellschadensersatzrichtlinie, 116, mit dem Hinweis, dass die Gegenauffassung dazu führe, dass die Mitgliedstaaten die partiell unzureichende Umsetzung einer Richtlinie dadurch kompensieren könnten, dass sie an anderer Stelle über das geforderte Schutzniveau hinausgehen.

1100 *Vollrath*, NZKart 2013, 434, 446; *Fiedler/Huttenlauch*, NZKart 2013, 350, 354; *Fiedler*, BB 2013, 2179, 2184; *Palzer*, NZKart 2013, 324, 326; *Mederer*, EuZW 2013, 847, 850; *Roth*, ZHR 179, 668, 689.

vorgabe für das nationale Recht darstelle[1101]. Der unionale Gesetzgeber sei an die Ausführungen des *EuGH* hingegen nicht gebunden, sondern könne vielmehr durch den Erlass von Sekundärrecht die Vorzeichen der Rechtsprechung des *EuGH* ändern[1102] und somit die Wertungsentscheidung des *EuGH* durch eine eigene ersetzen. Das Verbot einer starren Dokumentenzugangsregelung soll demnach allein aus der Tatsache erwachsen, dass keinerlei bindendes unionsrechtliches Offenlegungsverbot existiert(e)[1103]. Eine gesetzgeberische Wertentscheidung auf europäischer Ebene, wie sie nun in Artt. 6 Abs. 6 lit. a), 7 Abs. 1 besteht, soll die Vorgaben des *EuGH* alsdann obsolet werden lassen. *Fiedler* und *Huttenlauch* entnehmen der Tatsache, dass der *EuGH* ausdrücklich „auf eine fehlende europarechtliche Regelung verweist", die Aufforderung an den europäischen Gesetzgeber zur Schaffung einer unionsweit einheitlichen Regelung hinsichtlich der Offenlegung von Kronzeugenerklärungen, die sich jedoch nicht an den Feststellungen in den Urteilen *Pfleiderer* und *Donau Chemie* zu messen habe[1104]. Dem Richtliniengeber stehe vielmehr eine weitreichende Einschätzungsprärogative hinsichtlich der Frage zu, durch welche Instrumentarien Kartellgeschädigten ein effektiver Rechtsschutz zur Seite gestellt werden kann[1105]. Das Verbot einer starren Akteneinsichtsregelung soll demnach nur solange Geltung beanspruchen, bis der europäische Gesetzgeber die Erwägungen des *EuGH* durch eine eigene Abwägungsentscheidung substituiert[1106]. Im Rahmen dieser Abwägung zwischen *private* und *public enforcement*, um die es bei der Frage nach der Offenlegung von Kronzeugenunterlagen letztlich geht, soll der Richtliniengeber ermächtigt sein, den versagten Zugang zu Kronzeugendokumenten durch entsprechende Offenlegungsansprüche an anderer Stelle zu kompensieren[1107]. *Vollrath* will in dem abgestuften Schutzsystem der Artt. 5 ff.[1108] bereits eine solche Kompensation bzw. Abwägung erkennen, sodass der Kronzeu-

---

1101 *Palzer*, NZKart 2013, 324, 326; *Roth*, ZHR 179, 668, 688.

1102 *Palzer*, NZKart 2013, 324, 326.

1103 So *Roth*, ZHR 179, 668, 688 sowie *Vollrath*, NZKart 2013, 434, 446, der die fehlende Bindungswirkung der Kronzeugenmitteilung gegenüber Dritten als maßgeblichen Grund dafür sieht, dass der *EuGH* einen absoluten Schutz von Kronzeugenerklärungen ablehnte.

1104 *Fiedler/Huttenlauch*, NZKart 2013, 350, 354.

1105 *Fiedler/Huttenlauch*, NZKart 2013, 350, 354; *Palzer*, NZKart 2013, 324, 326.

1106 *Vollrath*, NZKart 2013, 350, 354.

1107 *Vollrath*, NZKart 2013, 350, 354; *Palzer*, NZKart 2013, 324, 326.

1108 Vgl. hierzu ausführlich unter D.II.

genschutz der Richtlinie auch aus diesem Grunde nicht an der Entscheidung *Donau Chemie* zu messen sei, da sie eine Regelung zum Gegenstand gehabt habe, die im Ergebnis auf den Ausschluss des Zugangs zur gesamten Akte hinauslaufe. Da sich der absolute Schutz der Richtlinie jedoch auf Kronzeugendokumente und Vergleichsausführungen beschränke, sei dies nicht mit dem „Extremfall" vergleichbar, der der Entscheidung *Donau Chemie* zugrunde gelegen habe[1109].

c. Zwischenergebnis

Die Auffassungen in der Wissenschaft zu der Frage der Primärrechtswidrigkeit des von den Artt. 6 Abs. 6 lit. a), 7 Abs. 1 vorgesehenen absoluten Schutzes der Kronzeugendokumente sind widerstreitend. Teile der Literatur sehen in dem unabwägbaren Schutz der Kronzeugenunterlagen eine unzulässige Abkehr von den Vorgaben des *EuGH* in den Entscheidungen *Pfleiderer* und *Donau Chemie* und damit einen Verstoß gegen unionales Primärrecht in Gestalt des Art. 101 AEUV und des *effet utile*. Ihrer Ansicht nach bindet das Gebot der Einzelfallabwägung auch den unionalen Gesetzgeber als Schöpfer der Kartellschadensersatzrichtlinie. Die Gegenauffassung versteht hingegen allein die Mitgliedstaaten als Adressaten der primärrechtlichen Ausführungen des *EuGH*. Dem unionalen Gesetzgeber spricht sie demgegenüber eine weitreichende Einschätzungsprärogative zu, mithilfe derer er die Offenlegung von Kronzeugendokumenten und damit das Verhältnis zwischen *public* und *private enforcement* frei reglementieren und dabei auch eine vollständige Versagung des Zugangs zu Kronzeugenerklärungen festschreiben kann.

3. Stellungnahme

Die Divergenz der dargestellten Auffassungen zur möglichen Primärrechtswidrigkeit der Artt. 6 Abs. 6 lit. a), 7 Abs. 1 hat ihren Ursprung in der unterschiedlichen Lesart der Ausführungen des *EuGH* in den Entscheidungen *Pfleiderer* und *Donau Chemie*. Die bisherigen Untersuchungen lassen jedoch eine tiefergehende Auseinandersetzung mit dem genauen

---

1109 *Vollrath*, NZKart 2013, 434, 446.

Wortlaut der Entscheidungen und eine hierauf fußende dogmatische Aufarbeitung vermissen. Dies wird nachfolgend vorgenommen. Dabei ist eine
trennscharfe Differenzierung der beiden maßgeblichen Fragenkomplexe
unabdingbar. Den ersten Komplex bildet die Frage nach der Vereinbarkeit
der Artt. 6 Abs. 6 lit. a), 7 Abs. 1 mit der Auslegung des Primärrechts
durch den *EuGH* in den Entscheidungen *Pfleiderer* und *Donau Chemie*[1110]. Davon zu unterscheiden ist die Frage, ob der Richtliniengeber für
den Fall, dass die Artt. 6 Abs. 6 lit. a), 7 Abs. 1 dem unionalen Primärrecht
in der Lesart des *EuGH* nicht genügen, ermächtigt ist, das Primärrecht
durch Erlass der Kartellschadensersatzrichtlinie in seinem Sinne sekundär-
rechtlich zu modifizieren und den Verstoß gegen das Primärrecht hierdurch zu „heilen"[1111]. Diese strikt zu trennenden Fragenkomplexe, die für
die Beurteilung der Primärrechtswidrigkeit der Artt. 6 Abs. 6 lit. a), 7
Abs. 1 substantiell sind, sollen nachfolgend einer Beantwortung zugeführt
werden.

a. Vereinbarkeit mit den Entscheidungen Pfleiderer und Donau Chemie

Die Beantwortung der Frage, inwieweit die primärrechtlichen Erwägungen des *EuGH* in den Entscheidungen *Pfleiderer* und *Donau Chemie* auch
den Richtliniengeber binden, wird durch das Fehlen einer unionalen Regelung zur Offenlegung von Kronzeugenerklärungen maßgeblich beeinflusst. Wie gesehen[1112], verweisen jene Literaturstimmen, die eine Primärrechtswidrigkeit der Artt. 6 Abs. 6 lit. a), 7 Abs. 1 kontestieren, darauf,
dass der *EuGH* das Fehlen einer unionalen Regelung zur Akteneinsicht
konstatiert und das Gebot der Einzelfallabwägung gerade in Ermangelung
einer entsprechenden Normierung festgeschrieben habe[1113]. Demnach soll
das Fehlen einer unionalen Akteneinsichtsregelung der Ursprung des Ein-
zelfallabwägungsgebotes sein, während die Schaffung einer Regelung auf
europäischer Ebene dem Abwägungsgebot, dem nach dieser Ansicht lediglich eine Auffangfunktion zukommt, die Grundlage entziehen soll.

1110 Nachfolgend unter D.V.3.a.
1111 Hierzu unter D.V.3.b.
1112 Vgl. unter D.V.2.b.
1113 So insbesondere *Palzer*, NZKart 2013, 324, 326; *Fiedler/Huttenlauch*, NZKart
      2013, 350, 355; Roth, ZHR 179, 668, 688.

Maßgeblich für die Frage der Bindung des unionalen Gesetzgebers an das Gebot der Einzelfallabwägung ist demnach, ob der *EuGH* das Fehlen einer unionalen Akteneinsichtsregelung tatsächlich zum Anlass nahm, dieses Gebot zu statuieren. Zutreffend ist zunächst, dass der *EuGH* sowohl in der Entscheidung *Pfleiderer* als auch in der Rechtssache *Donau Chemie* jeweils zu Beginn der Entscheidungsgründe auf das Fehlen einer einschlägigen unionalen Regelung zur Einsicht in kartellprivatrechtlich bedeutsame Unterlagen hinweist[1114]. *Prima facie* lässt sich diese Feststellung des *EuGH* in zweierlei Richtungen deuten: Einerseits ließe sich annehmen, dass der *EuGH* die durch ihn geschaffene Systematik der Einzelfallabwägung unter die auflösende Bedingung einer Abwägungsentscheidung durch den unionalen Gesetzgeber stellen und somit die endgültige Normierung des Dokumentenzugangs in die Hand des Richtliniengebers legen wollte. Andererseits lässt sich die Konstatierung einer fehlenden unionalen Regelung als losgelöst von der Frage betrachten, ob der Richtliniengeber im Falle seines Tätigwerdens gleichsam an die Erwägungen des *EuGH* gebunden ist[1115].

Erforderlich ist demnach eine genaue Betrachtung des Wortlauts der Entscheidungen *Pfleiderer* und *Donau Chemie* sowie eine Beleuchtung des dogmatischen Gesamtzusammenhangs, in dem das Fehlen einer unionalen Akteneinsichtsregelung für den *EuGH* von Bedeutung war. In der Rechtssache *Pfleiderer* führt der *EuGH* hinsichtlich des Fehlens einer unionalen Regelung zur Einsichtnahme Kartellgeschädigter in die Verfahrensakten der Wettbewerbsbehörden aus: *„Daher ist es, auch wenn die Leitlinien der Kommission Auswirkungen auf die Praxis der nationalen Wettbewerbsbehörden haben können, in Ermangelung einer verbindlichen unionsrechtlichen Regelung in diesem Bereich Sache der Mitgliedstaaten, die nationalen Vorschriften über den Zugang von Kartellgeschädigten zu Dokumenten, die Kronzeugenverfahren betreffen, zu erlassen und anzuwenden. Die Mitgliedstaaten müssen jedoch, auch wenn Erlass und Anwendung dieser Vorschriften in ihrer Zuständigkeit liegen, bei deren Ausübung das Unionsrecht beachten [...]"*[1116]. Der Sinngehalt dieser Feststellung erschließt sich sodann in Zusammenschau mit den weiteren Ausführungen des *EuGH* und insbesondere der damaligen Vorlagefrage des *AG*

1114 EuGH, Urt. v. 14.06.2011 - C-360/09 „*Pfleiderer*", EuZW 2011, 598, 599 sowie Urt. v. 06.06.2013 - C-536/11 „*Donau Chemie*", EuZW 2013, 586, 587.

1115 Zu diesen unterschiedlichen Lesarten auch *Hempel*, EuZW 2013, 586, 590.

1116 EuGH, Urt. v. 14.06.2011 - C-360/09 „*Pfleiderer*", EuZW 2011, 598, 599.

Bonn, die da lautete: „*Sind die kartellrechtlichen Bestimmungen des Gemeinschaftsrechts - insbesondere die Art. 11 und 12 der Verordnung Nr. 1/2003 sowie Art. 10 Abs. 2 EG in Verbindung mit Art. 3 Abs. 1 Buchst. g EG - dahingehend auszulegen, dass Geschädigte eines Kartells zur Geltendmachung zivilrechtlicher Ansprüche keine Akteneinsicht in Bonusanträge und von Bonusantragstellern in diesem Zusammenhang freiwillig herausgegebene Informationen und Unterlagen erhalten dürfen, die eine mitgliedstaatliche Wettbewerbsbehörde nach Maßgabe des nationalen Bonusprogramms im Rahmen eines (auch) auf die Durchsetzung von Art. 81 EG gerichteten Bußgeldverfahrens erhalten hat?*"[1117] Die Vorlagefrage des *AG Bonn* zielte demnach auf die Beantwortung der Frage ab, inwieweit das unionale Wettbewerbsrecht und der seinerzeit in Art. 10 Abs. 2 EGV verankerte *effet utile* einer Einsicht in Kronzeugenunterlagen entgegenstehen. Der *EuGH* weist sodann eingangs der Beantwortung der Vorlagefrage darauf hin, „*dass die Wettbewerbsbehörden und die Gerichte der Mitgliedstaaten verpflichtet sind, die Art. 101 und 102 AEUV anzuwenden, wenn der Sachverhalt unter das Unionsrecht fällt, und ihre wirksame Anwendung im öffentlichen Interesse sicherzustellen [...]*"[1118]. Es zeigt sich, dass die Vorlagefrage des *AG Bonn* auf die Auslegung des unionalen Wettbewerbsrechts im Zusammenhang mit dem Zugang zu Kronzeugenunterlagen ausgerichtet war und der *EuGH* diesbezüglich zunächst die Klarstellung vornahm, dass die Artt. 101 und 102 AEUV als Kernnormen des unionalen Wettbewerbsrechts grundsätzlich nur dann maßgeblich sind, wenn der Sachverhalt, hier also die Frage nach einem möglichen Akteneinsichtsrecht, unter das Unionsrecht fällt. Anschließend legt der *EuGH* dar, dass weder die Wettbewerbsregeln des damaligen EG-Vertrages, noch die VO 1/2003 eine gemeinsame Regelung über den Zugang zu Kronzeugendokumenten enthalten[1119]. Ähnliches gelte für das ECN[1120] sowie die Mitteilungen der Kommission über die Zusammenarbeit innerhalb des

---

1117 EuGH, Urt. v. 14.06.2011 - C-360/09 „*Pfleiderer*", BeckEuRS 2011, 574633 Rn. 18.
1118 EuGH, Urt. v. 14.06.2011 - C-360/09 „*Pfleiderer*", EuZW 2011, 598.
1119 EuGH, Urt. v. 14.06.2011 - C-360/09 „*Pfleiderer*", EuZW 2011, 598, 599.
1120 Das European Competition Network (ECN) ist ein Netzwerk, dem die Europäische Kommission und die Kartellbehörden der Mitgliedstaaten angehören. Es dient der Förderung der behördenübergreifenden Zusammenarbeit sowie dem gegenseitigen Austausch von Beweismitteln und Informationen über laufende und eingeleitete Verfahren, vgl. hierzu weitergehend Wiedemann/*Dieckmann*, § 41 Rn. 43 sowie *Gussone/Michalczyk*, EuZW 2011, 130.

Netzes der Wettbewerbsbehörden bzw. über den Erlass und die Ermäßigung von Geldbußen in Kartellsachen, die jeweils keine verbindliche Wirkung gegenüber den Mitgliedstaaten entfalteten[1121]. Damit bringt der *EuGH* insgesamt zum Ausdruck, dass die Frage des Rechts der Kartellgeschädigten auf Einsichtnahme in die Verfahrensakten der Wettbewerbsbehörden mangels einer expliziten Regelung auf europäischer Ebene nicht unmittelbar unter das Unionsrecht fällt, was jedoch Bedingung für eine Beurteilung anhand der Artt. 101 und 102 AEUV ist. In Ermangelung einer verbindlichen unionalen Akteneinsichtsregelung stellt der *EuGH* die Reglementierung der Einsichtsrechte Kartellgeschädigter sodann in die Verantwortlichkeit der Mitgliedstaaten[1122]. Zeitgleich stellt er jedoch fest, dass die Mitgliedstaaten trotz ihrer auf dem Fehlen einer unionalen Regelung fußenden Eigenverantwortlichkeit zur Reglementierung der Akteneinsichtsrechte an das Unionsrecht in Gestalt der Artt. 101 und 102 AEUV gebunden sind[1123].

Bei Lichte besehen hat die Feststellung des *EuGH* zum Fehlen einer unionalen Regelung über die Einsichtnahme in Kronzeugendokumente daher folgende Bewandnis: Das *AG Bonn* begehrte die Beantwortung der Frage, ob das europäische Wettbewerbsrecht einer Einsichtnahme Kartellgeschädigter in Kronzeugenunterlagen entgegensteht. Bevor der *EuGH* diese Frage inhaltlich beleuchtete, wies er darauf hin, dass das unionale Wettbewerbsrecht für die Beantwortung der Frage nur dann maßgeblich sein kann, wenn die Einsichtnahme in Kronzeugenunterlagen überhaupt dem Regelungsbereich des unionalen Wettbewerbsrechts unterfällt. Dies sei grundsätzlich nicht der Fall, da es an einer entsprechenden Normierung auf unionaler Ebene mangele und aufgrund dessen allein die Mitgliedstaaten zur Reglementierung dieses Fragenkomplexes zuständig seien. Obschon die Frage nach der Einsicht in Kronzeugenunterlagen daher grundsätzlich eine Frage des nationalen Rechts sei, seien die Mitgliedstaaten bei Erlass und Anwendung der nationalen Einsichtsrechte gleichwohl an das Unionsrecht in Gestalt der Artt. 101 und 102 AEUV gebunden, wodurch der Sachverhalt schlussendlich wiederum doch entlang des unionalen Wettbewerbsrechts zu beurteilen war. Die Ausführungen des *EuGH* zu

---

1121 EuGH, Urt. v. 14.06.2011 - C-360/09 „*Pfleiderer*", EuZW 2011, 598, 599.

1122 EuGH, Urt. v. 14.06.2011 - C-360/09 „*Pfleiderer*", EuZW 2011, 598, 599, vgl. hierzu bereits das Zitat eingangs auf S. 187.

1123 EuGH, Urt. v. 14.06.2011 - C-360/09 „*Pfleiderer*", EuZW 2011, 598, 599 Rn. 24.

dem Fehlen einer europäischen Akteneinsichtsregelung dienen daher allein der Herleitung der eigenen Entscheidungsgewalt durch die Bestimmung der Bindungsweite der Artt. 101 und 102 AEUV und der Klarstellung, dass der *EuGH* trotz des Fehlens einer unionsrechtlichen Regelung und ungeachtet der Regelungsbefugnis der Mitgliedstaaten zur Beantwortung der Vorlagefrage berufen ist, da die Akteneinsichtsregelungen der Mitgliedstaaten wiederum an das unionale Wettbewerbsrecht rückgekoppelt sind.

Jene Literaturstimmen, die einer Primärrechtswidrigkeit der Artt. 6 Abs. 6 lit. a), 7 Abs. 1 ablehnend gegenüberstehen und darauf hinweisen, dass der *EuGH* die Genese des Gebots der Einzelfallabwägung auf das Fehlen einer unionalen Regelung gestützt habe[1124], verkennen somit den dogmatischen Gesamtzusammenhang der Ausführungen des *EuGH*. Denn das Fehlen einer unionalen Akteneinsichtsregelung wurde vom *EuGH* allein im Zusammenhang mit der Anwendbarkeit des Primärrechts, die Bedingung für die Beantwortung der Vorlagefrage war, festgestellt. Hieran schloss sich die Darlegung an, aus welchem Grunde der *EuGH* trotz der Regelungsbefugnis der Mitgliedstaaten zur Entscheidung anhand des unionalen Wettbewerbsrechts berufen ist. Anders als insbesondere *Palzer* meint, traf der *EuGH* seine Entscheidung daher nicht *aufgrund* des Fehlens einer unionalen Regelung, sondern *trotz* ihres Fehlens. Dem Wortlaut der Entscheidung *Pfleiderer* kann hingegen nicht entnommen werden, dass der *EuGH* eine unionale Akteneinsichtsregelung im Falle ihres Bestehens unangetastet gelassen hätte. Vielmehr führt das Gericht ausdrücklich aus, dass die Mitgliedstaaten, auch wenn Erlass und Anwendung der Akteneinsichtsvorschriften in ihrer Zuständigkeit liegen, dem Unionsrecht gleichwohl Beachtung schenken müssen[1125]. Diese Koppelung an das unionale Primärrecht muss erst recht Geltung beanspruchen, wenn die Regelung der Akteneinsicht nicht auf mitgliedstaatlicher, sondern auf europäischer Ebene erfolgt, da auch und insbesondere der unionale Gesetzgeber der Bindung des Primärrechts unterworfen ist[1126].

Selbiges gilt für die Ausführungen in der Rechtssache *Donau Chemie*. Hierin begehrte das *OLG Wien* die Beantwortung der Frage, ob das Uni-

---

1124 So ausdrücklich *Palzer*, NZKart 2013, 324, 326; wohl auch *Vollrath*, NZKart 2013, 434, 446.

1125 EuGH, Urt. v. 14.06.2011 - C-360/09 „*Pfleiderer*", EuZW 2011, 598, 599.

1126 *Schweitzer*, NZKart 2014, 335, 343; EuGH, Urt. v. 20.05.2003 - C-469/00, Slg. 2003 I-5053.

onsrecht einer nationalen Bestimmung entgegensteht, die eine Akteneinsicht durch den Kartellgeschädigten von der Zustimmung der Parteien des
Kartellbußgeldverfahrens abhängig macht. Im Rahmen der Entscheidung
betonte der *EuGH* erneut, dass weiterhin keine unionale Regelung zur Einsicht in Kronzeugendokumente bestehe und daher nach wie vor die Mitgliedstaaten zum Erlass und zur Anwendung entsprechender Akteneinsichtsregelungen berufen seien, sie dabei jedoch der Bindung des Unionsrechts unterlägen[1127]. Der *EuGH* stellt damit, wie im Urteil *Pfleiderer*
auch, lediglich klar, dass es an einer Einsichtsregelung für Kronzeugendokumente auf unionaler Ebene mangelt und somit weiterhin die Mitgliedstaaten für die Regelung dieses Fragenkomplexes zuständig sind. Die Tatsache, dass sie dabei der Bindung des Primärrechts unterliegen, bildet sodann wiederum das Einfallstor für die Beantwortung der Vorlagefrage
durch den *EuGH*. Auch die Entscheidung *Donau Chemie* kann daher nicht
zu der Schlussfolgerung führen, dass das Gebot der Einzelfallabwägung
eine Konsequenz des Fehlens einer unionalen Akteneinsichtsregelung ist
und somit allein die Mitgliedstaaten bindet. Wie bereits im Urteil *Pfleiderer* fühlt sich der *EuGH* nicht durch das Fehlen einer unionalen Regelung
zur Beantwortung der Vorlagefrage berufen, sondern ungeachtet dessen.
Daraus folgt, dass die Ausführungen des *EuGH* auch und insbesondere
dann Geltung beanspruchen, wenn sich der unionale Gesetzgeber der Reglementierung des Fragenkomplexes der Einsichtnahme in Kartellverfahrensakten annimmt. Die Feststellungen des *EuGH* binden nicht allein die
Mitgliedstaaten, denn das Gebot der Einzelfallabwägung findet seinen Ursprung unmittelbar im unionalen Primärrecht[1128]: Der *EuGH* verortet die
Frage nach der Einsichtnahme in Kronzeugenunterlagen mangels unionaler Regelung im Zuständigkeitsbereich der Mitgliedstaaten, betont jedoch
zeitgleich, dass die jeweilige nationale Regelung die wirksame Anwendung insbesondere des Art. 101 AEUV nicht beeinträchtigen dürfe[1129]. Die
Notwendigkeit einer einzelfallbezogenen Abwägung ergebe sich demnach
daraus, dass eine starre Regelung „*die wirksame Anwendung insbesondere
des Art. 101 AEUV und der Rechte, die diese Bestimmung den Einzelnen
verleiht, beeinträchtigen kann*"[1130]. Nach dem Verständnis des *EuGH* vermitteln Art. 101 AEUV und das Gebot seiner effektiven Durchsetzung je-

---

1127 EuGH, Urt. v. 06.06.2013 - C-536/11 „*Donau Chemie*", EuZW 2013, 586, 587.
1128 A.A. insb. *Palzer*, NZKart 2013, 324, 326.
1129 EuGH, Urt. v. 06.06.2013 - C-536/11 „*Donau Chemie*", EuZW 2013, 586, 587.
1130 EuGH, Urt. v. 06.06.2013 - C-536/11 „*Donau Chemie*", EuZW 2013, 586, 588.

dem Einzelnen das Recht, den Schaden ersetzt zu verlangen, der ihm durch ein wettbewerbswidriges Verhalten entstanden ist[1131]. Der *EuGH* wollte mithilfe des in dem Urteil *Courage* entwickelten Schadensersatzanspruches die wirksame Anwendung und Durchsetzung des unionalen Wettbewerbsrechts stärken. Dasselbe Ziel verfolgt er mit den Entscheidungen *Pfleiderer* und *Donau Chemie*, denn die beabsichtigte Stärkung des unionalen Wettbewerbsrechts mithilfe eines den Geschädigten zur Seite stehenden Schadensersatzanspruches wäre wenig mehr als ein schillernder Begriff, wenn die Durchsetzung dieses Schadensersatzanspruches an der mangelnden Beweismöglichkeit scheiterte. Daher leitet der *EuGH* aus Art. 101 AEUV und dem Effektivitätsgrundsatz nicht nur den Schadensersatzanspruch des Kartellgeschädigten ab, sondern vielmehr auch das Verbot, die effektive Durchsetzung dieses Schadensersatzanspruches durch starre Akteneinsichtsregelungen zu unterminieren. Vor diesem Hintergrund ist die folgende zentrale Feststellung des *EuGH* zu sehen: „*Haben die Geschädigten nämlich keine andere Möglichkeit, sich diese Beweise zu verschaffen, entfällt dadurch, dass Ihnen die Einsicht in diese Akten ver-weigert wird, die praktische Wirksamkeit des Rechts auf Schadensersatz, den sie unmittelbar aus dem Unionsrecht herleiten.*"[1132] Der *EuGH* betrachtet den Zugriff auf die benötigten Beweismittel somit als substantiellen Bestandteil des aus dem Art. 101 AEUV folgenden Schadensersatzanspruches, sodass auch das Gebot der Einzelfallabwägung letztlich Ausfluss des den Richtliniengeber bindenden Primärrechts ist[1133].

Für eine Bindung des unionalen Gesetzgebers an die Ausführungen des *EuGH* sprechen zudem die systematischen Erwägungen zu dem hierarchischen Verhältnis zwischen *public* und *private enforcement*, die den *EuGH* zur Statuierung des Gebots der Einzelfallabwägung bewogen haben. Zunächst ist zu beachten, dass in den Entscheidungen *Pfleiderer* und *Donau Chemie* die Gleichrangigkeit von *public* und *private enforcement* sowie das zwischen diesen beiden Durchsetzungsmechanismen bestehende Spannungsverhältnis in besonderem Maße zu Tage tritt. Der *EuGH* betont die paritätische Daseinsberechtigung beider Durchsetzungsformen, indem er einerseits die behördlichen Kronzeugenprogramme als nützliche Instru-

---

1131 EuGH, Urt. v. 20.09.2001 - Rs. C-453/99, Slg. 2001, I-6297 „*Courage*" Rn. 26.

1132 EuGH, Urt. v. 06.06.2013 - C-536/11 „*Donau Chemie*", EuZW 2013, 586, 588 (Hervorhebung durch den Verfasser).

1133 Zur Frage der Konkretisierung des Primärrechts durch unionales Sekundärrecht vgl. sogleich unter D.V.3.b.

mente zur Aufdeckung von Wettbewerbsverstößen betrachtet[1134], andererseits jedoch auch die Schadensersatzansprüche Kartellgeschädigter als geeignetes Mittel zur Erhöhung der Durchsetzungskraft der Wettbewerbsregeln und zur Aufrechterhaltung eines wirksamen Wettbewerbs qualifiziert[1135]. Der *EuGH* betrachtet *public* und *private enforcement* damit als systematisch gleichrangig, sodass keinem der beiden Durchsetzungsmechanismen ein abstrakt-genereller Vorrang eingeräumt werden kann. Vielmehr sei die Frage, ob den Durchsetzungsinteressen des Geschädigten oder den Geheimhaltungsinteressen der Wettbewerbsbehörde im Einzelfall der Vorrang gebühre, ausschließlich unter Berücksichtigung aller maßgeblichen Umstände der jeweiligen individuellen Rechtssache zu beantworten[1136]. Der *EuGH* hält eine Beantwortung der Frage nach dem Rangverhältnis zwischen *public* und *private enforcement* auf legislativer Ebene damit für ausgeschlossen. Stattdessen verlangt er die Schaffung von Akteneinsichtsregelungen, die es den Gerichten ermöglichen, das Spannungsverhältnis jeweils individuell unter Berücksichtigung der einzelfallbezogenen Interessen und deren Gewicht in der jeweiligen Rechtssache aufzulösen. Eine abstrakt-generelle Lösung im Wege einer legislativen Abwägungsentscheidung betrachtet er hingegen als mit dem unionalen Primärrecht unvereinbar, da dieses die Effektivität von *public* und *private enforcement* gleichermaßen fordert. Eine Auflösung des Spannungsverhältnisses auf legislativer Ebene hätte jedoch einen generellen Vorrang einer der beiden Durchsetzungsformen zur Folge, was der *EuGH* durch das Gebot der Einzelfallabwägung gerade verhindert wissen will. Die Ablehnung einer abstrakt-legislativen Auflösung des Spannungsverhältnisses durch den *EuGH* steht damit der Ansicht, wonach der Richtliniengeber nicht an das Gebot der Einzelfallabwägung gebunden und sich durch die Schaffung einer entsprechenden unionalen Akteneinsichtsregelung über die Vorgaben des *EuGH* hinwegsetzen können soll, ebenfalls entgegen.

Nach alledem ist festzuhalten, dass das Gebot der Einzelfallabwägung keine Konsequenz des Fehlens einer unionalen Akteneinsichtsregelung, sondern vielmehr Ausfluss des unionalen Primärrechts ist und somit auch den europäischen Gesetzgeber bindet. Der unbedingte und unabwägbare Schutz von Kronzeugendokumenten durch die Artt. 6 Abs. 6 lit. a, 7

1134 EuGH, Urt. v. 14.06.2011 - C-360/09 „*Pfleiderer*", EuZW 2011, 598, 599.
1135 EuGH, Urt. v. 14.06.2011 - C-360/09 „*Pfleiderer*" EuZW 2011, 598, 599; EuGH, Urt. v. 06.06.2013 - C-536/11 „*Donau Chemie*", EuZW 2013, 586, 587.
1136 EuGH, Urt. v. 06.06.2013 - C-536/11 „*Donau Chemie*", EuZW 2013, 586, 588.

Abs. 1 steht somit im Widerspruch zu den Ausführungen des *EuGH* in den Entscheidungen *Pfleiderer* und *Donau Chemie* und damit auch im Widerspruch zu unionalem Primärrecht.

b. Sekundärrechtliche Beeinflussung des Primärrechts durch die Richtlinie?

Die Frage nach der Primärrechtswidrigkeit der Artt. 6 Abs. 6 lit. a), 7 Abs. 1 verengte sich im Rahmen der bisherigen wissenschaftlichen Betrachtungen vorrangig auf die Problematik, ob und inwieweit diese mit dem unionalen Primärrecht vor dem Hintergrund der Entscheidungen *Pfleiderer* und *Donau Chemie* in Einklang zu bringen sind. Ein hiervon zu differenzierender, für die Beantwortung der Gesamtproblematik jedoch essentieller Gesichtspunkt, ist die Frage, ob der Richtliniengeber die Möglichkeit besitzt, durch die Schaffung von unionalem Sekundärrecht Einfluss auf das Primärrecht zu nehmen und dadurch die Vorzeichen, unter denen der *EuGH* das Gebot der Einzelfallabwägung schuf, zu ändern. *Roth* formuliert diese Problematik plastisch wie folgt: *„Sind diese Aussagen [des EuGH] als Primärrecht in Stein gemeißelt oder sind sie durch den unionalen Gesetzgeber korrigierbar?"*[1137] Nachdem die bisherige Untersuchung gezeigt hat, dass der absolute Schutz von Kronzeugenunterlagen mit den Ausführungen des *EuGH* zum primärrechtlichen Gebot der Einzelfallabwägung konfligiert[1138], stellt sich nunmehr die Frage, ob der Richtliniengeber durch die Schaffung der Kartellschadensersatzrichtlinie dem wettbewerbsrechtlichen Primärrecht, das Grundlage der Entscheidungen des *EuGH* gewesen ist, eine Prägung verliehen hat, unter deren Wirkung die Ausführungen des *EuGH* als obsolet betrachtet werden müssen. Die bisherige wissenschaftliche Betrachtung der Artt. 6 Abs. 6 lit. a), 7 Abs. 1 berührte diese Fragestellung allenfalls am Rande, ohne ihr jedoch weiter zu folgen bzw. das gefundene Ergebnis dogmatisch zu untermau-

---

1137 *Roth*, ZHR 179, 668, 681.
1138 Vgl. vorhergehend unter D.V.3.a.

ern[1139]. Soweit ersichtlich, hat bisher einzig *Roth*[1140] dieser Frage weitergehende Beachtung geschenkt. Dies überrascht insoweit, als die Problematik der Vereinbarkeit der Artt. 6 Abs. 6 lit. a), 7 Abs. 1 mit der Rechtsprechung des *EuGH* nahezu zwangsläufig zu der Frage überleitet, ob das Fundament dieser Rechtsprechung durch den Richtliniengeber beeinflussbar ist. Die Durchdringung der Wechselwirkungen innerhalb der Trias aus Primärrecht, Sekundärrecht und der Rechtsprechung des *EuGH* ist daher substantiell für die Beurteilung der Primärrechtswidrigkeit des absoluten Schutzes von Kronzeugendokumenten[1141]. Denn eine Primärrechtswidrigkeit kann nur dann angenommen werden, wenn die Ausführungen des *EuGH* für den Richtliniengeber unumstößlich sind.

Für eine sekundärrechtliche Korrektur des Primärrechts lassen sich dabei zweierlei dogmatische Herangehensweisen unterscheiden. Beiden ist gemein, dass die Richtlinie eine mit den das Primärrecht definierenden Ausführungen des *EuGH* identische Wertigkeit aufweisen muss, um diese zu modifizieren bzw. außer Kraft zu setzen. Dies ließe sich einerseits dadurch erreichen, dass man der Richtlinie eine Wirkung zuspricht, die das Primärrecht modifiziert bzw. konkretisiert und damit *de facto* selbst primärrechtlich erscheint[1142]. Andererseits ließe sich den Ausführungen des *EuGH* ein lediglich sekundärrechtlicher Charakter beimessen, sodass sie durch einen entsprechenden Gesetzgebungsakt substituierbar erschienen[1143]. Eine Korrektur des Primärrechts durch den Richtliniengeber wäre demnach im Wege einer „Aufwertung" des Sekundärrechts oder aber durch eine „Abwertung" der Rechtsprechung des *EuGH* denkbar.

1139 So insb. *Schweitzer*, NZKart 2014, 335, 343, die dem Unionsgesetzgeber einen „begrenzten Gestaltungsspielraum" zuspricht und *Palzer*, NZKart 2013, 324, 326, nach dessen Auffassung der Richtliniengeber „die Bewertungsparameter" des EuGH kraft Sekundärrechts verändern können soll. Auch *Fiedler*, BB 2013, 2179, 2184, sieht den Richtliniengeber bei der Ausgestaltung von Zugangsrechten nicht an die Vorgaben des EuGH gebunden, ohne jedoch zu differenzieren, ob dies eine Konsequenz der legislativen Gestaltungsmacht des Richtliniengebers oder eine Folge der fehlenden Bindung an die Ausführungen des EuGH sein soll.

1140 *Roth*, ZHR 179, 668.

1141 So auch *Roth*, ZHR 179, 668, 670.

1142 Nachfolgend unter D.V.3.b.aa.

1143 Sodann unter D.V.3.b.bb. In diesem Sinne auch *Roth*, ZHR 179, 668, 670.

aa. Ausformung des Primärrechts durch Sekundärrecht

Die Ausformung des Primärrechts durch unionales Sekundärrecht bedingt, dass der europäische Gesetzgeber die Befugnis besitzt, mithilfe der in Art. 288 AEUV genannten Rechtsakte verbindlichen Einfluss auf das Primärrecht zu nehmen. Den Ausgangspunkt für die Beantwortung dieser Frage, der bisher von der rechtswissenschaftlichen Literatur vergleichsweise wenig Beachtung geschenkt worden ist[1144], bildet das normenhierarchische Verständnis des Unionsrechts. Es selbst schweigt zu seiner inneren Hierarchie und enthält keine Bestimmungen darüber, in welchem Verhältnis die in ihm enthaltenen Normen zueinander stehen[1145] und ob eine gestalterische Wechselwirkung zwischen ihnen möglich ist. Infolge dessen wird man sich zur Lösung dieser Problematik allein von systematischen Erwägungen leiten lassen müssen. Für das hier relevante Verhältnis zwischen Primär- und Sekundärrecht ist dabei zunächst zu sehen, dass die Verträge den Kernbestandteil des unionalen Primärrechts bilden, das wiederum in der Normenhierarchie an erster Stelle steht und die Verfassung der Union darstellt[1146]. Das Primärrecht ist damit dem Sekundärrecht übergeordnet und bildet somit den Maßstab, an dem unionale Sekundärrechtsakte zu messen sind[1147], was nicht zuletzt durch die Existenz des Instituts der Nichtigkeitsklage gemäß Art. 263 AEUV zum Ausdruck gebracht wird[1148]. Nach allgemeiner Auffassung bildet das Primärrecht damit die Spitze der europäischen Rechtsordnung[1149] und ist kraft dieser Stellung „Grundlage, Rahmen und Grenze" aller unionalen Rechtsakte[1150]. Dieses normenhierarchisch determinierte Rangverhältnis zwischen den Verträgen und den unionalen Rechtsakten bildet dabei jedoch nicht den dogmatischen Schlusspunkt zu der Frage, ob und inwieweit der Richtliniengeber mithilfe des Sekundärrechts Einfluss auf das Primärrecht nehmen kann und darf. Vielmehr ist dieses Subordinationsverhältnis das Einfallstor jener Frage, denn nur dann, wenn ein normenhierarchisches Gefälle besteht,

---

1144 *Nettesheim*, EuR 2006, 737, 755.
1145 *Nettesheim*, EuR 2006, 737, 740.
1146 Dauses/*Bleckmann*/*Pieper*, Handbuch EU-Wirtschaftsrecht, B.I.2. Rn. 2.
1147 *Schiff*, EuZW 2015, 899, 901.
1148 *Roth*, ZHR 179, 668, 675.
1149 *Roth*, ZHR 179, 668, 675; Von der Groeben/Schwarze/Hatje/*Gaitanides*, AEUV Art. 263 Rn. 139; *Nettesheim*, EuR 2006, 737, 746.
1150 EuGH, Urt. v. 05.10.1978 - Rs. C-26/78 „*Viola*".

wird die Frage nach einer aufsteigenden Gestaltungsmacht überhaupt virulent.

Ausgehend vom Vorrang und der Maßgeblichkeit der Verträge gegenüber den unionalen Rechtsakten stellt sich die Frage, ob und inwieweit der europäische Gesetzgeber durch die Kartellschadensersatzrichtlinie auf den Inhalt des primären Wettbewerbsrechts Einfluss zu nehmen vermag. Zunächst ließe sich die Überlegung einer Auslegungs- bzw. Definitionsprärogative zugunsten des Richtliniengebers anstellen. Hierdurch würde er ermächtigt, das Primärrecht durch die Schaffung konkretisierender Sekundärrechtsakte auszuformen und hierdurch verbindliche Vorgaben für dessen Verständnis zu schaffen. Nach dieser Vorstellung würde das Sekundärrecht schlussendlich auch primärrechtliche Wirkung entfalten, indem es das Primärrecht unmittelbar definiert. Dem steht jedoch bereits aus methodischer Sicht entgegen, dass das Verfassungsrecht als Korsett des einfachen Gesetzgebers nicht zu dessen Disposition steht, da andernfalls ein systemwidriger Zirkelschluss entstünde, der den Vorrang und die Funktion des Verfassungsrechts unterminierte. Ließe man eine unmittelbare Ausformung des Primärrechts durch den Richtliniengeber zu, zöge der verfassungsrechtlich zu überprüfende Rechtsakt seine Grenzen durch sich selbst und der Richtliniengeber wäre in der Lage, den rechtlichen Maßstab, an dem seine Handlungen gemessen werden, selbst zu bestimmen. Aufgrund dessen darf eine Norm, die sich in den Grenzen einer übergeordneten Bestimmung bewegen muss, diese nicht ihrerseits definieren[1151]. Aufgrund dessen ist eine Definition des übergeordneten Primärrechts durch den Richtliniengeber bereits aus methodischer Sicht abzulehnen[1152]. Der unionale Gesetzgeber ist nicht in der Lage, sekundärrechtliche Rechtsakte zu schaffen, die das Primärrecht definieren und damit *de facto* selbst primärrechtlich wirken, da das Primärrecht nicht zu seiner Disposition steht[1153].

Neben der abzulehnenden Definition des Primärrechts durch das Sekundärrecht erscheint es weiterhin denkbar, dass die Vorgaben des Primärrechts durch sekundärrechtliche Rechtsakte lediglich eine Konkretisierung erfahren und der Gesetzgeber auf diese Weise Einfluss auf die europäische Verfassung nimmt. Die Unterscheidung zu der zuvor dargestellten primärrechtlichen Wirkung der Sekundärrechtsakte liegt darin, dass der Gesetz-

---

1151 Vgl. zu diesem allgemeinen Verständnis nur *Nettesheim*, EuR 2006, 737, 753.
1152 *Nettesheim*, EuR 2006, 737, 753.
1153 So im Ergebnis auch *Roth*, ZHR 179, 668, 676, 680 sowie *Nettesheim*, EuR 2006, 737, 754.

geber die übergeordnete Bestimmung nicht unmittelbar charakterisiert, sondern lediglich nachrangiges Recht schafft, anhand dessen die gefundene Auslegung der Primärrechtsnorm überprüft wird. Der Rechtsakt wirkt demnach nicht präventiv, sondern reaktiv auf das Primärrecht ein. Für eine solche Orientierung der verfassungsrechtlichen Auslegung anhand des Verständnisses des einfachen Gesetzgebers im Sinne einer gesetzeskonformen Verfassungsauslegung[1154] finden sich sowohl in der rechtswissenschaftlichen Literatur als auch in der Rechtsprechung des *EuGH* entsprechende Ansätze. *Nettesheim* führt hierzu aus, der *EuGH* als die das Primärrecht prägende Institution müsse den politischen Willen des Gesetzgebers berücksichtigen und dem Gebot der richterlichen Zurückhaltung gegenüber der Rechtssetzung entsprechen[1155], denn Verfassungsauslegung dürfe sich nicht im „luftleeren Raum" abspielen[1156]. Stattdessen trage eine korrelative Konformauslegung der Wechselbeziehung zwischen höherrangigem und ausgestaltendem Recht sowie der Prärogative des Gesetzgebers zur Ausgestaltung offener Verfassungsnormen Rechnung[1157]. Eine solche sekundärrechtskonforme Auslegung des Primärrechts nimmt auch der *EuGH* in einer Vielzahl seiner Entscheidungen vor[1158]. In der Rechtssache *Förster*[1159] urteilte er, dass das abstrakte Erfordernis eines gewissen Grades an Integration in die Gesellschaft, das nach der Entscheidung *Bidar* gemäß Art. 18 Abs. 1 AEUV von den Mitgliedstaaten an Studenten aus anderen Mitgliedstaaten zur Gewährung eines Unterhaltsstipendiums gestellt werden dürfe[1160], eine zulässige Konkretisierung durch Art. 16 Abs. 1 RL 2004/38 erfahren habe. Die zentrale Frage der Rechtssache *Förster* war, ob für den Beleg des erforderlichen Integrationsgrades der Nachweis eines fünfjährigen Aufenthaltes gefordert werden kann[1161]. Ob-

---

1154 Die Begrifflichkeit geht zurück auf *Hesse*, Grundzüge des Verfassungsrechts der Bundesrepublik Deutschland, 33.

1155 Dies betonend auch Grabitz/Hilf/*Pernice/Mayer*, EGV Art. 220 Rn. 52.

1156 *Nettesheim*, EuR 2006, 737, 754.

1157 *Nettesheim*, EuR 2006, 737, 755; Grabitz/Hilf/*Pernice/Mayer*, EGV Art. 220 Rn. 52.

1158 Grabitz/Hilf/*Pernice/Mayer*, EGV Art. 220 Rn. 52 mit Verweis auf EuGH, Urt. v. 12.12.1974 - Rs. C-36/74 „*Walrave*"; Urt. v. 24.10.1978 - Rs. C-15/78 „*Koestler*"; Urt. v. 12.10.1978 - Rs. C-13/78 „*Eggers*"; Urt. v. 06.04.1962 - Rs. C-13/61 „*Bosch*".

1159 EuGH, Urt. v. 18.11.2008 - Rs. C-158/07 „*Förster*", EuZW 2009, 44.

1160 EuGH, Urt. v. 15.03.2005 - Rs. C-209/03 „*Bidar*" Rn. 59.

1161 Roth, ZHR 179, 668, 679.

wohl die RL 2004/38 im konkreten Fall keine Anwendung fand, orientierte sich der *EuGH* zur Ausfüllung des Begriffs der ausreichenden Integration an der Fünf-Jahres-Regelung gemäß Art. 16 Abs. 1 RL 2004/38 und erachtete diese sekundärrechtliche Frist als hinreichenden Nachweis eines Mindestmaßes an Integration[1162]. Der *EuGH* stützte sich demnach zur Ausfüllung eines von ihm anhand des Primärrechts geschaffenen abstrakten Erfordernisses auf die konkretisierende Wertentscheidung des einfachen Gesetzgebers[1163]. Ähnlich verhielt es sich in der Rechtssache *Walrave*[1164]. Hierin bestimmte der *EuGH* die Reichweite des Diskriminierungsverbotes gemäß damaliger Artt. 7, 48, 59 EGV (nunmehr Art. 18 AEUV) anhand des Art. 7 Abs. 4 VO 1612/68 und kam zu dem Ergebnis, dass die Grundfreiheiten nicht nur hoheitliche Entscheidungsträger, sondern auch bestimmte private Vereinigungen binden[1165]. Er zog auch hier zur Konkretisierung einer primärrechtlichen Normierung eine Bestimmung des einfachen unionalen Rechts heran. Bereits diese beispielhafte Betrachtung[1166] zeigt, dass der *EuGH* bei der konkretisierenden Auslegung primärrechtlicher Bestimmungen regelmäßig die Wertungsentscheidungen des einfachen Gesetzgebers heranzieht und das Ergebnis seiner Auslegung entlang des Sekundärrechts überprüft[1167].

Im Hinblick auf die Primärrechtswidrigkeit der Artt. 6 Abs. 6 lit. a), 7 Abs. 1 stellt sich vor diesem Hintergrund die Frage, ob der unbedingte Schutz der Kronzeugenerklärungen, wie ihn die Richtlinie vorschreibt, zu einer Konkretisierung des Primärrechts führt, die von den Feststellungen des *EuGH* in den Entscheidungen *Pfleiderer* und *Donau Chemie* abweicht. Im Lichte der dargestellten sekundärrechtskonformen Auslegung des Primärrechts bedeutete dies, dass der *EuGH* die Auflösung des Spannungsverhältnisses zwischen *private* und *public enforcement* und die Frage nach dem Vorrang eines der beiden Durchsetzungsmechanismen im Bereich des Kronzeugenschutzes zukünftig anhand der in Artt. 6 Abs. 6 lit. a), 7 Abs. 1 zum Ausdruck gebrachten Wertentscheidung des Unionsgesetzgebers zu

---

1162 EuGH, Urt. v. 18.11.2008 - Rs. C-158/07 *„Förster"*, EuZW 2009, 44, 46.
1163 In diesem Sinne auch *Roth*, ZHR 179, 668, 679 sowie *Lindner*, NJW 2009, 1047, 1048.
1164 EuGH, Urt. v. 12.12.1974 - Rs. C-36/74 *„Walrave"*.
1165 *Nettesheim*, EuR 2006, 737, 755.
1166 Zu weiteren Entscheidungen vgl. die Rechtsprechungsnachweise in Fn. 1158.
1167 So auch das Verständnis von *Roth*, ZHR 179, 668, 679 sowie *Nettesheim*, EuR 2006, 737, 755.

beantworten hätte bzw. sich hieran orientieren könnte. Auch die Europäische Kommission hat sich bei der Schaffung der Kartellschadensersatzrichtlinie offensichtlich von diesem dogmatischen Verständnis leiten lassen. Ihr zufolge stellen die Artt. 6 Abs. 6 lit. a), 7 Abs. 1 eine Konkretisierung des Spannungsverhältnisses zwischen den widerstreitenden Interessen dar[1168]. Zweifelsohne wird man dem unionalen Gesetzgeber auch im Bereich des Wettbewerbsrechts einen legislativen Gestaltungsspielraum zu erkennen müssen, denn auch seine Gesetzgebungsgewalt wurzelt gemäß Art. 288 AEUV im unionalen Primärrecht. Dem Unionsgesetzgeber obliegt damit ein primärrechtlicher Gesetzgebungsauftrag kraft der Verträge, auf dessen Grundlage er Wertentscheidungen treffen kann und muss. Die ureigenste Aufgabe des Gesetzgebers besteht in der Gewährleistung von Rechtsfrieden und Rechtssicherheit durch die Schaffung verbindlicher Rechtsnormen, die seiner Wertentscheidung verbindlichen Ausdruck verleihen. Spräche man dem unionalen Gesetzgeber einen solchen Gestaltungsspielraum ab, würde die Funktion des *EuGH* von einer rechtswahrenden zu einer rechtssetzenden verlagert. Dies wäre mit dem Prinzip der Gewaltenteilung, dem grundsätzlich auch die Europäische Union verpflichtet ist, unvereinbar. Auch im Bereich des Wettbewerbsrechts wird man dem Richtliniengeber daher unweigerlich einen legislativen Gestaltungsspielraum zugestehen müssen. Dass damit auch eine Konkretisierung des Primärrechts einhergehen kann, zeigt bereits die Regelung des Art. 103 AEUV, die auch paritätische Ermächtigungsgrundlage der Kartellschadensersatzrichtlinie ist[1169]. Art. 103 AEUV ermächtigt den Unionsgesetzgeber zur Schaffung von Durchführungsbestimmungen, die der Verwirklichung der in Artt. 101 und 102 AEUV niedergelegten Grundsätze dienen sollen. Hierdurch soll der materiell-rechtliche Gehalt der Artt. 101 und 102 AEUV konkretisiert und handhabbar werden[1170]. Art. 103 AEUV vermittelt dem Unionsgesetzgeber damit einen primärrechtlich verankerten Gestaltungsspielraum zur Ausfüllung des durch Artt. 101 und 102 AEUV gesetzten Rahmens[1171]. Dies darf jedoch nicht den Blick darauf verstellen, dass sich der Unionsgesetzgeber dabei in jenem Korridor bewegen muss, den die Artt. 101 und 102 AEUV und die sie konkretisierende Rechtsprechung des *EuGH* vorgeben. Dies ist jedoch hinsichtlich des ab-

---

1168 *Schweitzer*, NZKart 2014, 335, 343.
1169 Vgl. Erwägungsgrund 8 der Richtlinie.
1170 Grabitz/Hilf/Nettesheim/*Ludwigs*, AEUV Art. 103 Rn. 3.
1171 *Roth*, ZHR 179, 668, 680.

soluten Schutzes von Kronzeugendokumenten gemäß der Artt. 6 Abs. 6 lit. a), 7 Abs. 1 nicht der Fall. Er zielt darauf ab, sowohl den innerprozessualen als auch den vorprozessualen Zugriff auf Kronzeugendokumente zu verhindern bzw. fruchtlos werden zu lassen[1172]. Der Richtliniengeber will Kartellgeschädigten den Zugriff auf zentrale Beweismittel versagen und das Spannungsverhältnis damit einseitig zugunsten des *public enforcement* auflösen. Dies entspricht jedoch nicht dem Instrument der sekundärrechtskonformen Auslegung des Primärrechts, denn in jenen Fällen, in denen sich der *EuGH* bei der Auslegung des Primärrechts an den Wertungsentscheidungen des Unionsgesetzgebers orientierte, hatte der Rechtsakt des Gesetzgebers lediglich eine Konkretisierung des primärrechtlich vorgegebenen Rahmens zum Gegenstand, die den abstrakten materiell-rechtlichen Gehalt des Primärrechts handhabbar machen sollte. Anders liegt der Fall jedoch hinsichtlich der Artt. 6 Abs. 6 lit. a), 7 Abs. 1. Sie dienen nicht dazu, den primärrechtlich vorgezeichneten Rahmen zu konkretisieren. Vielmehr verlässt der Unionsgesetzgeber diesen Rahmen, indem er das Gebot der Einzelfallabwägung missachtet und sich damit in Widerspruch zur Rechtsprechung des *EuGH* und dem hierin zum Ausdruck gebrachten Gehalt des Art. 101 AEUV setzt. Eine Auslegung des Primärrechts anhand des unionalen Sekundärrechts muss jedoch dort seine Grenze finden, wo der Unionsgesetzgeber nicht mehr konkretisierend tätig wird, sondern *contra legem* gestaltet. Denn obschon man dem Gesetzgeber zweifelsohne einen legislativen Gestaltungsspielraum zugestehen muss, ermächtigt ihn diese Gestaltungsmacht nicht zur Schaffung von Bestimmungen, die dem Wesensgehalt des Primärrechts, wie ihn der *EuGH* bestimmt hat, zuwiderlaufen. Soweit der Richtliniengeber Rechte beschneidet, die nach der Auffassung des *EuGH* primärrechtlich verankert sind, bewegt er sich außerhalb des ihm zustehenden Gestaltungsermessens. In diesem Falle kann und darf keine Orientierung anhand des Sekundärrechts erfolgen, da andernfalls die Funktion des *EuGH* als Kontrolleur des Richtliniengebers leer liefe[1173]. Die konkretisierende Wirkung des Sekundärrechts endet dort, wo das einfache Recht die Verfassung nicht mehr konkretisiert, sondern entgegen ihres judiziell festgestellten Gehaltes limitiert.

Hinsichtlich des unbedingten Schutzes der Kronzeugendokumente gemäß der Artt. 6 Abs. 6 lit. a), 7 Abs. 1 bedeutet dies das Folgende: Der

---

1172 Vgl. hierzu ausführlich unter D.I.2.
1173 Mit vergleichbarer Argumentation auch *Nettesheim*, EuR 2006, 737, 756.

EuGH hat in den Entscheidungen *Pfleiderer* und *Donau Chemie* geurteilt, dass der Zugang zu Kronzeugendokumenten der wirksamen Durchsetzung der durch Art. 101 AEUV verbürgten Rechte dient, das Gebot der Einzelfallabwägung findet seine Grundlage somit unmittelbar im unionalen Primärrecht[1174]. Wird dieses primärrechtlich verankerte Gebot der Einzelfallabwägung durch den Richtliniengeber missachtet, handelt es sich nicht mehr um eine Konkretisierung des primärrechtlich vorgezeichneten Rahmens. Vielmehr beschneidet der Unionsgesetzgeber Rechte der Geschädigten, die ihnen Kraft der Verträge zur Seite stehen und setzt sich in diametralen Widerspruch zum Primärrecht. In diesem Falle muss die Normenhierarchie des Unionsrechts uneingeschränkte Geltung beanspruchen, indem der *EuGH* die Wiederherstellung der primärrechtlich verankerten Interessenlage gewährleistet. Denn insbesondere dort, wo die politische Beschneidung primärrechtlicher Interessen vollzogen wird, kann der *EuGH* als Kontrollinstanz des Unionsgesetzgebers nicht an dessen Wertentscheidungen zurückgebunden sein[1175]. Eine Konkretisierung des primärrechtlichen Wettbewerbsrechts durch die Artt. 6 Abs. 6 lit. a), 7 Abs. 1 ist damit im Ergebnis abzulehnen, da sich der Unionsgesetzgeber mit der Normierung eines absoluten Schutzes von Kronzeugenerklärungen in Widerspruch zu dem materiell-rechtlichen Gehalt der Artt. 101 und 102 AEUV setzt und sich somit außerhalb der Grenzen seines legislativen Gestaltungsspielraums bewegt[1176].

1174 Vgl. hierzu ausführlich unter D.V.3.a.

1175 In diesem Sinne auch *Nettesheim*, EuR 2006, 737, 757, der zutreffend auf die schwierige Frage hinweist, wie Maß und Grenzen der „umgekehrten Konformauslegung" bestimmt werden können und in Anlehnung an *John Hart Ely* die „Rolle der Verfassungsgerichtsbarkeit vor allem dort sieht, wo es um den Schutz und die Durchsetzung von Werten und Interessen geht, die im politischen Prozess aufgrund inhaltlicher oder strukturell-institutioneller Gegebenheiten keine angemessene Berücksichtigung finden".

1176 So im Ergebnis auch *Schweitzer*, NZKart 2014, 335, 343, die den Gestaltungsspielraum des Richtliniengebers ohne tiefergehende Begründung als überschritten ansieht. Eine primärrechtsprägende Wirkung der Kartellschadensersatzrichtlinie im Allgemeinen ablehnend auch *Roth*, ZHR 179, 668, 680, dies jedoch auf Grundlage allgemeiner Erwägungen hinsichtlich der rechtspolitischen Wandelbarkeit des Wettbewerbsrechts. Hinsichtlich des absoluten Kronzeugenschutzes hingegen sei eine Ausformung im Wege des Sekundärrechts möglich, da die Aussagen des EuGH zum Gebot der Einzelfallabwägung keinen primärrechtlichen Charakter besäßen, *Roth*, ZHR 179, 668, 688, vgl. hierzu bereits unter D.V. 2.b.

bb. Sekundärrechtliche Wirkung der Rechtsprechung des EuGH

Neben einer Konkretisierung der primärrechtlichen Wettbewerbsvorschriften durch die Kartellschadensersatzrichtlinie ließe sich die dogmatische Überlegung anstellen, den Ausführungen des *EuGH* in den Entscheidungen *Pfleiderer* und *Donau Chemie* eine lediglich sekundärrechtliche Wirkung beizumessen, sodass sie durch anderslautende Rechtsakte des Richtliniengebers korrigierbar erschienen. Eine solche „Abwertung" hätte die normenhierarchische Konsequenz, dass die Feststellungen des *EuGH* eine funktionale Äquivalenz zu den unionalen Rechtsakten aufwiesen und infolge dessen durch diese substituiert werden könnten. Einen solchen Ansatz vertritt *Roth*, der den Aussagen des *EuGH* eine die Gesetzgebung im Sinne von Art. 103 AEUV ersetzende Wirkung beimessen will[1177]. Nach seiner Auffassung nimmt die Rechtsprechung des *EuGH* solange die Rolle des konkretisierenden Sekundärrechts ein, bis der Unionsgesetzgeber von seiner Gestaltungsmacht gemäß Art. 103 AEUV Gebrauch macht. Für eine solche sekundärrechtliche Wirkung der Aussagen des *EuGH* führt *Roth* die Entscheidung *Walt Wilhelm*[1178] zu Felde. Hierin hatte der *EuGH* die Aussage getroffen, dass die mitgliedstaatlichen Kartellbehörden auch dann nach nationalem Recht gegen ein Kartell vorgehen könnten, wenn bei der Kommission bereits ein Kartellverfahren anhängig sei. Dies gelte jedoch nur solange, bis eine auf Grundlage von Art. 87 Abs. 2 lit. e) EWGV (nunmehr Art. 103 Abs. 2 lit. e] AEUV) ergangene Verordnung eine abweichende Regelung treffe[1179]. Diesen Gedanken einer vorrangigen Regelung durch den europäischen Gesetzgeber will *Roth* auf den Regelungskomplex des *private enforcement* übertragen, indem seine Ausgestaltung primär in die Hände des Unionsgesetzgebers gelegt werden und dieser insbesondere auch das Zusammenspiel zwischen öffentlich-rechtlicher und privatrechtlicher Kartellrechtsdurchsetzung justieren und fortentwickeln können soll[1180]. Dabei weist *Roth* jedoch darauf hin, dass bei der Rechtsprechung des *EuGH* zum *private enforcement* zwischen dem verfassungsrechtlich Gebotenen und denjenigen Aussagen, die durch den Gesetzgeber korrigierbar seien, unterschieden werden müsse[1181]. Einen primärrechtlichen

---

1177 *Roth*, ZHR 179, 668, 681 f.
1178 EuGH, Urt. v. 13.02.1969 - Rs. C-14/68 „*Walt Wilhelm*".
1179 EuGH, Urt. v. 13.02.1969 - Rs. C-14/68 „*Walt Wilhelm*" Rn. 9.
1180 *Roth*, ZHR 179, 668, 683.
1181 *Roth*, ZHR 179, 668, 682.

Charakter will er dabei nur den Kernaussagen des *EuGH* beimessen und im Übrigen die Feststellungen des Gerichts - ähnlich der Entscheidung *Walt Wilhelm* - als durch den Unionsgesetzgeber korrigierbar ansehen[1182]. Zweiteres soll auch für die Erwägungen in den Rechtssachen *Pfleiderer* und *Donau Chemie* gelten, die lediglich das nationale Recht zum Gegenstand gehabt hätten und unter den Vorbehalt einer unionalen Regelung gestellt worden seien, sodass sie keinen primärrechtlichen Charakter aufwiesen und mithin korrigierbar seien[1183].

Der Ansicht von *Roth* ist dabei zunächst entgegenzuhalten, dass es für eine sekundärrechtliche Wirkung der Feststellungen des *EuGH* bereits an einer dogmatischen Grundlage mangelt. Die Entscheidungen in den Rechtssachen *Pfleiderer* und *Donau Chemie* ergingen im Wege des Vorabentscheidungsverfahrens gemäß Art. 267 lit. a) AEUV, wonach der *EuGH* über die Auslegung der Verträge befindet. Entscheidungsgegenstand ist damit das Primärrecht selbst, dessen Sinn und Tragweite durch das Gericht im Rahmen der Vorlagefrage bestimmt werden[1184]. Da das Vorabentscheidungsverfahren zuvörderst der Einheit und der Einhaltung des Unionsrechts dient[1185], ist der Auslegung des Primärrechts durch den *EuGH* zwingend primärrechtliche Wirkung beizumessen, denn die Wahrung der unionalen Rechtsordnung bedingt insbesondere auch die Achtung der Verträge durch den Unionsgesetzgeber. Auch wenn eine nationale Bestimmung den Vorlagegegenstand bildet, so bindet doch die gefundene Auslegung des Primärrechts auch den europäischen Gesetzgeber[1186]. Etwas anderes gilt lediglich in jenen Fällen, in denen der Unionsgesetzgeber kraft der Verträge ausdrücklich dazu ermächtigt ist, die jeweilige Vorlagefrage eigenständig einfachgesetzlich zu regeln. So lagen die Dinge in der von *Roth* exemplarisch angeführten Rechtssache *Walt Wilhelm*. Der *EuGH* entschied hierin die Frage nach dem Verhältnis zwischen unionalem und nationalem Wettbewerbsrecht anhand des Primärrechts, jedoch mit ausdrücklichem Hinweis auf die vorrangige Gestaltungsprärogative gemäß Art. 87 Abs. 2 lit. e) EWGV (nunmehr Art. 103 Abs. 2 lit. e] AEUV). In diesem

---

1182 *Roth*, ZHR 179, 668, 683.
1183 *Roth*, ZHR 179, 668, 688.
1184 Grabitz/Hilf/Nettesheim/*Karpenstein*, AEUV Art. 267 Rn. 104.
1185 Grabitz/Hilf/Nettesheim/*Karpenstein*, AEUV Art. 267 Rn. 2; EuGH, Urt. v. 16.01.1974 - Rs. C-166/73 „*Rheinmühlen II*".
1186 Vgl. zur Erstreckung der Urteile Pfleiderer und Donau Chemie auf den Richtliniengeber ausführlich unter D.V.3.a.

Falle war der Unionsgesetzgeber jedoch bereits primärrechtlich zur Regelung eben dieser Frage ermächtigt, sodass die Rechtsprechung des *EuGH* zurücktreten muss, sobald der Unionsgesetzgeber von seiner primärrechtlich verankerten Gestaltungsmacht Gebrauch macht. Dem kann jedoch nicht entnommen werden, dass der *EuGH* selbst seiner Rechtsprechung eine lediglich sekundärrechtliche Wirkung beigemessen hätte. Denn es ist nicht überzeugend, dem Gericht einen Willen zur Konkretisierung des höherrangigen Rechts durch den Gesetzgeber entnehmen zu wollen, wenn und soweit das Gericht in seinen Ausführungen lediglich die Vorgaben des Primärrechts wiedergibt. Demnach sind die Ausführungen des *EuGH* in der Entscheidung *Walt Wilhelm*, in der das Gericht das von ihm gefundene primärrechtliche Ergebnis unter die auflösende Bedingung einer anderweitigen Regelung durch den Unionsgesetzgeber stellte, nicht auf den vorliegenden Fall übertragbar, da die vorrangige Gestaltungsmacht des Unionsgesetzgebers in der Rechtssache *Walt Wilhelm* bereits primärrechtlich determiniert war. Stattdessen bilden die Feststellungen des *EuGH* in den Entscheidungen Pfleiderer und Donau Chemie den verfassungsrechtlichen Korridor, in dem sich der Richtliniengeber bei der einfachgesetzlichen Ausgestaltung des *private enforcement* bewegen muss. Dies folgt bereits aus dem Wortlaut des Art. 103 Abs. 1 AEUV, wonach die Richtlinien und Verordnungen *„zur* Verwirklichung[1187] *der in den Artikeln 101 und 102 niedergelegten Grundsätze"* erlassen werden. Eben jene Grundsätze, also der materiell-rechtliche Gehalt der Artt. 101 und 102 AEUV, werden jedoch durch den *EuGH* bestimmt. Dem Unionsgesetzgeber obliegt sodann die wirksame Ausgestaltung dieser durch das Gericht gefundenen Auslegung. Es entspricht jedoch nicht mehr dem Sinn einer Verwirklichung, wenn sich der Richtliniengeber in Widerspruch zu einem durch den *EuGH* geschaffenen und primärrechtlich indizierten Grundsatz, nämlich dem Gebot der Einzelfallabwägung, setzt.

Selbst wenn man mit *Roth* eine sekundärrechtliche Wirkung der Aussagen des *EuGH* für möglich hielte, so müssten die Feststellungen des Gerichts hinsichtlich der vorzunehmenden Einzelfallabwägung bei der Unterscheidung zwischen dem verfassungsrechtlich Gebotenen und Korrigierbaren[1188] letztlich ersterem zugeordnet werden, denn der *EuGH* betrachtet die Möglichkeit des Zugriffs auf Beweismittel als tragende Säule der

---

1187 Hervorhebung durch den Verfasser.
1188 Hierzu *Roth*, ZHR 179, 668, 682.

wirksamen Durchsetzung insbesondere des Art. 101 AEUV[1189]. Die effektive Durchsetzbarkeit eines Rechts gehört zweifellos zu den verfassungsrechtlich gebotenen Grundsätzen einer jeden Rechtsordnung. Soweit der *EuGH* demnach den aus Art. 101 AEUV erwachsenden Schadensersatzanspruch als tragende Säule der Durchsetzung des Kartellverbotes und damit als primärrechtlich zwingend erachtet, so muss dies auch für die Möglichkeit des Zugriffs auf Kronzeugenerklärungen als Beweismittel gelten, die wiederum maßgeblich für die Durchsetzung dieses Schadensersatzanspruches sind. Unabhängig davon, inwieweit man die Einzelfragen des *private enforcement* in ihren zahlreichen Verästelungen als durch den Richtliniengeber gestaltbar bzw. korrigierbar ansieht, wird man die Aussagen des *EuGH* zum Gebot der Einzelfallabwägung als primärrechtlich verankert und damit als für den Richtliniengeber unumstößlich betrachten müssen.

cc. Zwischenergebnis

Das wettbewerbsrechtliche Primärrecht, das Grundlage und Gegenstand der Entscheidungen *Pfleiderer* und *Donau Chemie* gewesen ist, hat durch die Artt. 6 Abs. 6 lit. a), 7 Abs. 1 keine Modifizierung zu Gunsten des Unionsgesetzgebers erfahren. Weder steht das Primärrecht zur Disposition des Richtliniengebers, noch wird sich die Auslegung der Artt. 101, 102 AEUV durch den *EuGH* zukünftig an den Vorstellungen des Richtliniengebers über den Schutz von Kronzeugendokumenten zu orientieren haben. Auch eine sekundärrechtliche Wirkung der Feststellungen des *EuGH* ist abzulehnen, sodass diese nicht durch die Artt. 6 Abs. 6 lit. a), 7 Abs. 1 substituierbar sind.

4. Ergebnis

Der *EuGH* hat in den Entscheidungen *Pfleiderer* und *Donau Chemie* auf Grundlage des unionalen Primärrechts für die Offenlegung von kartellprivatrechtlichen Beweismitteln das Gebot der Einzelfallabwägung geschaffen. Das hieraus erwachsende Verbot einer starren Dokumentenzugangsregelung ohne die Möglichkeit einer einzelfallbezogenen Interessenabwä-

---

1189 Siehe hierzu ausführlich unter D.V.3.a.

gung durch das erkennende Gericht bindet dabei nicht nur die Mitgliedstaaten, sondern auch den Unionsgesetzgeber als Adressaten des Primärrechts. Die Artt. 6 Abs. 6 lit. a), 7 Abs. 1 enthalten einen unabwägbaren Schutz zugunsten der Kronzeugendokumente und bilden somit eine starre Zugangsregelung zu Lasten der Kartellgeschädigten. Dieser unbedingte Schutz von Kronzeugenerklärungen konfligiert mit dem materiell-rechtlichen Gehalt der Artt. 101, 102 AEUV und dem Effektivitätsgrundsatz und ist damit vor dem Hintergrund der Ausführungen des *EuGH* als primärrechtswidrig zu qualifizieren. Diese Primärrechtswidrigkeit entfällt dabei nicht durch eine sekundärrechtliche Ausformung des Primärrechts kraft der Kartellschadensersatzrichtlinie, denn das Gebot der Einzelfallabwägung wurzelt unmittelbar im unionalen Primärrecht, das nicht zur Disposition des Richtliniengebers steht. Auch eine Konformauslegung des Primärrechts anhand der Kartellschadensersatzrichtlinie ist abzulehnen, da die Artt. 6 Abs. 6 lit. a), 7 Abs. 1 den primärrechtlich vorgezeichneten Rahmen verlassen und infolge dessen nicht mehr konkretisierend wirken. Schlussendlich ist den Feststellungen des *EuGH* über den Zugang zu Kronzeugendokumenten keine lediglich sekundärrechtliche Wirkung beizumessen, sodass die Wertentscheidungen des Richtliniengebers in Gestalt der Artt. 6 Abs. 6 lit. a), 7 Abs. 1 nicht an die Stelle der Erwägungen des *EuGH* treten können.

VI. Verletzung des unionalen Rechts auf Beweis

Die Artt. 6 Abs. 6 lit. a), 7 Abs. 1 der Kartellschadensersatzrichtlinie untersagen Kartellgeschädigten eine beweisrechtliche Einführung von Kronzeugendokumenten in das kartellschadensersatzrechtliche Verfahren. Der unionale Gesetzgeber hat sich somit zur Vorenthaltung eines zentralen Beweismittels des kartellrechtlichen Schadensersatzrechts entschieden. Neben der Problematik der Vereinbarkeit dieser Wertentscheidung mit dem materiell-rechtlichen Gehalt der Artt. 101 und 102 AEUV und den Feststellungen des *EuGH* in den Entscheidungen *Pfleiderer* und *Donau Chemie*[1190] erscheint es aus einem verfahrensrechtlichen Blickwinkel fraglich, ob und inwieweit die Legislative ermächtigt ist, einer Prozesspartei relevante Beweismittel zu entziehen bzw. vorzuenthalten und hierdurch die er-

---

1190   Vgl. vorangehend unter D.V.

folgreiche Prozessführung zu erschweren. In diesem Kontext rückt das sogenannte Recht auf Beweis in den Fokus. Im Sinne der lateinischen
Rechtsregel *facultas probationum non est angustanda*[1191] beschreibt das
Recht auf Beweis die Möglichkeit der Prozessbeteiligten, die ihrem Vortrag zugrunde liegenden Tatsachen vor Gericht unter Beweis zu stellen[1192].
Vor dem Hintergrund dieses essentiellen Verfahrensrechts stellt sich hinsichtlich der Artt. 6 Abs. 6 lit. a), 7 Abs. 1 die Frage, ob der Richtliniengeber legitimiert ist, Kartellgeschädigten ein essentielles Beweismittel zugunsten behördlicher und damit staatlicher Interessen in rechtmäßiger
Weise zu entziehen oder ob Kartellgeschädigten ein Recht auf die prozessuale Nutzbarmachung von Kronzeugendokumenten als Beweismittel zur
Seite steht. Diese Fragestellung ist in der wissenschaftlichen Diskussion
um die Rechtmäßigkeit der Artt. 6 Abs. 6 lit. a), 7 Abs. 1 bisher unberücksichtigt geblieben. Einzig die Schlussanträge der Generalanwälte *Mazák*
und *Jääskinen* in den Rechtssachen *Pfleiderer*[1193] und *Donau Chemie*[1194]
tangieren diese Problematik in der Peripherie, soweit die Generalanwälte
in der Zurückhaltung von Kronzeugendokumenten eine Beeinträchtigung
des Anspruchs auf effektiven Rechtsschutz gemäß Art. 47 Abs. 1 GrCh er-
blicken wollen. Die nachfolgende Untersuchung soll daher Aufschluss
über die Frage geben, ob die Artt. 6 Abs. 6 lit. a), 7 Abs. 1 eine unzulässige Beeinträchtigung des Rechts auf Beweis der Kartellgeschädigten darstellen. Hierzu wird das Recht auf Beweis zunächst im Hinblick auf seine
inhaltliche Reichweite und dogmatischen Grundlagen im nationalen Recht
dargestellt. Hieran schließt sich die Frage an, ob dieses Rechtsinstitut auch
auf europäischer Ebene verankert ist und eine Bindung des unionalen Gesetzgebers bewirkt. Sodann wird die Frage untersucht, inwieweit Artt. 6
Abs. 6 lit. a), 7 Abs. 1 eine Einschränkung des unionalen Rechts auf Beweis mit sich bringen und ob diese Beschränkung zugunsten des Schutzes
der Kronzeugenprogramme gerechtfertigt erscheint.

1191 Die Möglichkeit, etwas zu beweisen, darf nicht eingeengt werden, Cod. Just. 1,
      5, 21 § 3, vgl. *Diakonis*, Grundfragen der Beweiserhebung, 45.
1192 MüKoZPO/*Prütting*, § 284 Rn. 18; grundlegend hierzu *Habscheid*, ZZP 96, 306,
      308.
1193 Schlussanträge des GA *Mazák* vom 16.12.2010 in der Rs. C-360/09 „*Pfleide-
      rer*", BeckRS 2010, 91455 Rn. 37.
1194 Schlussanträge des GA *Jääskinen* vom 07.02.2013 in der Rs. C-536/11 „*Donau
      Chemie*", BeckRS 2013, 80258 Rn. 65.

1. Das Recht auf Beweis

Das Recht auf Beweis bildet eine Rechtsfigur, die bisher insbesondere im Hinblick auf die nationale Rechtsordnung beleuchtet wurde. Zum Verständnis seiner Zielrichtung und dogmatischen Grundlagen und zur Beantwortung der Frage, ob sich diese auch auf unionaler Ebene wiederfinden lassen, ist es erforderlich, sich die bisherige wissenschaftliche Auseinandersetzung mit dem Recht auf Beweis im Kontext des nationalen Rechts zu vergegenwärtigen[1195]. Während die wohl überwiegende Auffassung in der Literatur das Recht auf Beweis als vergleichsweise neuartige Gedankenkonstruktion begreift[1196], verweist *Diakonis* darauf, dass diese Begrifflichkeit bereits seit annähernd einhundert Jahren und die ihr zugrunde liegende Problemstellung seit Anbeginn der Rechtswissenschaft existiere[1197]. Für die vorliegende Untersuchung ist indes allein maßgeblich, welchen Sinngehalt das Recht auf Beweis besitzt und wo sein dogmatischer Ursprung zu verorten ist. Diese Feststellungen bilden den gedanklichen Ausgangspunkt für die Frage, ob das Recht auf Beweis nicht nur im nationalen, sondern auch im unionalen Gewand in Erscheinung treten kann. Nur dann, wenn sich die dem Recht auf Beweis zugrunde liegenden Erwägungen auch im europäischen Recht widerspiegeln, ließe sich ein unionales Recht auf Beweis zugunsten der Kartellgeschädigten annehmen. Nachfolgend werden daher zunächst der Sinn und Zweck sowie die dogmatischen Grundlagen des Rechts auf Beweis im nationalen Recht dargestellt.

a. Funktion und Inhalt

Das Zivilverfahrensrecht eröffnet privatrechtlich agierenden Rechtssubjekten die Möglichkeit, die ihnen zustehenden materiell-rechtlichen Ansprüche durch die staatlichen Gerichte feststellen und durchsetzen zu lassen. Diese Einbettung der privatrechtlichen Anspruchsdurchsetzung in ein rechtsstaatliches Verfahren bildet die Kompensation für die weithin feh-

---

1195 Die nachfolgende Darstellung beschränkt sich auf die deutsche Rechtsordnung. Zur wissenschaftlichen Betrachtung anderer europäischen Rechtsordnungen, die sich ähnlich verhalten, vgl. *Diakonis*, Grundfragen der Beweiserhebung, 46 ff.
1196 Vgl. nur MüKoZPO/*Prütting*, § 284 Rn. 18; *Habscheid*, ZZP 96, 306.
1197 *Diakonis*, Grundfragen der Beweiserhebung, 45.

lende Durchsetzbarkeit privater Ansprüche im Wege der Selbsthilfe[1198]. Untersagt der Staat seinen Bürgern die Durchsetzung ihrer Ansprüche qua Selbstjustiz, so ist er aufgefordert, eine Rechtsordnung zu schaffen, mit deren Hilfe Ansprüche tatsächlich effektiv geltend gemacht werden können[1199]. Die durch den Staat zu gewährleistende effektive Durchsetzung bedingt jedoch, dass die gerichtliche Überprüfung einer Rechtsposition nicht auf eine rein rechtliche Betrachtung beschränkt bleibt. Vielmehr müssen die erkennenden Gerichte in die Lage versetzt werden, auch die tatsächlichen Grundlagen eines Rechts festzustellen und zu überprüfen, denn ein effektives Rechtsschutzsystem erfordert gerade auch die Erforschung der maßgeblichen Tatsachengrundlagen[1200]. Da die belastbare Feststellung von Tatsachen jedoch oftmals ihren Beweis erfordert, muss den Parteien des Zivilverfahrens die Möglichkeit eröffnet werden, die ihrem Anspruch zugrunde liegenden tatsächlichen Gegebenheiten durch den Antritt von Beweisen zur Überzeugung des Gerichts darzulegen[1201]. Eine effektive Privatrechtsordnung setzt daher voraus, dass die Anspruchsinhaber die Durchsetzung ihrer Rechte durch den Beweis der entscheidungserheblichen Tatsachengrundlagen sicherstellen können. Diesen Anspruch der Prozessparteien bezeichnet man als *Recht auf (den) Beweis*[1202]. Spiegelbildlich dazu vermittelt das Recht auf Beweis gleichzeitig auch dem Anspruchsgegner die Möglichkeit, die Tatsachengrundlagen seiner rechtlichen Verteidigungsmittel vor Gericht zu beweisen[1203]. Dieses Beweisbedürfnis der Parteien, in dem das Recht auf Beweis wurzelt, liegt in der ureigenen Struktur des zivilprozessualen Erkenntnisverfahrens begründet. Es umfasst die Feststellung des Tatbestandes und die Anordnung einer Rechtsfolge. Die Rechtsfolgenanordnung bildet dabei die gerichtliche Verwirklichung der Gerechtigkeit, während die Feststellung des Tatbestandes der Suche nach der materiellen Wahrheit dient[1204]. Die Parteien wirken dabei nur in der Phase der Sachverhaltsfeststellung auf die gericht-

---

1198 In diesem Sinne *Hertel*, Der Urkundenprozess, 31.
1199 *Habscheid*, ZZP 96, 306.
1200 *Dütz*, Rechtsstaatlicher Gerichtsschutz im Privatrecht, 120.
1201 *Habscheid*, ZZP 96, 306, 308.
1202 *Habscheid*, ZZP 96, 306, 308; MüKoZPO/*Prütting*, § 284 Rn. 18; *Ahrens*, Der Beweis im Zivilprozess, Kap. 1 Rn. 84 ff.; *Hertel*, Der Urkundenprozess, 31; *Diakonis*, Grundfragen der Beweiserhebung, 45 f.; Zöller/*Greger*, vor § 284 Rn. 8.
1203 *Diakonis*, Grundfragen der Beweiserhebung, 53.
1204 *Kofmel*, Das Recht auf Beweis, 17.

liche Tätigkeit ein, die Anordnung der Rechtsfolge ist alleinige Aufgabe des angerufenen Gerichts. Die Feststellung des Sachverhaltes, die zwingende Grundlage für die Anordnung der zutreffenden Rechtsfolge ist, wird dabei maßgeblich durch die Obliegenheit der Prozessparteien zur Einführung von Tatsachen in den Prozess und deren Beweis getragen[1205], das Recht auf Beweis dient damit insbesondere auch der Erfüllung des zivilverfahrensrechtlichen Beibringungsgrundsatzes[1206]. *Kofmel* hat den Zweck des Rechts auf Beweis zutreffend wie folgt beschrieben: *„Das Recht auf Beweis hat im Zivilverfahren die Funktion, den Parteien die Möglichkeit zu verschaffen, die rechtserheblichen Tatsachen in den Prozess einzubringen und mit Hilfe von Zeugen, Parteiverhören, Urkunden, Augenscheinen und Sachverständigengutachten [...] zu beweisen, damit der Richter diese Tatsachen unter eine Rechtsnorm subsumieren und die gesetzliche Rechtsfolge anordnen kann. Die Garantie des Rechts auf Beweis hat folglich nicht nur die unmittelbare Funktion, der Partei rechtlich zu ermöglichen, den rechtserheblichen Tatbestand zu beweisen, sondern dient unmittelbar zudem der Durchsetzung des Anspruchs der Partei auf ein gerechtes Urteil, einer Konkretisierung des Rechtsstaates: wird die beweispflichtige Partei zum Beweis der rechtserheblichen Tatsachen nicht zugelassen, wird der Verwirklichung des materiellen Rechts jegliche Grundlage entzogen [...]"*[1207]. Das Recht auf Beweis dient demnach der belastbaren Feststellung des rechtserheblichen Tatbestandes, der wiederum Grundlage eines materiell-rechtlich gerechten Urteils ist; es ist damit nicht zuletzt auch Säule des modernen Rechtsstaates: Nimmt der Staat das Justizmonopol für sich in Anspruch, darf die Ausübung dieses Monopols nicht losgelöst von der Wahrheit erfolgen. Will der Rechtsstaat seiner ureigenen Aufgabe der Durchsetzung der Gerechtigkeit entsprechen, kann er dies nur auf die materielle Wahrheit gestützt tun. Da die Tatsachen im Rahmen eines Zivilprozesses jedoch oftmals strittig sind, kann es zwangsläufig ohne die Möglichkeit des Beweises keine Gerechtigkeit geben, sie ist essentieller Bestandteil der Gerechtigkeit. Auf diesem elementaren Beweisbedürfnis fußt das Recht auf Beweis.

Inhaltlich besitzt das Recht auf Beweis grundsätzlich zweierlei Stoßrichtungen. Zunächst vermittelt es dem Beweisführer einen Anspruch auf Beweiserhebung. Hierdurch ist das Gericht verpflichtet, zu allen ent-

---

1205 *Kofmel*, Das Recht auf Beweis, 12.
1206 *Kofmel*, Das Recht auf Beweis, 14.
1207 *Kofmel*, Das Recht auf Beweis, 12.

scheidungserheblichen und hinreichend bestrittenen Behauptungen die an-
gebotenen Beweise zu erheben[1208]. Das Recht auf Beweis verpflichtet das
Gericht demnach zur Ausschöpfung aller zur Verfügung stehenden Beweismittel[1209]. Diese Pflicht erstreckt sich indes lediglich auf erhebliche
Beweisanträge[1210]. Das Recht auf Beweis ist demnach nur dann verletzt,
wenn die unterlassene Beweiserhebung durch das Gericht im Prozessrecht
keine Stütze findet[1211]. Das Recht auf Beweis bewahrt die Prozessparteien
mithin nicht davor, dass ihr Vorbringen aus Gründen des formellen oder
materiellen Rechts keine Berücksichtigung findet[1212]. Hiervon ist freilich
die Frage zu unterscheiden, ob die gesetzliche Norm selbst, die Grundlage
dieser Nichtberücksichtigung ist, mit dem Recht auf Beweis im Einklang
steht.

Neben diesem prozessualen Anspruch auf Berücksichtigung erheblicher
Beweisangebote durch das Gericht sichert das Recht auf Beweis die Beweismöglichkeit der Prozessparteien zusätzlich auf einer abstrakt gelagerten Ebene. Neben der gerichtlichen Bindung verpflichtet das Recht auf
Beweis aufgrund seines verfassungsrechtlichen Ursprungs[1213] auch den
Gesetzgeber, indem jedwede Einschränkung des Rechts auf Beweis der
besonderen verfassungsrechtlichen Legitimation bedarf[1214]. Das Recht auf
Beweis entsteht mithin nicht erst im Moment des Eintritts in ein gerichtliches Verfahren bzw. im Falle der Beweisbedürftigkeit einer entscheidungserheblichen Tatsache in Gestalt eines konkreten prozessualen Anspruchs. Vielmehr steht es jedem privatrechtlich agierenden Rechtssubjekt
zur Seite, unabhängig davon, ob es sich im Stadium eines Gerichtsverfah-
rens befindet oder nicht. Als Bestandteil der rechtsstaatlichen Verfahrens-

---

1208 Zöller/*Greger*, vor § 284 Rn. 8; *Diakonis*, Grundfragen der Beweiserhebung, 83.
1209 Eine hier nicht zu vertiefende Problematik liegt in der Frage, ob das Recht auf
      Beweis nur zur Beweiserhebung kraft Antrags verpflichtet oder ob die Gerichte
      aus Gründen der Wahrheitsfindung auch zur amtswegigen Beweiserhebung ver-
      pflichtet sind. Dies wird bejaht von *Diakonis*, Grundfragen der Beweiserhebung,
      45 ff.
1210 *Zuck*, NJW 2005, 3753, 3755.
1211 Zöller/*Greger*, vor § 284 Rn. 8; BVerfG, Beschl. v. 18.07.1994 - 1 BvR 1177/93,
      NJW-RR 1995, 441.
1212 MüKoZPO/*Prütting*, § 284 Rn. 18; BVerfG, Beschl. v. 28.07.2004 - 1 BvR
      2566/95, NJW-RR 2004, 1710, 1712.
1213 Hierzu nachfolgend unter D.VI.1.b.
1214 *Habscheid*, ZZP 96, 306, 308 ff.; MüKoZPO/*Prütting*, § 284 Rn. 18; *Ahrens*,
      Der Beweis im Zivilprozess, Kap. 1 Rn. 86; BVerfG, Beschl. v. 19.07.1972 - 2
      BvL 7/71, NJW 1972, 2214, 2216.

ordnung garantiert das Recht auf Beweis jedem potenziellen Anspruchsinhaber die effektive Durchsetzung seiner Rechte, indem es ihm die Möglichkeit einräumt, sämtliche zur Verfügung stehenden Beweismittel auszuschöpfen[1215]. Ohne besondere verfassungsrechtliche Legitimation ist der Gesetzgeber nicht ermächtigt, die Möglichkeit der Beweisführung einzuschränken oder Beweismittel gänzlich zu entziehen. Die Beweisführungsrechte der Parteien stehen nicht zur freien Disposition des Gesetzgebers, sondern treten nur dann zurück, wenn höherrangige Interessen die jeweilige Art der Beweisführung als rechtsstaatlich entbehrlich erscheinen lassen.

b. Dogmatische Grundlage auf nationaler Ebene

Das Recht auf Beweis ist nach allgemeiner Auffassung verfassungsrechtlichen Ursprungs[1216]. Umstritten ist hingegen, welche Verfassungsnormen im Einzelnen die Grundlage dieses Rechts bilden. Im Wesentlichen werden hierzu zweierlei Auffassungen vertreten. Eine Ansicht will das Recht auf Beweis dem Justizgewährungsanspruch entnehmen, die Gegenauffassung hingegen betrachtet den Anspruch rechtlichen Gehörs als Grundlage des Rechts auf Beweis. Eine grundlegende Aufarbeitung dieser Problematik ist nicht Gegenstand der vorliegenden Untersuchung und zur Klärung der Frage nach einem unionalen Recht auf Beweis der Kartellgeschädigten nicht zielführend, da Art. 47 GrCh sowohl einen Justizgewährungsanspruch als auch den Anspruch auf das rechtliche Gehör gewährleistet[1217]. Gleichwohl ist ein Grundverständnis von der verfassungsrechtlichen Absicherung des Rechts auf Beweis, unangesehen der Frage nach der „richtigen" Verfassungsnorm, für die Erfassung der Notwendigkeit eines solchen Rechts und die hierauf aufbauende Untersuchung seiner unionalen Verankerung unerlässlich. Aufgrund dessen wird der Darstellung der verfassungsrechtlichen Grundlagen des Rechts auf Beweis im Folgenden Raum gegeben.

1215 Das BVerfG spricht (im Hinblick auf die Beweisführung im Strafprozess) auch von einem „Zugang zu den Quellen der Sachverhaltsfeststellung", vgl. BVerfG, Beschl. v. 20.12.2000 - 2 BvR 591/00, NJW 2001, 2245, 2246.
1216 *Diakonis*, Grundfragen der Beweiserhebung, 63. Zur Frage, ob das Recht auf Beweis auch dem einfachen Recht entnommen werden kann vgl. *Diakonis*, Grundfragen der Beweiserhebung, 50 ff.
1217 Vgl. Meyer/*Eser*, GrCh Art. 47 Rn. 10 und 34; ausführlich hierzu unter D.VI. 2.a.bb.

aa. Justizgewährungsanspruch

Als dogmatische Grundlage des Rechts auf Beweis ließe sich zunächst der privatrechtliche Justizgewährungsanspruch fruchtbar machen[1218]. Obschon dieser im Gegensatz zu dem Justizgewährungsanspruch gegenüber der öffentliche Gewalt gemäß Art. 19 Abs. 4 GG keine ausdrückliche Verankerung in der Verfassung findet, ist seine Existenz allgemein anerkannt und dürfte als unstreitig gelten[1219]. Weit verästelt sind indes die vertretenen Auffassungen zur verfassungsrechtlichen Grundlage dieser privatrechtlichen Justizgewährung. Sie reichen von Art. 2 Abs. 1 i.V.m. Art. 20 Abs. 3 GG[1220] über Art. 103 Abs. 1 GG[1221] bis hin zu der Feststellung, dass der Justizgewährungsanspruch die logische Folge eines Systems sei, dessen mannigfaltige Garantien das Bestehen dieses Anspruches eo ipso voraussetzten[1222]. Ungeachtet der konkreten verfassungsrechtlichen Grundlage erachtet die heute wohl *h.M.* den Justizgewährungsanspruch im privatrechtlichen Kontext als unentbehrliches Element des Rechtsstaatsprinzips[1223].

In diesem Justizgewährungsanspruch liegt nach der wohl überwiegenden Auffassung im Schrifttum der rechtsdogmatische Ursprung des Rechts auf Beweis[1224]. Insbesondere *Habscheid*[1225] hat darauf hingewiesen, dass der Justizgewährungsanspruch nur dann erfüllt sei, wenn ein effektiver Rechtsschutz gewährleistet werde. Dies wiederum erfordere die belastbare Feststellung der tatsächlichen Grundlagen eines Rechts im gerichtlichen Verfahren, die von den Prozessparteien kraft der Verfassung eingefordert werden könne. Wem man ein solches Recht auf Tatsachenfeststellung zu-

---

1218 So *Habscheid*, ZZP 96, 306; MüKoZPO/*Prütting*, § 284 Rn. 18; *Diakonis*, Grundfragen der Beweiserhebung, 71; *Dütz*, Rechtsstaatlicher Gerichtsschutz im Privatrecht, 120; *Walter*, NJW 1988, 566, 567.

1219 Vgl. *Diakonis*, Grundfragen der Beweiserhebung, 69 mit zahlreichen Nachweisen.

1220 BVerfG, Beschl. v. 27.07.2004 - 1 BvR 1196/04, NJW 2004, 3320.

1221 *Habscheid*, ZZP 96, 306, 307; Baur, AcP 153, 393 ff.

1222 *Diakonis*, Grundfragen der Beweiserhebung, 70.

1223 So *Diakonis*, Grundfragen der Beweiserhebung, 70 m.w.N.; *Musielak*/Voit, ZPO Einleitung Rn. 6; BVerfG, Beschl. v. 30.05.2012 - 1 BvR 509/11, NJW 2012, 2869; *Bethge*, NJW 1991, 2391, 2393.

1224 MüKoZPO/*Prütting*, § 284 Rn. 18; *Habscheid*, ZZP 96, 306, 308; *Dütz*, Rechtsstaatlicher Gerichtsschutz im Privatrecht, 120; *Diakonis*, Grundfragen der Beweiserhebung, 68 ff.

1225 *Habscheid*, ZZP 96, 306, 307 f.

erkenne, dem müsse jedoch gleichzeitig das Recht eingeräumt werden, diese Tatsachen unter Beweis zu stellen[1226]. *Habscheid* bildet demnach eine von dem Justizgewährungsanspruch ausgehende Argumentationskette, die schlussendlich im Recht auf Beweis als Bestandteil des effektiven Rechtsschutzes und damit als Element des Justizgewährungsanspruchs mündet. In ähnlicher Weise argumentiert *Diakonis*, der die belastbare Feststellung von Tatsachen als unabdingbar für die Effektivität des Rechtsschutzes erachtet und das hieraus folgende Bedürfnis nach Wahrheitserforschung als Bestandteil des Justizgewährungsanspruchs betrachtet[1227]. Anders als der Anspruch auf das rechtliche Gehör, der lediglich die Mitwirkung der Parteien bei der Wahrheitsfindung garantiere, gewährleiste der Justizgewährungsanspruch die Effektivität des Rechtsschutzes insgesamt und damit eine umfangreiche Sachprüfung, die das Recht auf Beweis beinhalte[1228].

bb. Anspruch auf rechtliches Gehör

Die Gegenauffassung, der insbesondere die Rechtsprechung zuneigt, sieht das Recht auf Beweis im Anspruch auf rechtliches Gehör gemäß Art. 103 Abs. 1 GG verankert[1229]. *Hertel* weist darauf hin, dass die verfassungsrechtliche Absicherung des Beweisführungsrechts ebenso wie der Anspruch auf das rechtliche Gehör davon abhängig sei, dass der Weg zu den Gerichten grundsätzlich eröffnet werde. Demzufolge sei der Justizgewährungsanspruch, der diesen Weg erst ebne, zur Herleitung des Rechts auf Beweis nicht geeignet[1230]. Stattdessen bilde das Recht auf Beweis ein substantielles Element des Anspruchs auf rechtliches Gehör, da das rechtliche Gehör zur Farce gerate, wenn das Zivilverfahrensrecht nicht die Möglichkeit eröffne, vorgebrachte Behauptungen einer gerichtlichen Überprüfung zuzuführen[1231].

1226 *Habscheid*, ZZP 96, 307.
1227 *Diakonis*, Grundfragen der Beweiserhebung, 71.
1228 *Diakonis*, Grundfragen der Beweiserhebung, 71 f.
1229 *Hertel*, Der Urkundenprozess, 32 ff.; BGH, Beschl. v. 07.02.2007 - IV ZR 25/06, NJW-RR 2007, 1033; BVerfG, Beschl. v. 20.12.2000 - 2 BvR 591/00, NJW 2001, 2245, 2246; Beschl. v. 05.07.2006 - 2 BvR 1317/05, NJW 2007, 204, 205.
1230 *Hertel*, Der Urkundenprozess, 33.
1231 *Hertel*, Der Urkundenprozess, 35.

cc. Stellungnahme

Die vorstehende Skizzierung des wissenschaftlichen Diskurses um die verfassungsrechtliche Grundlage des Rechts auf Beweis zeigt, dass diese Frage bis zum heutigen Tage keine abschließende Klärung gefunden hat. Es muss indes bezweifelt werden, ob eine eindeutige Zuordnung des Rechts auf Beweis zu einer der beiden Verfassungsgarantien überhaupt möglich ist. Denn wie bereits *Dütz* zutreffend festgestellt hat, besteht bei der Frage nach effektivem Rechtsschutz, dem das Recht auf Beweis schlussendlich dient, eine derart enge Verflechtung zwischen diesen beiden verfassungsrechtlichen Garantien, dass eine konturenscharfe Trennung kaum möglich ist[1232]. Das Recht auf Beweis verkörpert eine Gemengelage, in der das Zivilverfahrensrecht sowohl der Effektivität des privatrechtlichen Rechtsschutzes als auch dem Anspruch auf rechtliches Gehör gerecht zu werden versucht. Es berührt und bedient diese beiden verfassungsrechtlichen Bedürfnisse gleichermaßen: Einerseits soll den am privaten Rechtsverkehr teilnehmenden Subjekten die Möglichkeit gegeben werden, die ihnen zustehenden Ansprüche vor Gericht effektiv durchsetzen zu können und dem zivilprozessualen Beibringungsgrundsatz Genüge zu tun. Diese Förderung der eigenen gerichtlichen Anspruchsdurchsetzung ist Bestandteil des Justizgewährungsanspruchs, der seinerseits die Effektivität der Rechtspflege fördert. Gleichzeitig ist das Beweisrecht notwendiger Bestandteil des Anspruchs rechtlichen Gehörs, denn dieser Anspruch entfaltet seine Schutzwirkung nur dann, wenn die Parteien die Möglichkeit erhalten, ihren prozessualen Vortrag beweisrechtlich zu stützen. Andernfalls liefe der Anspruch auf das rechtliche Gehör weitgehend leer, er verlöre ohne die Flankierung durch ein entsprechendes Beweisrecht in weiten Teilen seine praktische Bedeutung.

Insgesamt wird man daher das Recht auf Beweis als gemeinsamen Ausfluss des Bedürfnisses nach effektivem privatrechtlichem Rechtsschutz und der Möglichkeit eines durchdringenden und prozessfördernden Sachvortrages betrachten müssen. Diese elementaren Verfahrensbedürfnisse, die dem Recht auf Beweis zugrunde liegen, sind bei der folgenden Untersuchung eines unionalen Beweisrechts im Blick zu behalten.

1232 *Dütz*, Rechtsstaatlicher Gerichtsschutz im Privatrecht, 116.

2. Recht auf Beweis und absoluter Kronzeugenschutz

Nachdem die voranstehende Darstellung die dogmatischen Grundlagen sowie den Sinn und Zweck des Rechts auf Beweis aufgezeigt hat, stellt sich nunmehr die Frage, ob dieses Institut mit dem von der Kartellschadensersatzrichtlinie in den Artt. 6 Abs. 6 lit. a), 7 Abs. 1 vorgesehenen absoluten Schutz der Kronzeugendokumente konfligiert. Die Beantwortung dieser Frage vollzieht sich nachfolgend in zwei Schritten. Zunächst wird untersucht, ob auch auf unionaler Ebene ein Recht auf Beweis existiert, das insbesondere den europäischen Gesetzgeber als Schöpfer der Kartellschadensersatzrichtlinie bindet[1233]. Hieran schließt sich die Frage an, inwieweit dieses unionale Recht auf Beweis durch die Artt. 6 Abs. 6 lit. a), 7 Abs. 1 tangiert wird und ob eine Beeinträchtigung aus Gründen der Schutzwürdigkeit der Kronzeugenprogramme gerechtfertigt werden kann[1234].

a. Primärrechtliches Recht auf Beweis gemäß Art. 47 Abs. 1 und 2 GrCh

Art. 47 Abs. 1 GrCh sieht vor, dass jede Person, deren durch das Recht der Union garantierte Rechte oder Freiheiten verletzt worden sind, das Recht besitzt, nach Maßgabe der in Art. 47 GrCh vorgesehenen Bedingungen bei einem Gericht einen wirksamen Rechtsbehelf einzulegen. Darüber hinaus normiert Art. 47 Abs. 2 GrCh einen Anspruch auf eine öffentliche Verhandlung vor einem unparteiischen Gericht in einem fairen Verfahren und innerhalb angemessener Frist. Damit statuieren Art. 47 Abs. 1 und 2 GrCh einen allgemeinen Anspruch auf effektiven Rechtsschutz und rechtliches Gehör und erscheinen damit als geeignete dogmatische Grundlage eines unionalen Rechts auf Beweis.

aa. Normenhierarchische Bedeutung des Art. 47 GrCh

Als Bestandteil der zum 01.12.2009 verbindlich gewordenen Charta der Grundrechte der Europäischen Union bildet Art. 47 GrCh ihre zentrale Be-

---

1233 Vgl. hierzu unter D.VI.2.a.
1234 Hierzu unter D.VI.2.b.

stimmung im Hinblick auf den unionalen Rechtsschutz[1235]. Die Charta kodifiziert jene Gemeinschaftsgrundrechte, die der *EuGH* in der Vergangenheit durch seine Rechtsprechung geschaffen und fortentwickelt hat[1236].
Dieser Grundrechtekatalog, der in der Charta seine gesetzliche Ausformung gefunden hat, wurzelt in der Erkenntnis, dass die Europäische Union nicht nur Rechts-, sondern auch Grundrechtegemeinschaft ist[1237]. Die
Bedeutung des Art. 47 GrCh für die vorliegende Untersuchung folgt aus
seiner normenhierarchischen Stellung innerhalb des Unionsrechts. Gemäß
Art. 6 UAbs. 1 2. HS EUV sind die Charta der Grundrechte und die Verträge rechtlich gleichrangig. Die Charta wurde damit nicht unmittelbar in
die Verträge implementiert, sondern ihnen mithilfe des „Grundrechtsaner-
kennungsartikels"[1238] des Art. 6 UAbs. 1 2. HS EUV zur Seite gestellt; sie
ist damit unmittelbare Rechtsquelle des europäischen Grundrechtsschutzes[1239]. Die Charta besitzt primärrechtlichen Rang und bildet gemeinsam
mit den Verträgen den Maßstab für das nachrangige Unionsrecht[1240].
Dementsprechend bindet Art. 51 Abs. 1 S. 1 GrCh die Organe, Einrichtun-
gen und sonstigen Stellen der Union an die Wertungen der Charta. Die
unionalen Grundrechte und insbesondere Art. 47 GrCh verpflichten demnach auch den Richtliniengeber als unionales Organ zur Gewährleistung
eines effektiven Rechtsschutzes[1241].

Infolge der Maßgeblichkeit der Charta für unionale Sekundärrechtsakte
ist auch die Kartellschadensersatzrichtlinie an den Grundrechten der Charta zu messen. Die Artt. 6 Abs. 6 lit. a), 7 Abs. 1, die aus Sicht der Kartellgeschädigten eine Beschränkung ihrer Beweisführungsrechte mit sich
bringen und somit die Durchsetzbarkeit ihrer kartellprivatrechtlichen
Schadensersatzansprüche betreffen, müssen mithin den primärrechtlichen
Anforderungen des Art. 47 GrCh standhalten. Dass sich auch der Richtliniengeber selbst bei der Schaffung der Kartellschadensersatzrichtlinie dieser Bindung an das Erfordernis eines effektiven Rechtsschutzes[1242] ge-

---

1235 *Jarass*, NJW 2011, 1393.
1236 Zur historischen Entwicklung des Grundrechtsschutzes in der Union vgl. über-
    blicksartig Von der Groeben/Schwarze/Hatje/*Beutler*, EUV Art. 6 Rn. 3 ff.
1237 *Pache/Rösch*, EuR 2009, 769, 772.
1238 So die Bezeichnung von *Weber*, EuZW 2008, 7.
1239 *Pache/Rösch*, EuR 2009, 769, 775.
1240 Grabitz/Hilf/Nettesheim/*Schorkopf*, EUV Art. 6 Rn. 28.
1241 Tettinger/Stern/*Alber*, GrCh Art. 47 Rn. 28.
1242 Zum genauen Inhalt des Art. 47 Abs. 1 und 2 vgl. nachfolgend unter D.VI.
    2.a.bb.

wahr gewesen ist, äußert sich insbesondere in Erwägungsgrund 4 der Richtlinie, der Art. 47 Abs. 1 GrCh ausdrücklich in Bezug nimmt. Der Richtliniengeber hat die Kartellschadensersatzrichtlinie damit nicht zuletzt im Hinblick auf das Erfordernis eines effektiven Rechtsschutzes bei der Durchsetzung des Unionsrechts geschaffen.

bb. Inhalt und Reichweite von Art. 47 Abs. 1 und 2 GrCh

Um die dogmatische Grundlage für ein unionales Recht auf Beweis bilden zu können, muss der sachliche Schutzbereich der Art. 47 Abs. 1 und 2 GrCh jene verfahrensrechtlichen Bedürfnisse erfassen, die dem Recht auf Beweis zugrunde liegen[1243]. Nur dann, wenn Art. 47 Abs. 1 und 2 GrCh diese rechtsstaatlichen Grundsätze abbilden, ließe sich hieraus ein unionales Recht auf Beweis ableiten. Grundsätzlich besitzen Art. 47 Abs. 1 und 2 GrCh zweierlei Stoßrichtungen. Zum einen dienen sie dem individuellen Schutz des Rechtsträgers, zum anderen auch der europäischen Rechtsordnung selbst, da ein effektives Rechtsschutzsystem die Wirksamkeit des Unionsrechts stützt und fördert[1244]. Ungeklärt ist bisher, ob Art. 47 Abs. 1 und 2 GrCh ein einheitliches Grundrecht darstellen oder ob es sich um unterschiedliche voneinander zu differenzierende Verfassungsgarantien handelt. Für die vorliegende Untersuchung ist diese Fragestellung ohne Relevanz, sodass auf die weiterführende Literatur zu verweisen ist[1245].

Zur Eröffnung seines sachlichen Schutzbereichs erfordert Art. 47 GrCh die Verletzung unional verbürgter Rechte oder Freiheiten[1246] mit individualschützendem Charakter[1247]. Als betroffene Rechts-positionen kommen dabei sämtliche durch das Unionsrecht garantierten Rechte in Betracht, insbesondere das unionale Primär- und Sekundärrecht[1248]. Erforderlich ist zudem, dass die Rechtsverletzung durch Behauptungen gestützt wird, die

---

1243 Vgl. hierzu die Darstellung unter D.VI.1.
1244 *Jarass*, NJW 2011, 1393.
1245 Vgl. hierzu Calliess/Ruffert/*Blanke*, GrCh Art. 47 Rn. 2, Meyer/*Eser*, GrCh Art. 47 Rn. 1, *Jarass*, NJW 2011, 1393, 1394.
1246 Freiheiten stellen einen Unterfall der Rechte dar, vgl. Calliess/Ruffert/*Blanke*, GrCh Art. 47 Rn. 6.
1247 *Jarass*, GrCh Art. 47 Rn. 7.
1248 *Jarass*, NJW 2011, 1393, 1394.

sie zumindest möglich erscheinen lassen[1249]. Träger der verletzten Unionsrechte können dabei nicht nur natürliche, sondern auch juristische Personen sein[1250]. Dies folgt aus der zutreffenden Erwägung, dass ein Ausschluss juristischer Personen aus dem persönlichen Schutzbereich insbesondere im Bereich der justiziellen Grundrechte unangemessen erschiene[1251]. Die für die Eröffnung des sachlichen Schutzbereichs erforderliche Verletzung unionaler Rechte ist dabei nicht auf Beeinträchtigungen durch die öffentliche Gewalt beschränkt. Vielmehr kann die Rechtsverletzung auch durch Private erfolgen, wenn und soweit sie einer Bindung des Unionsrechts unterliegen[1252]. Anders als die Verfassungsnorm des Art. 19 Abs. 4 GG gewährleistet Art. 47 GrCh damit nicht allein einen effektiven Rechtsschutz gegen staatliches Handeln, sondern erfasst auch Streitigkeiten im Zusammenhang mit zivilrechtlichen Ansprüchen und Verpflichtungen[1253]. Somit verkörpert Art. 47 GrCh einen allgemeinen Justizgewährungsanspruch auf unionaler Ebene[1254], der auch im Rahmen privatrechtlicher Verfahren Geltung beansprucht.

Auf der Rechtsfolgenseite gewährt Art. 47 Abs. 1 GrCh als Konsequenz einer Beeinträchtigung individualschützender unionaler Bestimmungen zunächst das Recht, bei einem Gericht einen wirksamen Rechtsbehelf einzulegen. Der hierin zum Ausdruck kommende Anspruch auf effektiven Rechtsschutz wird durch den *EuGH* seit langer Zeit als allgemeiner Grundsatz des Unionsrechts erachtet[1255]. Entscheidend für die Beantwortung der Frage, ob ein unionales Recht auf Beweis auf Art. 47 Abs. 1 GrCh gestützt werden kann, ist nun, welches Verständnis von der Wirksamkeit eines Rechtsbehelfs der Charta zugrunde liegt. Zu beachten ist zunächst, dass Art. 47 Abs. 1 GrCh der Normierung des Art. 13 EMRK

1249 Calliess/Ruffert/*Blanke*, GrCh Art. 47 Rn. 6; EGMR, Urt. v. 25.03.1983, Nr. 5947/22, Ser. A Nr. 61, Ziff. 113.

1250 *Jarass*, GrCh Art. 47 Rn. 12; EuGH, Urt. v. 22.10.2010 - Rs. C-279/09, EuZW 2011, 137.

1251 Tettinger/Stern/*Alber*, GrCh Art. 47 Rn. 11.

1252 *Jarass*, NJW 2011, 1393, 1394 f.; Calliess/Ruffert/*Blanke*, GrCh Art. 47 Rn. 7.

1253 Erläuterungen des Präsidiums des Europäischen Konvents, ABl. 2004 C 310/450.

1254 So auch *Jarass*, NJW 2011, 1393, 1395.

1255 Meyer/*Eser*, GrCh Art. 47 Rn. 10; *Jarass*, NJW 2011, 1393; EuGH, Urt. v. 15.05.1986 - Rs. C-222/84, Slg. 1986, I-1651; Urt. v. 22.12.2010 - Rs. C-279/09, NJW 2011, 2496; Beschl. v. 01.03.2011 - Rs. C-457/09, BeckRS 2011, 80315; Urt. v. 08.12.2011 - Rs. C-272/09 P, BeckRS 2011, 81924.

nachgebildet ist[1256], sie kann daher zur Auslegung von Art. 47 Abs. 1 GrCh herangezogen werden[1257]. Gleichzeitig jedoch ist der genaue Umfang des durch Art. 13 EMRK gewährten Schutzes bislang weitgehend ungeklärt; die fehlende Konturenschärfe dieses elementaren justiziellen Rechts lässt es weiterhin als eines der unklarsten Grundrechte der Konvention erscheinen[1258]. Auch Art. 47 Abs. 1 GrCh regelt nicht ausdrücklich, welche Wirksamkeit der Rechtsbehelf im Einzelnen aufweisen muss, um dem Anspruch auf effektiven Rechtsschutz zu entsprechen[1259]. Die Frage nach einer Verankerung des Rechts auf Beweis in Art. 47 Abs. 1 GrCh muss daher entlang des durch diese Bestimmung gewährten justiziellen Mindestschutzes beantwortet werden. Zwingend dürfte zunächst sein, dass die Wirksamkeit des Rechtsbehelfs gemäß Art. 47 Abs. 1 GrCh nicht im Sinne einer Erfolgsgarantie verstanden werden kann[1260]. Unterhalb dieser Schwelle setzt die Wirksamkeit eines Rechtsbehelfs nach dem Verständnis von Art. 47 Abs. 1 GrCh neben der grundsätzlichen Eröffnung eines Rechtsweges jedoch voraus, dass eine ernsthafte Überprüfung durch das angerufene Gericht und eine hierauf aufbauende Entscheidung der Streitsache gewährleistet ist[1261]. Die Wirksamkeit eines Rechtsbehelfs im Sinne des Art. 47 Abs. 1 GrCh bedingt demnach, dass die an das Gericht herangetragene Rechtssache einer umfassenden Sach- und Rechtsprüfung unterzogen werden kann[1262]. Dieser Lesart folgt auch der *EuGH*, der in der Rechtssache Otis urteilte, *„dass ein Gericht nur dann nach Maßgabe von Art. 47 der Charta über Streitigkeiten in Bezug auf Rechte und Pflichten aus dem Unionsrecht entscheiden kann, wenn es über die Befugnis verfügt, alle für die bei ihm anhängige Streitigkeit relevanten Tatsachen- und Rechtsfragen zu prüfen"*[1263]. Der *EuGH* verpflichtet die erkennenden Gerichte zu einer erschöpfenden Würdigung der jeweiligen Rechtssache, indem er ihnen eine richterliche Kontrolle in rechtlicher und tatsächlicher

---

1256 So ausdrücklich die Erläuterungen zur Charta der Grundrechte vom 14.12.2007, ABl. 2007/C 303/02, 29.

1257 In diesem Sinne *Jarass*, NJW 2011, 1393.

1258 Meyer/*Eser*, GrCh Art. 47 Rn. 2.

1259 Tettinger/Stern/*Alber*, GrCh Art. 47 Rn. 37.

1260 Meyer/*Eser*, GrCh Art. 47 Rn. 10 und 19; Tettinger/Stern/*Alber*, GrCh Art. 47 Rn. 37.

1261 Calliess/Ruffert/*Blanke*, GrCh Art. 47 Rn. 1; Meyer/*Eser*, GrCh Art. 47 Rn. 10 und 19.

1262 Meyer/*Eser*, GrCh Art. 47 Rn. 10.

1263 EuGH, Urt. v. 06.11.2012 - Rs. C-199/11 *„Otis"*, EuZW 2013, 24, 26.

Hinsicht abverlangt[1264]. Demnach setzt die Wirksamkeit eines Rechtsbehelfs im Sinne von Art. 47 Abs. 1 GrCh voraus, dass das erkennende Gericht in die Lage versetzt wird, die jeweilige Angelegenheit einer umfassenden Prüfung hinsichtlich aller Rechts- und Tatsachenfragen zu unterziehen. Die Wirksamkeit eines Rechtsbehelfs muss stets zum Ziel haben, der Gerechtigkeit Geltung zu verschaffen. Dies ist jedoch überhaupt nur dann möglich, wenn das Gericht insbesondere auch die zugrunde liegenden Tatsachen hinreichend feststellen und würdigen kann, denn materielle Gerechtigkeit kann nicht bar jeder Tatsachengrundlage geschaffen werden.

Neben dem Anspruch auf einen wirksamen Rechtsbehelf gemäß Art. 47 Abs. 1 GrCh führt die Verletzung unionaler Individualrechte zur Eröffnung des Rechtekataloges gemäß Art. 47 Abs. 2 GrCh. Wesentlicher Bestandteil dieser Gewährung prozessualer Mindestrechte, die Art. 6 Abs. 1 EMRK nachgebildet ist[1265], ist der Anspruch auf ein faires Verfahren („*fair hearing*"). Der Grundsatz des fairen Verfahrens, der nach der Rechtsprechung des *EuGH* für die unionale Rechtsordnung elementar ist[1266], ist eine Ausprägung des Rechtsstaatsprinzips. Zwingendes Element eines fairen Verfahrens ist daher der Anspruch auf rechtliches Gehör, der für einen rechtsstaatlichen Verfahrensablauf und damit auch für Art. 47 Abs. 2 GrCh schlechthin unentbehrlich ist[1267]. Dieser Anspruch und der Grundsatz der prozessualen Waffengleichheit gebieten es, dass die Parteien die Möglichkeit erhalten, die für ihr Begehren entscheidungserheblichen Tatsachen vorzutragen und unter Beweis zu stellen, sodass beiderseits gleichermaßen effektive Befugnisse zur Einflussnahme auf die Gerichtsentscheidung bestehen[1268].

cc. Gewährung eines Rechts auf Beweis durch Art. 47 Abs. 1 und 2 GrCh

Zu der Frage, ob Art. 47 Abs. 1 und 2 GrCh ein primärrechtliches Recht auf Beweis gewährleisten, existieren bisher keine tiefergehenden Untersu-

---

1264 EuGH, Urt. v. 08.12.2011 - Rs. C-386/10 P, BeckRS 2011, 81926.

1265 Erläuterungen zur Charta der Grundrechte vom 14.12.2007, ABl. 2007/C 303/02, 30.

1266 EuGH, Urt. v. 22.03.1961 - verb. Rs. C-42/59 und C-49/59 „*SNUPAT*", Slg. 1961, I-109.

1267 Tettinger/Stern/*Alber*, GrCh Art. 47 Rn. 59.

1268 Calliess/Ruffert/*Blanke*, GrCh Art. 47 Rn. 15; Meyer/*Eser*, GrCh Art. 47 Rn. 34; *Jarass*, NJW 2011, 1393, 1396.

chungen[1269]. Es finden sich lediglich Feststellungen ohne weitergehende dogmatische Herleitung oder Auseinandersetzung. So bemerkt beispielsweise *Ahrens*, dass das Recht auf Beweis, das für das nationale Zivilprozessrecht gesichert sei, in gleicher Weise aus der Charta der Grundrechte und der Rechtsprechung des *EGMR* zu Art. 6 Abs. 1 EMRK zu begründen sei[1270]. In dieselbe Richtung deuten die Schlussanträge der Generalanwälte *Mazák* und *Jääskinen* in den Verfahren *Pfleiderer* und *Donau Chemie*, wonach Art. 47 GrCh durch die Vorenthaltung von Beweismitteln in Gestalt von Kronzeugendokumenten beeinträchtigt sei[1271]. Unter Bezugnahme auf eben jene Schlussanträge des Generalanwalts *Jääskinen* hat sodann auch der *OGH Wien* geurteilt, dass der durch Art. 47 GrCh gewährte Zugang zu einem Gericht beeinträchtigt sei, wenn eine Einsicht in die Akten eines gerichtlichen Kartellbußgeldverfahrens nur mit Zustimmung der Parteien möglich sei und eine ausreichende Veröffentlichung der Entscheidung durch das Gericht unterbleibe[1272]. Der *OGH Wien* betrachtet es damit als Verletzung des Art. 47 GrCh, wenn Kartellgeschädigten kein Beweismittel verbleibt, um ihr Schadensersatzbegehren ausreichend zu substantiieren und die entscheidungserheblichen Tatsachen unter Beweis zu stellen. Rechtsprechung und Literatur gehen somit offensichtlich von einem durch Art. 47 GrCh garantierten Recht auf Beweis aus, ohne es ausdrücklich zu benennen.

Wie gesehen, statuieren Art. 47 Abs. 1 und 2 GrCh auf primärrechtlicher Ebene einen allgemeinen Justizgewährungsanspruch sowie den Anspruch auf rechtliches Gehör. In diesen beiden rechtsstaatlichen Garantien wurzelt das Recht auf Beweis. Auch das europäische Recht gewährleistet den Parteien des (Zivil-)prozesses die Effektivität ihres Rechtsbehelfs und die Möglichkeit zur Einführung der rechtserheblichen Tatsachen in den Prozess. Aufgrund dessen lassen sich die rechtsdogmatischen Erwägungen, die dem Recht auf Beweis auf nationaler Ebene zugrunde liegen[1273], ohne Bedeutungsverlust in das Unionsrecht transferieren: Sowohl die Ef-

---

1269 *Kofmel*, Das Recht auf Beweis, 29 ff. untersucht das Recht auf Beweis auf Grundlage von Art. 6 Abs. 1 EMRK.

1270 *Ahrens*, Der Beweis im Zivilprozess, Kap. 1 Rn. 84.

1271 Schlussanträge des GA *Mazák* vom 16.12.2010 in der Rs. C-360/09 „*Pfleiderer*", BeckRS 2010, 91455 Rn. 37 und des GA *Jääskinen* vom 07.02.2013 in der Rs. C-536/11 „*Donau Chemie*", BeckRS 2013, 80258 Rn. 65.

1272 OGH Wien, Urt. v. 27.01.2014 - 16 Ok 14/13 Rz. 3.3; Urt. v. 28.11.2014 - 16 Ok 9/14 „*Bankomatvertrag*", GRUR Int. 2015, 502, 506.

1273 Hierzu ausführlich unter D.VI.1.a. und b.

fektivität eines Rechtsbehelfs als auch das rechtliche Gehör bedingen, dass die Parteien in der Lage sind, ihren prozessualen Vortrag durch Heranziehung sämtlicher verfügbarer Beweismittel zur Überzeugung des Gerichts darzulegen[1274]. Ohne dieses Beweisrecht der Parteien ist das angerufene Gericht nicht in der Lage, die für die Findung einer materiell gerechten Entscheidung erforderliche Tatsachengrundlage erschöpfend festzustellen. Der Anspruch auf das rechtliche Gehör verlöre seine verfahrensrechtliche Bedeutung, wenn die vorgetragenen Behauptungen durch die Parteien nicht unter Beweis gestellt werden könnten, denn die Möglichkeit des prozessualen Vortrags ist ohne beweisrechtliche Untermauerung weitgehend bedeutungslos. Soweit die Europäische Union durch Art. 47 Abs. 1 und 2 GrCh demnach einen primärrechtlichen Anspruch auf effektiven Rechtsschutz und rechtliches Gehör statuiert, muss hiermit zwangsläufig ein Recht auf Beweis der Parteien verbunden sein, da es notwendiges Element dieser beiden justiziellen Garantien ist. Obschon der Umfang der Sachverhaltsfeststellung und die judizielle Kontrolldichte nicht vorrangig durch das Unionsrecht, sondern vielmehr durch das mitgliedstaatliche Verfahrensrecht bestimmt wird[1275], setzt insbesondere der Anspruch auf einen wirksamen Rechtsbehelfs gemäß Art. 47 Abs. 1 GrCh dem Grenzen[1276], da die Wirksamkeit des Rechtsbehelfs im Sinne von Art. 47 GrCh letztlich auch der wirksamen Durchsetzung des Unionsrechts dient. Vor diesem Hintergrund hat der *EuGH* festgestellt, dass Beweislastregeln, welche die wirksame Durchsetzung eines Anspruchs übermäßig erschweren oder vereiteln, mit dem Unionsrecht nicht in Einklang stehen[1277]. Daraus folgt, dass auch der *EuGH* dem Grundsatz der Effektivität des Rechtsschutzes ein Recht auf Beweis entnimmt, da ein effektiver Rechtsschutz und damit auch die wirksame Durchsetzung des Unionsrecht nicht ohne Ansehung der maßgeblichen Tatsachengrundlage und damit nicht ohne ausreichendes Beweisrecht gewährleistet werden können. Insgesamt ist dem Grundsatz des effektiven Rechtsschutzes gemäß Art. 47 Abs. 1 GrCh und dem Anspruch auf rechtliches Gehör gemäß Art. 47 Abs. 2 GrCh somit ein primärrechtliches Recht auf Beweis zu entnehmen.

1274 Vgl. zu diesem Gesichtspunkt bereits ausführlich unter D.VI.1.a. und b.

1275 *Jarass*, NJW 2011, 1393, 1397; *Kofmel*, Das Recht auf Beweis, 36.

1276 *Jarass*, NJW 2011, 1393, 1397.

1277 EuGH, Urt. v. 09.11.1983 - Rs. C-199/82 Rn. 14; Urt v. 25.02.1988 - Rs. C-331/85 Rn. 12.

Dieses primärrechtliche Recht auf Beweis könnten Kartellgeschädigte jedoch nur dann für sich in Anspruch nehmen, wenn sie selbst dem persönlichen und die prozessauslösenden Kartellverstöße dem sachlichen Schutzbereich des Art. 47 GrCh unterfielen. Wie gesehen[1278], erstreckt sich der persönliche Schutzbereich des Art. 47 GrCh auch auf juristische Personen[1279], sodass ihm auch kartellgeschädigte Unternehmen unterfallen.

Zur Eröffnung des sachlichen Schutzbereichs erfordert Art. 47 GrCh die Verletzung unional verbürgter Rechte drittschützender Art, also die Beeinträchtigung solcher Rechte, die (zumindest auch) den Schutz des einzelnen Individuums bezwecken[1280]. Soweit der Kartellverstoß eine Verletzung des unionalen Wettbewerbsrechts in Gestalt der Artt. 101 und 102 AEUV darstellt, was insbesondere bei *Hardcore-Kartellen* regelmäßig der Fall ist, liegt eine Verletzung individualschützenden Primärrechts vor, da der *EuGH* in den Entscheidungen *Manfredi*[1281] und *Courage*[1282] feststellte, dass das primärrechtliche Kartellverbot jedem Einzelnen einen Anspruch auf Ersatz seiner kartellbedingten Schäden gewährt und somit individualschützenden Charakter besitzt. Sofern eine Verletzung allein nationaler Wettbewerbsvorschriften vorliegt, ist für die Eröffnung des sachlichen Anwendungsbereichs von Art. 47 GrCh erforderlich, dass die verletzte mitgliedstaatliche Norm in Umsetzung bzw. Durchführung des Unionsrechts ergangen ist bzw. einen Bezug zum Unionsrecht aufweist[1283]. Die Frage, inwieweit rein nationale Wettbewerbsvorschriften einen solchen Bezug zum unionalen Wettbewerbsrecht aufweisen, ist nicht Gegenstand der vorliegenden Untersuchung und würde den Forschungsrahmen überschreiten. Für die Beurteilung der Rechtmäßigkeit der Artt. 6 Abs. 6 lit. a), 7 Abs. 1 der Kartellschadensersatzrichtlinie ist diese Frage nicht entscheidend, denn die Richtlinie ist nicht auf die Regelung rein nationaler Sachverhalte ausgerichtet[1284], sodass bei Eröffnung ihres sachlichen Anwendungsbereichs stets eine Verletzung des unionalen Wettbewerbsrechts und damit

---

1278 Vgl. bereits unter D.VI.2.a.bb.
1279 *Jarass*, GrCh Art. 47 Rn. 12; EuGH, Urt. v. 22.10.2010 - Rs. C-279/09, EuZW 2011, 137.
1280 *Jarass*, GrCh Art. 47 Rn. 6 f.; vgl. hierzu auch bereits unter D.VI.2.a.bb.
1281 EuGH, Urt. v. 13.07.2006 - Rs. C-295/04 u.a., Slg. 2006, I-6619 „*Manfredi*".
1282 EuGH, Urt. v. 20.09.2001 - Rs. C-453/99, Slg. 2001, I-6297 „*Courage*".
1283 *Jarass*, GrCh Art. 47 Rn. 6.
1284 Vgl. hierzu unter D.I.2.b.

einer drittschützenden unionsrechtlichen Norm im Sinne von Art. 47 GrCh vorliegen wird[1285].

Schlussendlich ist das Erfordernis der Rechtsverletzung gemäß Art. 47 GrCh nicht auf hoheitliches Handeln begrenzt, sondern erfasst stattdessen auch solche Verletzungshandlungen, die von privatrechtlich agierenden Subjekten vorgenommen werden, sofern diese einer Bindung durch das Unionsrecht unterliegen[1286]. Eine eben solche Bindung bezwecken die Artt. 101 und 102 AEUV, da ihre Verbotswirkung allein an Unternehmen adressiert ist[1287] und ihre Bindungswirkung damit ausschließlich privatrechtlich agierende Rechtssubjekte erfasst.

Insgesamt ist damit im Falle eines Verstoßes gegen das unionale Wettbewerbsrecht der persönliche und sachliche Anwendungsbereich des Art. 47 GrCh eröffnet. Hieraus folgt, dass auch Kartellgeschädigte das durch Art. 47 Abs 1 und 2 GrCh gewährleistete Recht auf Beweis für sich beanspruchen können. Ihnen wird somit kraft des Primärrechts das Recht eingeräumt, im Rahmen der Feststellung der Urteilsgrundlagen die für sie günstigen Tatsachengrundlagen darzulegen und unter Heranziehung sämtlicher verfügbarer Beweismittel unter Beweis zu stellen. Das Recht auf Beweis garantiert somit im Ausgangspunkt auch die Einführung von Kronzeugenerklärungen in den kartellprivatrechtlichen Schadensersatzprozess, da Kronzeugenerklärungen in besonderem Maße geeignet sind, die erforderlichen Tatsachen im Rahmen des kartellrechtlichen Schadensersatzprozesses festzustellen[1288] und ein materiell gerechtes Urteil ohne eine umfassende Tatsachenfeststellung durch das Gericht schlechterdings nicht möglich ist[1289].

dd. Ergebnis

Das Gebot des effektiven Rechtsschutzes und der Anspruch rechtlichen Gehörs sind die rechtsstaatlichen Säulen des Rechts auf Beweis. Diese

---

1285 Vgl. Art. 2 Ziff. 1 und 3 der Richtlinie.
1286 Vgl. bereits unter D.I.2.b. sowie Jarass, GrCh Art. 47 Rn. 10.
1287 Zu dem unionalen Unternehmensbegriff vgl. Grabitz/Hilf/Nettesheim/*Stockenhuber*, AEUV Art. 101 Rn. 51 ff.
1288 Vgl. zur Beweiskraft von Kronzeugenerklärungen bereits ausführlich unter B.II. 2.b.dd.
1289 *Kofmel*, Das Recht auf Beweis, 146.

beiden Garantien werden auf der Ebene des Primärrechts durch Art. 47 Abs. 1 und 2 GrCh verkörpert. Weder ein effektiver Rechtsschutz noch das rechtliche Gehör können ohne ein Beweisrecht der Parteien wirksam gewährleistet werden, da die Ermittlung der materiellen Gerechtigkeit stets in Ansehung der tatsächlichen Tatsachengrundlagen erfolgen muss. Aus diesem Grunde entfalten Art. 47 Abs. 1 und 2 GrCh ein primärrechtliches Recht auf Beweis, das auch die Geschädigten eines Kartells für sich in Anspruch nehmen können, da sie sich durch das wettbewerbswidrige Verhalten in ihren individuellen unionalen Rechten verletzt sehen. Infolge dessen steht den Kartellgeschädigten das primärrechtlich verankerte Recht zur Seite, im Rahmen einer kartellprivatrechtlichen Schadensersatzklage grundsätzlich alle verfügbaren Beweismittel zur Erreichung ihres Rechtsschutzzieles in den Prozess einzuführen, sodass die Nutzbarmachung von Kronzeugenerklärungen als Beweismittel im Rahmen einer Kartellschadensersatzklage im Ergebnis unionsverfassungsrechtlich garantiert ist.

b. Verletzung des Rechts auf Beweis durch Artt. 6 Abs. 6 lit. a), 7 Abs. 1

Nachdem die bisherige Untersuchung zu der Erkenntnis geführt hat, dass Kartellgeschädigte ein primärrechtlich verbürgtes Recht auf Beweis gemäß Art. 47 Abs. 1 und 2 GrCh ihr Eigen nennen, ist weiterhin zu untersuchen, welche Konsequenzen sich hieraus für den absoluten Schutz von Kronzeugendokumenten gemäß Artt. 6 Abs. 6 lit. a), 7 Abs. 1 ergeben. Die dogmatische Kernfrage lautet dabei, ob eine Beschränkung des Rechts auf Beweis durch höherrangige Interessen in Gestalt des Schutzes der Effektivität von Kronzeugenprogrammen zu rechtfertigen ist.

aa. Einschränkung des Beweisrechts

Die Frage, ob der Ausschluss von Kronzeugendokumenten als Beweismittel im Kartellschadensersatzverfahren eine Beschränkung des unionalen Rechts auf Beweis darstellt, dürfte wenig streitanfällig sein. Grundsätzlich gewährleistet das Recht auf Beweis den Parteien die Möglichkeit, sämtliche verfügbaren Beweismittel zur Durchsetzung ihres Begehrens heranzuziehen. Wird einer Partei ein Beweismittel vorenthalten,so liegt eine Einschränkung des Rechts auf Beweis vor, da die betroffene Partei nicht mehr uneingeschränkt in der Lage ist, die Tatsachenfindung des Gerichts zu ihren Gunsten zu beeinflussen. Dies gilt in besonderem Maße für den Ausschluss von Beweismitteln *a priori.* Hierbei wird ein bestimmtes Beweismittel auf abstrakt-legislativer Ebene ohne Ansehung der jeweiligen Umstände des Einzelfalles aus der Reihe der prozessual zulässigen Beweismittel entnommen[1290]. Einen solchen generellen Beweismittelausschluss normieren auch Artt. 6 Abs. 6 lit. a), 7 Abs. 1. Sie sehen vor, dass das erkennende Gericht die Offenlegung von Kronzeugendokumenten zu keinem Zeitpunkt anordnen darf bzw. außerprozessual erlangte Kronzeugendokumente stets als unzulässige Beweismittel zurückzuweisen hat. Kartellgeschädigten wird somit ein essentielles Beweismittel in einer generalisierenden Weise vorenthalten, sodass ihr Recht auf Beweis eine empfindliche Einschränkung erfährt.

bb. Rechtfertigung gemäß Art. 52 Abs. 1 GrCh

Deutlich komplexer als die Beurteilung der Einschränkung des Rechts auf Beweis durch die Artt. 6 Abs. 6 lit. a), 7 Abs. 1 ist die Frage nach einer möglichen unionsverfassungsrechtlichen Rechtfertigung dieses Eingriffs. Die bisherigen Untersuchungen zu dem Recht auf Beweis auf der Ebene des nationalen Rechts stellen übereinstimmend fest, dass dieses essentielle Verfahrensrecht nicht zur freien Disposition des Gesetzgebers steht. Aufgrund seiner verfassungsrechtlichen Verankerung bedarf die Einschränkung des Rechts auf Beweis vielmehr einer rechtlich gleichwertigen Legitimation, seine Beschränkung muss aus Verfassungsgründen gerechtfertigt erscheinen[1291]. Eine zulässige Einschränkung erfordert auf nationaler Ebene demnach eine hinreichende gesetzliche Grundlage, ein legitimes Interesse, die Geeignetheit der Einschränkung zur Erreichung dieses Interesses sowie die Verhältnismäßigkeit des gewählten Mittels[1292]. Vergleichbares gilt für das primärrechtliche Recht auf Beweis. Die Bindung des unionalen Gesetzgebers an das Primärrecht in Gestalt der Art. 47 Abs. 1 und 2 GrCh untersagt ihm eine beliebige Ausformung des Rechts auf Beweis. Viel-

---

1290 *Kofmel*, Das Recht auf Beweis, 135, die von „absoluten Beweisverboten" spricht; *Habscheid*, ZZP 96, 306, 316; *Walter*, NJW 1988, 566, 567.

1291 *Ahrens*, Der Beweis im Zivilprozess, Kap. 1 Rn. 86; *Habscheid*, ZZP 96, 306, 308; MüKoZPO/*Prütting*, § 284 Rn. 18; *Kofmel*, Das Recht auf Beweis, 136.

1292 *Habscheid*, ZZP 96, 306, 316 sowie zur gleich gelagerten Situation im schweizerischen Recht *Kofmel*, Das Recht auf Beweis, 136.

mehr ist auch der europäische Gesetzgeber bei der Einschränkung unionaler Grundrechte an das Erfordernis einer hinreichenden verfassungsrechtlichen Legitimation gebunden. Den Maßstab bildet hierbei Art. 52 Abs. 1 GrCh[1293], der, vorbehaltlich spezieller Schrankenregelungen und schrankenloser Grundrechte, auf sämtliche Vorschriften der Charta Anwendung findet[1294]. Demnach bedarf jedwede Einschränkung der durch die Charta verbürgten Unionsgrundrechte einer gesetzlichen Grundlage, sogenannter *horizontaler Gesetzesvorbehalt*[1295]. Darüber hinaus muss die jeweilige Beschränkung Zielen des Gemeinwohls dienen, den Grundsatz der Verhältnismäßigkeit wahren und den Wesensgehalt des berührten Rechts unangetastet lassen[1296]. Anhand dieser Kriterien wird nachfolgend die Rechtmäßigkeit der Einschränkung des Rechts auf Beweis durch die Artt. 6 Abs. 6 lit. a), 7 Abs. 1 untersucht.

(1) Gesetzesvorbehalt

Art. 52 Abs. 1 S. 1 GrCh normiert für eine Einschränkung unionaler Grundrechte zunächst einen einheitlichen Gesetzesvorbehalt. Eine Beschränkung der durch die Charta gewährleisteten Rechte bedarf demnach stets einer gesetzlichen Ausgestaltung. Dieser einfache Gesetzesvorbehalt findet seinen Ursprung in der Rechtsprechung des *EuGH*, wonach Eingriffe der öffentlichen Gewalt in die Sphäre der privaten Betätigung einer jeden Person eine legitimierende Rechtsgrundlage erfordern[1297]. Bisher nicht abschließend geklärt ist die Frage, ob dieser Gesetzesvorbehalt stets ein Gesetz im formellen Sinne fordert und somit im Sinne eines Parlamentsvorbehalts zu verstehen sein soll[1298]. Im Falle der Kartellschadensersatzrichtlinie ist diese Problematik indes nicht von Bedeutung, da die Richtlinien als unionaler Gesetzgebungsakt im ordentlichen Gesetzgebungsverfahren gemäß Art. 289 Abs. 3 AEUV angenommen wurde und

---

1293 Calliess/Ruffert/*Kingreen*, GrCh Art. 52 Rn. 58.
1294 Von der Groeben/Schwarze/Hatje/*Terhechte*, GrCh Art. 52 Rn. 5.
1295 *Fassbender*, NVwZ 2010, 1049.
1296 *Fassbender*, NVwZ 2010, 1049, 1050.
1297 Calliess/Ruffert/*Kingreen*, GrCh Art. 52 Rn. 61.
1298 Differenzierend Calliess/Ruffert/*Kingreen*, GrCh Art. 52 Rn. 61 f. mit dem Ergebnis, dass Beeinträchtigungen durch die Union einer formalgesetzlichen Grundlage bedürfen. A.A. *Jarass*, GrCh Art. 52 Rn. 25 sowie Von der Groeben/Schwarze/Hatje/*Terhechte*, GrCh Art. 52 Rn. 6.

infolge dessen eine gesetzliche Grundlage im formellen Sinne darstellt[1299]. Die Kartellschadensersatzrichtlinie genügt somit dem Gesetzesvorbehalt gemäß Art. 52 Abs. 1 S. 1 GrCh, ungeachtet der Frage, ob diesem ein unbedingter Parlamentsvorbehalt zu entnehmen ist.

(2) Legitimes Ziel

Jede Maßnahme, die eine Einschränkung der unionalen Grundrechte zur Folge hat, muss zu ihrer Rechtmäßigkeit der Verfolgung eines legitimen Zieles dienen[1300]. Art 52 Abs. 1 S. 2 GrCh differenziert dabei zwischen den gemeinwohlorientierten Zielsetzungen gemäß Alt. 1 und dem Schutz individueller Rechtspositionen gemäß Alt. 2. Zu den schützenswerten Gemeinwohlbelangen sind insbesondere jene Interessen zu zählen, die dem primärrechtlichen Schutz der Verträge unterstehen[1301]. Der Schutz der Kronzeugendokumente gemäß Artt. 6 Abs. 6 lit. a), 7 Abs. 1 dient der Aufrechterhaltung der Effektivität des *public enforcement* und damit letztlich der Wirksamkeit des unionalen Wettbewerbsrechts. Der Richtliniengeber befürchtet eine Austrocknung der Kronzeugenprogramme als Erkenntnisquelle für den Fall, dass kooperationswillige Kartellanten weiterhin der Gefahr der primären Inanspruchnahme ausgesetzt sind bzw. sein könnten[1302]. Mit dem absoluten Schutz der Kronzeugendokumente bezweckt er die Aufrechterhaltung der Wirksamkeit der öffentlich-rechtlichen Durchsetzung des unionalen Wettbewerbsrechts, das seine Verankerung in den Artt. 101 ff. AEUV findet. Aufgrund dieser primärrechtlichen Stellung des Wettbewerbsrechts ist sein Schutz eine dem Gemeinwohl dienende Zielsetzung im Sinne des Art. 52 Abs. 1 S. 2 Alt. 1 GrCh[1303], sodass eine Beschränkung des Rechts auf Beweis zum Zwecke der wirksamen Durchsetzung des Wettbewerbsrechts einem legitimen Ziel nach Maßgabe des Art. 52 Abs. 1 S. 2 GrCh dient.

1299 Calliess/Ruffert/*Kingreen*, GrCh Art. 52 Rn. 62; Von der Groeben/Schwarze/Hatje/*Terhechte*, GrCh Art. 52 Rn. 6.

1300 Von der Groeben/Schwarze/Hatje/*Terhechte*, GrCh Art. 52 Rn. 9; *Jarass*, GrCh Art. 52 Rn. 30; Calliess/Ruffert/*Kingreen*, GrCh Art. 52 Rn. 67.

1301 Calliess/Ruffert/*Kingreen*, GrCh Art. 52 Rn. 67; *Jarass*, GrCh Art. 52 Rn. 31; Erläuterungen zur Charta der Grundrechte vom 14.12.2007, ABl. 2007/C 303/02, 32.

1302 Erwägungsgrund 26 der Richtlinie.

1303 Calliess/Ruffert/*Kingreen*, GrCh Art. 52 Rn. 67.

(3) Wesensgehaltsgarantie

Art. 52 Abs. 1 S. 1 GrCh sieht weiterhin vor, dass, unangesehen der sonstigen Voraussetzungen einer zulässigen Grundrechtsbeschränkung, der Wesensgehalt des tangierten Grundrechtes gewahrt bleiben muss. Obschon ausdrücklich in Art. 52 Abs. 1 S. 1 GrCh normiert, ist die Eigenständigkeit der Wesensgehaltsgarantie äußerst umstritten. Insbesondere ihre Beziehung zu dem Element der Verhältnismäßigkeit ist bisher in keiner Weise abschließend geklärt[1304]. Der *EuGH* neigt dazu, dem Merkmal des Wesensgehalts keine eigenständige Bedeutung beizumessen, sondern es als Bestandteil der Verhältnismäßigkeit zu betrachten, sog. *relative Theorie*[1305]. Er beleuchtet die Frage des Wesensgehalts im Rahmen der Verhältnismäßigkeit[1306] und hat wiederholt festgestellt, dass Grundrechtseinschränkungen nur dann zulässig seien, wenn sie keinen *„unverhältnismäßigen, nicht tragbaren Eingriff darstellen, der das so gewährleistete Recht in seinem Wesensgehalt antastet"*[1307]. Der Judikatur des *EuGH* folgend ist die Frage der Wahrung des Wesensgehaltes des Rechts auf Beweis demnach im Rahmen der Verhältnismäßigkeit[1308] zu betrachten.

(4) Verhältnismäßigkeit

Zentraler Bestandteil der rechtmäßigen Beschränkung unionaler Grundrechte ist die Wahrung des Grundsatzes der Verhältnismäßigkeit gemäß Art. 52 Abs. 1 S. 2 GrCh. Diese Rechtsfigur setzt die Einschränkung der geschützten Rechtsgüter in Beziehung zu den dadurch erzielten Vorteilen für die Allgemeininteressen[1309]. Nach der Rechtsprechung des *EuGH* erfordert eine verhältnismäßige Grundrechtsbeschränkung, dass *„die ergrif-*

1304 *Jarass*, GrCh Art. 52 Rn. 29, der von „unsicherem Gelände" spricht; Von der Groeben/Schwarze/Hatje/*Terhechte*, GrCh Art. 52 Rn. 7; Calliess/Ruffert/*Kingreen*, GrCh Art. 52 Rn. 64.

1305 Meyer/*Borowski*, GrCh Art. 52 Rn. 23; *Penski/Elsner*, DÖV 2001, 265, 274.

1306 EuGH, Urt. v. 13.04.2000 - Rs. C-292/97, BeckEuRS 2000, 242019 Rn. 58 ff.

1307 EuGH, Urt. v. 03.09.2008 - verb. Rs. C-402/05 P und C-415/05 P, BeckEuRS 2008, 478012 Rn. 355; Urt. v. 18.03.2010 - Rs. C-317-320/08, EuZW 2010, 550, 553; Urt. v. 12.07.2012 - Rs. C-59/11, GRUR 2012, 898, 902; Urt. v. 06.09.2012 - Rs. C-544/10, NJW-RR 2012, 896, 898.

1308 Hierzu sogleich unter D.VI.2.b.bb.(4).

1309 Meyer/*Borowski*, GrCh Art. 52 Rn. 22b.

fenen Maßnahmen nicht die Grenzen dessen überschreiten, was zur Errei-
chung der [...] verfolgten Ziele geeignet und erforderlich ist. Dabei ist,
wenn mehrere geeignete Maßnahmen zur Auswahl stehen, die am wenigs-
ten belastende zu wählen; ferner müssen die verursachten Nachteile in an-
gemessenem Verhältnis zu den angestrebten Zielen stehen"[1310]. Dieser
häufig verwendeten Formulierung des *EuGH* können zunächst die Merkmale der Geeignetheit und der Erforderlichkeit *expressis verbis* entnommen werden[1311]. Weiterhin weist der *EuGH* darauf hin, dass zwischen den
verursachten Nachteilen und den verfolgten Zielen ein angemessenes Verhältnis bestehen müsse. Hierin kommt die Angemessenheit als eigenstän-
diges drittes Teilelement der Verhältnismäßigkeit zum Ausdruck[1312]. Insgesamt müssen die gesetzlich vorgesehenen Beschränkungen unionaler
Grundrechte damit zur Erreichung der legitimen Ziele geeignet, erforderlich und angemessen sein[1313].

(a) Geeignetheit

Den normativen Anknüpfungspunkt für die Beurteilung der Geeignetheit
gemäß Art. 52 Abs. 1 S. 2 GrCh bildet die Formulierung, wonach die Einschränkungen dem legitimen Ziel „tatsächlich entsprechen" müssen[1314].
Erforderlich ist demnach, dass die gewählten Einschränkungen dem verfolgten Ziel dienen, wobei ein fördernder Beitrag zur Zielerreichung genügend ist[1315]. Hinsichtlich der Geeignetheit wird man dem Gesetzgeber dabei eine großzügige Einschätzungsprärogative zugestehen müssen[1316]. So
praktiziert es insbesondere der *EuGH*, der regelmäßig den weiten Gestaltungsspielraum des Gesetzgebers betont und die Prüfung der Geeignetheit
auf die Frage beschränkt, ob die ergriffenen Maßnahmen als offensichtlich

---

1310 EuGH, Urt. v. 21.07.2011 - Rs. C-2/10, NVwZ 2011, 1057, 1060; Urt.
v. 09.03.2010 - Rs. C-379 und 380/08, EuZW 2010, 388, 393; Urt. v. 21.07.2011
- Rs. C-15/10, BeckEuRS 2011, 577892 Rn. 124.
1311 *Jarass*, GrCh Art. 52 Rn. 36.
1312 *Jarass*, GrCh Art. 52 Rn. 36.
1313 H.M., vgl. nur Meyer/*Borowski*, GrCh Art. 52 Rn. 22b; *Jarass*, GrCh Art. 52
Rn. 36; Calliess/Ruffert/*Kingreen*, GrCh Art. 52 Rn. 66; Schlussantrag des GA
Trstenjak vom 21.01.2010 - Rs. C-365/08, BeckEuRS 2010, 506961 Rn. 60.
1314 Calliess/Ruffert/*Kingreen*, GrCh Art. 52 Rn. 68.
1315 *Jarass*, GrCh Art. 52 Rn. 37.
1316 Calliess/Ruffert/*Kingreen*, GrCh Art. 52 Rn. 68.

ungeeignet zu qualifizieren sind[1317]. Nach der Lesart des *EuGH* ist der Gestaltungskraft des Gesetzgebers damit ein weiter Raum zu gewähren und die Geeignetheitsprüfung auf eine reine Evidenzkontrolle zu beschränken. Für die rechtmäßige Beschränkung des primärrechtlichen Rechts auf Beweis durch die Artt. 6 Abs. 6 lit. a), 7 Abs. 1 ist es daher an dieser Stelle erforderlich, dass der absolute Schutz der Kronzeugendokumente nicht offensichtlich ungeeignet ist, um die Attraktivität der Kronzeugenprogramme als wirksames Instrument der Durchsetzung des Wettbewerbsrechts aufrecht zu erhalten bzw. zu fördern. Obschon eine Minderung der Attraktivität der Kronzeugenprogramme durch die Offenlegung der Kronzeugendokumente nicht empirisch gesichert ist[1318], dürfte doch spiegelbildlich außer Frage stehen, dass die unbedingte Geheimhaltung von Kronzeugendokumenten die Attraktivität der Kronzeugenprogramme fördert. Der kooperationsbereite Kartellant gelangt in den Genuss des Bußgelderlasses bzw. der Bußgeldreduktion, ohne sich einem erhöhten Risiko der schadensersatzrechtlichen Inanspruchnahme gegenüberzusehen. Diese durch die Kartellschadensersatzrichtlinie generierte Risikofreiheit der Inanspruchnahme der Kronzeugenprogramme ist zweifelsohne geeignet, deren Attraktivität zu fördern bzw. aufrechtzuerhalten. Von einer offensichtlichen Ungeeignetheit, die der *EuGH* zum antonymen Maßstab der Geeignetheit macht, kann daher keinesfalls gesprochen werden, sodass der absolute Schutz der Kronzeugendokumente gemäß der Artt. 6 Abs. 6 lit. a), 7 Abs. 1 zur Aufrechterhaltung der Attraktivität der Kronzeugenprogramme und damit zur Förderung der effektiven öffentlich-rechtlichen Durchsetzung des unionalen Wettbewerbsrechts geeignet ist.

(b) Erforderlichkeit

Das Element der Erforderlichkeit verlangt, dass die beschränkende Maßnahme auf das zur Erreichung des legitimen Zwecks erforderliche Maß beschränkt wird und kein anderes weniger einschneidendes Mittel verfüg-

---

1317 Calliess/Ruffert/*Kingreen*, GrCh Art. 52 Rn. 68; EuGH, Urt. v. 05.10.1994 - Rs. C-280/93, Slg. 1994. I-4973 Rn. 91 ff.; Urt. v. 10.12.2002 - Rs. C-491/01, Slg. 2002, I-11453 Rn. 123; Urt. v. 06.12.2005 - verb. Rs. C-453/03, C-11/04, C-12/04 und C-194/04, Slg. 2005, I-10423 Rn. 69.
1318 Vgl. hierzu ausführlich unter C.I.1.a.bb.(1).(c).

bar ist[1319]. Das gewählte Mittel ist demnach nur dann erforderlich im Sinne des Art. 52 Abs. 1 S. 2 GrCh, wenn und soweit es den mildesten, gleich geeigneten Eingriff in das betroffene Grundrecht darstellt[1320]. Die maßgebliche Frage für die unionsverfassungsrechtliche Erforderlichkeit der Artt. 6 Abs. 6 lit. a), 7 Abs. 1 lautet daher, ob die Aufrechterhaltung der Attraktivität der Kronzeugenprogramme auch durch mildere, gleich geeignete Mittel als dem absoluten Schutz der Kronzeugendokumente gewährleistet werden kann.

Zur Beantwortung dieser Frage ist es erforderlich, sich noch einmal das ausschlaggebende Moment in Erinnerung zu rufen, das die Attraktivität der Kronzeugenprogramme zu beeinträchtigen droht. Es liegt in dem erhöhten Risiko des Kronzeugen, primäres Ziel einer kartellprivatrechtlichen Schadensersatzklage zu werden. Der gegen den Kronzeugen gerichtete kartellbehördliche Bescheid wird als erster in Bestandskraft erwachsen, da der Kronzeuge diesen unangetastet lassen wird[1321]. Darüber hinaus sind die zivilprozessualen Verteidigungsmittel des Kronzeugen aufgrund der umfassenden Einräumung der eigenen Kartellbeteiligung deutlich eingeschränkt[1322]. Der Kronzeuge läuft somit Gefahr, durch seine Kooperation mit den Kartellbehörden primäres Ziel der durch die Geschädigten angestrengten Schadensersatzklagen zu werden. Dieses Inanspruchnahmerisiko kann dazu führen, dass potentielle Kronzeugen vor der Stellung eines Kooperationsantrages zurückschrecken, da sie die Befürchtung hegen, das drohende Schadensersatzrisiko könne den wirtschaftlichen Vorteil des Bußgelderlasses aufzehren. Da die Entscheidung der kartellbeteiligten Unternehmen über eine Kooperation mit den Kartellbehörden stets ökonomischer Natur ist, kommt der Abwägung der wirtschaftlichen Vorteile und Risiken eine Schlüsselrolle zu. Zur Aufrechterhaltung der Attraktivität der Kronzeugenprogramme ist es daher erforderlich, den Kronzeugen von dem Risiko der schadensersatzrechtlichen Inanspruchnahme zu befrei-

---

1319 *Jarass*, GrCh Art. 52 Rn. 39.
1320 Calliess/Ruffert/*Kingreen*, GrCh Art. 52 Rn. 69; *Jarass*, GrCh Art. 52 Rn. 39. So auch EuGH, Urt. v. 29.10.1998 - Rs. C-375/96, BeckEuRS 1998, 230316 Rn. 63: „Wenn mehrere geeignete Maßnahmen zur Auswahl stehen, [ist] die am wenigsten belastende zu wählen."
1321 *Dworschak/Maritzen*, WuW 2013, 829, 841.
1322 *Meessen*, Schadensersatz bei Verstößen gegen EU-Kartellrecht, 552.

en[1323]. Diese schadensersatzrechtliche Abschirmung des Kronzeugen kann dogmatisch auf zweierlei Arten erreicht werden. Zunächst lässt sich der Schutz durch die Geheimhaltung der Kronzeugendokumente *präventiv* gestalten; der Kronzeuge wird in diesem Falle dadurch geschützt, dass der Kartellgeschädigte sein Schadensersatzbegehren im Rahmen des Prozesses mangels Beweismittel nicht ausreichend zu stützen vermag. Diesen Weg des präventiven Schutzes hat der Richtliniengeber durch die Artt. 6 Abs. 6 lit. a), 7 Abs. 1 beschritten.

Abweichend hiervon kann die Protektion des Kronzeugen auch zu einem späteren Zeitpunkt greifen und somit *reaktiv* wirken. Dies ließe sich dadurch erreichen, dass die Kronzeugendokumente zunächst vollständig offengelegt würden, der Kronzeuge selbst jedoch im Rahmen der sich anschließenden zivilrechtlichen Inanspruchnahme eine materiell-rechtliche Privilegierung erfährt und auf diesem Wege der endgültigen Haftung für den Wettbewerbsverstoß entginge[1324]. Im Rahmen eines solchen Modells der Haftungsbefreiung ist zwischen einer Privilegierung im Außenverhältnis[1325] und im Rahmen des Gesamtschuldnerinnenausgleichs[1326] zu differenzieren.

Maßgeblich für die unionsverfassungsrechtliche Erforderlichkeit des absoluten Schutzes von Kronzeugendokumenten gemäß Artt. 6 Abs. 6 lit. a), 7 Abs. 1 ist demnach, ob eine materiell-rechtliche Privilegierung des Kronzeugen gegenüber der Geheimhaltung der Kronzeugendokumente ein milderes, gleich wirksames Mittel zur Aufrechterhaltung der Attraktivität der Kronzeugenprogramme darstellt.

(aa) Privilegierung im Außenverhältnis

Eine Befreiung des Kronzeugen vom Risiko der zivilrechtlichen Inanspruchnahme könnte zunächst durch eine materiell-rechtliche Privilegierung im Außenverhältnis gegenüber den Kartellgeschädigten erfolgen.

1323 In diesem Sinne auch *Meessen*, Schadensersatz bei Verstößen gegen EU-Kartellrecht, 552; *Dworschak/Maritzen*, WuW 2013, 829, 841; *Milde*, Schutz des Kronzeugen, 244.

1324 Vgl. zu diesen beiden Ansatzpunkten auch *Milde*, Schutz des Kronzeugen, 244 f.

1325 Hierzu sogleich unter D.VI.2.b.bb.(4).(b).(aa).

1326 Hierzu unter D.VI.2.b.bb.(4).(b).(bb).

Entsprechende Gestaltungsüberlegungen existieren bereits seit längerer Zeit und wurden insbesondere auch von der Europäischen Kommission in verschiedenen Ausprägungen in Betracht gezogen, um die Attraktivität der Kronzeugenprogramme für kooperationsbereite Kartellanten auch zukünftig zu gewährleisten[1327]. So sah das Grünbuch der Europäischen Kommission vor, die Außenhaftung des Kronzeugen einer höhenmäßigen Begrenzung zu unterstellen bzw. den Kronzeugen aus dem Kreis der haftenden Gesamtschuldner insgesamt auszunehmen[1328]. Weiterhin wurde eine Koppelung der Haftungshöhe an den Anteil des kartellierten Marktes angedacht[1329]. Das Weißbuch der Europäischen Kommission sah sodann vor, die Haftung des Kronzeugen auf die Schadensersatzansprüche seiner direkten und indirekten Vertragspartner zu begrenzen[1330]. Diese partielle Privilegierung hat in Gestalt von Art. 11 Abs. 4 Eingang in die Kartellschadensersatzrichtlinie gefunden. Diese Norm sieht vor, dass die Haftung des Kronzeugen auf den Kreis seiner unmittelbaren und mittelbaren Abnehmer und Lieferanten begrenzt bleibt, es sei denn, die übrigen Geschädigten sind nicht in der Lage, sich an den anderen Kartellanten vollumfänglich schadlos zu halten[1331]. Bereits eine solche teilweise Privilegierung im Außenverhältnis ist auf primärrechtliche und verfassungsrechtliche Bedenken gestoßen[1332]. Eine vollständige Kompensation des durch

---

1327 Vgl. hierzu *EU-Kommission*, Weißbuch - Schadensersatzklagen wegen Verletzung des EG-Wettbewerbsrechts, KOM (2008) 165 endg., 12: „Eine weitere Maßnahme mit dem Ziel, dass Kronzeugenprogramme ihre ganze Attraktivität behalten, könnte eine Begrenzung der zivilrechtlichen Haftung von Kronzeugen sein, denen ein Erlass der Geldbuße zuerkannt wurde."

1328 *EU-Kommission*, Grünbuch - Schadensersatzklagen wegen Verletzung des EU-Wettbewerbsrechts, v. 19.12.2005, KOM (2005) 672 endg., Frage J, Option 29.

1329 *EU-Kommission*, Grünbuch - Schadensersatzklagen wegen Verletzung des EU-Wettbewerbsrechts, v. 19.12.2005, KOM (2005) 672 endg., Frage J, Option 30; vgl. hierzu auch Milde, Schutz des Kronzeugen, 249 f.

1330 *EU-Kommission*, Weißbuch - Schadensersatzklagen wegen Verletzung des EG-Wettbewerbsrechts, KOM (2008) 165 endg., 12.

1331 Vgl. zu dieser Privilegierung *Stauber/Schaper*, NZKart 2014, 346, 350; *Schweitzer*, NZKart 2014, 335, 343 f. sowie *Glöckner*, wrp 2015, 410, 415, der dieses Verfahren zutreffend als „nicht praktikabel und lebensfremd" bezeichnet, da Kartellgeschädigte zunächst gegen alle übrigen Kartellanten prozessieren und sodann deren Insolvenz auf der Stufe der Vollstreckung feststellen lassen müssen.

1332 Hierzu *Meessen*, Schadensersatz bei Verstößen gegen EU-Kartellrecht, 554; *Makatsch/Mir*, EuZW 2015, 7, 11; *Kersting*, WuW 2014, 564, 568; *Bien*, EuZW 2011, 889, 890.

die Offenlegung von Kronzeugendokumenten (möglicherweise[1333]) generierten Anreizverlustes dürfte durch diese Begrenzung des Kreises der Anspruchsberechtigten indes nicht zu erreichen sein. Die Kartellschadensersatzrichtlinie sieht ein Zusammenspiel zwischen absolutem Dokumenten-
schutz und partieller Haftungsprivilegierung vor[1334]. Entfiele der absolute
Schutz der Kronzeugendokumente, wäre das hierdurch auftretende Haftungsrisiko des Kronzeugen nur durch eine umfassende Haftungsprivilegierung im Außenverhältnis zu kompensieren. Denn auch das Haftungsrisiko, das allein aus der Abnehmer- bzw. Lieferantenkette des Kronzeugen
erwächst, ist ausreichend, um die Wirtschaftlichkeit der Kooperation mit
den Kartellbehörden infrage zu stellen. Daher wäre nur der vollumfängliche Haftungsausschluss des Kronzeugen im Außenverhältnis in seiner
Wirksamkeit dem absoluten Schutz der Kronzeugendokumente gleichzu-
stellen.

Eine solche Privilegierung des Kronzeugen im Außenverhältnis stößt
jedoch auf durchgreifende Bedenken. Zunächst konfligiert eine Haftungsbegrenzung des Kronzeugen im Außenverhältnis mit dem Effektivitätsgebot der Artt. 101 und 102 AEUV und der hierauf fußenden Jedermann-
Doktrin des *EuGH*. Der *EuGH* hat in den Entscheidungen *Manfredi* und
Courage festgestellt, dass jedermann Ersatz des Schadens verlangen kann,
der ihm durch den jeweiligen Wettbewerbsverstoß entstanden ist. Eine
Haftungsbegrenzung im Außenverhältnis würde diese Doktrin unterminieren, da der Kronzeuge hierdurch nicht mehr von jedermann, sondern stattdessen von niemandem auf Ersatz des durch ihn mitverursachten Schadens
in Anspruch genommen werden könnte, was der wirksamen Durchsetzung
der Artt. 101 und 102 AEUV zuwiderliefe und im Ergebnis als primärrechtswidrig zu qualifizieren wäre[1335]. Mit dem aus dem Primärrecht erwachsenden Anspruch auf Ersatz des kartellbedingten Schadens für alle
Kartellbetroffenen wäre es unvereinbar, wenn der Kronzeuge im Außenverhältnis von der Haftung gänzlich freigestellt und die Problematik des
Schutzes der Kronzeugenprogramme somit zulasten der materiellen An-

---

1333 Dass die Schlussfolgerung des Anreizverlustes keinesfalls zwingend ist, wird
unter C.I.1.a.bb.(1).(c). dargestellt.
1334 *Makatsch/Mir*, EuZW 2015, 7, 11 sprechen insoweit von einer doppelten Kron-
zeugenprivilegierung, die „überzogen" sei.
1335 *Meessen*, Schadensersatz bei Verstößen gegen EU-Kartellrecht, 554; *Makatsch/
Mir*, EuZW 2015, 7, 11; *Dworschak/Maritzen*, WuW 2013, 829, 841 sowie (im
Hinblick auf Art. 11 Abs. 4 RL) *Kersting*, WuW 2014, 564, 568.

sprüche der Kartellgeschädigten aufgelöst würde. Neben der Unvereinbarkeit mit dem unionalen Wettbewerbsrecht stünde die Außenhaftungsprivilegierung zudem in Konflikt mit dem unionsverfassungsrechtlichen Schutz des Eigentums. Die materiell-rechtliche Privilegierung des Kronzeugen im Außenverhältnis würde aus Sicht der Kartellgeschädigten zum gänzlichen Entfall eines Haftungssubjektes führen. Hierdurch würde den Kartellgeschädigten im Allgemeininteresse des effektiven Wettbewerbsschutzes ein nicht zu rechtfertigendes Sonderopfer abverlangt, was mit dem Eigentumsschutz gemäß Art. 17 Abs. 1 GrCh nicht in Einklang zu bringen ist[1336]. Eine materiell-rechtliche Privilegierung des Kronzeugen im Außenverhältnis ist daher bereits unter primär- und unionsverfassungsrechtlichen Gesichtspunkten abzulehnen.

Überdies erscheint eine Haftungsprivilegierung des Kronzeugen im Außenverhältnis gegenüber dem unbedingten Schutz der Kronzeugendokumente gemäß der Artt. 6 Abs. 6 lit. a), 7 Abs. 1 nicht als weniger einschneidendes Mittel, denn die Privilegierung des Kronzeugen im Außenverhältnis birgt das Risiko in sich, dass die Kartellgeschädigten ihres solventesten Schuldners verlustig gehen[1337]. Nicht selten führt die Bebußung durch die Wettbewerbsbehörden zu erheblichen Liquiditätsengpässen, die extremstenfalls in der Insolvenz des bebußten Unternehmens gipfeln können[1338]. Der Kronzeuge, der einen Erlass oder eine Reduktion der Bebußung erwirken konnte, ist für die Kartellgeschädigten im Hinblick auf ihre teils enormen Schadensersatzansprüche somit auch unter Liquiditätsgesichtspunkten das vorrangige Haftungssubjekt. Dessen Entfall würde für die Kartellgeschädigten keinesfalls minder schwer wiegen als der absolute Schutz der Kronzeugendokumente. Dies wird verstärkt durch die Tatsache, dass der Kronzeuge aufgrund der Feststellungswirkung gemäß § 33 Abs. 4 S. 1 GWB erheblich leichter in Anspruch genommen werden kann als die übrigen Kartellanten[1339]. Eine Privilegierung des Kronzeugen im Außenverhältnis ist daher auch unter dem Gesichtspunkt der Milde des zu wählenden Mittels abzulehnen.

1336 *Glöckner*, wrp 2015, 410, 418 f. Selbiges gilt für den Eigentumsschutz auf nationaler Ebene gemäß Art. 14 Abs. 1 GG, vgl. Immenga/Mestmäcker/*Emmerich*, GWB § 33 Rn. 33 m.w.N.
1337 So auch *Milde*, Schutz des Kronzeugen, 253.
1338 Vgl. hierzu den Nachweis bei *Glöckner*, wrp 2015, 410, 415 Fn. 75.
1339 *Meessen*, Schadensersatz bei Verstößen gegen EU-Kartellrecht, 552.

(bb) Privilegierung im Gesamtschuldnerinnenausgleich

Das Institut der gesamtschuldnerischen Haftung ist Ausdruck eines allgemeinen Grundsatzes des europäischen Deliktsrechts. Infolge dessen sehen die Rechtsordnungen sämtlicher Mitgliedstaaten eine gesamtschuldnerische Haftung der Kartellbeteiligten vor[1340], sodass sich grundsätzlich jeder Kartellant im Wege des Gesamtschuldnerinnenausgleichs an den übrigen Kartellbeteiligten partiell schadlos halten kann.

Dies führt zu der Überlegung, das Haftungsrisiko des Kronzeugen auf der Ebene des gesamtschuldnerischen Innenausgleichs zwischen den Kartellanten aufzulösen, indem der Kronzeuge die Möglichkeit erhält, die übrigen Kartellanten im Falle seiner eigenen schadensersatzrechtlichen Inanspruchnahme vollumfänglich in Regress zu nehmen. Die Befreiung des Kronzeugen von einer endgültigen Haftung für die kartellbedingten Schäden als Voraussetzung für die Aufrechterhaltung der Anreizwirkung der Kronzeugenprogramme würde in diesem Falle durch eine materiell-rechtliche Privilegierung des Kronzeugen im Innenverhältnis der Kartellanten untereinander bewirkt[1341].

Diese systematische Grundüberlegung hat in der Vergangenheit unterschiedliche Schattierungen erhalten hinsichtlich der Frage, wie weit die Privilegierung des Kronzeugen reichen kann bzw. darf und an welchen Parametern die Haftung des Kronzeugen im Innenverhältnis der Höhe nach zu bemessen ist. So erwägt *Kersting* beispielsweise ein dreischrittiges Vorgehen[1342]: Zunächst sei die Haftungssumme der Kartellanten so zu modifizieren, dass sie deren jeweiligen Marktanteil widerspiegele. Alsdann solle der sich hieraus ergebende Betrag prozentual um den Anteil der behördenseits gewährten Bußgeldreduktion ermäßigt werden. Der verbleibende Restbetrag sei sodann unter den übrigen Gesamtschuldnern im Verhältnis ihrer Marktanteile aufzuteilen. *Meessen* hingegen spricht sich dafür aus, dass sich der Kronzeuge im Innenverhältnis an den übrigen Kartellbeteiligten gänzlich oder doch zumindest substantiell schadlos halten können

---

1340 *Meessen*, Schadensersatz bei Verstößen gegen EU-Kartellrecht, 396.
1341 So bereits *Meessen*, Schadensersatz bei Verstößen gegen EU-Kartellrecht, 558 ff.; *Kersting*, ZWeR 2008, 252, 266; ders., WuW 2014, 564, 569; *Milde*, Schutz des Kronzeugen, 255; *Dworschak/Maritzen*, WuW 2013, 829, 841; *Palzer*, NZKart 2013, 324, 326.
1342 *Kersting*, ZWeR 2008. 252, 266 f.; vgl. hierzu auch *Milde*, Schutz des Kronzeugen, 254.

soll[1343]. In der Tat dürfte allein eine solche (nahezu) vollständige Haftungsbefreiung des Kronzeugen im gesamtschuldnerischen Innenausgleich die notwendige Anreizwirkung besitzen, um ein gegenüber dem unbedingten Schutz der Kronzeugenerklärungen gleichwertiges Mittel darzustellen. Denn die absolute Geheimhaltung der Kronzeugendokumente macht eine erfolgreiche Prozessführung gegen den Kronzeugen nahezu unmöglich und führt somit zu einem weitreichenden Schutz des Kronzeugen. Eine vergleichbare Wirkung wäre nur dann gewährleistet, wenn die materiell-rechtliche Privilegierung im gesamtschuldnerischen Innenausgleich den Kronzeugen von sämtlichen Haftungsrisiken befreit, denn die Gefahr der schadensersatzrechtlichen Inanspruchnahme verliert für den kooperationswilligen Kartellanten nur dann ihre hemmende Wirkung, wenn er im Falle seiner Inanspruchnahme durch die Geschädigten die übrigen Kartellanten mit hinreichender Sicherheit zur Gänze oder doch zumindest größtenteils in Regress nehmen kann[1344]. Fraglich erscheint, ob eine solch weitgehende Befreiung des Kronzeugen dogmatisch überzeugend begründbar ist. Denn unzweifelhaft steht fest, dass der Kronzeuge einen Verursachungsbeitrag zur Entstehung des Kartells und damit auch zum Eintritt des kartellbedingten Schadens geleistet hat. Dieser Gesichtspunkt wird insbesondere von Bien aufgegriffen, der die Auffassung vertritt, dass der durch den Kronzeugen verursachte Schadensanteil nicht mehr nachträglich durch eine Kooperation mit den Kartellbehörden beeinflusst werden könne. Infolge dessen scheide eine Privilegierung des Kronzeugen aus, da sie zu einer Haftung der übrigen Kartellanten über deren Verursachungsbeitrag hinaus führe[1345]. Dem wird entgegengehalten, dass der Kronzeuge im Gegensatz zu den übrigen Kartellanten einen entscheidenden Beitrag zur Aufdeckung des Kartells und damit zur Verhinderung weiterer Schäden geleistet habe. Es sei daher wertungsmäßig überzeugend, diesen Aufklärungsbeitrag dem Kartellanten zum Vorteil gereichen zu lassen[1346]. In ähnlicher Weise argumentieren auch *Dworschak* und *Maritzen*, die den Verursachungsbeitrag als paritätisches Zusammenspiel aus der Mitwirkung an der Bildung des Kartells und seiner Aufdeckung betrachten[1347].

1343 *Meessen*, Schadensersatz bei Verstößen gegen EU-Kartellrecht, 560 f.
1344 So zutreffend *Meessen*, Schadensersatz bei Verstößen gegen EU-Kartellrecht, 559.
1345 *Bien*, EuZW 2011, 889, 890.
1346 *Meessen*, Schadensersatz bei Verstößen gegen EU-Kartellrecht, 559.
1347 *Dworschak/Maritzen*, WuW 2013, 829, 842.

Den letztgenannten Erwägungen ist im Ergebnis zuzustimmen. Der Auffassung *Biens* ist zuzugeben, dass eine Privilegierung des Kronzeugen im Rahmen des gesamtschuldnerischen Innenausgleichs *prima facie* unbillig erscheint, da der Kronzeuge in nicht unerheblicher Weise an der Bildung des Kartells und dem hierdurch hervorgerufenen Schadenseintritt mitgewirkt hat. Dieser Umstand allein kann einer Privilegierung des Kronzeugen indes nicht entgegenstehen. Maßgeblich für den materiell gerechten Ausgleich der Gesamtschuldner untereinander ist allein deren Binnenverhältnis. Die Verteilung der endgültigen Vermögensbelastung im Innenverhältnis wird demnach durch die Frage bestimmt, in welcher rechtlichen Beziehung die Gesamtschuldner zueinander stehen. Sieht man nun ausschließlich den Verursachungsbeitrag der jeweiligen Kartellanten als Maßstab ihrer Haftung an, so erfasst dies die Besonderheiten der Kartellabsprache nicht ausreichend. Ihr Charakteristikum besteht darin, dass sie von allen Kartellbeteiligten bewusst getroffen wird. Die Kartellanten sind sich daher bereits bei Begründung des Kartells des Risikos bewusst, dass ihr wettbewerbswidriges Zusammenwirken jederzeit durch einen der Beteiligten aufgedeckt werden kann. Die Gefahr der Offenlegung ist ein Risiko, das jedem Kartell von Beginn an innewohnt, sie wird von den Kartellbeteiligten bewusst in Kauf genommen. Würde nun einem der Kartellanten aufgrund der Kooperation mit den Kartellbehörden die anteilige Haftung im Innenverhältnis erlassen, so erschiene dies den übrigen Kartellanten gegenüber keinesfalls unbillig, denn alle Beteiligten kannten das Risiko der jederzeitigen Offenlegung. Das Merkmal der Instabilität, das jede Kartellabsprache prägt, muss auch auf der Rechtsfolgenseite des wettbewerbswidrigen Verhaltens Geltung beanspruchen, denn die Kartellanten besitzen auch im Rahmen des gesamtschuldnerischen Innenausgleichs kein schutzwürdiges Vertrauen in den Bestand ihrer Kartellabsprache und damit in den Kreis der Haftenden. Stattdessen haben sie die Instabilität des Kartells bewusst in Kauf genommen, sodass das Ausscheiden eines der Kartellanten aus dem Kreis der Mitwirkenden und Mithaftenden keinesfalls unbillig erscheint. Darüber hinaus steht es jedem der Kartellanten frei, die Möglichkeit einer Kooperation mit den Wettbewerbsbehörden für sich in Anspruch zu nehmen und so in den Genuss der Haftungsbefreiung zu gelangen. Machen die Kartellanten von dieser Möglichkeit keinen Gebrauch, weil sie weiterhin an den wettbewerbswidrigen Margen des Kartells partizipieren wollen, sind sie schlechterdings nicht schutzwürdig. Die Kartellbeteiligten sind sämtliche Risiken der Kartellabsprache wissentlich eingegangen, sodass es aus wertender Sicht überzeugend ist, ihnen den Entfall eines mithaftenden Gesamtschuldners aufzubürden. Die gegenteiligen Auffassungen führen dazu, dass die mit der Notwendigkeit der Aufdeckung des Kartells verbundenen Risiken nicht zum Nachteil der Kartellanten, sondern zu Lasten der Kartellgeschädigten aufgelöst werden, indem ihre Rechte beschnitten werden. Sie werden hierdurch sowohl auf wirtschaftlicher als auch auf rechtlicher Ebene durch die Kartellabsprache beeinträchtigt. Eine Abwälzung des den Kronzeugenprogrammen innewohnenden Erfordernisses der schadensersatzrechtlichen Abschirmung des Kronzeugen auf die Kartellgeschädigten vermag jedoch unter keinem dogmatischen Gesichtspunkt zu überzeugen und könnte mit einer Privilegierung des Kronzeugen im Innenverhältnis vermieden werden[1348]. Eine derartige Privilegierung würde den Kronzeugen von der Gefahr der endgültigen Haftung für den verursachten Kartellschaden befreien und die Anreizwirkung der Kronzeugenprogramme am Leben erhalten, ohne dass die Kartellgeschädigten ihrer Schadensersatzansprüche oder Akteneinsichtsrechte verlustig gingen[1349]; die Privilegierung des Kronzeugen im Innenverhältnis würde den absoluten Schutz der Kronzeugendokumente entbehrlich werden lassen[1350]. Überdies hätte die Enthaftung des Kronzeugen auf der Ebene des Gesamtschuldnerinnenausgleichs den signifikanten Vorteil, dass die durch Art. 6 Abs. 6 lit. a), 7 Abs. 1 bewirkte mittelbare Begünstigung der übrigen Kartellanten vermieden würde. Ein absoluter Schutz der Kronzeugendokumente gereicht nicht nur dem Kronzeugen selbst zum Vorteil. Auch die übrigen Kartellanten profitieren von der mangelnden Darlegungs- und Beweisführungsmöglichkeit der Kartellgeschädigten[1351], sodass die tatsächliche Wirkung des absoluten Schutzes der Kronzeugendokumente deutlich weiter reicht als erforderlich und der beabsichtigen Stärkung der privatrechtlichen Durchsetzung des Wettbewerbsrechts zuwiderläuft. Dieser nachteilige Effekt ließe sich vermeiden, wenn an die Stelle des absoluten Schutzes der Kronzeugendokumente eine Haftungsprivilegierung des Kronzeugen träte, denn ihre Wirkung erschöpft sich in der Protektion des Kronzeugen.

Schlussendlich käme die Privilegierung des Kronzeugen im Innenverhältnis nicht nur der Attraktivität, sondern auch der Effektivität der Kron-

---

1348 So auch *Dworschak/Maritzen*, WuW 2013, 829, 841; *Meessen*, Schadensersatz bei Verstößen gegen EU-Kartellrecht, 560.
1349 *Dworschak/Maritzen*, WuW 2013, 829, 841.
1350 So auch *Kersting*, WuW 2014, 564, 569.
1351 *Krüger*, NZKart 2013, 483, 485 f.; *Glöckner*, wrp 2015, 410, 415.

zeugenprogramme zugute, da der Wegfall eines Haftungssubjektes innerhalb des Kartells das den Kronzeugenprogrammen zugrunde liegende *Gefangenendilemma*[1352] verstärken würde: Droht den übrigen Beteiligten im Falle der Kooperation eines der Mitkartellanten nicht nur die Aufdeckung des Kartells, sondern überdies auch der Verlust eines Haftungssubjektes des Gesamtschuldnerinnenausgleichs, so verstärkt dies das Misstrauen der Kartellanten untereinander und damit die Destabilisierung des Kartells. Die Möglichkeit, die Haftung für den kartellbedingten Schaden auf die übrigen Kartellanten abwälzen und sich hierdurch gegebenenfalls einen Wettbewerbsvorteil verschaffen zu können, erhöht die Attraktivität einer Kooperation mit den Wettbewerbsbehörden zusätzlich[1353].

(cc) Weitere Modelle

Neben der Privilegierung des Kronzeugen im Gesamtschuldnerinnenausgleich sind weitere Mechanismen denkbar, mit deren Hilfe der Schutz des Kronzeugen auf mildere Art und Weise erreicht werden könnte. Eine ausführliche Untersuchung sämtlicher denkbarer Gestaltungsmöglichkeiten würde indes den Rahmen der vorliegenden Arbeit überschreiten. Gleichwohl sollen zwei weitere Modelle skizziert werden, die neben einer Privilegierung des Kronzeugen im gesamtschuldnerischen Innenverhältnis besonders beachtenswert erscheinen. Zunächst wäre es möglich, das Verbot der Offenlegung und beweisrechtlichen Verwertung von Kronzeugenerklärungen auf das Verhältnis zwischen dem Kronzeugen und dem Geschädigten zu beschränken. Hierdurch wäre eine Verwendung außerprozessual erlangter Kronzeugenerklärungen bzw. der innerprozessuale Zugriff auf Kronzeugendokumente dem Geschädigten nur dann untersagt, wenn er gegen den Kronzeugen selbst prozessiert. Durch dieses Modell würde vermieden, dass der Kronzeuge durch die Kooperation mit den Wettbewerbsbehörden einem erhöhten Haftungsrisiko unterliegt, ohne dass den Geschädigten der Zugriff auf die benötigten Informationen gänzlich versagt würde und hierdurch auch die nicht kooperierenden Kartellanten geschützt werden.

1352 Vgl. hierzu ausführlich unter B.II.2.b.aa.
1353 So auch *Meessen*, Schadensersatz bei Verstößen gegen EU-Kartellrecht, 561.

Eine weitere Möglichkeit zum Schutz des Kronzeugen besteht darin, den Eintritt und insbesondere die Höhe des kartellbedingten Schadens durch die Wettbewerbsbehörden ermitteln zu lassen und dieser behördlichen Schadensermittlung eine präjudizielle Wirkung für nachfolgende *follow-on-Klagen* beizumessen. Aufgrund der Tatsache, dass sich die Ermittlungstätigkeit der Kartellbehörden de lege lata nicht auf den durch das Kartell verursachten Schaden erstreckt, würde dieses Modell freilich einen nicht unerheblichen Systemumbruch bedingen, da den Wettbewerbsbehörden die komplexe Ermittlung des kartellbedingten Schadens auferlegt würde, ohne dass dies für ihre Verfolgungstätigkeit von Relevanz ist. Die Kartellbehörden würden nach diesem Modell zugunsten der Kartellgeschädigten die Rolle eines hoheitlichen Gutachters übernehmen[1354] mit der Folge, dass die Geschädigten zur Durchsetzung ihrer Schadensersatzansprüche nicht mehr auf die Offenlegung der Kronzeugendokumente angewiesen wären und die Inanspruchnahme der Kronzeugenprogramme für die kooperierenden Kartellanten nicht mit einer Erhöhung ihres Haftungsrisikos verbunden wäre.

(dd) Zwischenergebnis

Die Untersuchung zeigt, dass die absolute Geheimhaltung der Kronzeugendokumente nicht das mildeste Mittel zum Schutze des Kronzeugen und damit zur Aufrechterhaltung der Anreizwirkung der Kronzeugenprogramme darstellt, denn die Befreiung des Kronzeugen von der Tragung des endgültigen Haftungsrisikos lässt sich in äquivalenter Weise durch eine materiell-rechtliche Haftungsprivilegierung des Kronzeugen erreichen. Dabei ist eine Privilegierung im Außenverhältnis jedoch sowohl aus Sicht des Primärrechts als auch unter dem Gesichtspunkt der Milde des zu wählenden Mittels abzulehnen. Stattdessen sollte die haftungsrechtliche Privilegierung des Kronzeugen im Rahmen des Gesamtschuldnerinnenausgleichs der Kartellbeteiligten untereinander anknüpfen, indem der Kronzeuge die Möglichkeit erhält, sich im Falle der eigenen schadensersatzrechtlichen Inanspruchnahme an den übrigen Kartellanten schadlos zu hal-

---

1354 Ähnlich *Milde*, Schutz des Kronzeugen, 282, die die Schaffung eines kartellrechtlichen Adhäsionsverfahrens erwägt, jedoch darauf hinweist, dass die Wettbewerbsbehörden mit der Ermittlung des kartellbedingten Schadens überfordert sein könnten.

ten. Aus Sicht der Kartellgeschädigten handelt es sich bei einer solchen Privilegierung im Gesamtschuldnerinnenausgleich um ein milderes Mittel gemäß Art. 52 Abs. 1 S. 2 GrCh, da ihre Schadensersatz- und Akteneinsichtsansprüche und damit die Möglichkeit der Kompensation des kartellbedingten Schadens hiervon unberührt bleiben. Neben einer materiellrechtlichen Privilegierung des Kronzeugen wäre es weiterhin möglich, den Wettbewerbsbehörden die Ermittlung des kartellbedingten Schadens aufzuerlegen und hierdurch eine Offenlegung der Kronzeugendokumente entbehrlich zu machen. Schlussendlich ließe sich das Verbot der Offenlegung und Verwertung von Kronzeugendokumenten auf das Verhältnis zwischen dem Kronzeugen und dem jeweiligen Geschädigten beschränken. All diese Gestaltungsmodelle haben zur Konsequenz, dass eine Inanspruchnahme der Kronzeugenprogramme für die kooperierenden Kartellanten nicht mit einer Erhöhung ihres Haftungsrisikos verbunden ist und die Kartellgeschädigten weiterhin die Möglichkeit besitzen, ihrer prozessualen Darlegungs- und Beweislast zu entsprechen. Ein absoluter Schutz der Kronzeugendokumente, wie ihn die Artt. 6 Abs. 6 lit. a), 7 Abs. 1 der Kartellschadensersatzrichtlinie vorsehen, ist demnach nicht erforderlich im Sinne von Art. 52 Abs. 1 S. 2 GrCh, da die Effektivität der Kronzeugenprogramme durch andere, weniger einschneidende Mittel gewährleistet werden kann.

(c) Angemessenheit

Die Angemessenheit des gewählten Mittels bildet das dritte Element der Verhältnismäßigkeit. Sie wird auch als Verhältnismäßigkeit im engeren Sinne bezeichnet[1355]. Sinn und Zweck der Angemessenheit ist eine gerechte Abwägung zwischen den mit der Grundrechtsbeeinträchtigung verfolgten Zielen und den mit dieser Beeinträchtigung verbundenen Auswirkungen auf den Grundrechtsträger[1356]. Für die Angemessenheit der gewählten Maßnahme ist es erforderlich, *„dass die verursachten Nachteile in angemessenem Verhältnis zu den angestrebten Zielen stehen"*[1357]. Nach

---

1355 Calliess/Ruffert/*Kingreen*, GrCh Art. 52 Rn. 70.
1356 Calliess/Ruffert/*Kingreen*, GrCh Art. 52 Rn. 70.
1357 EuGH, Urt. v. 12.06.2003 - Rs. C-112/00, EuZW 2003, 592, 596; Urt. v. 11.07.2002 - Rs. C-60/00, EuR 2002, 852, 859; Urt. v. 29.04.2004 - Rs.C-482/01 und 493/01, EuZW 2004, 402, 405; vgl. auch *Jarass*, GrCh Art. 52 Rn. 40.

der Rechtsprechung des *EuGH* ist eine „*ausgewogene Gewichtung des Interesses der Union auf der einen und des Grundrechtsträgers auf der anderen Seite*" notwendig[1358]. Es sind die gegenläufigen Interessen abzuwägen und es ist anhand sämtlicher Umstände des jeweiligen Einzelfalls festzustellen, ob das rechtliche Gleichgewicht zwischen den Interessen gewahrt ist[1359]. Für die Beurteilung der Angemessenheit des absoluten Schutzes der Kronzeugendokumente gemäß der Artt. 6 Abs. 6 lit. a), 7 Abs. 1 ist demnach maßgeblich, ob das Interesse der Wettbewerbsbehörden an der Aufrechterhaltung der Attraktivität der Kronzeugenprogramme einerseits und das Interesse der Kartellgeschädigten an einer wirksamen Geltendmachung ihrer Schadensersatzansprüche andererseits in ein rechtlich ausgewogenes Gleichgewicht gebracht wurden.

Dies ist im Ergebnis nicht der Fall. Denn es ist zu sehen, dass die Frage des angemessenen Ausgleichs maßgeblich durch das Verhältnis der sich gegenüberstehenden Rechtspositionen zueinander beeinflusst wird. In den Entscheidungen *Pfleiderer* und *Donau Chemie* hat der *EuGH* jedoch zum Ausdruck gebracht, dass *public enforcement* und *private enforcement* rechtlich gleichrangig sind. Demnach kann keiner der beiden Durchsetzungsarten eine abstrakte und unbedingte Vorrangstellung eingeräumt werden, da sie gleichermaßen geeignet sind, die effektive Durchsetzung des Wettbewerbsrechts sicherzustellen. Daher ist jeweils im Einzelfall eine Gewichtung der widerstreitenden Interessen vorzunehmen, um die größtmögliche Effektivität des Wettbewerbsrechts zu gewährleisten[1360]. Der unbedingte Schutz der Kronzeugendokumente gemäß Artt. 6 Abs. 6 lit. a), 7 Abs. 1 verkörpert jedoch die Vorstellung eines unbedingten Vorrangs des *public enforcement*[1361]. Eine solche abstrakte Vorrangstellung der behördlichen Kartellrechtsdurchsetzung kann es jedoch nach der Rechtsprechung des *EuGH* im Bereich des unionalen Wettbewerbsrechts nicht geben, das Spannungsverhältnis zwischen den beiden Durchsetzungsmechanismen kann demnach nicht abstrakt zu Lasten einer Durchsetzungsform aufgelöst werden. Infolge dessen ist das primärrechtlich determinierte Gleichge-

---

1358 *Jarass*, GrCh Art. 52 Rn. 40; EuGH, Urt. v. 09.11.2010 - verb. Rs. C-92/09 und C-93/09, EuZW 2010, 939, 943.

1359 *Jarass*, GrCh Art. 52 Rn. 40; EuGH, Urt. v. 12.06.2003 - Rs. C-112/00, EuZW 2003, 592, 596.

1360 EuGH, Urt. v. 06.06.2013 - Rs. C-536/11 „*Donau Chemie*", EuZW 2013, 586, 588.

1361 *Hess*, in: *Nietsch/Weller*, Private Enforcement, 33, 44.

wicht zwischen dem behördlichen Interesse an der Effektivität der Kronzeugenprogramme und dem Bedürfnis der Kartellgeschädigten nach der Verfügbarkeit notwendiger Beweismittel nicht gewahrt. Vielmehr dienen die Artt. 6 Abs. 6 lit. a), 7 Abs. 1 allein dem wettbewerbsbehördlichen Interesse unter völliger Außerachtlassung der Belange der Geschädigten. Nach der Rechtsprechung des EuGH ist das rechtliche Gleichgewicht jedoch nur dann gewährleistet, wenn dem Vorrang einer Durchsetzungsform eine einzelfallbezogene Interessenabwägung vorausgeht. Eine solche sehen die Artt. 6 Abs. 6 lit. a), 7 Abs. 1 indes nicht vor, sodass der unbedingte Schutz der Kronzeugenerklärung unangemessen und damit schlussendlich unverhältnismäßig ist.

(5) Zwischenergebnis

Die Beeinträchtigung des unionalen Rechts auf Beweis gemäß Art. 47 Abs. 1 und 2 GrCh durch den absoluten Schutz von Kronzeugendokumenten nach Maßgabe der Artt. 6 Abs. 6 lit. a) 7 Abs. 1 findet keine unionsverfassungsrechtliche Rechtfertigung gemäß Art. 52 Abs. 1 GrCh. Zum einen mangelt es an der Erforderlichkeit der ergriffenen Maßnahme, denn die Aufrechterhaltung der Anreizwirkung der Kronzeugenprogramme könnte insbesondere durch eine materiell-rechtliche Privilegierung des Kronzeugen im Gesamtschuldnerinnenausgleich in gleicher Weise gewährleistet werden, ohne die Rechte der Kartellgeschädigten zu beschneiden. Darüber hinaus fehlt es dem unbedingten Schutz der Kronzeugendokumente an der gebotenen Angemessenheit, die eine Wahrung des rechtlichen Gleichgewichts erfordert. Im Bereich des unionalen Wettbewerbsrechts ist dieses Gleichgewicht im Falle des unbedingten Vorrangs des *public enforcements* jedoch nicht gewahrt, da der *EuGH* in den Entscheidungen *Pfleiderer* und *Donau Chemie* festgestellt hat, dass keiner der beiden Durchsetzungsformen eine abstrakte Vorrangstellung eingeräumt werden darf.

3. Ergebnis

Art. 47 Abs. 1 und 2 GrCh vermitteln Kartellgeschädigten auf der Ebene des unionalen Primärrechts ein Recht auf Beweis. Es fußt auf der Garantie des effektiven Rechtsschutzes sowie dem Anspruch rechtlichen Gehörs und sichert Kartellgeschädigten die Möglichkeit zu, sämtliche Beweismittel, die zur Darlegung und zum Beweis ihres Schadensersatzbegehrens erforderlich sind, in den Prozess einzuführen. Dieses unionale Recht auf Beweis erfährt durch den absoluten Schutz von Kronzeugendokumenten gemäß Artt. 6 Abs. 6 lit. a), 7 Abs. 1 eine weitreichende Einschränkung, der es an einer unionsverfassungsrechtlichen Legitimation gemäß Art. 52 Abs. 1 GrCh mangelt. Damit ist in dem unbedingten Schutz der Kronzeugendokumente gemäß Artt. 6 Abs. 6 lit. a), 7 Abs. 1 RL auch unter dem Gesichtspunkt des Rechts auf Beweis ein Verstoß gegen das Primärrecht zu sehen.

VII. Folgen der Primärrechtswidrigkeit

Die vorstehende Untersuchung hat gezeigt, dass der absolute Schutz der Kronzeugendokumente nach Maßgabe der Artt. 6 Abs. 6 lit. a), 7 Abs. 1 aufgrund der nicht gerechtfertigten Beeinträchtigung des unionalen Rechts auf Beweis[1362] und des Verstoßes gegen das aus den Artt. 101 und 102 AEUV folgende Gebot der Einzelfallabwägung[1363] als primärrechtswidrig zu qualifizieren ist. Hieran schließt sich nunmehr die Frage an, welche Konsequenzen diese Primärrechtswidrigkeit nach sich zieht. Grundsätzlich obliegt den Mitgliedstaaten die Verpflichtung, die Richtlinienvorgaben innerhalb der Umsetzungsfrist in das nationale Recht zu transferieren. Die Primärrechtswidrigkeit einzelner Vorgaben der Richtlinie führt nicht zum Entfall dieser Umsetzungspflicht, da allein der *EuGH* über die Kompetenz zur Verwerfung unionaler Rechtsakte verfügt[1364]. Die Mitgliedstaaten sind daher bis zu dem Zeitpunkt der Feststellung der Primärrechtswidrigkeit durch den *EuGH* zur vollumfänglichen Umsetzung der Kartellschadensersatzrichtlinie verpflichtet.

Die Feststellung der Primärrechtswidrigkeit unionaler Rechtsakte durch den *EuGH* ist dabei zunächst im Wege der Nichtigkeitsklage gemäß Art. 263 AEUV möglich. Sie ist als Kassationsklage auf die Aufhebung unionaler Rechtsakte gerichtet und Ausdruck des Verwerfungsmonopols des *EuGH*[1365]. Prüfungsmaßstab der Nichtigkeitsklage sind dabei insbesondere die Verträge und die in der Charta festgeschriebenen Grundrechte,

---

1362   Vgl. vorstehend unter D.VI.
1363   Vgl. unter D.V.
1364   *Makatsch/Mir*, EuZW 2015, 7, 10; *Willems*, wrp 2015, 818, 821.
1365   Grabitz/Hilf/Nettesheim/*Dörr*, AEUV Art. 263 Rn. 1 und 3.

denen bei der Frage nach der Rechtmäßigkeit unionaler Rechtsakte herausragende Bedeutung zukommt[1366], sodass auch die hier dargestellte Verletzung des Rechts auf Beweis gemäß Art. 47 Abs. 1 und 2 GrCh zum Gegenstand der Nichtigkeitsklage gemacht werden könnte. Die Mitgliedstaaten sind gemäß Art. 263 Abs. 2 AEUV als privilegierte Kläger zur Erhebung der Nichtigkeitsklage mit einem umfassenden Klagerecht ausgestattet[1367], sodass sie die Artt. 6 Abs. 6 lit. a), 7 Abs. 1 im Wege der Nichtigkeitsklage in statthafter Art und Weise zur Überprüfung durch den *EuGH* stellen könnten[1368]. Jedoch sieht Art. 263 Abs. 6 AEUV eine zweimonatige Klagefrist vor, innerhalb derer die Nichtigkeitsklage zu erheben ist. Es handelt sich dabei um eine zwingende Ausschlussfrist, die nicht zur Disposition der Parteien oder des Gerichts steht[1369]. Aufgrund der Tatsache, dass diese Klagefrist mit Veröffentlichung der Kartellschadensersatzrichtlinie im Amtsblatt der Europäischen Union in Gang gesetzt worden und somit zwischenzeitlich verstrichen ist, steht einer Geltendmachung der Primärrechtswidrigkeit im Wege der Nichtigkeitsklage gemäß Art. 263 AEUV der Ablauf der Klagefrist entgegen[1370].

Neben der Nichtigkeitsklage gemäß Art. 263 AEUV ermöglicht auch das Vorabentscheidungsverfahren gemäß Art. 267 Abs. 1 lit. b) AEUV die Überprüfung unionalen Sekundärrechts gemäß Art. 288 AEUV. Maßstab der Gültigkeitskontrolle ist dabei wiederum das höherrangige Unionsrecht, insbesondere die Verträge sowie die Charta der Grundrechte[1371], sodass der absolute Schutz der Kronzeugenerklärungen gemäß Artt. 6 Abs. 6 lit. a), 7 Abs. 1 sowohl im Hinblick auf die Verletzung des Rechts auf Beweis gemäß Art. 47 Abs. 1 und 2 GrCh als auch unter dem Gesichtspunkt des Verstoßes gegen die Artt. 101 und 102 AEUV Gegenstand des Vorabentscheidungsverfahrens sein kann. Im Ausgangspunkt ermöglichen damit sowohl die Nichtigkeitsklage als auch das Vorabentscheidungsverfahren eine primärrechtliche Überprüfung der Artt. 6 Abs. 6 lit. a), 7 Abs. 1. Aufgrund der Tatsache, dass der Zulässigkeit einer Nichtigkeitsklage jedoch

---

1366 Von der Groeben/Schwarze/Hatje/*Gaitanides*, AEUV Art. 263 Rn. 139.
1367 Grabitz/Hilf/Nettesheim/*Dörr*, AEUV Art. 263 Rn. 10.
1368 Dieses Vorgehen wurde u.a. angeregt von *Makatsch/Mir*, EuZW 2015, 7, 10. Kritisch hierzu *Willems*, wrp 2015, 818, 821.
1369 Grabitz/Hilf/Nettesheim/*Dörr*, AEUV Art. 263 Rn. 116; Von der Groeben/Schwarze/Hatje/*Gaitanides*, AEUV Art. 263 Rn. 105.
1370 *Kersting/Preuß*, Umsetzung der Kartellschadensersatzrichtlinie, 115.
1371 Von der Groeben/Schwarze/Hatje/*Gaitanides*, AEUV Art. 267 Rn. 35.

wie gesehen der Ablauf der Klagefrist gemäß Art. 263 Abs. 6 AEUV ent-gegensteht, wird die Frage nach dem Verhältnis dieser beiden Rechts-schutzmöglichkeiten virulent. Denn die Überprüfung der Artt. 6 Abs. 6 lit. a), 7 Abs. 1 entlang des Primärrechts im Wege des Vorabentschei-dungsverfahrens erscheint insbesondere dann problematisch, wenn der Kartellgeschädigte die Primärrechtswidrigkeit dieser Regelungen im Rah-men des Schadensersatzprozesses durch ein Vorabentscheidungsverfahren erfolgreich geltend macht, jedoch die Frist zur Erhebung der Nichtigkeits-klage, die gemäß Art. 263 Abs. 4 AEUV auch durch Private angestrengt werden kann, gemäß Art. 263 Abs. 6 AEUV versäumt hat. In diesem Falle würde die Möglichkeit der Vorabentscheidung mit der durch Art. 263 Abs. 6 AEUV geschaffenen Bestandskraft des Unionsrechtsaktes konfli-gieren und der Kläger besäße die Möglichkeit, diese durch den Ablauf der Klagefrist im Interesse der Rechtssicherheit eingetretene Bestandskraft zu umgehen[1372]. Eine dem vorbeugende Präklusion des Vorabentscheidungs-verfahrens ist jedoch nach der Rechtsprechung des *EuGH* nur dann gege-ben, wenn die Erhebung einer Nichtigkeitsklage *zweifellos* zulässig gewe-sen wäre[1373]. Die Ausschlusswirkung der Nichtigkeitsklage ist daher auf jene Fälle beschränkt, in denen die Klageberechtigung des Betroffenen evident war und an der Zulässigkeit einer Nichtigkeitsklage keinerlei Zweifel bestanden[1374].

Eine solche evidente Zulässigkeit der privaten Nichtigkeitsklage ist je-doch im Falle der Kartellschadensersatzrichtlinie nicht gegeben. Art. 263 Abs. 4 AEUV normiert eine Klageberechtigung Privater für den Fall der direkten Adressierung des Unionsrechtsaktes an den Privaten, der unmit-telbaren und individuellen Betroffenheit durch den Unionsrechtsakt sowie im Hinblick auf Rechtsakte mit Verordnungscharakter, die keine Durch-führungsmaßnahmen erforderlich machen[1375]. Dass die Kartellgeschädig-ten nicht unmittelbarer Adressat des Offenlegungs- und Verwertungsver-botes gemäß der Artt. 6 Abs. 6 lit. a), 7 Abs. 1 sind, bedarf keiner weiter-

---

1372 Von der Groeben/Schwarze/Hatje/*Gaitanides*, AEUV Art. 267 Rn. 38.

1373 Grabitz/Hilf/Nettesheim/*Karpenstein*, AEUV Art. 267 Rn. 49 sowie Grabitz/ Hilf/Nettesheim/*Dörr*, AEUV Art. 263 Rn. 203; Streinz/*Ehricke*, AEUV Art. 267 Rn. 26; Von der Groeben/Schwarze/Hatje/*Gaitanides*, AEUV Art. 267 Rn. 38; EuGH, Urt. v. 30.01.1997 - Rs. C-178/95; Urt. v. 15.02.2001 - Rs. C-239/99; Urt. v. 08.03.2007 - Rs. C-441/05.

1374 Grabitz/Hilf/Nettesheim/*Karpenstein*, AEUV Art. 267 Rn. 49.

1375 Grabitz/Hilf/Nettesheim/*Dörr*, AEUV Art. 263 Rn. 56.

gehenden Darstellung, denn der Umsetzungsauftrag richtet sich allein an die Mitgliedstaaten. Auch bildet die Kartellschadensersatzrichtlinie keinen Rechtsakt mit Verordnungscharakter, da sie gerade der Umsetzung in das nationale Recht und somit einer Durchführungsmaßnahme bedarf. Schlussendlich mangelt es den Kartellgeschädigten hinsichtlich der Artt. 6 Abs. 6 lit. a), 7 Abs. 1 auch an einer unmittelbaren und individuellen Betroffenheit. Denn bereits das Merkmal der Unmittelbarkeit gemäß Art. 263 Abs. 4 AEUV erfordert, dass sich die beanstandete Maßnahme auf die Rechtsstellung des Einzelnen unmittelbar auswirkt[1376]. Sie muss den Kläger demnach *ipso facto* benachteiligen, ohne dass weitere Umstände hinzutreten. Es muss feststehen, dass der Rechtsakt der Unionsorgane die Interessen der möglichen Klagepartei tatsächlich beeinträchtigt[1377]. Aufgrund der Tatsache, dass unionale Richtlinien allein an die Mitgliedstaaten gerichtet sind und zur Entfaltung ihrer Regelungswirkung der vorherigen Umsetzung in das nationale Recht bedürfen, sind sie nicht geeignet, unmittelbare Verpflichtungen für den einzelnen zu begründen und ihm hierdurch ein entsprechendes Klagerecht zu vermitteln[1378]. Von einer evidenten Klagebefugnis gemäß Art. 263 Abs. 4 AEUV kann daher nicht gesprochen werden, sodass der Ablauf der Klagefrist gemäß Art. 263 Abs. 6 AEUV keine Präklusionswirkung entfaltet und die Primärrechtswidrigkeit der Artt. 6 Abs. 6 lit. a), 7 Abs. 1 im Wege des Vorabentscheidungsverfahrens durch den *EuGH* festgestellt werden kann.

1376 Grabitz/Hilf/Nettesheim/*Dörr*, AEUV Art. 263 Rn. 62.
1377 Von der Groeben/Schwarze/Hatje/*Gaitanides*, AEUV Art. 263 Rn. 60 f.
1378 Grabitz/Hilf/Nettesheim/*Dörr*, AEUV Art. 263 Rn. 65.

E. Zusammenfassung und Schluss

Das *private enforcement* hat in der jüngeren Vergangenheit einen enormen Bedeutungszuwachs erfahren. Angestoßen durch die Rechtsprechung des *EuGH* in den Entscheidungen *Courage* und *Manfredi* wurde die Rechtsstellung der Kartellgeschädigten zur gerichtlichen Durchsetzung ihrer kartellbedingten Schadensersatzansprüche fortlaufend verbessert. Obschon kartellprivatrechtliche Schadensersatzklagen aufgrund der zahlreichen gesetzgeberischen Bemühungen auf nationaler und unionaler Ebene inzwischen einen festen Bestandteil der Kartellrechtsdurchsetzung darstellen, ist das Regime des *private enforcement* an verschiedenen Stellen weiterhin dogmatisch defizitär. Insbesondere die Problematik der Beweisführung über den Eintritt und die Höhe eines kartellbedingten Schadens steht einer weiteren Effektivierung kartellprivatrechtlicher Schadensersatzklagen entgegen. Das klandestine Wesen der Kartelle hat zur Folge, dass die Kartellgeschädigten zur Begründung ihres Schadensersatzbegehrens auf Informationen angewiesen sind, deren Beschaffung ihnen aus eigener Anstrengung heraus nicht möglich ist.

Abhilfe können hier die im Besitz der nationalen und unionalen Wettbewerbsbehörden befindlichen Kronzeugenerklärungen schaffen. Ihnen kommt aufgrund ihres enormen Beweiswertes eine zentrale Bedeutung für die erfolgreiche Geltendmachung kartellbedingter Schadensersatzansprüche zu. Obschon die Wettbewerbsbehörden eine Offenlegung der Kronzeugendokumente kategorisch verweigern, standen den Kartellgeschädigten nach bisheriger Rechtslage geeignete Instrumentarien zur Einsichtnahme in diese Dokumente zur Verfügung.

Im vorprozessualen Stadium ist eine Einsicht in die Kronzeugendokumente des Bundeskartellamtes zunächst über § 406e Abs. 1 S. 1 StPO i.V.m. § 46 Abs. 1, 3 S. 4 OWiG möglich. Dem Einsichtsinteresse des Petenten, dessen Aktivlegitimation anhand von § 403 StPO i.V.m. § 33 Abs. 3 S. 1 GWB zu bestimmen ist, können dabei nicht die in den Dokumenten enthaltenen Betriebs- und Geschäftsgeheimnisse des Kronzeugen entgegengehalten werden, da diese aufgrund ihres inneren Zusammenhangs mit dem Wettbewerbsverstoß keinen Schutz genießen. Auch das grundsätzliche Interesse des Bundeskartellamtes am Schutze des Bonusprogramms steht einer Einsichtnahme durch die Geschädigten nicht entgegen. Dies liefe dem im unionalen Primärrecht wurzelnden Gebot der Einzelfallabwägung zuwider. Eine Versagung der Akteneinsicht ist auf Grundlage des § 406e Abs. 2 S. 1 Alt. 2 StPO vielmehr nur dann möglich, wenn das Bundeskartellamt hinsichtlich jedes einzelnen Dokumentes darlegt, dass die im Einzelfall begehrte Einsicht die Effektivität des Bonusprogramms konkret zu beeinträchtigen droht. Ähnliches gilt im Rahmen des Kartellverwaltungsverfahrens. Hier haben die Kartellgeschädigten gemäß § 40 VwVfG einen Anspruch auf ermessensfehlerfreie Entscheidung über ihr Einsichtsgesuch. Auch im Rahmen dieser Ermessensentscheidung kann den Geschädigten eine Einsicht nur dann rechtmäßig versagt werden, wenn das Bundeskartellamt eine Gefährdung des Bonusprogramms durch die im Einzelfall begehrte Einsichtnahme hinreichend konkret darlegen kann. Schlussendlich vermittelt auch § 1 Abs. 1 S. 1 IFG den Kartellgeschädigten ein Recht auf Einsichtnahme in die Kronzeugendokumente des Bundeskartellamtes, dem gemäß § 3 Nr. 1 lit. d) IFG das Geheimhaltungsinteresse des Bundeskartellamtes nur im Falle einer hinreichend konkreten Gefährdung des Bonusprogramms entgegengehalten werden kann. Auf unionaler Ebene ist eine Einsicht in die Kartellverfahrensakten der Europäischen Kommission im vorprozessualen Stadium über die Regelung des Art. 2 Abs. 1 VO 1049/2001 möglich. Während die Ausschlussgründe des Art. 4 Abs. 1 lit. a) 4. Gedankenstrich, Abs. 2 1. Gedankenstrich VO 1049/2001 nach hier vertretener Auffassung keine Versagung der Akteneinsicht ermöglichen, kann die Kommission die Versagung gegebenenfalls auf Art. 4 Abs. 2 3. Gedankenstrich VO 1049/2001 stützen. Nach der Rechtsprechung des *EuGH* kann sich die Kommission dabei auf die Vermutung einer Beeinträchtigung stützen, soweit der Antragsteller die Einsicht in eine Vielzahl von Dokumenten begehrt. Dieser Vermutung, der es nach hier vertretener Auffassung an einer tragfähigen dogmatischen Grundlage mangelt, können die Kartellgeschädigten dadurch entgehen, dass sie ihren Antrag auf Einsichtnahme auf einzelne Dokumente beschränken. Entfällt hierdurch die Vermutung einer Beeinträchtigung, kann dem Einsichtsbegehren auch auf unionaler Ebene nur durch die Darlegung einer konkreten Gefahr der Beeinträchtigung des Kronzeugenprogramms begegnet werden.

Im innerprozessualen Stadium können die nationalen Gerichte die Kronzeugendokumente des Bundeskartellamtes zunächst gemäß § 273 Abs. 2 Nr. 2 ZPO i.V.m. § 474 Abs. 1 StPO, § 49b OWiG beiziehen. Das Bundeskartellamt ist in diesem Falle auf eine abstrakte Prüfung der sachlichen Zuständigkeit des ersuchenden Gerichts beschränkt; die Ausschlussgründe des § 474 Abs. 2 S. 1 StPO können der Übermittlung an das Gericht nicht entgegengehalten werden. Die Frage, ob die Parteien des kartellprivatrechtlichen Schadensersatzprozesses Einsicht in die Akten des Bundeskartellamtes erhalten, ist sodann auf der Grundlage einer einzelfallbezogenen Interessenabwägung zu beantworten, die durch das prozessleitende Gericht vorzunehmen ist. Nach hier vertretener Auffassung muss diese Interessenabwägung regelmäßig zugunsten des Kartellgeschädigten ausfallen. Insbesondere die Applikation eines behördlichen Sperrvermerks auf den übermittelten Dokumenten steht der Offenlegung nicht entgegen, da die hierdurch bewirkte generelle Versagung der Einsichtnahme mit dem primärrechtlichen Gebot der Einzelfallabwägung konfligiert. Auch im Falle des Beweisantritts durch den Kartellgeschädigten gemäß § 432 Abs. 1 ZPO ist das Bundeskartellamt im Wege der Amtshilfe zur Übermittlung der Kronzeugendokumente an das erkennende Gericht verpflichtet und auf eine abstrakte Prüfung der sachlichen Zuständigkeit des Gerichts beschränkt. Die vor der Offenlegung der übermittelten Dokumente vorzunehmende Interessenabwägung obliegt stattdessen wiederum dem Spruchkörper, wobei diese Interessenabwägung auch im Falle des Beweisantritts gemäß § 432 Abs. 1 ZPO regelmäßig in einem Vorrang der klägerischen Interessen münden muss.

Die Kartellgeschädigten besaßen damit nach bisheriger Rechtslage sowohl im vorprozessualen als auch im innerprozessualen Stadium die Möglichkeit des Zugriffs auf die wettbewerbsbehördlichen Kronzeugendokumente. Sämtliche Zugriffsmechanismen waren dabei durch das im unionalen Primärrecht wurzelnde Gebot der Einzelfallabwägung geprägt, das dem Umstand Rechnung trägt, dass weder der behördlichen noch der privatrechtlichen Durchsetzungsebene eine abstrakte und allgemein gültige Vorrangstellung eingeräumt werden kann. Aufgrund dessen untersagt es eine Auflösung des Spannungsverhältnisses zwischen *public* und *private enforcement* auf legislativer Ebene und legt die Abwägung der im jeweiligen Einzelfall widerstreitenden Interessen in die Hände des erkennenden Gerichts.

Mit diesem bisherigen System der Einzelfallabwägung bricht die Kartellschadensersatzrichtlinie 2014/104/EU. Sie enthält ein komplexes System zur Offenlegung kartellschadensersatzrechtlich bedeutsamer Beweismittel und normiert in den Artt. 6 Abs. 6 lit. a), 7 Abs. 1 einen unbedingten und unabwägbaren Schutz der Kronzeugendokumente. Sie bringt damit für die Frage der Offenlegung von Kronzeugendokumenten die Vorstellung eines absoluten Vorrangs des *public enforcement* zum Ausdruck. Den

Kartellgeschädigten wird durch den vorbehaltlosen Schutz der Kronzeugendokumente ein elementares Beweismittel zur gerichtlichen Durchsetzung ihrer kartellbedingten Schadensersatzansprüche im Interesse der behördlichen Verfolgungstätigkeit vorenthalten. Aufgrund der Tatsache, dass der unionale Gesetzgeber das zwischen *public* und *private enforcement* bestehende Spannungsverhältnis auf abstrakt-legislativer Ebene zugunsten der behördlichen Durchsetzungsebene aufgelöst und den erkennenden Gerichten die bisherige Möglichkeit der einzelfallbezogenen Interessenabwägung genommen hat, stehen die Artt. 6 Abs. 6 lit. a), 7 Abs. 1 der Kartellschadensersatzrichtlinie im Widerspruch zu dem durch den *EuGH* entwickelten primärrechtlichen Gebot der Einzelfallabwägung. Aufgrund seines primärrechtlichen Ursprungs bindet dieses Gebot insbesondere auch den europäischen Gesetzgeber, der die Wertungen des Primärrechts nicht durch die Kartellschadensersatzrichtlinie zu beeinflussen vermag.

Neben dem Verstoß gegen das unionale Wettbewerbsrecht bewirkt der absolute Schutz der Kronzeugendokumente gemäß Artt. 6 Abs. 6 lit. a), 7 Abs. 1 der Richtlinie zudem eine Beeinträchtigung des unionsverfassungsrechtlichen Rechts auf Beweis. Es findet seine dogmatische Grundlage in Art. 47 Abs. 1 und 2 GrCh und vermittelt den Kartellgeschädigten das Recht, grundsätzlich alle verfügbaren Beweismittel zur erfolgreichen Durchsetzung ihrer kartellbedingten Schadensersatzansprüche nutzbar zu machen. Dieses Recht wird durch den absoluten Schutz der Kronzeugendokumente beschnitten, da hierdurch eine beweisrechtliche Verwertung der Kronzeugenerklärungen *a priori* ausgeschlossen ist. Dieser Einschränkung des unionalen Rechts auf Beweis mangelt es an einer unionsverfassungsrechtlichen Rechtfertigung. Gemäß Art. 52 Abs. 1 GrCh ist der europäische Gesetzgeber bei der Beeinträchtigung unionaler Grundrechte an das Merkmal der Erforderlichkeit gebunden. Hiernach ist eine die europäischen Grundrechte beschränkende Maßnahme nur dann unionsverfassungsrechtlich gerechtfertigt, wenn und soweit sie den mildesten und gleich geeigneten Eingriff in das jeweilige Grundrecht darstellt. Diesem Maßstab werden die Artt. 6 Abs. 6 lit. a), 7 Abs. 1 der Kartellschadensersatzrichtlinie nicht gerecht. Sie verfolgen den Zweck, die Anreizwirkung der Kronzeugenprogramme aufrecht zu erhalten, indem die kooperierenden Kartellanten von dem Risiko der schadensersatzrechtlichen Inanspruchnahme und damit von der Gefahr der endgültigen Tragung des kartellbedingten Schadens befreit werden. Dieses Ziel ließe sich jedoch auf eine für die Kartellgeschädigten weniger einschneidende Art und Weise erreichen. Insbesondere das Instrument der materiell-rechtlichen Privile-

346

gierung des Kronzeugen im gesamtschuldnerischen Innenausgleich der Kartellanten untereinander böte die Möglichkeit, den Kronzeugen von der endgültigen Tragung des durch das Kartell verursachten Schadens zu befreien, ohne dabei die prozessualen Rechte der Kartellgeschädigten zu beeinträchtigen. Ein solcher Entfall eines Haftungssubjekts ist den übrigen Kartellanten aufgrund ihrer Kenntnis von der Instabilität der Kartellabsprache zumutbar. Zudem würde hierdurch die Destabilisierungswirkung der Kronzeugenprogramme gestärkt. Aufgrund der fehlenden Erforderlichkeit besitzt der absolute Schutz der Kronzeugendokumente keine unionsverfassungsrechtliche Legitimation, was die Unionsverfassungswidrigkeit der Artt. 6 Abs. 6 lit. a), 7 Abs. 1 der Kartellschadensersatzrichtlinie zur Folge hat.

Die Artt. 6 Abs. 6 lit. a), 7 Abs. 1 der Kartellschadensersatzrichtlinie sind damit nach hier vertretener Auffassung sowohl im Hinblick auf das Gebot der Einzelfallabwägung als auch vor dem Hintergrund des unionalen Rechts auf Beweis als primärrechtswidrig zu qualifizieren. Diese Primärrechtswidrigkeit können die Kartellgeschädigten im Wege des Vorabentscheidungsverfahrens gemäß Art. 267 Abs. 1 lit. b) AEUV durch den *EuGH* feststellen lassen, ohne dass dem der Ablauf der Frist zur Erhebung der Nichtigkeitsklage gemäß Art. 263 Abs. 6 AEUV entgegenstünde.

Literaturverzeichnis

Adler, Martina: Zugang zu staatlichen Informationen quo vadis?, DÖV 2016, S. 630.

Ahrens, Hans-Jürgen: Der Beweis im Zivilprozess, Osnabrück/Göttingen 2014.

Albrecht, Stephan: Die neue Kronzeugenmitteilung der Europäischen Kommission in Kartellsachen, wrp 2007, S. 417.

Bach, Albrecht: Kartellbußgelder und Schadensersatz: Ansätze zur Konfliktlösung, in: Kartellrecht in Theorie und Praxis - Festschrift für Cornelis Canenbley zum 70. Geburtstag, München 2012, S. 15.

Bader, Johann/Ronellenfitsch, Michael (Hrsg.): Beck'scher Online-Kommentar zum Verwaltungsverfahrensgesetz, 32. Edition, Stand: 01. Juli 2016.

Basedow, Jürgen: Kartellrecht im Land der Kartelle, WuW 2008, S. 270.

Baumhöfener, Jesko: Aktenkenntnis des Nebenklägers - Gefährdung des Untersuchungszwecks bei der Konstellation Aussage-gegen-Aussage, NStZ 2014, S. 135.

Baur, Fritz: Der Anspruch auf rechtliches Gehör, AcP Bd. 153 (1954), S. 393.

Beckmann, Martin/Durner, Wolfgang/Mann, Thomas/Röckinghausen, Marc (Hrsg.): Kommentar zum Umweltrecht, Loseblattsammlung, 79. Ergänzungslieferung, Stand: 01. Februar 2016, Münster im Mai 2016, zitiert als: Landmann/Rohmer/*Bearbeiter*.

Berrisch, Georg M./Burianski, Markus: Kartellrechtliche Schadensersatzansprüche nach der 7. GWB-Novelle, WuW 2005, S. 878.

Bethge, Herbert: Die verfassungsrechtliche Problematik einer Zulassungsberufung im Zivilprozess - Einige kritische Anmerkungen zum Entwurf eines Rechtspflege-Entlastungsgesetzes, NJW 1991, S. 2391.

Bien, Florian: Überlegungen zu einer haftungsrechtlichen Privilegierung des Kartellkronzeugen, EuZW 2011, S. 889.

Brinker, Ingo: Die Zukunft des Kartellrechts, NZKart 2013, S. 2.

Bulst, Friedrich Wenzel: Rechtsschutz reloaded, NZKart 2013, S. 433.

ders.: Private Kartellrechtsdurchsetzung durch die Marktgegenseite - deutsche Gerichte auf Kollisionskurs zum EuGH, NJW 2004, S. 2201.

Bundeskartellamt: Bericht des Bundeskartellamtes über seine Tätigkeit in den Jahren 2013/14 sowie über die Lage und Entwicklung auf seinem Aufgabengebiet, 15.06.2014, BT-Drs. 18/5210.

Bundeskartellamt: Bericht des Bundeskartellamtes über seine Tätigkeit in den Jahren 2011/2012 sowie über die Lage und Entwicklung auf seinem Aufgabengebiet, 29.05.2013, BT-Drs. 17/1367.

Bundeskartellamt: Erfolgreiche Kartellverfolgung - Nutzen für Wirtschaft und Verbraucher, Informationsbroschüre 2011.

Bundeskartellamt: Private Kartellrechtsdurchsetzung - Stand, Probleme, Perspektiven, Diskussionspapier des Bundeskartellamtes für die Sitzung des Arbeitskreises Kartellrecht am 26. September 2005.

Bundesregierung: Antwort auf die Kleine Anfrage der Abgeordneten Nicole Maisch, Jerzy Montag, Harald Ebner, weiterer Abgeordneter und der Fraktion BÜNDNIS 90/DIE GRÜNEN zur Durchsetzung kollektiver Verbraucherinteressen, 20.03.2012, BT-Drs. 17/9022.

Burholt, Christian: Die Auswirkungen des Informationsfreiheitsgesetzes auf das Akteneinsichtsrecht in Kartell- und Fusionskontrollverfahren, Betriebsberater 2006, S. 2201.

Busch, Jürgen/Sellin, Katharina: Vertrauen in die Vertraulichkeit - Kronzeugenverfahren in Europa auf der Probe, Betriebsberater 2012, S. 1167.

Calliess, Christian/Ruffert, Matthias (Hrsg.): EUV/AEUV - Das Verfassungsrecht der Europäischen Union mit Europäischer Grundrechtecharta, 5. Auflage, Berlin und Jena März 2016.

Canenbley, Cornelis/Steinvorth, Till: Kartellbußgeldverfahren, Kronzeugenregelungen und Schadensersatz - Liegt die Lösung des Konflikts „de lege ferenda" in einem einheitlichen Verfahren?, Festschrift Wettbewerbspolitik und Kartellrecht in der Marktwirtschaft - 50 Jahre FIW: 1960 bis 2010, Köln 2010, S. 143.

Dauses, Manfred (Hrsg.): Handbuch des EU-Wirtschaftsrechts, Loseblattsammlung, 39. Ergänzungslieferung, Stand: Februar 2016, Bamberg April 2016.

Diakonis, Antonios: Grundfragen der Beweiserhebung von Amts wegen im Zivilprozess, Dissertation, Rhodos 2014.

Dittrich, Alfred: Kronzeugenanträge und Rechtsschutz, WuW 2012, S. 133.

Dohrn, Daniel/Liebich, Simon: Kommentar zu OLG Düsseldorf, Beschluss vom 22.08.2012 - V-4 Kart 5/11 und 6/11 (OWi), wrp 2012, S. 1601.

Dück, Hermann/Eufinger, Alexander/Schultes, Marion: Das Spannungsverhältnis zwischen kartellrechtlicher Kronzeugenregelung und Akteneinsichtsanspruch nach § 406e StPO, EuZW 2012, S. 418

Dütz, Wilhelm: Rechtsstaatlicher Gerichtsschutz im Privatrecht - Zum sachlichen Umfang der Zivilgerichtsbarkeit, Habilitation, Münster 1969.

Dworschak, Sebastian/Maritzen, Lars: Einsicht - der erste Schritt zur Besserung? Zur Akteneinsicht in Kronzeugendokumente nach dem Donau Chemie-Urteil des EuGH, WuW 2013, S. 829.

Emmerich, Volker: Neue Grenzen der Deliktshaftung für Marktmissbrauch?, AG 2001, S. 520.

Epping, Volker/Hillgruber, Christian (Hrsg.): Beck'scher Online-Kommentar zum Grundgesetz, 29. Edition, Stand: 01. Juni 2016.

Europäische Kommission: Praktischer Leitfaden zur Ermittlung des Schadensumfangs bei Schadensersatzklagen im Zusammenhang mit Zuwiderhandlungen gegen Artikel 101 oder 102 des Vertrages über die Arbeitsweise der Europäischen Union vom 13. Juni 2013.

Fassbender, Bardo: Der einheitliche Gesetzesvorbehalt der EU-Grundrechtecharta und seine Bedeutung für die deutsche Rechtsordnung, NVwZ 2010, S. 1049.

Fiedler, Lilly: Der aktuelle Richtlinienvorschlag der Kommission - der große Wurf für den kartellrechtlichen Schadensersatz?, Betriebsberater 2013, S. 2179.

dies./Huttenlauch, Anna Blume: Der Schutz von Kronzeugen- und Settlementerklärungen vor der Einsichtnahme durch Dritte nach dem Richtlinienvorschlag der Kommission, NZKart 2013, S. 350.

Fornasier, Matteo/Sanner, Julian Alexander: Die Entthronung des Kronzeugen? Akteneinsicht im Spannungsfeld zwischen behördlicher und privater Kartellrechtsdurchsetzung nach Pfleiderer, WuW 2011, S. 1067.

Frenz, Walter: Dokumentenzugang vs. Kronzeugenregelung, EuZW 2013, S. 778.

Fuchs, Andreas: Die 7. GWB-Novelle - Grundkonzeption und praktische Konsequenzen, wrp 2005, S. 1384.

Glöckner, Jochen: Verfassungsrechtliche Fragen um das Verhältnis staatlicher und privater Kartellrechtsdurchsetzung, wrp 2015, S. 410.

Grabitz, Eberhard/Hilf, Meinhard/Nettesheim, Martin (Hrsg.): Das Recht der Europäischen Union, Loseblattsammlung, 58. Ergänzungslieferung, Stand: Januar 2016, Tübingen/München Februar 2016.

Grabitz, Eberhard/Hilf, Meinhard/Nettesheim, Martin (Hrsg.): Das Recht der Europäischen Union, Loseblattsammlung, 40. Ergänzungslieferung, Stand: Oktober 2009, Tübingen/München November 2009.

Graf, Jürgen Peter (Hrsg.): Beck'scher Online-Kommentar zur Strafprozessordnung mit RiStBV und MiStra, 25. Edition, Stand: 01. Juli 2016, Karlsruhe Juli 2016.

ders. (Hrsg.): Beck'scher Online-Kommentar zum Ordnungswidrigkeitengesetz, 11. Edition, Stand: 15. April 2016, Karlsruhe Mai 2016.

Gersdorf, Hubertus/Paal, Boris (Hrsg.): Beck'scher Online-Kommentar zum Informations- und Medienrecht, 12. Edition, Stand: 01. Mai 2016, Rostock und Freiburg i. Br. August 2013.

Grafunder, René/Gänswein, Olivier: Das Merkblatt des Bundeskartellamtes zu Settlements, Betriebsberater 2015, S. 968.

Gruber, Urs/Kießling, Erik: Die Vorlagepflichten der §§ 142 ff. ZPO nach der Reform 2002, ZZP Band 116 (2003), S. 305.

Gussone, Peter: Ende der Beweisnot von Kartellschadensersatzklägern? - Anmerkung zu OLG Hamm, Beschl. v. 26.11.2013 - 1 VAs 116/13 - 120/13 und 122/13, Betriebsberater 2014, S. 526.

ders./Schreiber, Tilmann M.: Private Kartellrechtsdurchsetzung - Rückenwind aus Europa? Zum Richtlinienentwurf der Kommission für kartellrechtliche Schadensersatzklagen, WuW 2013, S. 1040.

Gussone, Peter/Michalczyk, Roman: Der Austausch von Informationen im ECN - wer bekommt was wann zu sehen?, EuZW 2011, S. 130.

Habscheid, Walther J.: Das Recht auf Beweis, ZZP Band 96 (1983), S. 306.

Hannich, Rolf (Hrsg.): Karlsruher Kommentar zur Strafprozessordnung, 7. Auflage, Karlsruhe 2013.

Harms, Rüdiger/Petrasincu, Alex: Die Beiziehung von Ermittlungsakten im Kartellzivilprozess - Möglichkeit zur Umgehung des Schutzes von Kronzeugenanträgen?, NZKart 2014, S. 304.

Haus, Florian C./Serafimova, Mariya: Neues Schadensersatzrecht für Kartellverstöße - die EU-Richtlinie über Schadensersatzklagen, Betriebsberater 2014, S. 2883.

Heinemann, Alexander: Immaterialgüterschutz in der Wettbewerbsordnung - Eine grundlagenorientierte Untersuchung zum Kartellrecht des geistigen Eigentums, Habilitation, Tübingen 2002.

Heinichen, Christian: Akteneinsicht durch Zivilgerichte in Kartellschadensersatzverfahren, NZKart 2014, S. 83.

Hempel, Rolf: Private Follow-on-Klagen im Kartellrecht, WuW 2005, S. 137.

ders.: Privater Rechtsschutz im deutschen Kartellrecht nach der 7. GWB-Novelle, WuW 2004, S. 362.

ders.: Akteneinsicht durch Schadensersatzkläger - Donau Chemie, EuZW 2013, S. 586.

ders.: Einsicht in Kartellverfahrensakten nach der Transparenzverordnung - Neues aus Luxemburg, EuZW 2014, S. 297.

Hertel, Christian: Der Urkundenprozess unter besonderer Berücksichtigung von Verfassung (rechtliches Gehör) und Vollstreckungsschutz, Dissertation, Freiburg 1992.

Hess, Burkhard: Die Regulierung der privaten Rechtsdurchsetzung auf europäischer Ebene, in: *Nietsch, Michael/Weller, Matthias* (Hrsg.): Private Enforcement: Brennpunkte kartellprivatrechtlicher Schadensersatzklagen, Wiesbaden 2014, S. 33.

Hesse, Konrad: Grundzüge des Verfassungsrechts der Bundesrepublik Deutschland, 20. Auflage, 1995.

Hiéramente, Mayeul/Pfister, Andreas: Einsicht in die Kartellakte - der strafprozessuale Bonner Sonderweg, Betriebsberater 2016, S. 968.

Hilger, Hans: Zur Akteneinsicht Dritter in die von Strafverfolgungsbehörden sichergestellten Unterlagen (Nr. 185 IV RiStBV), NStZ 1984, S. 541.

Immenga, Ulrich/Mestmäcker, Ernst-Joachim: Wettbewerbsrecht, Band 1 (EU), 5. Auflage, München 2012.

dies.: Wettbewerbsrecht, Band 2 (GWB), 5. Auflage, München 2014.

Ipsen, Jörn: Allgemeines Verwaltungsrecht, 9. Auflage, Osnabrück 2015.

Jarass, Hans D.: Bedeutung der EU-Rechtsschutzgewährleistung für nationale und EU-Gerichte, NJW 2011, S. 1393.

ders.: Charta der Grundrechte der Europäischen Union, 3. Auflage, Münster 2016.

Jungermann, Sebastian: US-Discovery zur Unterstützung deutscher Kartellschadensersatzklagen, WuW 2014, S. 4.

Jüntgen, David Alexander: Zur Verwertung von Kronzeugenerklärungen in Zivilprozessen, WuW 2007, S. 128.

Kainer, Friedemann: Mindeststandards und Verfahrensgrundsätze im Kartellverfahren unter europäischem Einfluss, in: *Weller, Matthias/Althammer, Christoph* (Hrsg.): Mindeststandards im europäischen Zivilprozessrecht, Wiesbaden/Regensburg 2015, S. 173.

Kapoor, *Arun*: Die neuen Vorlagepflichten für Urkunden und Augenscheinsgegenstände in der Zivilprozessordnung, Dissertation, München 2008.

Kapp, *Thomas*: Das Akteneinsichtsrecht kartellgeschädigter Unternehmen: Bonn locuta, causa finita?, WuW 2012, S. 474.

ders.: Abschaffung des Private Enforcement bei Hardcore-Kartellen, in: Recht, Ordnung und Wettbewerb - Festschrift zum 70. Geburtstag von Wernhard Möschel, 2011, S. 319.

ders.: Anmerkung zu EuGH Urteil vom 06.06.2013 - Rs. C-536/11 - Donau Chemie, Betriebsberater 2013, S. 1551.

Kersting, *Christian*: Die neue Richtlinie zur privaten Rechtsdurchsetzung im Kartellrecht, WuW 2014, S. 564.

ders./Preuß, Nicola: Umsetzung der Kartellschadensersatzrichtlinie (2014/104/EU) - Ein Gesetzgebungsvorschlag aus der Wissenschaft, Düsseldorfer Rechtswissenschaftliche Schriften, Band 137, Düsseldorf September 2015.

ders.: Perspektiven der privaten Rechtsdurchsetzung im Kartellrecht, ZWeR 2008, S. 252.

Keßler, *Jürgen*: Die europäische Richtlinie über Schadensersatz im Wettbewerbsrecht - Cui bono?, VuR 2015, S. 83.

Kiethe, *Kurt*: Zum Akteneinsichtsrecht des Verletzten (§ 406e StPO), zugleich Besprechung von AG Saalfeld, Beschl. v. 7.3.2005 - 630 Js 23573/04 - 2 Ds jug, wistra 2006, S. 50.

Kleine, *Maxim*: Grenzenloser Zugang zu Dokumenten der Kartellbehörden?, ZWeR 2007, S. 313.

Klooz, *Katharina*: Die Akteneinsicht möglicherweise geschädigter Dritter in Akten des Bundeskartellamtes, Dissertation, Köln 2013.

Kofmel, *Sabine*: Das Recht auf Beweis im Zivilverfahren, Dissertation, Bern/Heidelberg 1992.

Kopp, *Ferdinand/Ramsauer, Ulrich*: Kommentar zum Verwaltungsverfahrensgesetz, 17. Auflage, Hamburg 2016.

Köhler, *Helmut*: Kartellverbot und Schadensersatz, GRUR 2004, S. 99.

Krüger, *Carsten*: Die haftungsrechtliche Privilegierung des Kronzeugen im Außen- und Innenverhältnis gemäß dem Richtlinienvorschlag der Kommission, NZKart 2013, S. 483.

Kuhn, *Sascha*: Opferrechte und Europäisierung des Strafprozessrechts, ZRP 2005, S. 125.

Lampert, *Thomas/Weidenbach, Georg*: Akteneinsicht zur Substantiierung einer Schadensersatzklage gegen Mitglieder eines Kartells - Beweisprobleme gibt es nicht!, wrp 2007, S. 152.

Langen, *Eugen/Bunte, Hermann-Josef* (Hrsg.): Kommentar zum deutschen und europäischen Kartellrecht, 12. Auflage, Köln 2014.

Leopold, *Anders*: Die Kartellbehörden im Angesicht der Informationsfreiheit, WuW 2006, S. 592.

Lettl, Tobias: Kartellschadensersatz nach der Richtlinie 2014/104/EU und deutsches Kartellrecht, wrp 2015, S. 537.

Liesegang, Heiko: Kontrahierungszwang als Schadensersatz bei kartellverbotswidriger Lieferverweigerung, NZKart 2013, S. 233.

Lindner, Josef Franz: Interpretation des EG-Primärrechts nach Maßgabe des EG-Sekundärrechts? Zur Europarechtskonformität von § 8 I Nr. 2 BAföG, NJW 2009, S. 1047.

Loewenheim, Ulrich/Meessen, Karl M./Riesenkampff, Alexander/Kersting, Christian/ Meyer-Lindemann, Hans Jürgen: Kartellrecht, 3. Auflage 2016.

Lübbig, Thomas/le Bell, Miriam: Die Reform des Zivilprozesses in Kartellsachen, wrp 2006, S. 1209.

ders.: Die zivilprozessuale Durchsetzung etwaiger Schadensersatzansprüche durch die Abnehmer eines kartellbefangenen Produktes, wrp 2004, S. 1254.

Mäger, Thorsten/Zimmer, Daniel J./Milde, Sarah: Konflikt zwischen öffentlicher und privater Kartellrechtsdurchsetzung, WuW 2009, S. 885.

Makatsch, Tilman/Mir, Arif Sascha: Die neue EU-Richtlinie zu Kartellschadensersatzklagen - Angst vor der eigenen „Courage"?, EuZW 2015, S. 7.

Maritzen, Lars/Pauer, Nada Ina: Der Kronzeuge in Österreich im Spannungsfeld von Public und Private Enforcement? - Zugleich Besprechung von EuGH, Urt. v. 06.06.2013 - C-536/11-Bundeswettbewerbsbehörde/Donau Chemie u.a. und EuGH, Urt. v. 18.06.2013 - C-681/11-Bundeswettbewerbsbehörde u.a./Schenker u.a., WRP 2013, S. 1151.

Mäsch, Gerald: Private Ansprüche bei Verstößen gegen das europäische Kartellverbot - „Courage" und die Folgen, EuR 2003, S. 825.

Mederer, Wolfgang: Richtlinienvorschlag über Schadensersatzklagen im Bereich des Wettbewerbsrechts, EuZW 2013, S. 847.

Meeßen, Gero: Der Anspruch auf Schadensersatz bei Verstößen gegen das EU-Kartellrecht - Konturen eines europäischen Kartelldeliktsrechts?, Dissertation, Münster 2011.

Mestmäcker, Ernst-Joachim/Schweitzer, Heike: Europäisches Wettbewerbsrecht, 3. Auflage, Hamburg und Berlin 2014.

Meyer, Jürgen (Hrsg.): Charta der Grundrechte der Europäischen Union, 4. Auflage, Kirchzarten/Berlin 2014.

Meyer-Goßner, Lutz/Schmitt, Bertram: Strafprozessordnung, 59. Auflage, Landau/ Pfalz und Neu-Isenburg 2016.

Meyer-Lindemann, Hans Jürgen: Durchsetzung des Kartellverbotes durch Bußgeld und Schadensersatz, WuW 2011, S. 1235.

Milde, Sarah: Schutz des Kronzeugen im Spannungsfeld von behördlicher Kartellrechtsdurchsetzung und privaten Schadensersatzklagen, Dissertation, Bielefeld/ Düsseldorf 2013.

Möschel, Wernhard: Behördliche oder privatrechtliche Durchsetzung des Kartellrechts?, WuW 2007, S. 483.

ders.: Kartellbußen und Artikel 92 Grundgesetz, WuW 2010, 869.

Musielak, Hans-Joachim/Voit, Wolfgang: Zivilprozessordnung, 13. Auflage, Passau und Marburg 2016

Nettesheim, Martin: Normenhierarchien im EU-Recht, EuR 2006, S. 737.

Nietsch, Michael: Schadensersatzklagen im Gesamtsystem des Kartellrechts - Überlegungen zum Verhältnis von privater und hoheitlicher Rechtsdurchsetzung am Beispiel des Wettbewerbsrechts -, in: *Nietsch, Michael/Weller, Matthias* (Hrsg.): Private Enforcement: Brennpunkte kartellprivatrechtlicher Schadensersatzklagen, Wiesbaden 2014, S. 9.

Otto, Harro: Die Verfolgung zivilrechtlicher Ansprüche als „berechtigtes Interesse" des Verletzten auf Akteneinsicht im Sinne des § 406e Abs. 1 StPO, GA 1989, S. 289.

Pache, Eckhard/Rösch, Franziska: Die neue Grundrechtsordnung der EU nach dem Vertrag von Lissabon, EuR 2009, S. 769.

Palzer, Christoph: Unvereinbarkeit der österreichischen Regelung zur Akteneinsicht Kartellgeschädigter mit EU-Recht, NZKart 2013, S. 324.

ders.: Umfang der Akteneinsicht in Bußgeldbescheide und Bonusanträge, OLG Düsseldorf, Beschluss vom 22.08.2012 - V-4 Kart 5/11 (OWi), V-4 Kart 6/11 (OWi), EWS 2012, S. 543.

ders.: Stolperstein für die Kommission? Die Kronzeugenregelung auf dem Prüfstand der Transparenz-VO - Zugleich Besprechung der Urteile des EuG vom 15. Dezember 2011, Rs. T-437/08 (CDC/Kommission) und vom 22 Mai 2012, Rs. T-344/08 (EnBW/Kommission), EuR 2012, S. 583.

Paur, Christian: Das „in camera"-Verfahren nach § 99 II VwGO im Überblick, Sächs-VBl. 2010, S. 1.

Penski, Ulrich/Elsner, Bernd Roland: Eigentumsgewährleistung und Berufsfreiheit als Gemeinschaftsgrundrechte in der Rechtsprechung des Europäischen Gerichtshofs, DÖV 2001, S. 265.

Peyer, Sebastian: Myths and Untold Stories - Private Antitrust Enforcement in Germany CCP Working Paper 10-12 1. Juli 2010, abrufbar unter: http://ssrn.com/abstract=1672695.

Pooth, Silvelyn Wrase: EuGH: Steht Schadensersatzklägern ein Akteneinsichtsrecht auch in Dokumente des Kronzeugen zu?, CCZ 2011, S. 231.

Rauscher, Thomas/Krüger, Wolfgang (Hrsg.): Münchener Kommentar zur Zivilprozessordnung mit Gerichtsverfassungsgesetz und Nebengesetzen, Band 1 (§§ 1 - 354), 4. Auflage, München 2013.

dies. (Hrsg.): Münchener Kommentar zur Zivilprozessordnung mit Gerichtsverfassungsgesetz und Nebengesetzen, Band 2 (§§ 355 - 1024), 4. Auflage, München 2013.

Riedel, Claudia/Wallau, Rochus: Das Akteneinsichtsrecht des „Verletzten" in Strafsachen - und seine Probleme, NStZ 2003, S. 393.

Roth, Wulf-Henning: Die zivilrechtliche Durchsetzung des europäischen Kartellrechts, in: Festschrift für Walter Gerhardt zum 70. Geburtstag, 2004, S. 815.

ders.: Privatrechtliche Kartellrechtsdurchsetzung zwischen primärem und sekundärem Unionsrecht, ZHR Band 179 (2015), S. 668.

Roth, Hans-Peter: Neue EU-Richtlinie erleichtert künftig Schadensersatzklagen bei Verstößen gegen das Kartellrecht, GWR 2015, S. 73.

Säcker, Franz Jürgen/Rixecker, Roland/Oetker, Hartmut/Limperg, Bettina (Hrsg.): Münchener Kommentar zum Bürgerlichen Gesetzbuch, Band 6 (§§ 854 - 1296, WEG, ErbbauRG), 6. Auflage, München 2013.

Saenger, Ingo: Zivilprozessordnung, 6. Auflage, Münster 2014.

Saller, Michael: Vertraulichkeit von anonymen Informanten im Kartellverfahren, Betriebsberater 2013, S. 1160.

Schiff, Alexander: Sekundär- vor Primärrecht? Zur Anwendbarkeit der Dienstleistungsrichtlinie auf Inlandssachverhalte, EuZW 2015, S. 899.

Schoch, Friedrich: Kommentar zum Informationsfreiheitsgesetz, 2. Auflage, München 2016.

Schürmann, Katrin: Die Weitergabe des Kartellschadens, Dissertation, Baden-Baden 2011.

Schweitzer, Heike: 10 Jahre VO 1/2003, NZKart 2014, S. 1.

dies.: Die neue Richtlinie für wettbewerbsrechtliche Schadensersatzklagen, NZKart 2014, S. 335.

dies.: Perfekte Kompensation für alle? Das neue System wettbewerbsrechtlicher Schadensersatzklagen nach Inkrafttreten der Richtlinie 2014/104/EU, Schadensersatz im Europäischen Kartellrecht - Zentrum für Europäisches Wirtschaftsrecht, Vorträge und Berichte, Nr. 212, Bonn 2013.

Seitz, Claudia: Public over Private Enforcement of Competition Law? Zugleich Besprechung von AG Bonn, Beschluss v. 18.1.2012 - 51 Gs 53/09 - Pfleiderer, GRUR-RR 2012, S. 137.

dies.: Zugang geschädigter Dritter zu Dokumenten eines Kronzeugenverfahrens - Anmerkung zu EuGH Urteil vom 14.06.2011 - C-360/09 „*Pfleiderer*", EuZW 2011, S. 598.

Senge, Lothar (Hrsg.): Karlsruher Kommentar zum Ordnungswidrigkeitengesetz, 4. Auflage, Karlsruhe 2014.

Soltész, Ulrich/Marquier, Julia/Wendenburg, Felix: Zugang zu Kartellrechtsakten für jedermann? - das EuG-Urteil Österreichische Banken, EWS 2006, S. 102.

Spangler, Simon: Schadensersatz für Preisschirmeffekte - Umbrella Pricing, NZBau 2015, S. 149.

Stauber, Peter/Schaber, Hanno: Die Kartellschadensersatzrichtlinie - Handlungsbedarf für den deutschen Gesetzgeber?, NZKart 2014, S. 346.

Steger, Jens: Zugang durch die Hintertüre? - zur Akteneinsicht in Kronzeugenanträge von Kartellanten, Betriebsberater 2014, S. 963.

Stelkens, Paul/Bonk, Heinz Joachim/Sachs, Michael: Kommentar zum Verwaltungsverfahrensgesetz, 8. Auflage, Köln und Berlin 2014.

Streinz, Rudolf: Kommentierung zum Vertrag über die Europäische Union und zum Vertrag über die Arbeitsweise der Europäischen Union, 2. Auflage, München 2012.

Stürner, Rolf (Hrsg.): Jauernig, Bürgerliches Gesetzbuch, 16. Auflage, München 2015.

Tettinger, Peter J./Stern, Klaus (Hrsg.): Kölner Gemeinschaftskommentar zur Europäischen Grundrechte-Charta, Köln 2005.

Thomas, Heinz/Putzo, Hans: Zivilprozessordnung, 37. Auflage, München 2016.

Thomas, Stefan: Beweisfragen der Organhaftung in Kartellfällen, in: Ars aequi et boni in mundo - Festschrift für Rolf A. Schütze zum 80. Geburtstag, 2014.

ders.: Aufdeckung - Abschreckung - Kompensation. Wechselwirkungen und Zielkonflikte der privaten und öffentlichen Kartellrechtsdurchsetzung, in: *Oberender, Peter* (Hrsg.): Private und öffentliche Kartellrechtsdurchsetzung, Schriften des Vereins für Socialpolitik, Band 335, Bayreuth 2012.

Vollmer, Christof: Akteneinsicht potenzieller Kartellgeschädigter gemäß § 406e StPO i.V.m. § 46 Abs. 1, 3 Satz 4 OWiG, ZWeR 2012, S. 442.

Vollrath, Christian: Das Maßnahmenpaket der Kommission zum wettbewerbsrechtlichen Schadensersatzrecht, NZKart 2013, S. 434.

Von der Groeben, Hans/Schwarze, Jürgen/Hatje, Armin (Hrsg.): Europäisches Unionsrecht, 7. Auflage, Freiburg und Hamburg 2015.

Vorwerk, Volker/Wolf, Christian (Hrsg.): Beck'scher Online-Kommentar zur Zivilprozessordnung, 21. Edition, Stand: 01. Juli 2016.

Waelbroeck, Denis/Slater, Donald/Even-Shoshan, Gil: Study on the conditions of claims for damages in case of infringement of EC competition rules (Ashurst-Studie), 31.8.2004.

Wagener, Dominique: Kartellverwaltungsverfahren - Akteneinsichtsrecht Geschädigter zwecks Geltendmachung zivilrechtlicher Schadensersatzansprüche - Anmerkung zu BGH Beschluss vom 14.07.2015 - KVR 55/14, Betriebsberater 2015, S. 2504.

Walter, Gerhard: Beweiswert der Aussagen von Sympathisanten eines Unfallbeteiligten - Anmerkung zu BGH Urteil vom 03.11.1987 - VI ZR 95/87, NJW 1988, S. 566.

Weber, Albrecht: Vom Verfassungsvertrag zum Vertrag von Lissabon, EuZW 2008, S. 7.

Weidenbach, Georg/Saller, Michael: Das Weißbuch der Europäischen Kommission zu kartellrechtlichen Schadensersatzklagen, Betriebsberater 2008, S. 1020.

Weitbrecht, Andreas: Schadensersatzansprüche der Unternehmer und Verbraucher wegen Kartellverstößen, NJW 2012, S. 881.

Weller, Matthias: Die internationale Deliktszuständigkeit für kartellprivatrechtliche Schadensersatzklagen, in: *Nietsch, Michael/Weller, Matthias* (Hrsg.): Private Enforcement: Brennpunkte kartellprivatrechtlicher Schadensersatzklagen, Wiesbaden 2014, S. 49.

Wesselburg, Alexander: Drittschutz bei Verstößen gegen das Kartellverbot, Dissertation, Freiburg 2009.

Wessing, Jürgen/Hiéramente, Mayeul: Akteneinsicht im Kartellrecht - Der Aspekt des Vertrauens- und Geheimnisschutzes, WuW 2015, S. 220.

Westhoff, Jan Philipp: Der Zugang zu Beweismitteln bei Schadensersatzklagen im Kartellrecht, Dissertation, Münster 2010.

Wieckmann, Hans-Jürgen: Akteneinsicht und Wahrung von Geschäftsgeheimnissen im Kartellverwaltungsverfahren, WuW 1983, S. 13.

Wiedemann, Gerhard (Hrsg.): Handbuch des Kartellrechts, 3. Auflage, Düsseldorf 2015.

Willems, Constantin: Kein Durchgang durch die „Doppeltür"? Möglichkeiten und Grenzen der Abmilderung von Informationsasymmetrien im Kartellzivilrecht nach der RL 2014/104/EU zum Kartellschadensersatz, wrp 2015, S. 818.

Wurmnest, Wolfgang: Zivilrechtliche Ausgleichsansprüche von Kartellbeteiligten bei Verstößen gegen das EG-Kartellverbot, RIW 2003, S. 896.

ders.: Internationale Zuständigkeit und anwendbares Recht bei grenzüberschreitenden Kartelldelikten, EuZW 2012, S. 933.

ders.: Gerichtsstandsvereinbarungen im grenzüberschreitenden Kartellprozess, in: *Nietsch, Michael/Weller, Matthias* (Hrsg.): Private Enforcement: Brennpunkte kartellprivatrechtlicher Schadensersatzklagen, Wiesbaden 2014, S. 75.

Yomere, Anika: Die Entscheidung im Verfahren EnBW zum Recht von Schadensersatzklägern auf Akteneinsicht in Verfahrensakten der Kommission, WuW 2013, S. 34.

Zöller, Richard (Hrsg.): Zivilprozessordnung, 31. Auflage, 2016.

Zuber, Andreas: Die EG-Kommission als amicus curiae - Die Zusammenarbeit der Kommission und der Zivilgerichte der Mitgliedstaaten bei der Anwendung der Wettbewerbsregeln des EG-Vertrages, Berlin 2001.

Zuck, Rüdiger: Wann verletzt ein Verstoß gegen ZPO-Vorschriften zugleich den Grundsatz rechtlichen Gehörs?, NJW 2005, S. 3753.